"大国工匠"质量管理师系列培训教材
Craftsmen of the Nation Training Curriculum · QMP Series

孙卫兴　尤丹雷　赵亮　编著

Elementary Course for Quality Management Professional

质量管理师

初级教程

苏州大学出版社
Soochow University Press

图书在版编目(CIP)数据

质量管理师初级教程 / 孙卫兴,尤丹雷,赵亮编著
. —苏州:苏州大学出版社,2020.9
"大国工匠"质量管理师系列培训教材
ISBN 978-7-5672-3271-6

Ⅰ.①质… Ⅱ.①孙… ②尤… ③赵… Ⅲ.①质量管理学—资格考试—教材 Ⅳ.①F273.2

中国版本图书馆 CIP 数据核字(2020)第 161346 号

书　　名:	质量管理师初级教程
	ZHILIANG GUANLISHI CHUJI JIAOCHENG
编　　著:	孙卫兴　尤丹雷　赵　亮
责任编辑:	王　亮
封面设计:	吴　钰
出版发行:	苏州大学出版社(Soochow University Press)
社　　址:	苏州市十梓街1号　邮编:215006
印　　刷:	苏州工业园区美柯乐制版印务有限责任公司
邮购热线:	0512-67480030
销售热线:	0512-67481020
开　　本:	787 mm×1 092 mm　1/16　印张:18.75　字数:468 千
版　　次:	2020 年 9 月第 1 版
印　　次:	2020 年 9 月第 1 次印刷
书　　号:	ISBN 978-7-5672-3271-6
定　　价:	68.00 元

若有印装错误,本社负责调换
苏州大学出版社营销部　电话:0512-67481020
苏州大学出版社网址　http://www.sudapress.com
苏州大学出版社邮箱　sdcbs@suda.edu.cn

丛书编委会

主　编：尤丹雷　王　颖
副主编：赵　亮　孙　建
编　委：孙卫兴　杨　胜
　　　　吴亚娅　高永超

前言
Preface

> 20 世纪是生产率的世纪，21 世纪是质量的世纪。
>
> ——质量管理大师　约瑟夫·朱兰

当今世界，一个国家的经济竞争力在很大程度上取决于其产品和服务质量。质量水平的高低是一个国家经济、科技、教育和管理水平的综合反映。质量是企业赖以生存和发展的基石，是企业开拓市场的生命线。随着市场竞争的加剧，顾客对产品质量的要求越来越高。如果说生产技术是企业的生命，那么质量管理就是企业的灵魂。质量管理是企业品牌的保护伞，较好的质量会给企业带来较高的利润回报。严抓质量管理可以提高品牌美誉度，加强质量管理可以提高企业在市场中的竞争力。

进入 21 世纪以来，人类社会跨入了"质量的世纪"。习近平总书记在十九大报告中指出，要建设知识型、技能型、创新型劳动者大军，弘扬劳模精神和工匠精神，营造劳动光荣的社会风尚和精益求精的敬业风气。弘扬"工匠精神"，就是要依靠传承和钻研，凭着专注与坚守，在质量方面精益求精，以匠心造精品，追求卓越，力求完美。中国要成功实现"制造大国"向"制造强国"的转变和"两个一百年"的奋斗目标，必须在质量上下功夫。中国梦在某种程度上说，也是中国人的"质量梦"。

为适应时代发展的需要，苏州工业园区服务外包职业学院与 AC-CU 亚旗集团进行校企合作，启动"质量管理师"培养认证项目，共同开发了初、中、高级质量管理课程体系。本书为质量管理师初级教材，主要以即将毕业的大学生和刚进入工作单位的新员工为培养对象，内容包含质量管理及质量管理体系的基本概念、质量管理工具、技术的应用、全面质量管理的方法，以及 ISO 9001:2015 质量管理体系的要求、建立、实施、维护和内部审核等方面。通过本课程培训学习和考核的人员可以取得江苏省质量管理协会颁发的"质量管理师"职业资格初级认证证书，同时也可符合国家注册"ISO 9001:2015 质量管理体系内部审核员"的资格条件。

苏州工业园区服务外包职业学院是2008年5月建立的公办全日制普通高等职业院校。学校设有信息工程学院、纳米科技学院、人工智能学院、商学院、人文艺术学院等二级学院。学校遵循"为产业办教育"的办学宗旨，针对服务外包领域人才需求最为紧缺的信息技术服务外包（ITO）、业务流程外包（BPO）和知识流程外包（KPO）三大重点业务领域开办了软件技术、智能制造、生物医药、电子商务、数字出版与会计审计等30个专业，实现了学院专业链与社会产业链之间的高度铆合。学校致力于打造"政校行企"四方联动、合作共赢的人才培养体系，先后成为"苏州市服务外包人才培养培训基地""江苏省国际服务外包人才培训基地""中央财政支持的职业教育实训基地"。学校于2014年顺利通过了江苏省高等职业院校人才培养工作评估，2015年10月被江苏省教育厅、财政厅确定为省级示范性高等职业院校立项建设单位，并在2019年3月通过验收。学校目前已经成为"省内示范、国内唯一"具备国际化办学能力的"中国服务外包第一校"。

ACCU亚旗集团作为全球领先的质量技术服务平台，始创于2003年，是一家专注于为全球企业客户提供质量管理咨询及供应链质量整体解决方案的技术服务公司。公司全球运营总部设在中国苏州工业园区，是亚洲最大的供应链质量管理专家，业务涵盖了航空、汽车、电子、工业制造、医疗器械、软件、互联网等多个质量和安全至关重要的行业。在工业4.0时代来临之际，亚旗集团将质量服务运营数字化，开发由十数年质量服务积累的大数据质量管理平台，垂直整合的质量服务体系与数字化质量管理系统为客户提供全面质量解决方案。另外，亚旗集团和欧洲权威技术检验协会天佑唯萨尔（TUV Saarland）强强联手，就质量管理、网络安全、培训及个人领域的认证展开合作，助推先进制造业与现代服务业在更高水平上实现深度融合发展。

本书分为上、下两篇。上篇为质量管理基础实务，主要内容是质量管理的基本原理和理念、基础管理工具，以及现场质量管理的具体推行过程。下篇为ISO质量管理体系，主要以ISO 9001:2015质量管理体系标准要求为依据，阐述企业质量管理体系的建立、实施、审核认证，包括质量文件的构建、内部审核过程等重点内容。

本书最突出的特点是：

1. 质量理论和方法涵盖范围广。质量的问题涉及社会生活的方方面面，任何组织、企业都可能存在质量的问题，个人也可能存在质量的问题。本书从对质量内涵的理解与认识出发，介绍了质量管理的工具和方法，以及质量管理体系的建立、实施和审核，基本上覆盖了所有质量管理和质量保证的知识与技能，适用于各行各业提高全员的质量意识、加强质量管理、不断进行质量改进，满足在市场竞争中立于不败之地的要求。

2. 以案例为导向，尽量把抽象的理论进行实体化展示。首先每章开篇有一个引导案例，提出与本章内容相关的思考课题，然后在正文中穿插小故事、知识小贴士、具体事例等加以提示说明或实操训练，使得学员可以在轻松愉快的气氛中完成学习和训练内容。

3. 图文并茂，通俗易懂。书中有些内容采用了图解法及漫画的形式，使以往空洞的说教变成生动活泼的图示，使读者更易读懂、增加兴趣。

4. 注重实践的操作。书中很多事例都是再现了真实的现场管理场景，书中的图表、方案和流程，不仅使得学员容易理解和掌握，而且可以在实际应用场合直接使用。

5. 各章节的编排虽有一定的关联性，但各章内容之间又是相对独立的。也就是说，除了基本的管理理念之外，每一章每一节都形成相对独立的知识点，读者即使不进行通篇学习，而是选择性地学习其中想要关注的内容，也可以达到学以致用的目的。

本书适用于高等院校各类专业的质量管理课程的教学，也可用作各行各业的企事业单位提升员工质量意识和技能的培训教材，还可作为质量管理从业人员的自学参考书。本书的宗旨是：希望无论是国家、企业还是个人，都要重视质量、树立质量意识、不断改进和提升质量，追求卓越而快乐的每一天。

本书由苏州工业园区服务外包职业学院和亚旗集团-亚杰科技（江苏）有限公司合作编著。亚旗集团总裁兼亚旗研究院院长尤丹雷博士和苏州工业园区服务外包职业学院常务副校长王颖教授、合作交流中心主任孙建副教授都参与了本书先期规划和内容编排，并在教材编写过程中加以全程指导。

本书上篇全部章节主要由苏州工业园区服务外包职业学院孙卫兴老师和亚旗集团总裁兼亚旗研究院院长尤丹雷、亚旗研究院副院长赵亮共同编写，亚旗研究院技术专家杨胜、吴亚娅、高永超参与编写；下篇全部章节由孙卫兴老师编写；全书统稿工作由孙卫兴老师负责。苏州大学出版社的王亮编辑对书稿的修改提出了诸多宝贵意见，使得本书最终付梓，在此一并表示衷心感谢！

由于编者水平有限，书中难免有不足的地方，敬请读者批评指正。

编　者
2020 年 6 月 28 日

目录 Contents

上篇　质量管理基础实务

第一章　质量与质量管理概述 …… 3
【导入案例】肯德基的标准化管理 …… 3
第一节　有关质量的基本概念 …… 4
第二节　质量管理的发展历史 …… 11
第三节　质量大师的质量观 …… 17
【思考练习】…… 24

第二章　质量管理的基本方法 …… 25
【导入案例】学生宿舍住宿人际关系管理 …… 25
第一节　PDCA 循环 …… 26
第二节　QC 七工具 …… 28
第三节　5S 管理 …… 54
【思考练习】…… 59

第三章　全面质量管理 …… 60
【导入案例】海尔集团的全面质量管理 …… 60
第一节　全面质量管理概述 …… 61
第二节　全面质量管理的实施 …… 64
第三节　全面质量管理的实际运用 …… 72
【思考练习】…… 85

第四章　QC 小组活动 …… 86
【导入案例】QC 小组改善培训效果 …… 86
第一节　QC 小组活动概述 …… 87
第二节　QC 小组活动的实施过程 …… 92
第三节　QC 小组活动的总结与评价 …… 105
【思考练习】…… 111

第五章　质量管理中的统计技术 ……………………………………………… 112
【导入案例】违反直觉的统计学现象 …………………………………… 112
第一节　统计技术概述 ……………………………………………… 113
第二节　正态分布与 6σ 管理 ……………………………………… 122
第三节　抽样检验 …………………………………………………… 128
【思考练习】 …………………………………………………………… 140

下篇：ISO 质量管理体系

第六章　ISO 质量管理体系概述 ………………………………………………… 143
【导入案例】我国质量管理体系颁证数量居世界首位 ………………… 143
第一节　ISO 族标准的产生和发展 ………………………………… 144
第二节　ISO 9000 质量管理原则 …………………………………… 147
第三节　其他国际化管理体系标准 ………………………………… 150
【思考练习】 …………………………………………………………… 153

第七章　ISO 9001:2015 质量管理体系要求 ………………………………… 154
【导入案例】可口可乐公司的质量管理体系 …………………………… 154
第一节　质量管理体系总体要求 …………………………………… 155
第二节　对支持过程的要求 ………………………………………… 162
第三节　对运行过程的要求 ………………………………………… 170
第四节　绩效评价与分析改进 ……………………………………… 191
【思考练习】 …………………………………………………………… 199

第八章　质量管理体系的建立和实施 ………………………………………… 201
【导入案例】企业推行质量管理体系的相关步骤 ……………………… 201
第一节　建立和实施质量管理体系的基本方法与步骤 …………… 202
第二节　质量管理体系的准备和策划 ……………………………… 210
第三节　质量管理体系的运行和改进 ……………………………… 220
【思考练习】 …………………………………………………………… 225

第九章　质量管理体系文件编写 ……………………………………………… 226
【导入案例】"四个注重"提升质量管理体系运行水平 ……………… 226
第一节　质量管理体系文件概述 …………………………………… 227
第二节　质量手册的编制 …………………………………………… 235
第三节　程序文件的编制 …………………………………………… 240
第四节　作业（工作）指导书的编制 ……………………………… 246
第五节　记录的编制 ………………………………………………… 249
【思考练习】 …………………………………………………………… 254

第十章　质量管理体系的内部审核 ·············· 255
【导入案例】 关于开展2018年度内部审核工作的通知 ·············· 255
　　第一节　内部审核概述 ·············· 256
　　第二节　内部审核的实施 ·············· 266
　　第三节　不符合项的跟踪验证 ·············· 276
　　第四节　管理评审 ·············· 284
【思考练习】 ·············· 289

参考文献 ·············· 290

上篇

质量管理基础实务

第一章 质量与质量管理概述

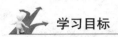

学习目标

1. 熟悉质量相关的概念内涵。
2. 了解质量管理的发展历史。
3. 认识质量管理在社会发展中的重要性。

导入案例

肯德基的标准化管理

1930 年,肯德基的创始人哈兰·山德士在家乡美国肯塔基州开了一家餐厅。经营过程中,山德士潜心研究炸鸡的新方法,终于成功地发明了由 11 种香料和特有烹调技术合成的秘方,其独特的口味深受顾客的欢迎。餐厅生意日趋兴隆,秘方沿袭至今。时至今日,肯德基已经发展到在 118 个国家和地区拥有 18 000 多家分店,每天接待 1 000 多万名顾客。

是什么原因,让肯德基成为全球餐饮业独树一帜的成功标杆?除了它成功的营销策略之外,严控质量关,严格执行标准化管理,是它成功的根本原因。

在竞争激烈的快餐市场中,肯德基的目标是要做到 100% 的顾客满意度并超越顾客的期望,具体体现在:优质的产品(Q)、快速友善的服务(S)、清洁卫生(C)的用餐环境及物超所值(V),这是西式快餐管理的四大要素。

1. 产品质量,即 QSCV 中的"Q"(Quality)

肯德基所选产品的重量、质量、卫生状况、加工要求、包装、运输、储存等都有非常严格的标准。例如,严格按照规程调味裹粉,然后放入自动高速的压力炸锅中烹炸,时间及温度均由电脑控制。这样,鸡肉内层鲜嫩多汁,外层香脆可口,风味独特的原味鸡便呈现在顾客面前了。同时,为保证每块鸡的质量及口味绝对让顾客满意,炸好以后必须在保存时间内售出,否则炸鸡必须废弃。统一的标准、规程、时间和方法,使顾客无论在今天,还是在明天,都能品尝到品质相同的炸鸡。

2. 优质服务,即 QSCV 中的"S"(Service)

西式快餐的服务要求让顾客感受到亲切、舒适、迅速,服务员要尽量满足顾客的要求。收银员必须严格按照收银规范来操作,不得有半点马虎。西式快餐还有一套接待员制度,接待员会帮助顾客点餐,为顾客领位,在儿童游乐区照看正在玩耍的孩子,还在一定的时候组织大型的儿童生日餐会,细致入微地服务,使顾客有宾至如归的用餐感受。

3. 清洁卫生,即 QSCV 中的"C"(Clean)

西式快餐有一套严格的、完整的清洁卫生制度,包括随手清洁,以及每日、每周及每月的例行清洁。餐厅的每一位员工都会运用不同的清洁工具进行不同的清洁工作，随手清洁是一种传统。每一位员工都会小心、仔细地完成清洁工作，以期给每一位顾客留下美好的用餐记忆。

4. 物超所值，即 QSCV 中的 "V"（Value）

物超所值不仅表现在美味的产品上，还在于消费者在合理的价格之内享受到的是值得信赖的品质、亲切礼貌的服务和舒适卫生的用餐环境。

肯德基在全球推广的"CHAMPS"冠军计划即标准化服务，也是肯德基取得辉煌业绩的精髓之一。其内容为：

C：Cleanliness，保持美观整洁的餐厅；
H：Hospitality，提供真诚友善的接待；
A：Accuracy，确保准确无误的供应；
M：Maintenance，维持优良的设备；
P：Product Quality，坚持高质稳定的产品；
S：Speed，注意快速敏捷的服务。

"冠军计划"有非常详尽、可操作性极强的细节，要求肯德基在世界各地每一处餐厅的每一位员工都严格地执行统一规范的操作。这不仅是行为规范，而且是肯德基企业的战略，是肯德基数十年来在快速餐饮服务经营上的经验结晶。

（案例来源：http://www.docin.com/p-2429135294.html）

【案例思考】
1. 你认为肯德基的产品和服务好不好？好或不好在哪里？
2. 为什么肯德基在任何地方都能提供规范如一的品质和服务？

第一节　有关质量的基本概念

当今世界，一个国家的经济竞争力在很大程度上取决于其产品和服务质量。质量水平的高低是一个国家经济、科技、教育和管理水平的综合反映。当今市场环境的特点之一是顾客对产品质量的要求越来越高，这就更要求企业将提高产品质量作为重要的经营战略和生产运作战略之一。

质量是企业赖以生存和发展的基石，是企业开拓市场的生命线。随着市场竞争的加剧，顾客对产品质量的要求越来越高，较好的质量会给企业带来较高的利润回报。质量管理是企业品牌的保护伞，严抓质量管理可以提高品牌美誉度，加强质量管理可以提高企业在市场中的竞争力。

一、什么是质量

（一）质量的定义

如果随机找 10 个人来解释什么是质量，很可能会得到 10 种不同的答案。

站在国家的角度，我们会提到经济质量、科技质量。站在企业的角度，我们会说产品质量、服务质量。站在个人的角度，我们会说学习质量、工作质量。那究竟什么是质量？

我们先不忙查书本上的定义，就以我们最直观、最朴素的方式来理解。

我们在说到质量时常常把它作为一个名词，用以反映物品某方面的特性，就好像我们买西瓜的时候会说这个瓜质量好，那个瓜质量不好。这个"好"或"不好"包含了很多没有明示的信息。如果你是卖瓜的，当听到我说这个瓜质量差，你肯定问一句："凭啥说我这瓜不好啊？"我可能会说："你这瓜皮泛黄，敲上去有空空声，肯定熟过头了。"这话背后的潜台词就是："你这瓜和我想要的瓜有差距，所以我觉得质量不好。"可以看出"质量"也可以理解为一把标尺，它用来度量"现有的"与"想要的"之间的差距，或是反映两者符合的程度。那是谁"现有的"，是谁"想要的"，取决于具体的情景。"现有的"可以是一个国家当前的发展水平，一个企业目前的生产制造水平，一个学生当前掌握新知识的程度；"想要的"可以是这个国家领导人期望的国家发展水平，买产品的人期望的这个企业的生产制造水平，老师期望这个学生掌握新知识的程度。如果把这里说的大白话严谨地归纳出来就成了 ISO 9000:2015 里对质量的定义：实体的若干固有特性满足要求的程度。

在这个定义中，我们有 4 个关键词需要理解。

1. 实体

所谓实体，是可感知或想象的任何事物。实体可能是物质的（如一台发动机、一张纸、一颗钻石）、非物质的（如转换率、一个项目计划）或想象的（如组织未来的状态）。所以，质量可以是针对任何事物的，如具体的产品，或者是服务过程及结果，也可以是一个创意及策划方案，等等。

2. 固有特性

若干固有特性，通常不止一个。固有特性是质量所包含的特性，"固有"是指实体本身所具有的，而不是人为的外界赋予的，"特性"是指可区分的特征。这些固有特性可以是物理的、化学的（如强度、硬度、材料成分、重量等）；也可以是感官的（如味道、颜色、声音等）；还可以是功能的（如速度、精度等）。特别需要强调的是，质量与人为赋予的特性并无关系，如品牌（名牌包不一定比普通包质量好）、价格（10 000 元的家具并不一定比 5 000 元的家具耐用）、广告宣传（广告做得响不代表产品质量好）。

3. 要求

ISO 9000:2015 对要求的定义是：明示的、通常隐含的或必须履行的需求或期望。而质量的要求，就是在质量方面的相关需求或期望。

（1）"明示的要求"可以理解为规定的要求，如在文件、合同中阐明的要求或顾客明确提出的要求。明示的要求既可以是以书面方式规定的要求，也可以是以口头方式约定的要求。

（2）"通常隐含的要求"是指组织、顾客和其他相关方的惯例或一般做法，所考虑的需求或期望是不言而喻的，如化妆品对顾客皮肤的保护性等。一般情况下，顾客或相关的文件（如标准）中不会对此类要求给出明确的规定，组织应根据其自身产品的用途和特性进行识别，并做出规定。

（3）"必须履行的要求"是指法律法规的要求和强制性标准的要求，如食品安全法、GB 8898《电网电源供电的家用和类似一般用途的电子及有关设备的安全要求》等，组织在产品的实现过程中必须执行这类文件和标准。

(4) 特定要求可使用限定词表示，如产品要求、质量管理要求、顾客要求、质量要求。要求可由不同相关方或组织自己提出。

(5) 对于质量的要求，组织不能仅满足于此。为实现较高的顾客满意度，还有必要满足顾客既没有明示，也不是通常隐含或必须履行的期望。

4. 满足的程度

满足的程度，就是指质量有好坏、优劣之分。我们的目标就是要做正确的事情，并且把事情做好，以获得满意的质量，提高质量满足的程度。

值得注意的是，质量的定义并非固定不变，甚至 ISO 里质量的定义也经过了多次变更，比如，ISO 9000 的前身 ISO 8402 中对质量的定义是"反映实体满足明确或隐含需要能力的特性总和"。这个定义更多地把质量看作某种属性，而 ISO 9000 更多地把质量看作一种度量。ISO 9000 的不同版本对质量的定义也在变化，ISO 9000:2000 里对质量的定义是"一组固有特性满足要求的程度"，虽然意思相似，但 2015 版显得更加严谨。

现实生活中，有一些概念不像数学定理那样仅存在唯一的解释和理解，很难得到一个放之四海而皆准的定义。质量就是这样一个概念，它随着时代的发展被赋予了丰富的内涵，随着人类协作复杂性的提高增加了维度。质量发展的历史和管理的历史是分不开的，和生产力发展的历史也是分不开的，我们在后续质量发展历史的章节会从历史的维度进一步探寻什么是质量。

（二）质量的细分

按照质量概念延展的范围可以把质量分为广义质量和狭义质量。对于广义质量，我们将在后续"全面质量管理"中进行讨论，这是涉及整个经营层面的质量管理，需要市场调查、开发、设计、采购、制造、检查、销售、售后、财务、人事等多个部门的全面参与，需要经营者、管理者、作业人员充分合作。狭义质量就是我们日常所说的产品质量。

根据质量定义中实体的不同类型，常见的质量类型可以细分为产品质量、服务质量、过程质量等。

1. 产品质量

在组织和顾客之间未发生任何交易的情况下，组织生产的输出被称为产品，但是当产品被交付给顾客时，通常包括服务因素。通常，产品的主要特征是有形的，可以是硬件、软件、流程材料或它们的组合等。评价产品质量维度的方式有很多，其中较为全面的是哈佛商学院的戴维·A. 加文提出的质量维度，从 8 个方面描述了产品质量：

(1) 性能（Performance）是指产品达到预期目标的效率，如汽车的百公里加速时间、音响的音域。通常，好的性能会被认为是好的质量。

(2) 特征（Features）是指用来增加产品基本性能的产品属性，包括蕴含在产品之中的新花样，如电视机拥有的超高分辨率、3D 特效、环绕立体声。这通常是刺激消费者购买，提升产品溢价的重要卖点。

(3) 可靠性（Reliability）是指产品在设计的使用寿命期内一致地实现规定功能的能力。如果一台显示器的设计使用寿命是 5 年，在 5 年内其故障率为 1%，则可以说这款显示器具备 99% 的可靠性。

(4) 符合性（Conformance）是最传统的一种质量维度，这里我们参照 ISO 9000:2015 里对质量的定义：实体的若干固有特性满足要求的程度。

（5）耐久性（Durability）是指产品能忍受压力或撞击而不出现故障的程度。

（6）可服务性（Serviceability）是指产品易于修复。

（7）美感（Aesthetics）是一种主观感受，它可由视觉、味觉、触觉、听觉、嗅觉带来。

（8）感知质量（Perceived Quality）是以客户感知为准的质量维度，客户以他们的感知体验而非固定的标准来决定产品的质量。

2. 服务质量

服务包含与顾客在接触面的活动，以确定顾客的要求。服务的主要特征是无形的，除了提供服务外，还包括建立持续的关系。服务的质量通常由顾客体验，是指用户对供方提供的服务的满意程度，包括迅速的反应、服务能力、信誉、及时提供配件、氛围体验等方面。

3. 过程质量

过程质量也叫工作质量，一般是指在产品设计、生产制造、支持管理、顾客服务等各项工作过程中，对过程输出的结果（产品和服务）的质量的保证程度，如工作规范、工作态度、工作能力、绩效评价、分析改进等。

图 1-1 可以帮助我们正确理解质量的内涵。

图 1-1　正确理解质量的内涵

二、什么是质量管理

（一）质量管理的定义

ISO 9000:2015 对质量管理的定义：在质量方面指挥和控制组织的协调的活动。质量管理的目的是提高质量满足要求的程度。

质量管理包括制定质量方针和质量目标，以及通过质量策划、质量保证、质量控制和质量改进实现这些质量目标的过程。

1. 质量方针（Quality Policy，QP）

质量方针是最高管理者（一般为公司总裁或总经理）正式发布的该组织总的质量宗旨和质量方向。

质量方针必须适应组织的宗旨和环境并支持其战略方向，质量方针阐明了组织在质量方面运作的策略和意图，明确了组织在质量方面的追求。

质量方针还应当在组织内部得到沟通和理解，可通过会议传达、内部学习、培训等方式创造一个良好的内部沟通环境。

为了确保质量方针的持续适宜性，最高管理者还应定期或者不定期地针对质量方针进行评审，因此质量方针不是一成不变的。

例如，格力电器集团的质量方针是"追求完美质量，创立国际品牌，打造百年企业"。

2. 质量目标（Quality Objective，QO）

质量目标是依据质量方针在组织内的相关职能、层级和过程分别规定质量应该达到的结果。质量目标应与质量方针保持一致，并且贯彻 SMART（Specific，即特定性；Measurable，即可测性；Attainable，即可行性；Relevant，即关联性；Time-bound，即时效性）原则。

组织应对质量管理体系所需的相关职能、层级和过程设定质量目标，也就是说，组织的质量目标不是仅仅停留在公司层面，而是应该根据公司的总体质量目标分解到各个部门、各个过程、各个小组甚至个人。质量目标要在组织内部得到沟通，按照规定的时间频度进行跟踪测量，采取措施改进以达到目标。

组织在策划质量目标的时候，还必须确定与达到目标相适应的措施和资源，明确人员责任，设定测量评价的时间和方法、记录形式，以及对结果如何处理。

质量目标应该体现对质量的持续改进，所以也不是一成不变的，在不同阶段，可以根据具体情况适时更新。

表 1-1 为某公司的质量目标示例。

表 1-1 某公司的质量目标示例

过程名称	质量目标	测量方法	测量周期	采取措施	资源需求	责任部门	责任人
报价管理	满足客户需求的答复期限率 99%（答复期限要求在 24 小时内）	按报价实际延误次数绝对值统计	年	报价管理规定	通信设备 互联网	营销部	X
合同评审	合同履约率 100%	正常履行合同数÷已签订合同总数（客户原因除外）	半年	合同评审程序	通信设备 互联网	营销部	Y
产品检验	客户不良退货率 2% 以下（以批次数计）	客户不良产品退货总数÷当月交货产品总数	月	检验和试验程序 检验规范 产品标准	合格的检测设备 计算器 检验标签	质量部	Z

3. 质量策划（Quality Planning，QP）

质量策划致力于制定质量目标并规定运行过程。质量策划的工作内容包括制定规格标准、评价测量的内容和方法、配置相适应的设备和工具、指定责任部门及责任人等。

质量策划的结果之一就是形成《质量控制计划》或《QC 工程图》文件。

4. 质量保证（Quality Assurance，QA）

质量保证致力于提供质量满足要求的证据。质量保证的工作内容包括建立、维护质量管理体系，审核管理供应商，以顾客的立场对产品或服务进行是否满足要求的验证（一般是抽样检查），处理顾客的投诉和建议，调查顾客满意度，等等。

5. 质量控制（Quality Control，QC）

质量控制致力于满足质量要求。质量控制是质量管理类职位人数最多的专业岗位，负责从原材料进入到产品出库每道工序、每个阶段的检测和试验，对不合格品的处置，等等。

6. 质量改进（Quality Improvement，QI）

质量改进致力于增强满足质量要求的能力。质量改进的工作内容是负责可靠度的测试，制程异常的分析，新产品分析程式的制作，标准检查指导书的制作，测量仪器的校验，质量数据的分析，体系不符合的纠正措施的制定，质量方面的教育训练，等等。

（二）质量管理的意义

千方百计地提高质量已经成为当今世界关注的焦点，质量问题不仅关系到消费者的权益，更关系到企业的生存和发展。

质量管理的重要性有以下几个方面：

（1）质量是企业生存和发展的基础。在日本的企业界普遍流传这样一句话："一个企业如果不重视质量，不搞质量管理，那么这个企业将在电话簿中消失。"

（2）质量是企业信誉度的源泉，企业要想树立自己的形象和信誉，必须依靠可靠的质量而不是铺天盖地的广告。广告也许可以使企业暂时赢得市场，但从企业的长期经营来看，它并不能构成企业的核心竞争能力。

（3）质量能够提高企业的效益，增强企业竞争力。企业的产品在市场中要实现价值、获得利润，就必须使其使用价值满足消费者的需求。

（4）质量已经成为社会经济发展的重要战略因素，日本、韩国、新加坡及欧洲国家经济的迅速增长均来源于对质量的重视和不断改进。

（5）从个人的角度来看，质量是最大限度地实现自我价值的前提，也是在人才竞争中立足的前提。

三、什么是质量管理体系

（一）质量管理体系的定义

质量管理体系（Quality Management System，QMS）是指在质量方面指挥和控制组织的管理体系。质量管理体系是组织内部建立的、为实现质量目标所必需的、系统的质量管理模式，是组织的一项战略决策。

质量管理体系将资源与过程相结合，以过程管理方法进行系统管理，根据企业特点选用若干体系要素加以组合，一般包括与管理活动、资源提供、产品实现及测量、分析与改进活动相关的过程，可以理解为涵盖了确定顾客需求、设计研制、生产、检验、销售、交付全过程的策划、实施、监控、纠正与改进活动的要求，一般以文件化的方式成为组织内部质量管理工作的要求。

最具代表性、在世界上应用范围最广的是由国际标准化组织制定并发表的 ISO 9001 质量管理体系（图 1-2），从 1987 年第一版发布以来，已经更新了五个版本，目前正在实施的是 2015 版。

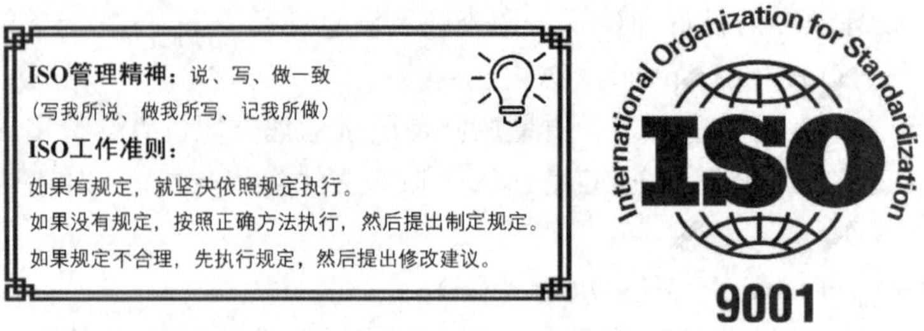
ISO管理精神：说、写、做一致
（写我所说、做我所写、记我所做）
ISO工作准则：
如果有规定，就坚决依照规定执行。
如果没有规定，按照正确方法执行，然后提出制定规定。
如果规定不合理，先执行规定，然后提出修改建议。
International Organization for Standardization
ISO
9001

图 1-2　ISO 9001 质量管理体系

（二）质量管理体系的特性

1. 符合性

想要有效开展质量管理，必须设计、建立、实施和保持质量管理体系。组织的最高管理者对依据 ISO 9001 国际标准设计、建立、实施和保持质量管理体系的决策负责，对建立合理的组织结构和提供适宜的资源负责。

2. 唯一性

质量管理体系的设计和建立，应结合组织的质量目标、产品类别、过程特点和实践经验。因此，不同组织的质量管理体系有不同的特点。

3. 系统性

质量管理体系是相互关联和作用的组合体，包括：

（1）组织结构——合理的组织机构和明确的职责、权限及其协调的关系。

（2）程序——规定到位的形成文件的程序和作业指导书，是过程运行和活动进行的依据。

（3）过程——质量管理体系的有效实施，是通过其所有过程的有效运行来实现的。

（4）资源——必需、充分且适宜的资源，包括人员、资金、设施、设备、料件、能源、技术和方法。

4. 全面有效性

质量管理体系的运行应是全面有效的，既能满足组织内部质量管理的要求，又能满足组织与顾客的合同要求，还能满足第二方认定、第三方认证和注册的要求。

5. 预防性

质量管理体系应能采用适当的预防措施，有一定的防止重要质量问题发生的能力。

6. 动态性

最高管理者定期批准进行内部质量管理体系审核，定期进行管理评审，以改进质量管理体系；还要支持质量职能部门（含车间）采用纠正措施和预防措施改进过程，从而完善体系。

7. 持续受控

质量管理体系所有过程及其活动应持续受控。组织应综合考虑利益、成本和风险，通过质量管理体系持续有效运行使其最佳化。

第二节 质量管理的发展历史

今天是历史的延续和发展，回望质量管理的发展，其与人类社会发展的趋势紧密相关。生产力是人类社会变化的最终决定力量，而物质资料的生产方式决定了生产力的发展。物质资料的生产方式总是开始于技术突破，技术的发展必然带来生产方式的变化，生产方式的变化必然使原有组织的生产模式发生变化并进一步引起人与人之间社会关系的变化，这样的变化必然导致社会结构的不稳定。为了适应这样的变化，结构制度层面必然发生变化，最后则是意识形态、文化方面的变化。在经历了以上所有变化后，人类生产组织才算完全进入到新的阶段。历史上的质量管理发展状态有如下五个阶段：质量意识萌发阶段、质量检验阶段、统计质量控制阶段、全面质量管理阶段、国际标准化质量管理阶段（图1-3）。

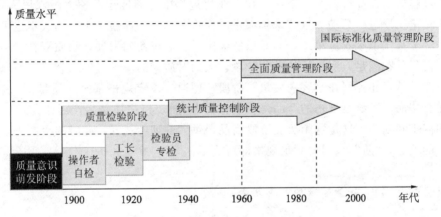

图 1-3 质量管理的发展历史阶段

一、质量意识萌发阶段

在发展过程中，人类从猿人进化为现代人，其与动物区别开来的第一个行动是主动创造生活资料。在主动创造生活资料的过程中，人类萌发了质量意识，对事物的认识从数量的多少上升到质的优劣，学会判断和选择更好的生活资料，学会使用和制造生产工具，并且发现手中工具的质量直接影响到是否能满载而归，于是他们的质量意识日益强烈。人类从此正式踏上了漫长的向往质量、追求质量和创造质量之路，也打开了人类文明的发展之门。史前的管理经验和质量实践为工业革命以来的近代管理科学发展奠定了坚实的基础。

二、质量检验阶段

20世纪初，随着工业革命的爆发和工业化大生产的出现，原有的小作坊式的生产方式已经远远不能适应生产力发展的要求，迫切需要新的管理组织方式适应科技的发展，使得科技的红利得到充分释放。此时科学管理应运而生，这对管理学和质量科学都具有划时代的意义。科学管理的奠基人弗雷德里克·温斯洛·泰罗（Frederick Winslow Taylor，

1856—1915）在米德维尔钢铁厂工作期间，发现工人没有正确的操作方法，缺乏训练和适用的工具，这些极大影响了生产效率的提升。从 1880 年起，他开始研究和实践能够提升劳动生产率的工作方法，后来逐步形成了被称为"泰罗制"的管理理论和方法，这是科学管理的发端。

泰罗制中有一条是"实行职能工长制"，也就是一个工长负责一方面的职能管理工作，细化生产过程管理，质量检验作为管理职能的一部分被分离出来，成为一项独立的工作。在同一时期，亨利·法约尔（Henri Fayol）创立的管理职能及一般管理理论，马克斯·韦伯（Max Weber）创立的"科层制"理论都对质量分工和专业化起到了重要作用，质量工作在一些企业中开始以独立部门的形式运行。

这时的质量管理工作以事后的质量检验为主，这样的质量控制方法虽然在一定程度上降低了不合格品的流出，但无法做到在生产前和生产过程中预防不良品的产生。另外，100%的检验也会造成人力资源占用率过高，对于某些破坏性检验项目则无法实现。

站在一百多年后的今天，我们很容易看到当时质量管理的不足，但它的出现是符合当时的历史环境的，原因有两个。第一，在工业化过程中，圈地运动使大量农民失去土地，他们只能走进工厂进行劳动，这带来了大量的廉价劳动力，即使是全检的成本也可以作为生产的一部分被全部吸收。第二，当时虽然经历了工业革命的发展，物质资料已经得到极大丰富，但仍处在满足人们生活必需的阶段，人们对质量的需求是够用就好。所以，人们对质量概念的认识还停留在"客观质量"阶段，即通过设定规格来定义质量，"满足规格的产品是合格品，不满足规格的产品是不合格品"，而规格往往是生产者来定的，不能反映顾客的需求和期望。这是这个历史阶段商品提供者的理性选择，此时的生产先要解决的是"量"的问题，"质"只需要满足规格即可。

 【案例 1-1】　科学管理的另类用途

泰罗开创的科学管理看似艰深，其核心原则只有两条：第一，将管理按作业流程或维度拆分为可量化的细节；第二，把操作每一个细节的效率提升到最高。泰罗制的思想精髓对今天的质量管理仍然有重大的参考价值和借鉴意义，下面我们通过"泰罗网球拍"的故事深入理解科学管理，并思考我们今天有什么质量管理方法可以在科学管理中找到影子。

泰罗是现代管理学的鼻祖，但很多人不知道他还是一名成就不小的运动员。他曾获得全美网球赛的双打冠军，还是 1900 年奥运会高尔夫球赛的第四名。

更令人称奇的是，泰罗的身体条件非常一般，也并未经过大量高强度的专业训练，他之所以能跨界取得这样的成绩得归功于他所运用的科学管理思想。他在准备参加一个比赛项目前会使用上面的两条原则，先对这个运动涉及的环节进行拆分，再对每个环节中可能提升的部分进行优化，比如，他打网球的时候，专门给自己量身设计了汤匙形状的网球拍。打高尔夫球也是一样，他结合自己的身体状况设计了一种 Y 形高尔夫球杆。也许这样的种种优化无法让他击败个别天赋异禀的天才运动员，但足以让这样一个资质平平的人跻身一流之列。

三、统计质量控制阶段

1908 年，戈赛特（William Sealy Gosset）发表了关于 t 分布的论文，这是一篇在统计学史上划时代的文章，从此拉开了现代统计分析科学的序幕。其后，英国数学家费希尔（Ronald Aylmer Fisher）提出了实验设计和方差分析的理论与方法，英国数学家皮尔逊（Karl Pearson）提出了标准差的概念、卡方检验和回归分析，为近代数量统计学奠定了坚实的基础。

与此同时，美国贝尔实验室成立了两个研究课题组，一组是休哈特（Walter A. Shewhart）领导的过程控制研究组，一组是道奇（H. F. Dodge）领导的产品控制研究组。后来，休哈特在 20 世纪 30 年代创立了统计过程控制（Statistical Process Control，SPC）理论，解决了生产过程中产品质量的监控问题。同期，道奇提出了抽样检验理论，解决了全数检验经济性和破坏性检验应用困难的问题。在第二次世界大战中，因为战争对军需物品和武器的大量需求，过程控制理论和抽样检验理论得到了广泛的应用和发展。

质量控制中大量运用统计学方法解决了质量检验阶段的诸多问题，减少了不合格品，降低了生产成本。但这种做法也存在不小的弊端。第一，统计学的掌握需要经过较长时间的学习，大多数人难以迅速掌握，这限制了统计质量控制的发展。第二，随着社会物质资料的极大丰富，人们的需求从满足基本生活发展到更高层次的要求，产生了"主观质量"的概念，这对质量检验控制和统计质量控制提出了极大的挑战，它要求商品提供者不仅仅考虑生产者，还要更多地理解顾客的需求和期望。单纯用"规格"来要求质量已经不能适应时代的发展。

即使在今天，人们对需求的把握依然存在很多争议和不足，人们过分依赖规格而非探索顾客需求源于人们对"不确定性"的恐惧。我们可以通过以下两个例子的讨论来理解规格和需求的关系，并理解质量特性和代用特性的关系。

 【案例 1-2】 质量与需求的关系

诺基亚曾是手机业当之无愧的王者，至今仍有很多人怀念诺基亚产品的"高质量"。在大家心目中诺基亚皮实、耐摔的印象非常深刻。iPhone 出现后，诺基亚的工程师对 iPhone 进行了抗摔测试，发现 iPhone 连诺基亚最基本的标准都达不到，认为其质量不合格，由此判断 iPhone 不会对诺基亚造成任何威胁，也丝毫没有重视它。iPhone 大获成功后，很多人总结诺基亚失败的原因是不重视消费者需求，但事实上，口号是"以人为本"的诺基亚比谁都重视市场调查，其大规模的市场需求调查得到了无数改进意见，比如，颜色的要求、长宽的要求、铃声的要求，诺基亚也都将其放到了自己的产品中。遗憾的是，没有市场调查显示应该取消键盘、增大屏幕占比，更没有意见要求使用电容屏。

【案例 1-3】 质量与规格的关系

某企业制造的手机在本国深受消费者好评，其规格完全符合所有国际标准，且客户也以国际标准作为接受标准。然而，该手机出口到另一国家后常常出现充电口故障。最后查到是因为本国电网稳定，电压波动范围很小，但出口国的部分地区电网极不稳定，所以造成部分手机充电时保护电路被击穿。

由此可见，真正的质量特性不是技术人员借用标准说了算的，而是来自客户的声音。至于我们平时所用的很多工具或是统计技术，这些都是为了帮助我们把握好真正的质量特性和代用特性之间的关系，所以熟练运用质量工具和统计方法确保产品质量完全符合规格的要求也不是质量管理的终点，有时候精确把握客户需求，将客户需求准确地转化成可量化、可执行的标准并不容易。

四、全面质量管理阶段

20 世纪 50 年代以来，随着全球化和工业化生产的进一步发展，人们对产品质量的要求大为提高，从满足对基本功能的要求，转变为对产品可靠性、安全性以及经济和美观等方面的全面关注。同时，管理理论上出现了"行为科学"，人的因素越来越得到重视，尤其是作为非管理者的广大员工在生产活动中的作用得到承认和发挥。以往把注意力集中于产品本身的做法已经无法满足新时代的要求，而原有的质量管理方法也已经难以解决现代生产中产生的各种质量问题，迫切需要有新的方法和理论出现。

在这样的背景下，全面质量管理应运而生。1951 年，朱兰（Joseph M. Juran）博士将当时关于质量管理的一些重要思想和论文汇编成《质量控制手册》，后来这本书风靡全球。1956 年，美国通用电气公司的费根堡姆（Armand Vallin Feigenbaum）在《哈佛商业评论》上发表了论文《全面质量控制》（*Total Quality Control*），首次提出了 TQC——全面质量管理的概念。他指出，现代产品的质量问题在技术上日益复杂，只有从系统观点出发统一计划和组织才能解决。

1961 年，费根堡姆出版了书籍《全面质量管理》。他认为，"全面质量管理是为了能够在最经济的水平上，并考虑到充分满足顾客要求的条件下进行市场研究、设计、制造和售后服务，把企业内部各部门研制质量、维持质量和提高质量的活动整合为一体的一种有效的体系"。质量管理由制造过程中的统计质量控制发展到了对满足顾客要求所必须关注的各方面的控制和管理。全面质量管理产生后，迅速地从美国传播到西方各国，其理论、技术和方法在实践中有了新的发展。

随着全面质量管理的传播，各国也纷纷开展全面质量管理。在全面质量管理运动中，成就最为突出的当属日本。日本从第二次世界大战的战败国一跃而成为世界经济强国，并能对当时美国的经济霸主地位产生严重威胁，以及最近几十年里"日本制造"成为高质量的代名词，这一切都应主要归功于全面质量管理。

全面质量管理的核心是一个"全"字，其特点可归纳为"三全一多"，"三全"是指全方位的、全过程的、全员参与的质量管理，"一多"是指质量管理的方法是多种多样的。它强调用数据说话，强调质量过程控制，强调零缺陷的质量管理。

全面质量管理的原理和推行过程,将在本书第三章详述。

五、国际标准化质量管理阶段

从 1980 年代后期开始,市场经济和多边贸易不断发展,各个国家和地区的质量意识融为一体的要求催生了质量国际化。以国际标准化组织(International Organization for Standardization,ISO)在 1987 年推出 ISO 9000 系列标准为标志,国际标准化质量管理阶段正式开启。

国际标准化质量管理的特点是:全世界贯彻一个共同遵循的质量标准,为进入国际市场获取通行证。它继承了统计质量管理和全面质量管理的理论和方法,并且增加了以下特点:

(1)以顾客为关注焦点,以满足顾客要求为目标。
(2)推行系统的过程方法,全面导入 PDCA 的管理过程。

> **小贴士**
>
> PDCA 循环是美国质量管理专家休哈特博士首先提出的,由戴明采纳、宣传,获得普及,所以又称"戴明环"。
>
> PDCA 循环的含义是将质量管理分为四个阶段,即计划(Plan)、执行(Do)、检查(Check)、处理(Act)。

随着我国改革开放的不断深入,企业之间的竞争已经不仅仅是国内竞争,而是提升到了全球化的新高度。企业强烈意识到质量认证是提高质量管理水平、增强市场竞争力的有效途径,于是,一股质量认证的热潮在中国企业间掀起。自从 ISO 9000 族标准被引入我国以来,便以其旺盛的市场生命力,迅速在我国企业中生根发芽,为我国企业质量管理工作带来了崭新的面貌。

1993 年以来,我国先后批准建立了中国质量体系认证机构国家认可委员会(CNA-CR)、中国质量认证中心(CQC)等质量认证机构。1996 年以后,我国和 17 个国家签订了质量认证互认协议,为我国企业走向世界打下了基础。

应用最为广泛的国际标准化质量管理,就是企业建立和实施 ISO 9001 质量管理体系,并通过第三方机构审核认证。通过认证,可以达到以下目的:

(1)强调以顾客为中心的理念,明确企业通过各种手段去获取和理解顾客的要求,确定顾客要求。通过体系中各个过程的运作满足顾客要求甚至超越顾客要求,并通过顾客满意度的测量来获取顾客对产品和服务满意程度的感受,以不断提高企业在顾客心中的地位,增强顾客的信心。

(2)明确要求企业最高管理层直接参与质量管理体系活动。从企业层面制定质量方针和各层次质量目标,最高管理层通过及时获取质量目标的达成情况以判断质量管理体系运行的绩效,直接参与定期的管理评审,从而掌握整个质量体系的整体状况,并及时针对体系不足之处采取措施,从企业层面保证资源的充分性。

(3)明确各职能、各层级人员的职责权限和相互关系,并从教育、培训、技能和经验等方面明确各类人员的能力要求,以确保他们是胜任的。要使全员参与到整个质量体系的建立、运行和维持活动中，以保证企业各环节的顺利运作。

（4）明确控制可能产生不合格产品的各个环节，对于产生的不合格产品进行隔离、处置，并通过制度化的数据分析，寻找产生不合格产品的根本原因，通过纠正或预防措施防止不合格产品产生或再次产生，从而不断降低企业的不良质量成本。同时，通过其他持续改进的活动来不断提高质量管理体系的有效性和效率，从而实现企业成本的不断降低和利润的不断增长。

（5）用单一的第三方注册审核代替累赘的第二方工厂审查。第三方专业的审核可以更深层次地发现企业存在的问题，通过定期的监督审核来督促企业的人员按照企业确定的质量管理体系规范来开展工作。

（6）获得质量体系认证是取得顾客配套资格和进入国际市场的敲门砖，也是企业开展供应链管理很重要的依据。

六、质量管理的发展趋势

在质量管理的发展过程中，质量的概念在不断地拓宽和深化，人们在解决质量问题时所运用的方法、手段也在不断发展和完善，而这一过程又是与科学技术的进步和生产力水平的不断提高密切相关的。随着新技术革命的兴起、知识经济时代的到来，各种挑战日益加剧，人们对质量认识的不断深入也将促进质量的迅速提高。

进入21世纪后，不仅质量管理的规模更大，更重要的是，质量被作为政治、经济、科技、文化、自然环境等社会要素中尤为重要的因素来发展。综合世界各国质量管理的发展历史和对未来的预测，今后质量管理的发展趋势有以下几个方面。

1. 质量的载体不再局限于企业的产品

随着质量管理理论和实践的不断发展，质量管理不再只针对企业产品及过程和体系或者它们的组合。质量的载体将由以制造业为主的工业企业产品向全社会的各种组织所产出的服务和产品拓展，包括医疗卫生、交通运输等行业及政府部门、金融机构等单位的产品和服务；而质量管理不仅限于生产制造过程，也将涉及设计、规划、供应、销售和服务等相关过程。

2. 质量管理的内容将向注重质量改进和质量保证转变

从内容上来看，传统质量管理的核心是通过对生产过程的控制来防止不合格产品的产生，以保证产品符合规定的质量标准。激烈的市场竞争和复杂的国际环境将促使企业在关注质量控制的同时开始注重质量改进和质量保证。企业将通过质量控制和质量保证活动，发现质量工作中的薄弱环节和存在的问题，再采取有针对性的质量改进措施，进入新一轮的质量管理PDCA循环，以不断获得质量管理的成效。

3. 质量管理在方法上将与计算机更加紧密地结合在一起

在质量管理方法方面，对质量管理的单一检验方法将发展成为各种管理技术和方法的综合应用。质量管理活动将引入更多的计算机辅助设计和制造及人工智能的应用。在自动化生产中，对产品的设计生产过程将采用一系列事先模拟和在线检测技术，取代传统的事后成品检验方法。

另外，大数据技术的应用可以取代以前的人工数据收集分析。在设定分析模型的前提下，互联网及云技术可以实现数据共享、在线分析和自动生成质量解决方案。

4. 质量管理监督主体将不只是企业和相关质检部门

传统的质量管理监督主体只是企业的质量检测人员及政府的质监部门等，随着科学技术的飞速发展及网络和计算机等科技产品的普及，质量监督的主体、形式都将更加丰富。企业内部的质量监督不再局限于专业质检人员，而是全员参与；企业外部的政府监督、行业监督和社会监督将会发挥更多的积极作用。质量管理将会更加公开和透明。

5. 质量管理的空间范围将朝着国际化发展

以信息技术和现代交通为纽带的全球一体化潮流正在迅速发展，各国经济的依存度日益加强。其中，生产过程和资本流通的国际化，是企业组织形态国际化的前提；技术法规、标准及合格评定程序等，是质量管理的基础性、实质性内容，采用国际通用的标准和准则，传统的质量管理必然跨越企业和国家的范围而走向国际化。全球出现的 ISO 9000 热及种类繁多、内容广泛的质量认证制度得到市场的普遍认同，也从一个侧面展现了质量管理的国际化。

第三节 质量大师的质量观

处在这个信息爆炸的时代，信息呈几何级数增长，我们常常应接不暇。但回顾历史，来自源头的核心知识并不多，这样的知识往往具备足够大的影响力，以至于影响一个学科甚至历史的走向。在质量管理发展的过程中，出现了多位泰山北斗式的人物，他们总结并发展了质量管理的理论，进而形成了自己的质量管理哲学思想和体系，不断刷新着人们对质量管理的认知，后期的各种国际标准、质量体系中的核心思想均来源于此。从宏观上了解质量大师的质量观对我们深入理解质量有着巨大的帮助，本书后面章节将要讲到的很多质量工具和方法都是以这些质量哲学为基础的。本节简要介绍休哈特、戴明、朱兰、克劳士比、石川馨、田口玄一的质量观。

一、统计质量控制之父——休哈特

沃特·阿曼德·休哈特（Walter A. Shewhart，1891—1967，图 1-4）出生于美国伊利诺伊州的新坎顿，1917 年获得加州大学伯克利分校的物理学博士学位，1918—1924 年在西方电气公司（Western Electric）任工程师，1925—1956 年任贝尔实验室研究员，期间曾先后在伦敦大学、斯蒂文斯理工学院、美国农业部研究生院和印度讲学。休哈特基于对西方电气公司所制造产品的特性变异的关注和对抽样结果的研究，创立了统计过程控制（SPC）理论。1924 年 5 月 16 日，他绘制了世界上第一张控制图。1931 年，他出版经典著作《工业产品质量的经济控制》，并将控制图应用在西方电气公司霍桑工厂的保险丝、加热控制和电站装置的生产上。休哈特的主要贡献有两项。

1. 统计过程控制理论

休哈特在研究中观测到，自然界及工业产品中的所有事物都会发生变异，他认为研究这些变异并减少变异是质量改进的主要手段。虽然不存在完全相同的两件事物，但大量的观测会形成可预测的形态，他总结出两条重要的原理：

（1）变异是不可避免的。

（2）单一的观测几乎不能构成客观决策的依据。

休哈特主张用链状图来观测数据，他进一步指出存在两类引起变异的原因：偶然原因和系统性原因。这奠定了统计过程控制的理论基础。

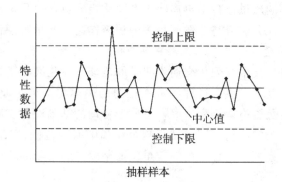

图1-4　沃特·阿曼德·休哈特与他的控制图

2. PDCA循环

休哈特的另一个重大贡献是提出 PDCA（计划—执行—检查—处理）循环。这个方法被戴明等人广泛应用，至今仍然是质量管理中最经典的持续改进管理模式和思维方式。PDCA的内容将在第二章中得到详述。

二、日本战后崛起的功臣——戴明

威廉·爱德华兹·戴明（William Edwards Deming，1900—1993，图1-5）出生于美国艾奥瓦州，1928年获耶鲁大学物理学博士学位。

戴明博士的贡献可分为三个阶段。

1. 对美国初期SQC推行的贡献

戴明对美国的统计质量控制（SQC）的基础奠定及推广有莫大的贡献。在为美国政府服务期间，戴明为人口调查而开发新的抽样法，并证明统计方法不但可应

图1-5　威廉·爱德华兹·戴明

用于工业，在商业方面亦有用。到了第二次世界大战期间，他建议军事有关单位的技术员及检验人员等都必须接受统计质量管理方法的培训，并将SQC应用到工业以外的住宅、营养、农业、水产、员工的雇用方面，使得SQC的涉及面极为广泛。

2. 对日本质量管理的贡献

1947年开始，戴明多次访问日本，在长达近40年的时间里讲授质量管理课程，帮助听众理解统计质量控制在制造业中的重要性，对统计质量控制在日本的发展和深化起了巨大的推动作用。戴明在日本大力推广休哈特提出的 PDCA 循环，取得了丰硕的成果。所以，在日本，人们也把 PDCA 循环称为"戴明环"。为了促进日本质量管理的发展，纪念戴明对日本的友好和贡献，日本科技联盟于1951年设立了戴明奖。

3. 对全世界推行TQM的贡献

戴明对日本指导质量管理的成功让美国人惊醒：原来日本工商经营成功的背后竟然是一位美国人居功最大。由此，美国人开始对戴明博士另眼看待。1980年6月24日，美国

全国广播公司(NBC)播放了举世闻名的纪录片《日本能,为什么我们不能?》,使戴明博士一夜成名。美国企业家开始重新研究戴明的质量管理经营理念,特别是戴明在世界各地演讲中反复强调的"戴明十四条"(Deming's 14 Points)。"戴明十四条"奠定了盛行迄今的全面质量管理(TQM)的基础,其具体内容如下:

(1)持之以恒地改进产品和服务。要努力保持竞争性,做长期经营打算,提供就业机会。

(2)采用能应对竞争的新观念。

(3)停止依靠大规模检查去获得质量。靠检查去提高质量,无效而且昂贵。

(4)结束只以价格为基础的采购习惯,可以减少整体成本开支。没有质量的低价格是没有意义的。

(5)持之以恒地改进生产和服务系统。改进质量和生产能力,可持续减少成本。

(6)实行岗位职能培训。确认每个人有技能和知识去做好目前的工作。

(7)建立领导力企业管理。经理的工作不是监督,而是用领导力来领导。管理的目标是帮助人、机器和设备更好地完成工作。

(8)排除恐惧,使每一个员工都可以为公司有效地工作。

(9)打破部门之间的障碍。部门间要用合作代替竞争,推倒围墙。

(10)取消对员工的标语训词和告诫。对员工的信任是实现目标的基础。

(11)取消定额管理和目标管理,重视对过程质量的控制。

(12)消除打击员工工作情感的考评。管理人员的责任必须从单纯的数字目标转化到质量。

(13)鼓励学习和自我提高,使员工适应组织内部和外部的各种变化。

(14)采取行动实现转变,推动全体员工参与组织的改善和变革。

由以上可知,戴明博士不但具有学问上的成就,对世界各国质量管理的推动更有功不可没的伟大贡献,也称得上是质量管理的一代宗师了。

三、质量管理集大成者——朱兰

约瑟夫·M. 朱兰(Joseph M. Juran,1904—2008,图 1-6)出生于罗马尼亚,1912 年随家庭移民美国,1917 年加入美国国籍,曾获电力工程和法学学位。在其职业生涯中,他做过工程师、企业主管、政府官员、大学教授、劳工调解人、公司董事、管理顾问等。1951 年,第 1 版《朱兰质量控制手册》(*Juran Quality Control Handbook*)出版,为他赢得了国际威望。朱兰的主要贡献有三项。

1. 质量管理三部曲

《质量管理三部曲》是质量大师朱兰博士在 82 岁时发表的一篇论文,其副标题为"一种普遍适用的质量管理方法",即质量策划、质量控制和质量改进三个过程组成的质量管理,被称为"朱兰三部曲"(Juran Trilogy)或"质量三元论"(Quality Trilogy)。

图 1-6　约瑟夫·M. 朱兰

(1)第一步:质量计划(Quality Planning)。制定质量目标并规定必要的运行过程和相关资源以实现质量目标。这一步是为了建立有能力满足质量标准化的工作程序,是必不可少的。

(2) 第二步:质量控制(Quality Control)。制定和运用一定的操作方法,以确保各项工作过程按原设计方案进行并最终达到质量目标,是"三部曲"中的重要环节。

(3) 第三步:质量改进(Quality Improvement)。质量改进是指管理者通过打破旧的平稳状态而达到新的管理水平。更合理和有效的管理方式往往是在质量改进中被挖掘出来的。

朱兰质量管理三部曲的实施过程和内容如表 1-2 所示。

表 1-2 朱兰质量管理三部曲的内容

步骤	一、质量计划	二、质量控制	三、质量改进
实施内容	① 确定顾客;② 明确顾客要求;③ 开发具有满足顾客需求特征的产品;④ 确立产品目标;⑤ 开发流程达到产品目标;⑥ 证明流程能力。	① 选择控制点;② 选择测量单位;③ 设置测量;④ 建立性能标准;⑤ 测量实际性能;⑥ 分析标准与实际性能的区别;⑦ 采取纠正措施。	① 确定改进项目;② 组织项目团队;③ 发现原因;④ 找出解决方案;⑤ 证明措施的有效性;⑥ 处理文化冲突;⑦ 对取得的成果采取控制程序。

"朱兰三部曲"中的三个步骤既有各自的目标,又相互联系。它作为一个实现质量管理目标的成功阶梯,还需要一些辅助条件才能有效地施行,如要有积极向上的领导力和组织环境对质量管理的有力支持等。

2. 让世界重新发现二八定律

120 多年前(1897 年),意大利经济学家维尔弗雷多·帕累托(Vilfredo Pareto, 1848—1923)偶然对 19 世纪英格兰地区财富与收入的分配模式进行分析之后发现,在抽样调查的人群里,少数人占有了大部分的收入和财富,大致上 80% 的财富掌握在 20% 的人手里,可以简称为 80/20 法则,中国人喜欢称之为二八定律。帕累托当时非常兴奋,他认为这是一个重大的发现,对全人类、全社会都有非常重大的意义。可惜当时社会反响寥寥,后来连他自己也失去了热情。

过了 50 多年,20 世纪最伟大的质量管理理论先驱朱兰重新发现了二八定律。他在 1951 年出版的著作《质量控制手册》中提出,质量问题往往取决于很少的一部分因素,如果集中精力处理好这些因素,就可以低成本高效率地规避失误。也就是说,决定产品质量的因素可以分为两类:"少数重要因素"和"多数琐碎因素"。用二八定律表达就是:20% 的重要因素决定 80% 的质量问题。

到了 20 世纪 60 年代,"帕累托法则"在日本、美国和欧洲已经人人皆知,工程师和计算机专家也开始在工作领域中广泛应用这个法则。

3. 朱兰质量螺旋曲线

"质量螺旋"是朱兰博士提出的另一个关于质量控制的重要理论。朱兰认为,为获得产品的最佳使用效果,需要进行一系列相关的质量管理活动。这些活动主要包括市场调查、开发设计、计划采购、生产控制、检验、销售、反馈等各个环节。同时,这些环节又在整个过程周而复始的循环中螺旋式上升。因此,"质量螺旋"也可被称为"质量进展螺旋"。

质量螺旋曲线是一条螺旋式上升的曲线（图1-7），反映了产品质量形成的客观规律，是质量管理的理论基础，对于现代质量管理的发展具有重大意义。

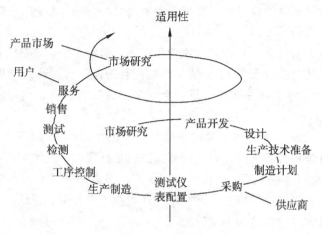

图1-7 朱兰质量螺旋曲线

四、"零缺陷"理论的提出者——克劳士比

菲利浦·克劳士比（Philip Crosby，1926—2001，图1-8）出生于美国西弗吉尼亚州的惠灵市。克劳士比的职业生涯始于一条生产线的品管工作。当时，他尝试用多种方法向主管说明他的理念：预防更胜于救火。他先后任职的公司包括：1952年于克罗斯莱公司（Crosley），1957年至1965年于马丁·玛丽埃塔公司（Martin-Marietta），以及1965年至1979年于国际电报电话公司（ITT）。在担任玛丽埃塔公司的质量经理时，克劳士比曾经提出"零缺陷"（Zero Defects）的观念与计划，并因此于1964年获得美国国防部的奖章。

图1-8 菲利浦·克劳士比

克劳士比被美国《时代》杂志誉为"最伟大的管理思想家""零缺陷之父""世界质量先生""品质大师中的大师"。他终身致力于"质量管理哲学"的发展和应用，从而引发全球质量活动由生产制造业扩大到工商服务领域。1979年，他辞去国际电报电话公司的副总裁职务，在佛罗里达创立了PCA公司（Philip Crosby Associates，Inc.）和克劳士比质量学院（Crosby Quality College），并在其后的十年时间里把该学院发展成为一家在世界32个国家用16种语言授课、全球最大的上市质量管理与教育机构。

在半个多世纪中，克劳士比是质量管理领域内被引用得最多的作者之一。克劳士比在全球出版了15本畅销书，他的著作被公认为是质量与管理科学中最好的著作，其中《质量免费》（Quality is Free）由于引发了一场美国以及欧洲的质量革命而备受称赞，该书的销量已超过250万册，被译成16种文字。哈佛商学院、沃顿商学院、耶鲁大学的管理学院等专门开设了"克劳士比管理哲学"（Crosbyism）课程，传播其"第一次就做对"理念，并掀起了一个时代自上而下的"零缺陷"运动。

克劳士比的四条质量管理定理，旨在解释改进质量管理的4个基本概念：① 质量的定义；② 质量系统的构成；③ 质量的工作标准；④ 质量的评价标准。

1. 定理一：质量就是合乎标准

克劳士比对质量的解说就是符合要求，而不是好。"好""卓越""美丽""独特"等术语都是主观的和含糊的。

一旦质量被定义为符合要求，则其主观色彩随之消散。任何产品、服务或过程只要符合要求就是有质量的产品、服务或过程。如果不能符合要求，就会产生不符合要求的结果，"我们依据这个标准去评估表现，不符合就是没有质量，所以质量问题就是合不合标准的问题"。

2. 定理二：以防患未然为质量管理制度

预防是质量管理最为需要的，而"所谓预防，是指我们事先了解行事程序而且知道如何去做"，它来自我们对整个工作过程的深切了解，知道哪些是必须事先防范的，并应尽可能找出每个可能发生错误的机会。这一定理认为检查、分类、评估都只是事后弥补，因而"提升质量的良方是预防，而不是检验"。

3. 定理三：工作标准必须是零缺陷

工作标准必须是零缺陷（Zero Defects），而不是"差不多就好"（Close enough is good enough）。而零缺陷的工作标准则意味着我们每一次和任何时候都要满足工作过程的全部要求，追求"第一次就把事做对"。克劳士比进而认为，酿成错误的因素有两种：缺乏知识和漫不经心。知识是能估量的，也能经由经验和学习而充实改进；但是，漫不经心是一个态度的问题，唯有经由个人彻底地反省觉悟，才有可能改进。任何一个人只要决意小心谨慎、避免错误，便已向零缺陷的目标迈进一大步。

4. 定理四：以"产品不合标准的代价"衡量质量

质量是用不符合要求的代价（Price of Nonconformance，PONC）来衡量的。

通过浪费的钱财、时间、努力、材料等来衡量质量，能产生用来努力引导改进并衡量改进成果的金钱数字，这里主要是认识到质量成本，尤其是"不符合要求的花费成本"。所谓"不符合要求的花费成本"，是指所有做错事情的花费，这些花费累计起来是十分惊人的。而"符合要求的花费"，包括大部分专门性的质量管理、防范措施和质量管理教育等，即为了把事情做对而花费的成本，相对来讲并不昂贵，并能取得巨大效益的回报。

五、品管圈（QCC）之父——石川馨

石川馨（Ishikawa Kaoru，1915—1989，图 1-9）出生于日本，1939 年毕业于东京大学工程系，主修应用化学，1947 年在大学任副教授，1960 年获工程博士学位后被提升为教授。

1. QCC 运动倡导者

石川馨有一句 20 世纪 60 年代初期日本"质量圈"运动的最著名的倡导者，被称为 QCC 之父、日本式质量管理的集大成者。

石川馨的《质量控制》（*Quality Control*）一书获"戴明奖""日本 Keizai 新闻奖""工业标准化奖"。1971 年，其质

图 1-9　石川馨

量控制教育项目获美国质量控制协会"格兰特奖章"。1981年,他在纪念日本第1 000个质量控制小组大会的演讲中描述了他的工作是如何将他引入这一领域的。"我的初衷是想让基层工作人员最好地理解和运用质量控制,具体说是想教育在全国所有工厂工作的员工;但后来发现这样的要求过高了,因此,我想到首先对工厂里的领班或现场负责人员进行教育。"

1968年,石川馨出版了一本为质量控制小组成员准备的非技术质量分析课本——《质量控制指南》(Guide to Quality Control)。

石川馨的名字是与戴明和朱兰访日后1955—1960年发起的"全面质量控制"运动相联系的。在该运动的影响下,日本从高层管理人员到底层员工都形成了质量控制的观点。质量控制的概念和方法可用于解决生产过程中出现的问题;用于进料控制和新产品设计控制;用于帮助高层管理人员制定和贯彻政策;用于解决销售、人员、劳动力管理和行政部门问题。此项运动之中还包括质量审核——内部审核和外部审核。

2. 闪光智慧的石川图

在石川馨的学说中,他强调有效的数据收集和演示。他以促进质量工具如帕累托图和因果图(石川图或鱼骨图)用于优化质量改进而著称。他认为因果图和其他工具一样都是帮助人们或质量管理小组进行质量改进的工具。也因为如此,他主张公开的小组讨论与绘制图表有同等的重要性。石川图作为系统工具是有用的,可以用它查找、挑选和记录生产中质量变化的原因,也可以使各原因之间的相互关系有条理。

石川馨有一句至理名言:"标准不是决策的最终来源,客户满意才是。"他认为推行日本的质量管理是经营思想的一次革命,其内容可被归纳为6项:① 质量第一;② 面向消费者;③ 下道工序是顾客;④ 用数据、事实说话;⑤ 尊重人的经营;⑥ 机能管理。

六、品质工程的奠基者——田口玄一

田口玄一(Genichi Taguchi,1924—2012,图1-10)出生于日本,1942—1945年服务于日本海军水路部天文科,接着在公共卫生与福利部及教育部的统计数学研究所工作。

1950年,他加入日本电话与电报公司新成立的电子通信实验室,在此他训练工程师使用有效的技巧来提升研发活动的生产力。田口在该实验室待了超过12年的时间,于此期间他逐渐发展了自己的方法。

1957—1958年,田口为一般工程师出版《实验设计》一书。1962年,田口获得日本九州大学博士学位。1980年,美国贝尔实验室将其"三次设计法"的思想引入美国。田口被称为"质量工程之父"和"田口方法"创始人,他同时也是戴明奖获得者。

图1-10　田口玄一

1. 质量损失原理

与传统的质量定义不同,田口博士认为产品的质量应该是:产品出厂后避免对社会造成的损失,用"质量损失"对产品质量进行定量描述。"给社会带来的损失"包括直接损失(如空气污染、噪声污染等)和间接损失(如顾客对产品的不满意及由此导致的市场损失、销售损失等)。质量特性值偏离目标值越大,损失越大,即质量越差;反之,质量就越好。田口方法通过调整设计参数，使产品的功能、性能对偏差的起因不敏感，以提高产品自身的抗干扰能力。为了定量描述产品质量损失，田口提出"质量损失函数"的概念，并以信噪比来衡量设计参数的稳健程度。由此可见，田口方法是一种聚焦于最小化过程变异或使产品、过程对环境变异最不敏感的实验设计，是一种能设计出环境多变条件下稳健和优化操作的高效方法。

2．"三次设计法"的理论

田口提出的"三次设计法"，即分三个阶段对产品质量进行优化：

系统设计（一次设计）：应用科学理论和工程知识对产品功能原型进行设计开发，这一阶段完成了产品的配置和功能属性的设置，其主要目的是确定产品的主要性能参数、技术指标和外观形状等重要参数。

参数设计（二次设计）：在系统结构确定后进行参数设计。这一阶段以产品性能优化为目标确定产品参数水平及配置，使工程设计对干扰源的敏感性最低。

容差设计（三次设计）：参数设计完成后，就可以进一步确定零部件的容差，容差设计的目的是确定各个参数容许的误差大小。在一个系统中，由于结构不同，各个参数对系统输出特征的影响也不同，容差设计的基本思想就是对影响大的参数给予较小的公差值，对影响小的参数给予较大的公差值，从而保证在确保系统质量的前提下成本最小。

 思考练习

1．如何理解与质量相关的术语：质量、实体、特性、要求？
2．质量管理的内涵是什么？
3．做好质量管理的意义何在？
4．质量管理体系的特征有哪些？
5．简述质量管理的发展历史。
6．如何理解克劳士比的四条质量管理定理？
7．"朱兰质量管理三部曲"包含什么内容？

第二章 质量管理的基本方法

学习目标

1. 熟悉质量管理的基本理念。
2. 掌握常用的质量管理方法。
3. 掌握收集数据的方法及相应的分析步骤。
4. 了解质量管理的循环提升知识。
5. 掌握不良问题分析和解决方法。

导入案例

学生宿舍住宿人际关系管理

问题现状：2019 年 5 月，小丽（化名）所在的寝室面临调整，小丽从原先的混合寝室被安排至本班寝室。同寝室的小红（化名）等三位室友得知以后要与小丽同住表示坚决反对，原因是听说过小丽以前生活散漫，个人卫生情况不太理想，晚上时常熬夜，影响室友的日常生活和寝室卫生评比。所以，三位室友一致要求不与小丽同住。小丽得知自己被人非议后十分不快，与这三位室友关系恶化。

事实调查：得知此事后，老师及时到小红和小丽所在寝室、班级了解情况，发现原寝室其他五名同学为同班同学，上课时间和生活作息比较一致，小丽自律意识不强，个人卫生习惯不好，其他人对她有些意见。同时，老师找到小丽的一些同学，了解到她性格活泼、脑筋灵活，但是不愿意花太多时间在学习上。

原因分析：老师单独与小丽谈话后发现，她已意识到自己影响了其他室友休息，也认为自己因懒惰而对学习和生活放松要求是不对的。然后，老师与小红等三名同学谈话，了解到她们主要的顾虑来自小丽原先室友对她评价不太好，作为同班同学，她们也认为小丽在学习上不思进取，担心自己未来的学习和生活受到负面影响。通过查找小丽的资料，老师分别与小丽、小丽原先的室友、小红等同班同学谈话，得知，小丽是家中独生女，父母都在外打工，她便在农村的爷爷奶奶家长大，由于老人的溺爱，形成了以自我为中心的习惯；小丽性格外向，热爱运动，广交朋友，曾参加学院的篮球比赛，但后来没有坚持训练；小丽平时与本班同学的互动较少，比较自我，不太顾及别人感受，自我约束力不强。

整改方案：老师随后找到小红等三名同学，及时安抚她们的情绪，跟她们解释小丽被人误解的原因，并鼓励她们重新认识小丽，要学会换位思考，提高人际沟通的技能，相信她们可以和小丽和睦相处。小红等三名同学表示愿意给自己和小丽一次机会，尝试着和小丽相处看看。小丽表示，自己也很想和本班同学搞好关系，也承认了自己之前的行为有些欠妥，会逐渐改正自己的不良习惯，与大家友好相处。

实施和效果：小丽与小红等同住以后，相处融洽，报名了当年的寝室设计大赛。她们一起布置寝室，小红等三名室友对小丽的能力非常认可，并推荐她作为寝室特色的主讲人，最终获得院赛第二名的好成绩。

（案例来源：刘明敏，钟秉谕. PDCA 管理模式在大学生寝室人际关系中的应用——基于实际工作案例的分析 [J]. 文教资料，2018（05）：179-180.）

【案例思考】

1. 小红不愿和小丽同住，问题的根源是什么？
2. 老师采用了哪些管理步骤进行改善？
3. 改善的过程和结果可以采用哪些手法实施？

第一节　PDCA 循环

一、PDCA 循环的概念

（一）PDCA 循环的来源

PDCA 循环又叫质量环，是管理学中的一个通用模型，最早由休哈特于 1930 年代构思提出，后来被美国质量管理专家戴明博士在 1950 年代再度挖掘出来，并加以广泛宣传和应用于持续改善产品质量的过程，所以又被称为"戴明环"。

全面质量管理的思想基础和方法依据就是 PDCA 循环。PDCA 循环的含义是将质量管理分为四个阶段，即计划（Plan）、执行（Do）、检查（Check）、处理（Act）。在质量管理活动中，要求各项工作按照"做出计划→实施计划→检查实施效果→将成功的纳入标准，不成功的留待下一循环去解决"的方法进行。这是质量管理的基本方法，也是企业管理各项工作的一般规律。

（二）PDCA 循环的含义

P（Plan）——计划：根据任务的目标和要求，制订科学的计划。

D（Do）——执行：实施计划。

C（Check）——检查：检查计划实施的结果与目标是否一致。

A（Act）——处理：对检查的结果进行处理，对成功的经验加以肯定并适当推广、标准化，对失败的教训加以总结，将未解决的问题放到下一个 PDCA 循环里。

（三）PDCA 循环的适用领域

PDCA 循环的精神是发现、改善各种管理困难。循环理论存在于所有领域，大至企业的策略管理、环保污染管理，小到部门的项目管理、教育训练、自我管理等。它被人们持续地、正式或非正式地、有意识或下意识地运用到自己所做的每件事和每项活动中。

（四）PDCA 循环的阶段和步骤

一个 PDCA 循环一般都要经历 4 个阶段（图 2-1）、8 个步骤（图 2-2）。

图 2-1　PDCA 循环的 4 个阶段

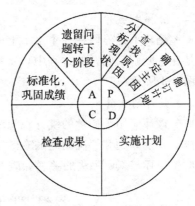

图 2-2　PDCA 循环的 8 个步骤

PDCA 循环的 8 个步骤具体如下：

（1）分析现状，发现问题。

（2）分析问题中的各种影响因素，查找原因。

（3）确定影响问题最主要的原因。

（4）针对主要原因，可以通过使用 5W1H 的方式来制订解决问题的方案即计划。

① Why——为什么要制订这个计划？

② What——该计划需要达到什么目标？

③ Where——该计划在何处执行？

④ Who——该计划由谁负责执行？

⑤ When——该计划什么时间完成？

⑥ How——通过什么方式执行？怎样执行？

（5）执行，按计划的要求去做。

（6）检查，把执行结果与要求达到的目标进行对比。

（7）标准化，把成功的经验总结出来，制定相应的标准。

（8）把没有解决或新出现的问题转入下一个 PDCA 循环中去解决。

二、PDCA 循环的特点

（一）大环 PDCA 带小环 PDCA

PDCA 类似行星轮系。一个企业或组织的整体运行的体系与其内部各子体系的关系，是大环带小环的有机逻辑组合体，如图 2-3 所示。

PDCA 循环中的 A 是关键环节。若没有此环节，已取得的成果无法巩固，人们的质量意识可能没有明显提高，也提不出上一个 PDCA 循环的遗留问题或新的质量问题。所以，应特别关注 A 阶段。

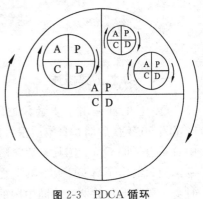

图 2-3　PDCA 循环

（二）阶梯式上升

PDCA 循环不是停留在一个水平上的原地踏步的循环，而是在不断解决问题的过程中，水平逐步上升的循环，如图 2-4 所示。

（三）统计的工具

PDCA 循环应用了科学的统计观念和处理方法，是推动工作、发现问题和解决问题的有效工具。

PDCA 循环与 QC 手法的关联如表 2-1 所示。

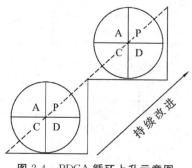

图 2-4　PDCA 循环上升示意图

表 2-1　PDCA 循环与 QC 手法的关联

阶段	步骤	工具或方法
P	1. 分析现状，发现问题	排列图、直方图、控制图
	2. 分析各种影响因素，查找原因	因果图
	3. 找出影响问题最主要的原因	排列图、散布图
	4. 针对主要原因，制订计划	5W1H： 为什么制订该计划（Why） 要达到什么目标（What） 在何处执行（Where） 由谁执行（Who） 什么时间完成（When） 如何完成（How）
D	5. 执行、实施计划	调查表、控制图
C	6. 检查计划执行结果	排列图、直方图、控制图
A	7. 总结成功经验，制定相应标准	制定或修改工作规程，检查规程及其他相关规章制度
	8. 把未解决或新出现的问题转入下一个循环	排列图、因果图

第二节　QC 七工具

一、QC 七工具概述

QC 七工具是用于质量数据统计的管理手法，分为旧 QC 七工具和新 QC 七工具。20 世纪 50 年代后期，日本质量大师石川馨博士在日本推行全面质量管理（TQM）的过程中总结出了旧 QC 七工具。后来随着质量控制技术的发展，在 1979 年，日本科技联盟的专家们归纳出了新 QC 七工具。之所以都用"七工具"的称呼，是因为古代日本武士出征时身上要带七种武器，如同中国的十八般武艺一样，寓意能果断高效地解决问题。

旧 QC 七工具以表格、图形等直观的方式进行数据统计，主要针对问题发生后的改善，其内容是：检查表、层别法、特性要因图（因果图）、排列图（柏拉图）、散布图（相关图)、直方图、控制图,简称"一表一法五图",是本节具体介绍的内容,见表2-2。

表2-2　QC七工具组成内容

一表	一法	五图
检查表	层别法	特性要因图、排列图、散布图、直方图、控制图

新QC七工具从逻辑思维的角度来分析数据之间的关联,主要强调在问题发生前进行预防和决策,其内容是:关联图、系统图、KJ(亲和图)法、PAPC(过程决策程序图)法、矩阵图、矩阵数据分析法、箭头图。新QC七工具的应用基本上局限于PDCA的P阶段。

需要说明的是,无论新旧QC七工具,在解决质量问题时,都不是孤立的,而是要结合PDCA过程,考虑各种工具的综合应用效果。

二、QC七工具的用法

(一)检查表

【案例2-1】

小张原是位稻农,家里世代务农。随着时代进步,现代人吃米的机会愈来愈少,加上我国台湾加入世界贸易组织(WTO)后,外国进口米使得台湾地区稻米价格下跌,因此,小张内心一直挣扎要不要再种稻子了。可是,小张从小就喜欢吃米食,奶奶和妈妈甚至他的老婆都很会做米食,举凡客家菜包、碗粿和粽子等都是他百吃不厌的食物。如果放弃种稻,不只是放弃一项生计,似乎也是在和他的记忆说再见。

有一天,小张的朋友老杨从台北来,吃了客家菜包,直嚷好吃,还问小张怎么不拿到市场卖。小张想想也对,麦当劳可以做得如此成功,为什么客家菜包就不行?于是,他在所属的产销班内找了几个好朋友,成立了客家米食加工中心,将产销班所生产的稻米和蔬菜进行加工,做成客家菜包、碗粿和粽子等米制品到市场上卖。

加工中心一开始都是以人工为主,小张的妈妈找了几位手艺精湛的老邻居来帮忙。不过,手工做的速度实在赶不上卖的速度,于是,一段时间后,小张开始购买搅拌机、包装机等机器加入生产。虽然市场销路好像不错,但仍与小张的期待有相当大的差距。那天,老杨来访,小张趁机向这位学品管的朋友请教。老杨要小张先把相关的资料拿出来,并一一分析给他听。

从小张提供的资料可以看出,虽然小张的客家米食加工中心引用机械生产后,产能可以大增,但各种产品的平均年产量仍低于最大产能(表2-3)。现代消费者对传统客家米食产品的认识也不如对"麦当劳""肯德基"多,产品近八成销往新竹地区(表2-4),市场拓展不易。这种现况与理想状况产生差距,也就是产生了"问题",因此,就需要有一套方法去解决它,而第一个步骤就是搜集数据。

表 2-3　产量表

产品种类	平均年产量/个	最大产能/个
包子类	72 000	108 000
粽类	18 000	24 000
碗粿	30 000	36 000
糕类	60 000	90 000

表 2-4　销量通路

项目	地区	占总销量比例/%
1	新竹区	76
2	台北区	10
3	桃园区	10
4	台中区	4

【案例 2-2】

接案例 2-1：老杨根据小张提供的数据，将客家米食加工中心所生产的 19 项产品分为包子类、糕类、碗粿、粽类、麻薯、米粉和汤圆 7 大项，再利用平均月销售量及售价，制成销售金额检查表，如表 2-5 所示。

表 2-5　月销售检查表

项次	产品种类	项目（细项）	平均月销售量	平均售价/元（新台币）	小计/元（新台币）	合计/元（新台币）
1	包子类	客家菜包	3 000 个	20	60 000	120 000
		艾草菜包	3 000 个	20	60 000	
2	糕类	九层糕	1 000 个	20	20 000	100 000
		米糕	1 000 个	20	20 000	
		芋头糕	1 000 个	20	20 000	
		艾草糕	2 000 个	20	40 000	
3	碗粿	甜碗粿	900 个	18	16 200	45 000
		咸碗粿	1 200 个	18	21 600	
		素碗粿	400 个	18	7 200	
4	粽类	传统肉粽	650 个	24	15 600	33 000
		粄粽	500 个	18	9 000	
		素粽	350 个	24	8 400	
5	麻薯	麻薯	500 个	20	10 000	31 000
		传统客家米粑	350 碗	60	21 000	
6	米粉	纯米米粉	300 碗	35	10 500	29 000
		蔬菜米粉	200 碗	35	7 000	
		芋头米粉	200 碗	35	7 000	
		肉燥米粉	300 碗	15	4 500	
7	汤圆	汤圆	500 碗	50	25 000	25 000
合　计						383 000

1. 检查表

检查表也叫调查表、核对表或点检表，是一种为了便于搜集和整理数据而事先设计制成的空白统计表，在实际应用时，只要在相应的栏内填写上数据（或记号）即可。

2. 检查表法

检查表法是利用检查表进行数据的搜集、整理和粗略的原因分析的一种质量管理方法。检查表法使用简单且易于理解的标准化表格或图形，使用人员只须填入规定的检查记录，再加以统计整理，即可提供量化的分析或比对。

3. 检查表的种类

（1）点检用检查表（俗称点检表）。

点检表主要用于确认作业实施、机械设备实施的情形，或为预防发生不良情况或事故，在确保安全时使用。这种点检表把非做不可、非检查不可的工作或项目按点检顺序列出，逐一点检并记录，如设备点检表、温度点检表、湿度点检表、内部审核检查表等。此类点检表的作用主要是确认检查作业过程中的状况，以防止作业疏忽或遗漏。

（2）记录用检查表。

记录用检查表主要用于不良原因和不良项目的记录，是以符号、记号或数字记录的表格或图形。这类检查表的主要功用在于根据收集的数据调查不良项目、不良主因、工程分布、缺点位置等情形。必要时，对收集的数据要予以分类处理。由于常用于作业缺陷、品质不良等记录，这类检查表也称为改善用检查表。常见的记录用检查表有不合格品项目检查表、缺陷位置检查表、质量分析检查表等。

4. 检查表的制作方法

（1）点检用检查表的制作方法。

① 列出每一个需要调查的项目。

② 确定非调查不可的项目，如非执行不可的作业、非检查不可的事项等。

③ 有顺序要求时，应注明序列号，依序列排列。

④ 如可能，尽量将机器别、机种别、人员工序别等加以分层，以利于分析。

⑤ 检查一下，如有不符合要求的地方，要改善后才可作为正式表格应用。

（2）记录用检查表的制作方法。

① 确定希望把握的项目及所要收集的数据。在执行此步骤时，应该借鉴相关人员过去累积的经验及知识，最佳的方法是召集部门内所有人共同参与，集思广益，以免遗漏某些重要项目。

② 决定调查表的格式。

③ 决定记录的方式，具体有以下几种方式：

a. "正"字记号，运用频率极高，一般较常采用。

b. "+++++"棒记号，多应用于品质管理，如频数分布表等。

c. "○""△""√""×"等图形记录。

④ 确定收集数据的方法：由什么人收集、期间多久、采用什么检查方法等。

5. 检查表的制作要点

检查表的制作，可任意配合需求目的做更改，故没有特定的形式，但仍有几项重点是制作时应特别注意的：

（1）并非一开始即要求完美，可先行参考他人的例子，模仿出新的，使用时如有不理想再进行改善。

（2）越简单越好，以便于记录、看图，以最短的时间将现场的资料记录下来。

（3）一目了然，检查的事项应清楚陈述，使记录者在记录问题的同时即能明了所登记的内容。

（4）以团队的方式集思广益，切记不可遗漏重要项目。

（5）设计不会令使用者记录错误的检查表，以免影响日后统计分析作业的真实性。

（二）层别法

【案例2-3】

接案例2-2：老杨依包子类、糕类、碗粿、粽类、麻薯、米粉和汤圆7大项，将相关销售金额列在所归类的项目之下而制作出来的表格就是检查表。检查表就是以简单的数据，用容易理解的方式制成的图形或表格。只要记上检查记号，并加以统计整理，就是层别表。层别表可作进一步分析或核对、检查之用，见图2-5。

图2-5 销售层别表

1. 层别法的定义

层别法又叫分层法，是一种把搜集来的原始质量数据按照一定标志加以分类整理的方法。通常把分类整理中划分的组称为层，故分层就是分门别类，就是分组，层别法也叫分类法或分组法。

2. 分层的目的

分层的目的是把杂乱无章和错综复杂的数据按照不同的目的、性质、来源等加以分类整理，使之系统化、条理化，能更确切地反映数据所代表的客观事实，便于查明产品质量波动的实质性原因和变化规律，进而对症下药采取措施，解决问题。

3. 分层的原则

分层的原则是使同一层内的数据波动幅度尽可能小，而层与层之间的差别尽可能大，通常按操作者、机器设备、材料、工艺方法、测量手段、环境条件和时间等对数据进行分层。

4. 层别法的步骤

（1）确定使用层别法的目的。

做某件事之前，必须了解因何目的而做、为何这样做、好处在哪儿。在使用层别法之前，首要即是确定为何种目的，使用何种层别。例如，是为了评定作业员的绩效、生产线的效率，还是分析不良原因，等等。

（2）确定层别的项目。

一般影响质量特性的因素包括时间、原料、机器设备、作业方法与作业人员等。在生产运行管理中，把人（Man）、机器（Machine）、材料（Material）、方法（Method）、测量（Measurement）、环境（Environment）这六个影响产品质量的因素简称为5M1E。

（3）收集与整理数据。

使用表单，如记录卡或检查表等，委托有关人员收集欲实施层别法的项目数据。但是，所收集到的数据并非完全都符合需要。因此，必须将所收集到的数据进行整理，或对于不足的数据加以补充。

（4）分析、比较与检定。

层别法可以用来比较各个项目，所以各个项目的优劣一目了然，因此可以简易判别出异常的原因，或其他所欲探求的事项，见表2-6和图2-6。

表 2-6　层别法的对象与层别项目

对象	层别项目
人员	作业员别、年龄别、经验年数别、男女别、班别、线别、教育程度别……
时间	上下午别、小时别、日别、周别、月别、季别、年别……
顾客	国内外别、对象别、经销商别……
部门	生产部别、采购部别、行政部别、研发部别……
机械	机加工设备别、研磨设备别、振动设备别……
……	……

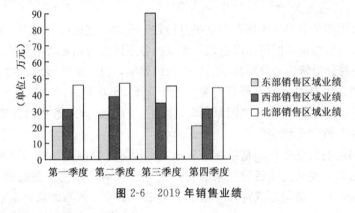

图 2-6　2019 年销售业绩

（三）特性要因图

【案例 2-4】

接案例 2-3：为了更清楚地比较各产品的销售金额，老杨画了一个雷达图，它是统计图的一种，如图 2-7 所示。这雷达图看起来向包子类倾斜，面积也很小。老杨指着图 2-7 说："小张，你接下来要努力的目标就是如何让雷达图所圈出来的面积变大。"

由雷达图了解到，小张所要解决的问题就是销售额太小，接下来，就必须透过特性要因图（图 2-8）找出导致此问题的原因为何。

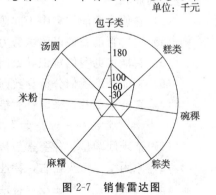

图 2-7　销售雷达图

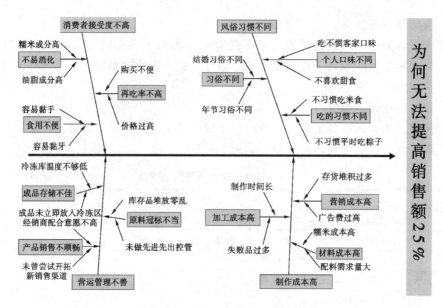

图 2-8 提高销售金额的特性要因图

1. 特性要因图的定义

所谓特性要因图就是当一个问题的结果（特性）受到一些原因（其中主要的原因叫作要因）的影响时，我们将这些原因加以整理，形成的各原因之间相互联系且又系统的图形。换句话说，它是一种针对特性来分析其原因所带来的影响，以便追求要因的 QC 手法。

特性要因图是由日本品管大师石川馨博士于 1952 年发明的，又名"石川图"。其主要目的是阐明因果关系，因而简称"因果图"。因为它的形状与一条鱼的骨架相似，故又常被称为"鱼骨图"或"鱼刺图"。

一个质量问题的出现往往不是单纯一种或几种因素（原因）影响的结果，而是多种因素综合作用的结果。要从这些错综复杂的因素中理出头绪，抓住关键因素（要因），就需要利用科学方法，从质量问题（特性）这个"结果"出发，依靠大众，集思广益，由表及里，逐步深入，直到找到根源为止。此时用到的分析工具，就是特性要因图。

2. 特性要因图的作用

（1）特性要因图是一个非定量的工具，可以帮助我们找出引起问题的潜在原因。

（2）它使我们问自己：问题为什么会发生？使项目小组聚焦于引起问题的原因，而不是问题的症状。

（3）它使我们能够集中于问题的实质内容，而不是问题的历史或不同的个人观点。

（4）它能帮助我们以团队努力聚集并攻克复杂难题。

（5）它能帮助我们辨识导致问题或情况出现的所有原因，并从中找到根本原因。

（6）它能帮助我们分析导致问题出现的各种原因的相互关系。

（7）它能帮助我们采取补救措施，正确行动。

3. 特性要因图的三种类型及其特点

（1）整理问题型：各要素与特性值之间不存在原因关系，而是结构构成关系。

（2）原因型：鱼头在右，特性值通常以"为什么……"来表示。

（3）对策型：鱼头在左，特性值通常以"如何提高/改善……"来表示。

4. 特性要因图的基本结构（图 2-9）

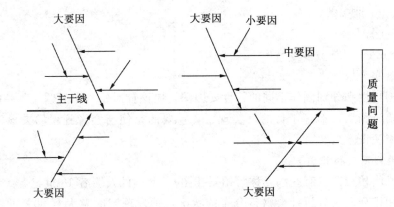

图 2-9　特性要因图的基本结构

5. 特性要因图的分析步骤

（1）召开头脑风暴研讨会，在最初的草案阶段，对于特性要因图的大骨通常采用 5M1E 方法。

（2）明确要分析的质量问题和确定需要解决的质量特性。

（3）定大要因：推定能支配问题或品质的重要因素。

（4）定中小要因：推定大要因内的中度、轻度因素。

（5）定主要原因：推定大要因中的主要因素。

（6）编制附录：填上制作目的、日期、小组成员等信息。

5. 特性要因图绘制时应注意的事项

（1）特性用"为什么""什么"来注明，较易激发联想。

（2）特性的决定不能使用看起来含混不清或抽象的主题，所分析的质量问题应尽量具体。

（3）收集多数人的意见，多多益善，运用脑力激荡法时应注意以下原则：

① 意见越多越好。

② 禁止批评他人的构想及意见。

③ 欢迎自由奔放的构想。

④ 可顺着他人的创意及意见，发展自己的创意。

（4）层别区分（原因别、机器别、工序别、型号别等），原因分析应深入细致，细到能直接针对该原因采取措施，原因的表达应语言简练、明确。

（5）无因果关系者，不予以归类。

（6）多加利用以往收集的资料。

（7）重点应在解决问题上，并依结果提出对策。对于重要原因的分析，最好能应用各种统计方法，如柏拉图法、相关分析、统计检验等方法，也可以采用与会者评分投票表决的办法进行，重要原因不一定是大要因，一般确定 2～3 个即可，最多不超过 5 个。解决问题时可依 5W2H 原则执行：

① Why（有什么必要）？

② What（目的是什么）？

③ Where（在什么地方做）？

④ When（什么时候去做）？
⑤ Who（是谁来做）？
⑥ How（怎么做）？
⑦ How much（花费多少）？

（8）以事实为依据。

（9）依据特性别分别制作不同的特性要因图，应该针对每一个问题绘制一幅特性要因图。找到重要原因后，不等于目的就实现了，重要的是使与会者到现场去核实并采取措施，经实践来验证效果。

（四）排列图（柏拉图）

排列图又叫柏拉图（有些翻译称为帕累托图），此图的发明者19世纪意大利经济学家帕累托最早用排列曲线分析社会财富分布的状况，他发现当时意大利80％的财富集中在20％的人手里。后来人们发现很多现象都服从这一规律，于是称之为帕累托的"二八定律"。后来美国质量管理专家朱兰博士将帕累托的排列图加以延伸并用于质量管理。因为翻译上的原因，现在国内习惯上将帕累托的排列图称为"柏拉图"，它是分析和寻找影响质量主要因素的一种工具，通过对柏拉图的观察分析可抓住影响质量的主要因素。实际上，这种方法不仅在质量管理中，在其他许多管理工作中，例如在库存管理中，都是十分有用的。

【案例2-5】

接案例2-4：接着，老杨又利用对策型的特性要因图，以"如何提高销售额25％"为主题，与小张两人利用脑力激荡法寻找对策，见图2-10。

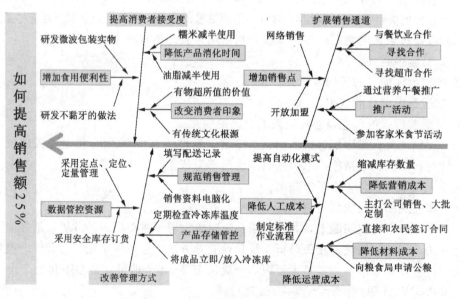

图2-10　销售额提升对策鱼骨图

找出对策后，须进行对策确认。老杨告诉小张，必须最先整顿零乱的冷冻库。因为以往的作业习惯是将生产好的成品直接堆放到冷冻库去，出货时再由送货员直接到冷冻库取货。由于并未有明显标示,送货员基于方便,往往先取靠门口最近的产品,而致使那些堆在内侧的成品贮存过久而变质,造成库存损失,甚至还损害商誉。

老杨要小张实施产品先进先出策略,也就是将冷冻库分为两区,一区为"出货区",只出不进;另一区为"入货区",只进不出,并以牌子标示清楚。送货员只到出货区取货,生产线只将成品送到入货区;当出货区已没货时,才可与入货区对调。如此,产品采取先进先出的原则,就可确保品质,减少被退货的机会。老杨要小张实施一个月后,记下各项产品的退货状况。

一个月后,小张交给老杨两份退货金额数据。改善前的退货金额约为销售额的10%,改善后,销售额增加5%,退货金额占销售额的比例也减少为8%,见表2-7。他还画出两张柏拉图做对照,如图2-11所示。

表2-7 改善前后数据表　　　　　　　　　　　　　　　　单位:元(新台币)

项次	产品种类	改善前		改善后	
		平均月销售额	退货额	平均月销售额	退货额
1	包子类	120 000	12 000	126 000	10 080
2	糕类	100 000	10 000	105 000	8 400
3	碗粿	45 000	4 500	47 250	3 780
4	粽类	33 000	3 300	34 650	2 772
5	麻薯	31 000	3 100	32 550	2 604
6	其他	54 000	5 400	56 700	4 536
	合计	383 000	38 300	402 150	32 172

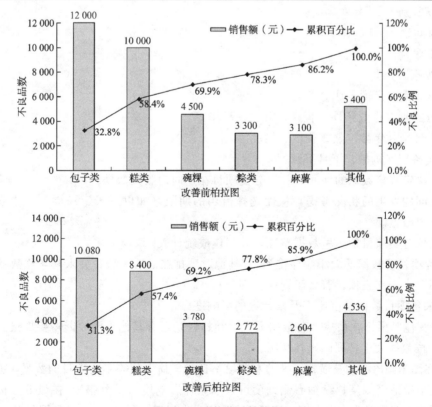

图2-11 改善前后柏拉图

1. 柏拉图的定义

柏拉图是把收集的数据按不良原因、不良状况、不良项目、不良发生的位置等不同区分标准而加以整理、分类，以此寻求占最大比率的原因、状况或位置，按其大小顺序排列，再把数值加以累计的图形。

柏拉图采用双直角坐标图，左边纵坐标表示频数（如件数、金额等），右边纵坐标表示逐项内容的累积频率（百分比）。横坐标表示影响质量的各项因素，按影响程度的大小（即出现

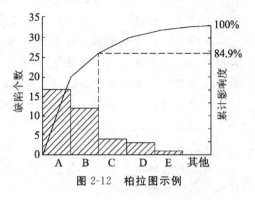

图2-12　柏拉图示例

频数多少，"其他"项放在最后）从左向右用柱状图排列，分段折线表示各个项目的累积百分比，如图2-12所示。

2. 柏拉图的作用

从柏拉图可看出哪一项目有问题、其影响程度如何，以判断问题的症结所在，并针对问题点采取改善措施。

3. 柏拉图的绘制步骤

(1) 决定数据的分类项目，分类的方式有两种。

① 按结果分类：

a. 不良项目别。

b. 场所别。

c. 时间别。

d. 工序别。

② 按原因分类：

a. 材料别（厂商、成分等）。

b. 方式别（作业条件、程序、方法、环境等）。

c. 人员别（年龄、熟练程度、经验等）。

d. 设备别（机械、工具等）。

(2) 决定收集数据的期间，并按分类项目在期间内收集数据。

要从问题发生的状况考虑，从而选择恰当的期限（如以一天、一周、一季或一年为期）来收集数据。

(3) 依分类项目别，做数据整理，并制作成统计表。

① 各项目按数据的大小顺序排列，"其他"项排在最后一项，并求其累积数（"其他"项数据不可大于前三项，若大于则应再细分）。

② 求各项目数据所占比率及累计数的影响度。

③ "其他"项排在最后，若数据太大，须检讨是否有其他重要原因需要提出。

(4) 按数据大小排列画出柱状图。

① 在图中画出纵轴及横轴。纵轴左侧填不良数、损失额等不良项目的数量，并根据收集数据大小做适当刻度；纵轴右侧刻度可表示累计影响度（百分率），在最上方标100%。横轴填写分类项目名称，由左至右按照所占比率大小记入，"其他"项记在最右边。

② 按照排列好的不良项目数量画出柱状图。
(5) 绘制累计百分比曲线。
① 根据不良数据计算累积百分比。
② 在图上对应项目上方标注累积百分比，并用折线连接。
③ 标出前三项（或四项）的累计影响度（原则上应当大于80%或接近80%）。
(6) 记录必要的事项。
① 标题（目的）。
② 数据搜集期间。
③ 数据合计（总检查数、不良数、不良率等）。
④ 工序别。
⑤ 作成者（包括记录者、绘图者等）。

4. 绘制柏拉图的注意事项
(1) 柏拉图的横轴是按项目别，依大小顺序从高到低排列，"其他"项排在最后一位。
(2) 柏拉图的柱形图宽度要一致，纵轴与横轴比例为3∶2。
(3) 左纵轴最高点为总不良数，且所表示的间距应一致。
(4) 右纵轴为累积百分比折线图的终点100%，一般以10%分割为10格。
(5) 次数少的项目太多时，可考虑将后几项归纳成"其他"项；"其他"项不应大于前几项，若大于时应再分析。有时，改变层别或分类的方法，亦可使分类的项目减少。通常，项目别包括"其他"项在内，以不超过4~6项为原则。

5. 柏拉图绘制示例
根据某工厂某月废品报废情况制作统计表并绘制柏拉图，如表2-8和图2-13所示。

表2-8 废品金额表

序号	主要项目	金额/元	累计频次/元	累计百分比/%
1	A车间	11 324.02	11 324.02	44
2	B车间	5 687.88	17 011.90	66
3	C车间	4 680.09	21 691.99	84
4	D车间	1 487.61	23 179.60	89
5	E车间	430.72	23 610.32	91
6	零件库	2 355.89	25 966.21	100

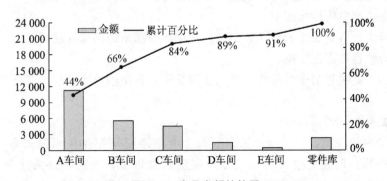

图2-13 废品金额柏拉图

从图 2-13 可以看出，该月全厂前 6 位废品报废金额中，A、B、C 三个车间超过了总金额的 80%，其中 A 车间的报废金额较大，属非正常报废，报废了 11 324.02 元，需要重点查找原因加以改善。

6. 柏拉图的应用范围

（1）作为降低不良的依据。

通过绘制柏拉图可以解答以下问题：

① 全体的不良是多少？

② 各种不良占多少？

③ 通过降低哪些不良，可将全体不良降低 80% 以上？

（2）决定改善目标，找出问题点。

柏拉图分析并不限于"不合规格"的不良，任何工厂的问题都可应用柏拉图分析，如修理件数、费用、时间、客房投诉件数、处理时间及费用、不良品数及所损失金额、效率损失等。

（3）确认改善效果（改善前后的比较）。

把改善前后的柏拉图排列在一起，即可评估其改善效果。确认改善效果时，应注意下列三点：

① 改善前后柏拉图搜集数据的期间及对象要一致。

② 对季节性的变动应进行考虑。

③ 对于对策外的原因，也应加以注意，以免疏忽。

（4）应用于发掘现场的重要问题点。

一般数据可分为两大类：

依结果的分类——将结果的数据加以分类绘成柏拉图，可掌握住少数而重要的结果，如不良项目、工序列等。

依要因的分类——将主要的结果找出后，再依特性要因图中的要因，搜集要因数据，绘成柏拉图，即可找寻或掌握住重要的原因。

（5）用于整理报告或记录。

若只用数据来写报告或记录，阅读者比较不容易了解问题点，若采用柏拉图来整理报告或记录，则阅读者可一目了然。

（6）可做不同条件的评价。

对于同一过程前后不同时间的表现，可用柏拉图来加以分析、评价。

（7）验证或调整特性要因图。

对于凭经验或直觉所绘的特性要因图，可用柏拉图来加以验证或调整。

（8）配合特性要因图使用。

将柏拉图上的项目当作品质特性加以要因分析，再用柏拉图整理重新分类，可以得出改善的方案。

（五）散布图

散布图又叫相关图，它是指用来研究两个变量之间是否存在相关关系的一种图形。用散布图分析质量问题，也称为相关法。在质量管理中，人们常会关注各个质量因素之间的关系，然而这些变量之间的关系往往不能进行解析和描述，不能由一个（或几个）变量的数值精确地求出另一个变量的值，这种模糊的变量关系被称为非确定性关系（或相关关系）。

如果将两个非确定性关系变量的数据对应列出，标记在直角坐标图上，就能比较直观地观察出它们之间的对应关系了。

【案例 2-6】

接案例 2-5：根据特性要因图得知，有部分产品因不容易消化导致消费者接受度不高，小张对此不以为然。老杨告诉小张，可以用散布图来分析，以确认"消费者接受度"与"消化时间"两者间有没有关系。他要小张先请一名工读生去访问 30 名消费者，询问他们吃了产品后的消化时间（腹饱感觉消失）约为几分钟，以及对产品的接受度分数为多少。工读生送回来的资料如表 2-9 所示。

表 2-9　消费者接受度与消化时间数据表

组数	消费者接受度	消化时间/min	组数	消费者接受度	消化时间/min	组数	消费者接受度	消化时间/min
1	10	10	11	7	32	21	1	78
2	5	48	12	6	40	22	1	88
3	8	22	13	6	18	23	3	58
4	4	38	14	6	28	24	7	48
5	4	42	15	0	100	25	6	32
6	10	18	16	1	98	26	6	38
7	9	18	17	2	70	27	6	70
8	8	28	18	4	58	28	3	62
9	8	32	19	4	62	29	4	80
10	9	22	20	3	50	30	1	58

老杨找出数据中的最大值和最小值，计算出组距（表 2-10），并将组距画在纵轴和横轴刻度上，再将 30 组数据画在图中（图 2-14），30 个点约呈一条由左上到右下的线。他说，这代表消化时间与消费者接受度呈负向关系。换句话说，这就可以确认消费者吃了以后不太容易消化是消费者不常购买的原因之一。

表 2-10　消费者接受度与消化时间分组表

	（最大值－最小值）/组数＝组距		（最大值－最小值）/组数＝组距
消化时间/min	(100－10)/10＝9	消费者接受度	(10－0)/10＝1

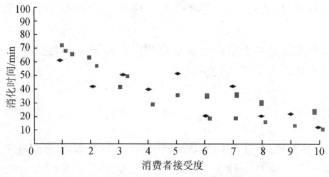

图 2-14　消费者接受度与消化时间相关图

1. 散布图的定义

散布图又叫相关图，它是把两个变量之间的相关关系用点表示在直角坐标系中形成的图形。其横轴表示 x 变量的数据值，纵轴表示 y 变量的数据值，将试验或测量所得的各组 x-y 数值对应交点全部绘出，即成为散布图。

散布图法又称相关图法，是通过分析和研究两种因素的数据的关系来控制影响产品质量的相关因素的一种有效方法。它用于分析质量与影响因素之间是否存在相关关系以及相关关系的强弱，在质量管理中还可以用于分析和寻找多元变量之间的最佳质量结合点。

2. 散布图的类型

在散布图中，如果观察到两个变量之间存在不完全确定却相互依赖或互成因果的关系，也就是说，一个变量的取值会受到另一个变量的影响和制约，这种关系可以根据趋势的发展分为正相关、负相关或非线性相关；根据相互影响程度的强弱，还可以分为强相关和弱相关。

在某些场合，如果两个变量之间不存在相互制约的关系，也就是相互之间不存在依赖和因果关系，这种情况下，两个变量的取值都是独立而不受对方影响的，两者的关系被称为不相关。

综上所述，两个变量之间的相关关系类型主要有 6 种，如图 2-15 所示。

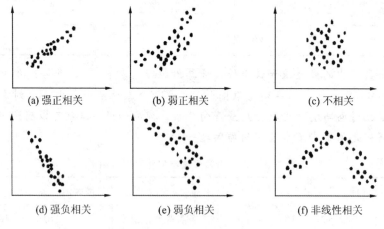

图 2-15　6 种相关图类型

3. 散布图的用途

(1) 利用相关法能了解原因与结果（即两个变量）之间是否存在某种相关的关系。

(2) 原因与结果（即两个变量）相关性高时，二者可互为替代变量。对于过程参数或产品特性的掌握，要从原因或结果中选择较经济性的变量予以控制，并可以通过观察某一变量的变化而知另一变量的变化。

4. 散布图的绘制步骤

(1) 搜集数据。

对于制作散布图的数据，我们一般应搜集 30 组以上，并将其整理成数据表。数据太少，相关关系不明显，难以准确地判断；数据过多，计算工作量又太大。

(2) 打点作图。

① 标出 x 轴和 y 轴，以横轴（x 轴）表示原因，纵轴（y 轴）表示结果，形成一个直角坐标系。

② 找出 x、y 的最大值和最小值，并用这两个值标定横轴 x 和纵轴 y。坐标的取值范围必须能包含其数据的最大值和最小值，且横、纵坐标的最大值与最小值之间的宽度应基本相等，以利于相关关系的观察与分析。

③ 建立坐标后，再把数据表中各组对应数据一一在坐标系中用坐标点表示出来。如果碰上一组数据与另一组数据完全相同，则在点周围加一个圆圈表示两组数据，如果有三组数据完全相同，在点周围加两个圆圈，依此类推。

④ 计算两个对角区域点子数之和，再计算没有压线的点子总数 N。

⑤ 必要时，可将相关资料记录在相关图上。

5. 注意事项

(1) 搜集足够的资料，至少 30 对。

(2) 横坐标表示自变数（原因），纵坐标表示因变数（结果）。

(3) 正确判断变数之间的关系。

(4) 散布图可为因果图提供直观的"特性-要因"相关性验证。

(5) 灵活应用散布图，并将其与其他 QC 工具结合，以分析原因、寻找对策。

【案例 2-7】

某工厂为调查钢制模具淬火温度与钢硬度之间存在何种对应关系而进行了试验。在温度从 560℃到 950℃区间，每变化 10℃进行一次淬火，测量钢硬度（测 3 个数据取平均值），得到 40 组数据（表 2-11），据此建立直角坐标系，x 轴表示淬火温度（自变量），y 轴表示钢硬度（应变量），将所有数据在 x-y 象限中打点，绘成如图 2-16 所示的散布图。

观察图 2-16 得出结论：淬火温度与钢硬度总体上呈正相关关系，特别是淬火温度在 700~800℃之间时，钢硬度达到最佳，而淬火温度超过 800℃时，钢硬度不再明显提高。

表 2-11　试验测量数据表

编号	淬火温度/℃	钢硬度/HRC	编号	淬火温度/℃	钢硬度/HRC	编号	淬火温度/℃	钢硬度/HRC	编号	淬火温度/℃	钢硬度/HRC
1	560	48.0	11	660	56.1	21	760	65.4	31	860	62.3
2	570	45.9	12	670	53.5	22	770	62.5	32	870	65.2
3	580	50.5	13	680	55.2	23	780	65.6	33	880	68.0
4	590	47.4	14	690	60.9	24	790	67.4	34	890	63.8
5	600	52.7	15	700	57.2	25	800	63.9	35	900	67.3
6	610	47.8	16	710	61.0	26	810	68.3	36	910	64.3
7	620	53.2	17	720	59.9	27	820	64.7	37	920	62.8
8	630	51.4	18	730	64.1	28	830	65.8	38	930	64.0
9	640	54.2	19	740	65.5	29	840	63.0	39	940	67.6
10	650	52.9	20	750	61.7	30	850	66.1	40	950	64.4

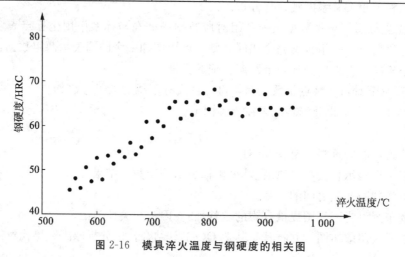

图 2-16　模具淬火温度与钢硬度的相关图

（六）直方图

【案例 2-8】

接案例 2-6：虽然生产量可以控制得宜，但要让销售金额增加，销售量也要增加才行，于是小张向老杨提出"该如何提高销售量"的疑问。老杨告诉小张，须先了解客人每次到店内购买家米食的金额，也就是客单价为多少，再根据顾客能接受的价格，制作不同的商品组合，满足不同顾客的需要，提高顾客的购买数量。这也就是类似麦当劳等快餐店的套餐组合概念。于是，小张又派了一名工读生在门市统计客户购买食物的单价，得到表 2-12。

表 2-12 客户购买食物单价表　　　　　　　　　　　　　　单位：元

	162	132	145	142	151	146	126	131	132	130
	165	150	160	144	147	139	142	129	154	130
	137	162	167	158	144	140	130	146	138	142
	145	150	146	143	142	141	144	143	144	151
	127	145	142	147	142	131	135	134	135	157
	125	157	139	153	127	138	156	128	162	140
	157	167	120	159	162	127	147	140	160	141
	150	142	158	154	159	134	142	146	145	162
	147	137	148	170	140	150	144	150	145	160
	152	156	140	164	142	148	148	157	151	145
组内最小值	125	132	120	142	127	127	126	128	132	130
组内最大值	165	167	167	170	162	150	156	157	162	162

老杨一拿到这 10 组数据，先找出各组数据中的最大值及最小值，再找出全体最大值为 170，最小值为 120，并计算出全距为 170－120＝50。再将上述 100 个数据分为 5 组，则组距为（50＋1）/5＝10.2。接下来决定各组的上组界与下组界，见表 2-13。

表 2-13 客单价分组表

组号	组　界	组中心点	检查（计数，1 划为 1 次）	次数
1	119.5～129.7	124.6	++++ +++	8
2	129.7～139.9	134.8	++++ ++++ ++++ ++	17
3	139.9～150.1	145.0	++++ ++++ ++++ ++++ ++++ ++++ ++++ ++++ ++++	45
4	150.1～160.3	155.2	++++ ++++ ++++ ++++	20
5	160.3～170.5	165.4	++++ ++++	10
合计				100

经过计算，得到这 120 笔客单价的平均数（x）为 146，标准差（σ）为 12。这代表的意思是，这 120 位顾客上门后的平均花费为 146 元，约有 95％的顾客花费的金额在 122 元（$x-2\sigma$）到 170 元（$x+2\sigma$）之间，如图 2-17 所示。

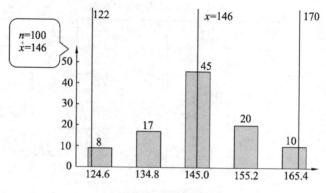

图 2-17 客单价直方图

为了提高营业额 25%，老杨建议小张，可推出产品组合或通过其他促销手法，并将价格定在 1.25 $(x\pm2\sigma)$ 元内，即 153 元到 213 元之间。例如，选择部分不同类的产品组合成套餐形式的商品，产品组合内包括可当正餐的包子类或米粉类，以及可当点心的麻薯类或汤圆类，由于价格在多数顾客接受范围内或只比可接受的价格高出一些，顾客比较愿意尝试。有了这些组合商品建议，多数顾客上门，不会只拿一个价值 20 元的菜包就走，而是有可能选择菜包、九层糕、碗粿及麻薯等套餐组合，客单价及销售量就可顺利往上推升。这种做法在麦当劳等快餐店可清楚看到。

老杨还建议小张，可推出"买 5 送 1"或"买 6 个就免费装盒"的促销方案。如此一来，原本只想买 3 个菜包的顾客，可能就会多买 2、3 个，客单价及销售量也就提高了。老杨说，小张应视产业特性，配合特殊节假日如春节进行促销。

1. 直方图的定义

直方图也叫柱状图，是一种将搜集来的质量数据分成若干组，在直角坐标系中，以组距为横轴，以该组距内相应的频数为高度，按比例画出来的若干矩形图。

直方图法是一种通过直方图对产品质量波动性进行观察，进而找出质量波动的规律性，预测工序质量好坏和估计工序不良品率的质量管理常用方法。

2. 直方图的相关术语

(1) 频数分布。将许多复杂的数据依其差异的幅度分成若干组，在各组内列入测定值的出现次数，即为频数分布。

(2) 相对频数。各组出现的频数除以全部的频数，即为相对频数。

(3) 累积频数（f）。自频数分布的测量值较小的一端将其频数累积计算，即为累积频数。

(4) 全距（R）。在所有数据中最大值和最小值的差，即为全距。

(5) 组距（h）。组距＝全距÷组数。

(6) 算术平均数（$\overline{X}$）。数据的总和除以数据总个数所得的商数，即为算术平均数。

(7) 中位数（X）。将数据由小到大依序排列，位居中间的数为中位数。若数据个数为偶数，则取中间相邻的两个数据之和再除以 2，即为中位数。如果数据个数为奇数，中间数即为中位数。

(8) 众数（MODE）。频数分布中出现频数最多的组的值，即为众数。

(9) 组中距。一组数据中最大值与最小值的平均值，即为组中距，计算公式为：组中距＝（上组界＋下组界）÷2。

3. 直方图的用途

直方图的应用通常是为了达到以下目的：

(1) 了解数据分布的形态。

(2) 研究和分析过程能力。

(3) 判断数据的真实性。

(4) 调查产品的不良率。

(5) 对比质量改善前后的效果。

4. 直方图的作图步骤

(1) 收集数据，数据个数一般为 50 个以上，最少不得少于 30 个。

(2) 求全距 $R = x_{max} - x_{min}$。以表 2-12 为例，$R = 170 - 120 = 50$。

(3) 确定分组的组数和组距。

分组时，若组数取得太多，每组内出现的数据个数很少，甚至为零，则作出的直方图过于分散或呈现锯齿状；若组数取得太少，则数据会集中在少数组中，而掩盖了数据的差异。所以，分组组数取得太多或太少都不合适。通常应根据数据个数确定分组数，见表 2-14。分组数 K 确定后，组距 h 也就确定了：$h = R/K = (x_{max} - x_{min})/K$。本例取 $K = 10$，$h = 50/10 = 5$。

表 2-14 数据个数与分组数

数据个数	分组数（K）
小于 50	5～7
50～100	6～10
100～250	7～12
250 以上	10～20

(4) 确定各组界限。

第一组的下限为 $x_{min} - h/2$，第一组的上限为 $x_{min} + h/2$，第二组的上限为第二组的下限加上 h，其他以此类推。仍以表 2-12 为例，第一组的组界为 117.5～122.5；第二组的组界为 122.5～127.5；第三组的组界为 127.5～132.5……

(5) 制作频数分布表。

各组频数填好后检查一下其总数是否与数据总数相符，避免重复或遗漏。

(6) 画直方图。

以横坐标表示质量特性，纵坐标表示频数，在横轴上标明各组距，以组距为底，频数为高，画出一系列的直方柱，就成了顾客单次消费金额直方图（图 2-18）。

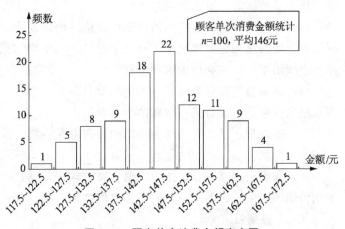

图 2-18 顾客单次消费金额直方图

(7) 为了完善数据信息，可在直方图的空白区域记上有关数据的资料，如收集的时间、数据个数、平均值、标准差等。

5. 直方图的常见类型（图 2-19）

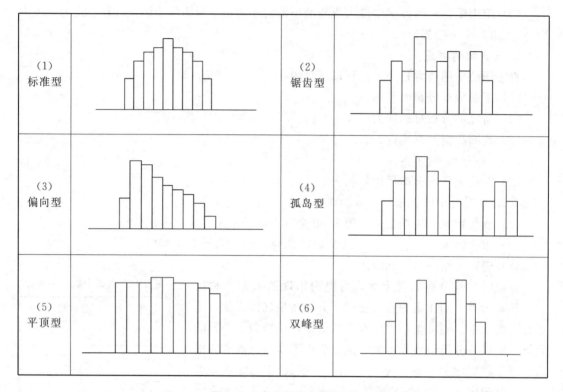

图 2-19　直方图的 6 种类型

（1）标准型（对称型）：数据的平均值与最大值和最小值的中间值相同或接近，平均值附近的数据的频数最多，频数从中间值向两边缓慢下降，以平均值左右对称。这种形状也是最常见的。

（2）锯齿型：作直方图时，如分组过多，会出现此种形状。另外，当测量方法有问题或读错测量数据时，也会出现这种形状。

（3）偏向型：数据的平均值位于中间值左侧（或右侧），从左至右（或从右至左），数据分布的频数增加后突然减少，形状不对称。当下限（或上限）受到公差等因素限制时，由于心理因素，往往会出现这种形状。

（4）孤岛型：在标准型直方图的一侧有一个"小岛"。出现这种情况是因为工序异常、测量错误或数据中混有另一分布的少量数据。

（5）平顶型：当几种平均值不同的分布混在一起，或过程中某种要素缓慢劣化时，常出现这种形状。

（6）双峰型：靠近直方图中间值的频数较少，两侧各有一个"峰"。当有两种不同的平均值相差大的分布混在一起时，常出现这种形状。

（七）控制图

1. 控制图的定义

控制图是在 1924 年由美国质量管理大师休哈特博士所发明的，它是一种用来监视、控制质量特性值随时间推移而发生波动的图表。在控制图上有三条横线：中间的一条为中心线（Control Line，CL），一般以细实线表示；在上方的一条线为上控制界限线（Upper Control Limit，UCL），在下方的一条线为下控制界限线（Lower Control Limit，LCL），一般以虚线或点画线表示，以表示可接受的变异范围。我们可将检测所得实际产品品质特性的数值在图上以黑点标出，然后用细实线连接绘制。

2. 控制图的用途

（1）用于工序分析，即分析工序是否处于控制状态。

用于此用途时，应随机抽取样本，搜集数据，绘制控制图，观察与判断工序状态。若发现异常，则追查原因，采取措施，检查效果，并使其标准化、制度化。

（2）用于工序控制。

用于此用途时，主要是预报与消除工序状态失控，以保持工序处于控制状态，防止不良品产生。

一般在制造的过程中，无论是多么精密的设备、环境，其品质特性一定都会有变动，都无法做出完全一样的产品。引起变动的原因可分为两种：一种是偶然（随机）原因，一种为异常（特殊）原因。

① 偶然（随机）原因：不可避免的原因、非人为的原因、共同性原因、一般性原因等，属于控制状态的变异。

② 异常（特殊）原因：可避免的原因、人为的原因、特殊性原因、局部性原因等，不应该存在，否则会造成很大的损失。

（3）其他用途。

控制图还可以用来调查工序能力指数，以及为质量评定、产品设计、工艺设计等积累数据。

3. 控制图的种类

（1）按用途分类。

① 分析用控制图。这类控制图主要用于调查分析生产过程是否处于控制状态。绘制分析用控制图时，一般须连续抽取20～25组样本数据，计算控制界限。

② 管理（或控制）用控制图。这类控制图主要用于控制生产过程，使之经常保持在稳定状态。当根据分析用控制图判明生产处于稳定状态时，一般都会把分析用控制图的控制界限延长作为管理用控制图的控制界限，并按一定的时间间隔取样、计算、打点，根据点子分布情况判断生产过程是否有异常原因影响。

（2）按质量数据特点分类。

① 计量值控制图。这类控制图主要适用于质量特性值，属于计量值的控制，如时间、长度、重量、强度、成分等连续型变量。计量值的质量特性值服从正态分布规律。

② 计数值控制图。这类控制图通常用于控制质量数据中的计数值，如不合格品数、不合格品率、缺陷数、单位面积上的缺陷数等离散型变量。其中，不合格品数和不合格品率属于计件值，服从二项分布规律；缺陷数和缺陷率属于计点值，服从泊松分布规律。

计量值控制图和计数值控制图又可细分为8种类型，见表2-15。

表 2-15　8 种控制图

类别	名　称	控制图符号	特　点	适用场合
计量值控制图	均值—极差控制图	$\bar{x}-R$	最常用，判断工序是否正常的效果好，但计算工作量很大	适用于连续批量、抽样比较频繁的工序
	均值—标准差控制图	$\bar{x}-s$	实际应用较多，数据利用率较高，但对个别异常值不敏感	适用于样本容量 n（抽样数）较大的测量数据
	中位数—极差控制图	$\tilde{x}-R$	计算简便，但效果较差	适用于产品批量较大的工序
	单值—移动极差控制图	$x-R_S$	简便省事，并能及时判断工序是否处于稳定状态，缺点是不易发现工序分布中心的变化	因各种原因（时间、费用等）每次只能得到一个数据或希望尽快发现并消除异常原因
计数值控制图	不合格品数控制图	P_n	较常用，计算简单，易于操作工人理解	样本容量相等
	不合格品率控制图	P	计算量大，控制线凹凸不平	样本容量不等
	缺陷数控制图	c	较常用，计算简单，易于操作工人理解	样本容量相等
	单位缺陷数控制图	u	计算量大，控制线凹凸不平	样本容量不等

计量值控制图与计数值控制图的优缺点对比见表 2-16。

表 2-16　计量值控制图与计数值控制图的优缺点对比

	计量值控制图	计数值控制图
优点	1. 很灵敏，容易调查真因 2. 可及时反应不良，使品质稳定	1. 所需数据可用简单方法获得 2. 对整体品质状况的了解较方便
缺点	1. 抽样频度较高，费时且麻烦 2. 数据须测定，且需要计算，经过训练的人方可胜任	1. 无法寻得不良的真因 2. 及时性不足，易延误时机

4. 控制图的绘制步骤

以常用计量值控制图（$\bar{x}-R$）为例。

(1) 先行收集 100～125 个数据，依测定的先后顺序排列。

(2) 以 2～5 个数据为一组（一般采用 4～5 个），分成 20～25 组。

(3) 将各组数据记入数据表栏位内。

(4) 计算各组的平均值 $\bar{x}_i$（取至测定值最小单位下一位数）。

(5) 计算各组的全距 R_i（R＝最大值－最小值）。

(6) 计算总平均值 $\bar{\bar{x}}$：

$$\bar{\bar{x}} = (\bar{x}_1 + \bar{x}_2 + \bar{x}_3 + \cdots + \bar{x}_k)/k = \sum x_i/k \,(k \text{ 为组数})$$

(7) 计算全距的平均值 $\bar{R}$：
$$\bar{R} = (R_1 + R_2 + R_3 + \cdots + R_k)/k = \sum R_i / k$$

(8) 计算控制界限。

① $\bar{x}$ 控制图：

中心线（CL）$= \bar{\bar{x}}$

上控制界限线（UCL）$= \bar{\bar{x}} + A_2 \bar{R}$

下控制界限线（LCL）$= \bar{\bar{x}} - A_2 \bar{R}$

② R 控制图：

中心线（CL）$= \bar{R}$

上控制界限线（UCL）$= D_4 \bar{R}$

下控制界限线（LCL）$= D_3 \bar{R}$

A_2、D_3、D_4 的值，随每组的样本数不同而有差异，但仍是遵循 3 个标准差的原理计算而得到的，今已被整理成常用系数表，见表 2-17。

(9) 绘制中心线及控制界限，并将各点点入图中。

(10) 将各数据履历及特殊原因记入，以备查考、分析、判断。

表 2-17 控制图常用系数表

子组大小	$\bar{x}-R$ 图			
	均值图	极差（R）图		
	控制限系数	估计标准差用的除数	计算控制限用的系数	
	A_2	d_2	D_3	D_4
2	1.880	1.128	—	3.267
3	1.023	1.693	—	2.574
4	0.729	2.059	—	2.282
5	0.577	2.326	—	2.114
6	0.483	2.534	—	2.004
7	0.419	2.704	0.076	1.924
8	0.373	2.847	0.136	1.864

【案例 2-9】

某车间生产一种电阻，阻值规格要求是在 77.9～86.1kΩ 之间合格。在生产过程中规定每一小时抽取 4 个电阻样品测量其阻值，共抽取了 24 组样品，其测量值见表 2-18，电阻阻值服从正态分布，据此作出 $\bar{x}-R$ 控制图。

表 2-18 电阻阻值测量数据计算表

序号	测量值/kΩ				$\bar{x}_i$	R_i
	x_1	x_2	x_3	x_4		
1	81.86	81.61	82.98	81.33	81.945	1.650
2	82.09	81.06	80.48	80.07	80.925	2.020
3	81.21	82.77	79.95	80.72	81.163	2.820
4	81.23	80.61	81.68	82.13	81.413	1.520
5	83.20	82.50	82.37	80.54	82.153	2.660
6	82.68	82.48	82.96	82.12	82.560	0.840
7	80.17	81.83	81.12	81.41	81.133	1.660

续表

序号	测量值/kΩ				$\bar{x}_i$	R_i
	x_1	x_2	x_3	x_4		
8	80.69	80.49	82.16	84.29	81.908	3.800
9	82.72	82.12	81.77	81.60	82.053	1.120
10	80.98	81.33	81.60	80.70	81.153	0.900
11	80.42	82.20	80.13	80.24	80.748	2.070
12	82.11	82.13	83.22	82.17	82.408	1.110
13	82.40	81.41	82.93	83.13	82.468	1.720
14	81.55	80.91	81.31	82.43	81.550	1.520
15	81.32	80.12	81.23	80.38	80.763	1.200
16	81.39	80.85	80.60	80.93	80.943	0.790
17	81.37	83.12	80.39	81.81	81.673	2.730
18	82.62	82.06	81.50	80.93	81.778	1.690
19	79.76	81.17	81.24	79.54	80.428	1.700
20	81.16	81.96	82.76	82.46	82.085	1.600
21	82.55	83.53	82.94	81.89	82.728	1.640
22	83.33	80.33	80.36	80.67	81.173	3.000
23	81.77	81.33	82.57	80.87	81.635	1.700
24	81.60	79.88	81.69	81.79	81.240	1.910

由表 2-18 中的 24 组 $\bar{x}_i$ 和 R_i 数据可求得：$\bar{\bar{x}}=81.490$，$\bar{R}=1.804$。又由表 2-17 查找出在 $n=4$ 时，$A_2=0.729$，$D_3=$ "—"，$D_4=2.282$，于是分别计算得到中心线和上下控制界限线。

① $\bar{x}$ 控制图：

中心线（CL）$=\bar{\bar{x}}=81.490$

上控制界限线（UCL）$=\bar{\bar{x}}+A_2\bar{R}=81.490+0.729\times1.804=82.805$

下控制界限线（LCL）$=\bar{\bar{x}}-A_2\bar{R}=81.490-0.729\times1.804=80.175$

② R 控制图：

中心线（CL）$=\bar{R}=1.804$

上控制界限线（UCL）$=D_4\bar{R}=2.282\times1.804=4.117$

下控制界限线（LCL）$=D_3\bar{R}$，由于 $n=4$ 时，D_3 为负值，所以 LCL 取 0。

据此作出的 $\bar{x}-R$ 控制图如图 2-20 所示。

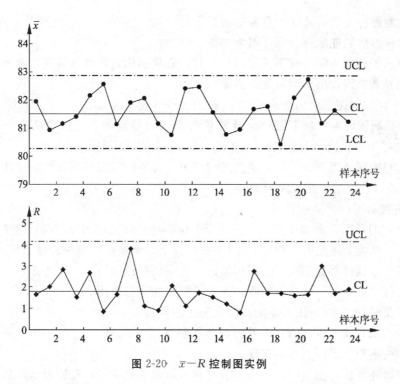

图 2-20 $\bar{x}-R$ 控制图实例

5. 控制图的判读

(1) 正常的控制图：点子没有超出控制线，控制界限内的点子排列无缺陷，反映工序处于控制状态，生产过程稳定，不必采取措施。

① 多数点子集中在中心线附近。

② 少数点子落在控制界限附近。

③ 点子的分布与跳动呈随机状态，无规律可循。

④ 无点子超出控制界限。

(2) 异常的控制图：点子出现下列情形之一时，即判断生产过程异常。

① 点子超出或落在控制线上。

② 控制界限内的点子排列有下列缺陷：

a. 连续 7 点位于中心线一侧。

b. 连续 6 点上升或下降。

c. 连续 14 点交替上下变化。

d. 2/3 的点距中心线的距离超过 2 个标准差（同一侧）。

e. 4/5 的点距中心线的距离超过 1 个标准差（同一侧）。

f. 连续 15 个点排列在中心线 1 个标准差范围内（任一侧）。

g. 连续 8 个点距中心线的距离大于 1 个标准差（任一侧）。

6. 控制图使用的注意事项

(1) 控制图使用前，现场作业应以标准化作业形式完成。

(2) 控制图使用前，应先决定控制项目，包括品质特性的选择与取样数量的决定。

(3) 控制界限千万不可用规格值代替。

(4) 控制图种类的遴选应配合控制项目进行。

(5) 抽样方法以能取得合理样组为原则。

(6) 当点子超出界限或有不正常的状态时,必须利用各种措施研究改善方法,或配合统计方法把异常原因找出,同时加以消除。

(7) $\bar{x}-R$ 控制图里组的大小 (n) 一般取 4 或 5 最适合。

(8) R 控制图没有控制下限,是因 R 值是由同组数据的最大值减最小值而得,因此 LCL 越小越好,取负值没有意义,一般取 0。

(9) 过程控制做得不好,控制图便形同虚设。要使控制图发挥效用,应使产品过程能力中的 C_{PK} 值(过程精密度)大于 1。

7. 应用控制图的常见错误

(1) 在 5M1E 因素未加控制、工序处于不稳定状态时就使用控制图管理工作。

(2) 在工序能力不足时,即在 $C_{PK}<1$ 的情况下,就使用控制图管理工作。

(3) 用公差线代替控制线,或用压缩的公差线代替控制线。

(4) 仅打"点"而不做分析判断,失去控制图的报警作用。

(5) 不及时打"点",因而不能及时发现工序异常。

(6) 当 5M1E 发生变化时,未及时调整控制线。

(7) 画法不规范或控制图不完整。

(8) 在研究分析控制图时,对已弄清有异常原因的异常点,在原因消除后,未剔除异常点数据。

第三节　5S 管理

【案例 2-10】　工厂环境影响客户选择的案例

德国的 WXY 公司因加工成本和就近交付给客户的原因,准备把外径 50mm 的系列轴承放在中国加工。通过几轮试样和报价,无锡的 DCM 公司和慈溪的 NEF 公司的价格、质量及服务都差不多。因为最终客户要求只能由一家供应商进行供货,WXY 公司对于选择哪一家进行加工交付有些犹豫,所以决定到两家公司进行实地考察。考察内容包含企业的经营理念、质量管理体系和交付服务等各个方面,届时将根据考察的结果来确定合作方。

在现场考察过程中,WXY 公司的人员发现,无锡的 DCM 公司采用了三布五涂的方式进行了地面处理,地面看起来比较明亮,且人行道、物流道规划比较清晰;设备表面清洁,物料、设备、工具的标识卡也清晰明了。在和相关人员进行沟通的过程中,考察人员了解到,相应人员对于物流和工具管理等方面的管理理念的理解和实施都比较规范。

随后,WXY 公司的人员到慈溪的 NEF 公司进行实地考察。由于厂房是 20 世纪 80 年代建筑的,也没有进行翻新改造,地面的水泥有坑坑洼洼的现象。考察人员在查看使用工具的放置时发现工具都是被随意堆放在一起的,有部分物料标签和实际状况有差别,设备上有油污,并且有旧产品随意堆放在机台上。在和管理人员沟通时,管理人员对于标识方面的要求也不太清楚。

通过对两个工厂的现场进行调查，WXY 公司与无锡的 DCM 公司签订了合作加工的协议。

一、什么是 5S 管理

（一）5S 管理的由来

5S 管理就是整理（SEIRI）、整顿（SEITON）、清扫（SEISO）、清洁（SEIKETSU）、素养（SHITSUKE）五个项目，因日语的罗马拼音均以"S"开头而简称 5S 管理。5S 管理起源于日本，通过规范现场、现物、现实（"三现"主义），营造一目了然的工作环境，其最终目的是提升员工的品质，使其养成良好的工作习惯，具体而言要做到以下几点：

（1）革除马虎之心，凡事认真对待。

（2）遵守规定。

（3）自觉维护工作环境，使一切整洁、明了。

（4）文明礼貌。

没有实施 5S 管理的工厂往往场地脏乱，如地板粘着垃圾、油渍或切屑等，日久就形成污黑的一层；零件与箱子被乱摆放，起重机或台车在狭窄的空间里游走。再如，好不容易引进的最新式设备也未得到维护，经过数个月之后，变成了不良的机械，要使用的工夹具、计测器也不知道该放在何处，等等，显现了脏污与零乱的景象。员工在作业中显得松松垮垮，对于规定的事项只有起初两三天遵守而已。要改变这样的工厂面貌，实施 5S 管理活动最为适合。

（二）5S 管理的效用

5S 管理的五大效用可以归纳为 5 个 S，即 Sales、Saving、Safety、Standardization、Satisfaction，具体解析如下：

（1）5S 管理是最佳推销员（Sales）——被顾客称赞干净整洁的工厂使顾客有信心，乐于下订单；会有很多人来厂参观学习；会使大家希望到这样的工厂工作。

（2）5S 管理是节约家（Saving）——降低不必要的材料、工具的浪费；减少寻找工具、材料等的时间；提高工作效率。

（3）5S 管理对安全有保障（Safety）——在宽敞明亮、视野开阔的场所，员工遵守堆积限制，危险处一目了然；走道明确，不会造成杂乱情形而影响工作的顺畅。

（4）5S 管理是标准化的推动者（Standardization）——以"3 定"（定点、定量、定容）、"3 要素"（场所、方法、标识）原则规范作业现场，大家都按照规定执行任务，程序稳定，品质稳定。

（5）5S 管理形成令人满意的职场（Satisfaction）——创造明亮、清洁的工作场所，使员工有成就感，能营造现场全体人员进行改善的气氛。

（三）5S 管理与其他管理活动的关系

（1）5S 是现场管理的基础，是全面生产管理（TPM）的前提，是全面质量管理（TQM）的第一步，也是 ISO 9000 有效推行的保证。

(2) 5S 管理能够营造一种"人人积极参与,事事遵守标准"的良好氛围。有了这种氛围,推行 ISO、TQM 及 TPM 就更容易获得员工的支持和配合,有利于调动员工的积极性,形成强大的推动力。

(3) 实施 ISO、TQM、TPM 等活动的效果是隐蔽的、长期性的,一时难以看到显著的效果,而 5S 管理活动的效果是立竿见影的。如果在推行 ISO、TQM、TPM 等活动的过程中导入 5S 管理,可以通过在短期内获得显著效果来增强企业员工的信心。

(4) 5S 管理是现场管理的基础,5S 管理水平的高低代表着管理者对现场管理认识的高低,这又决定了现场管理水平的高低,而现场管理水平的高低制约着 ISO、TPM、TQM 等活动的顺利、有效推行。通过 5S 管理活动,从现场管理着手改进企业"体质",则能起到事半功倍的效果。

二、5S 管理的实施

(一) 1S——整理

1. 定义

(1) 将工作场所内的任何东西区分为必要的与不必要的。

(2) 把必要的东西与不必要的东西明确地、严格地区分开来。

(3) 要尽快处理掉不必要的东西。

(4) 建立正确的价值意识——使用价值,而不是原购买价值。

2. 目的

(1) 腾出空间,活用空间。

(2) 防止误用、误送。

(3) 塑造清爽的工作场所。

生产过程中经常有一些残余物料、待修品、返修品、报废品等滞留在现场,既占据了地方又阻碍生产,包括一些已无法使用的工夹具、量具、机器设备,如果不及时清除,会使现场变得凌乱。

在生产现场摆放不要的物品是一种浪费:① 再宽敞的工作场所,也会变得越来越窄小;② 棚架、橱柜等因被杂物占据而使用价值降低;③ 增加寻找工具、零件等物品的困难,浪费时间;④ 物品被杂乱无章地摆放,增加盘点困难,导致成本核算失准。所以整理时要有决心,对于不必要的物品应断然地加以处置。

3. 实施要领

(1) 全面检查自己的工作场所(范围),包括平时看得到的和看不到的地方。

(2) 制定"要"和"不要"的判别基准。

(3) 将不需要的物品清除出工作场所。

(4) 对需要的物品调查使用频度,决定日常用量及放置位置。

(5) 制定废弃物处理方法。

(6) 每日自我检查。

(二) 2S——整顿

1. 定义

(1) 将整理之后留在现场的必要的物品分门别类放置,排列整齐。

(2) 明确数量，有效标识。

2. 目的

(1) 使工作场所一目了然。

(2) 打造整整齐齐的工作环境。

(3) 减少找寻物品的时间。

(4) 消除过多的积压物品。

3. 实施要领

(1) 前一步骤整理的工作要落实。

(2) 对于需要的物品，要明确放置场所。

(3) 将物品摆放整齐。

(4) 在地板划线定位。

(5) 标示场所、物品。

(6) 制定废弃物处理办法。

4. 整顿的"3要素"（场所、方法、标识）

(1) 放置场所。

① 物品的放置场所原则上要100%设定。

② 生产线附近只能放真正需要的物品。

(2) 放置方法——易取。

① 不超出所规定的范围。

② 在放置方法上多下功夫。

(3) 标识方法——放置场所和物品原则上一对一标识。

① 做好现物的标识和放置场所的标识。

② 某些标识方法全公司要统一。

③ 在标识方法上多下功夫。

5. 整顿的"3定"原则：定点、定容、定量

(1) 定点：放在哪里合适。

(2) 定容：用什么容器、颜色。

(3) 定量：规定合适的数量。

6. 实施重点

(1) 整顿的结果要成为任何人都能立即取出所需要的东西的状态。

(2) 要站在新人和其他职场人的立场来看，这样什么东西该放在什么地方更为明确。

(3) 要想办法使物品能立即被取出使用。

(4) 物品使用后要能容易恢复到原位，没有恢复或误放时能马上知道。

（三）3S——清扫

1. 定义

(1) 将工作场所清扫干净。

(2) 保持工作场所干净、亮丽。

2. 目的

(1) 消除脏污，保持职场内干净、明亮。

(2) 稳定品质。
(3) 减少工业伤害。

3. 实施要领

清扫工作必须做到责任化、制度化。

(1) 建立清扫责任区(室内、室外)。
(2) 执行例行扫除,清理脏污。
(3) 调查污染源,予以杜绝或隔离。
(4) 建立清扫基准,作为规范。
(5) 进行一次全公司的大清扫,将每个地方清洗干净。

清扫就是使职场进入没有垃圾、没有脏污的状态,虽然已经整理、整顿过,要的东西马上就能取得,但是被取出的东西要达到能被正常使用的状态才行。而达到这种状态就是清扫的第一目的,尤其当前强调高品质、高附加价值产品的制造,更不容许因垃圾或灰尘的污染而造成产品品质不良。

(四) 4S——清洁

1. 定义

将前面 3S 实施的做法制度化、规范化。

2. 目的

维持 3S 的成果。

3. 实施要领

(1) 落实前面的 3S 工作。
(2) 制定目视管理的基准。
(3) 制定 5S 实施办法。
(4) 制定考评、稽核方法。
(5) 制定奖惩制度,加强执行。
(6) 高阶主管经常带头巡查,带动全员重视 5S 活动。

5S 活动一旦开始,不可在中途变得含糊不清。如果不能贯彻到底,则会形成另外一个污点,而这个污点会造成公司内保守而僵化的气氛:我们公司做什么事都是半途而废,反正不会成功,应付应付算了。要打破这种保守、僵化的现象,唯有花费更长时间来改正。

(五) 5S——素养

1. 定义

通过晨会等手段,提高员工的文明礼貌水准,增强他们的团队意识,使他们养成按规定行事的良好工作习惯。

2. 目的

提升人的品质,使员工对任何工作都讲究认真。

3. 实施要领

长期坚持,才能养成良好的习惯。

(1) 制定服装、臂章、工作帽等识别标准。
(2) 制定公司有关规则、规定。

(3) 制定礼仪守则。
(4) 实施教育训练（对新进人员强化 5S 教育、实践）。
(5) 推动各种精神提升活动有序开展（晨会，例行打招呼、礼貌运动等）。
(6) 推动各种激励活动有序开展，引导员工遵守规章制度。

 思考练习

1. 请按照 PDCA 管理方式来分析结婚过程。
2. 请针对上学迟到的原因进行分析并以因果图的方式绘制出来。
3. 某乳制品厂成品包装工序采用自动打包机进行麦乳精打包，技术要求为每包重量为 500±5 克。为了分析工序质量，从打包好的成品中随机抽取 100 包作为样本进行称重，结果如表 2-19 所示，请作直方图。

表 2-19 称重记录

单位：克

500	499	501	500	502	499	497	501	502	500
498	501	501	497	500	499	500	500	498	499
499	500	500	495	499	502	498	501	500	501
501	502	500	501	501	497	500	499	502	499
497	500	499	500	502	501	499	497	501	502
499	501	500	502	499	501	503	499	500	501
498	501	498	500	499	502	500	499	499	498
497	496	503	501	497	500	501	500	502	499
498	498	502	500	501	502	503	500	498	504
501	502	498	499	501	498	500	499	502	496

4. 请根据你的寝室做一张 5S 规划表。

第三章　全面质量管理

 学习目标

1. 熟悉全面质量管理的概念与内涵。
2. 了解全面质量管理的管理特点。
3. 了解全面质量管理的实施过程。
4. 了解实际运用中全面质量管理各阶段要点。

导入案例

海尔集团的全面质量管理

事件还原：1985年，海尔从德国引进了世界一流的冰箱生产线。一年后，有用户反映海尔冰箱存在质量问题。海尔公司在给用户换货后，对全厂冰箱进行了检查，发现库存的76台冰箱虽然制冷功能没有问题，但外观有划痕。时任厂长的张瑞敏决定将这些冰箱当众砸毁，在社会上引起极大的震动。

"海尔砸冰箱"事件改变了海尔员工的质量观念，为企业赢得了美誉。海尔始终靠高质量推销产品，而不是以价格取胜。生产"高质量"产品，不仅仅是张瑞敏的目标，更是海尔集团上上下下几千名员工的目标，它需要的是海尔每一位员工把质量摆在第一位的态度，更需要海尔产品整个生产流程的高质量。

自此，海尔集团实施了全面质量管理的驱动战略。简而言之，该战略的目标是要将海尔集团转变成为一个以"质量管理"为核心的组织，自上而下，全面实施全面质量管理策略，不仅要实现全员参与质量管理，而且要全面管理产品质量和产品的设计、制造、物流、客户服务等全部过程质量。因此，海尔集团对全体员工进行了全面质量管理重要性的教育，使全面质量管理深入人心，增强每个员工的责任感。

海尔的做法是把对质量的认同扩大到企业，即所谓"产品质量就是企业生命"。因此，海尔对上至企业管理层下至工厂里的生产线都进行了全面质量管理。全面质量管理在企业中应用，主要是通过对各个生产环节进行改进从而提高产品质量，如对于生产线的改进、对于新技术的应用都有助于提高产品质量。

在传统的质量管理体系下，由于各个产品的无差异化，生产的成本就意味着利润，成本越低利润越高。而现在随着社会的不断进步，人们对产品的要求也趋于差异化，质量越好的产品往往越受人关注，因此，全面质量管理在企业中的实施可以为企业带来品牌效益、商誉等无形资产，提高市场的接受程度，鼓舞员工的士气，为企业长远发展打下坚实的基础。

国际质量科学院院士刘源张指出：世界上最好的东西莫过于全面质量管理了。随着经

济的不断发展，市场竞争越来越激烈，要想在如此激烈的竞争中站稳脚跟，必须充分挖掘和利用企业的内部资源。质量管理作为企业管理的一个组成部分，在企业管理中发挥着重大的作用。全面质量管理就是解决质量管理问题的重要和有效的工具之一。

（案例来源：http://blog.sina.com.cn/s/blog_510495090100bh0v.html）

【案例思考】
1. 全面质量管理的特点有哪些？
2. 在什么情况下需要实施全面质量管理？

第一节 全面质量管理概述

一、全面质量管理的由来

全面质量管理（Total Quality Management，TQM）就是一个组织以质量为中心，以全员参与为基础，目的在于通过让顾客满意和本组织所有成员及社会受益而达到长期成功的管理途径。

正如第一章所述，全面质量管理为质量管理发展状态的第四个阶段，质量管理在此之前经历了过分依赖主观实践经验总结的质量意识萌发阶段、依赖检验手段却无法预防和控制不良的质量检验阶段、强调并依赖统计方法单一控制质量的统计质量控制阶段，人们开始慢慢有了"系统工程"的概念，并开始将质量管理作为一个整体问题进行综合研究。

20世纪50年代末，美国通用电气公司的费根堡姆和质量管理专家朱兰提出了"全面质量管理"的概念，认为"全面质量管理是为了能够在最经济的水平上，并考虑到充分满足客户要求的条件下进行生产和提供服务，把企业各部门在研制质量、维持质量和提高质量的活动中构成为一体的一种有效体系"。20世纪60年代初，美国一些企业根据行为管理科学的理论，在企业的质量管理中开展了依靠职工"自我控制"的"零缺陷运动"。

全面质量管理的概念发源于美国，发展于日本。日本运用全面质量管理理论获得了很大成功，通过归纳与整理质量管理的新、旧七种工具和QC小组活动等方法，极大地充实了全面质量管理的内容，其管理手段不再局限于数理统计方法，而是对各种管理技术和方法一齐应用。现在，全面质量管理的观点在全世界范围得到传播，并且还在不断完善、创新和发展。令人瞩目的ISO 9000族质量管理标准、卓越经营模式等，都是以全面质量管理的理论和方法为基础的，或者说，它们都是对全面质量管理理论的完善。

二、全面质量管理的含义

到目前为止，全世界对于TQM并没有统一的定义。但是，这并不影响在全球范围内对于全面质量管理的理解达成共识。一般认为，全面质量管理是以产品质量为核心，建立科学高效的质量管理体系，提供满足用户需要的产品和服务的全部活动。

ISO对TQM的定义是：一个组织以质量为中心，以全员参与为基础，目的在于通过让顾客满意和本组织所有成员及社会受益而达到长期成功的管理途径。这一定义反映了全面质量管理概念的最新发展，也成为质量管理界的广泛共识。

（一）全面质量管理的内容

全面质量管理强调的是，对所有工作过程自始至终进行控制和管理，它最重点的内容就在于以质量为核心的"三全"管理，即：全面的质量管理、全过程的质量管理、全员参加的质量管理。

1. 全面的质量管理。

质量管理的全面性不仅体现在产品质量方面，还涉及研发、制造、生产、运输、客户服务等。

全面的质量管理要求对影响产品质量的各种因素进行全面控制，通过改善和提高工作质量来保证和提高产品质量。此外，全面的质量管理还强调质量管理的广义性，即在质量管理的同时，进行产量、成本、生产率和交货期等的管理，以预防和减少不合格产品的产生，确保低消耗、低成本、按期交货和服务周到，满足用户各方面的需要。

（1）研发质量管理。

全面质量管理要求研发部门在正式进行产品开发前先对客户进行调查。研发部门应通过调查了解采购、生产、质量管理、销售等部门对产品材料、加工、使用等方面的需求，同时对消费者的质量需求进行调查、分析，再根据企业的经营目标，在尽量降低生产成本的基础上研发出最优质的产品。为了降低研发成本，新产品的试制和审查工作必不可少。新产品的质量审查、鉴定工作应由研发、生产、质量管理部门和相关高级领导共同进行。

（2）制造质量管理。

制造质量管理是企业质量管理的重要内容。制造过程中，现场管理者的基本任务是根据实际情况确定管理关键点，组织规范生产，检查质量状况，实施质量控制，在现场建立起一个能够持续提供合格品的高效生产体系。

（3）生产保障质量管理。

生产保障是指为制造活动提供物资、技术保障的所有工作的总称。生产保障质量管理涵盖物资采购品质、验收品质、维修效果、工具性能、储藏水平及运输质量等内容（图 3-1）。现场管理者在生产保障体系中的职责是推广先进技术，消除人为差错和品质波动，从而确保质量问题的出现概率和危害最小化。

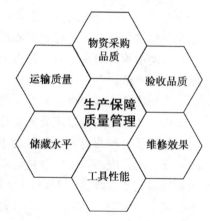

图 3-1　生产保障质量管理内容

2. 全过程的质量管理

全过程的质量管理是指对产品质量产生、形成和实现的全过程进行的质量管理。全过程是指产品的设计、制造、辅助生产、供应服务、销售直至使用的整个过程。产品质量是整个企业生产经营活动的成果，它有一个逐步形成的过程。全面质量管理要求对产品质量形成的每一个环节都加强管理，形成一个综合性的质量管理工作体系。在全过程的质量管理中，要使各个环节紧密联系、相互制约、相互促进，做到预防为主、防检结合、重在提高。

3. 全员参加的质量管理

全员参加的质量管理是指企业全体人员都参加的质量管理。产品质量是企业全体员工的工作质量、产品设计和制造过程各环节及各项管理工作的综合反映，与企业员工素质、技术素质、管理素质和领导素质密切相关，任何一个环节、任何一个人的工作质量都会不同程度地直接或间接地影响产品质量。

质量管理应以人为主体，充分发挥人在质量形成过程中的作用，依靠企业全体人员的努力，保证和提高质量。因此，必须加强质量观念和质量管理技术的教育，在企业中形成人人关心质量管理、人人对质量负责的良好氛围。在企业中开展质量管理小组（QC小组）活动，是推动全员参加质量管理的有效组织形式。质量管理小组的具体内容参见第四章。

（二）全面质量管理的特点

全面质量管理以往通常用英文缩写 TQC（Total Quality Control）来表示，后来改用 TQM，其中"M"是"Management"的缩写，更加突出了"管理"。从一定意义上讲，它已经不再局限于质量职能领域，而是演变为一套以质量为中心，综合的、全面的管理方式和管理理念。在全面质量管理阶段，许多质量管理专家还提出了有关质量管理的新理论与新方法，如质量保证理论、产品责任理论、质量控制理论、质量检验理论、质量改进理论与质量经济学、质量文化、六西格玛管理等，极大地丰富和发展了质量管理的理论和内涵。

1. 全面质量管理是以预防和改进为主的管理方法

全面质量管理将过去以事后检验和把关为主的质量管理转变为以预防和改进为主的科学管理。在全面质量管理中一定要坚持"预防为主、防检结合"的质量方针，因为产品质量和服务质量的实现不是突变而成的，而是一个由量变到质变的渐进过程。要保证良好的产品质量和服务质量，就必须在工作的各个环节中树立以预防为主、不断改进的思想，把不合格的产品和服务消灭在其形成过程中，做到防患于未然。事后检验只能剔除次品和废品。

2. 全面质量管理是一种系统化观念的管理方法

全面质量管理将过去的就事论事、分散管理的方法转变为以系统的观点进行全方位管理，从粗放型管理过渡到集约型管理。全面的综合管理，就是要对影响产品质量和服务质量的所有变量进行全工作过程、全方位的管理。

全面质量管理不仅重视个人工作质量、部门工作质量，更重视整个团队的工作质量，只有团队工作质量的提高才是质量的真正提高。

"系统"的整体作用一般大于"各个分部"的作用之和。强调系统的观点，可以消除各个分支部门的"本位主义"思想，避免各自为政。利用系统的观点进行全面质量管理，不仅能提高整个团队的工作质量，而且能加快大团队的经营管理与技术改造工作，从而全面实现科学管理。

3. 全面质量管理是以客户需求为导向的管理方法

要树立"客户至上"的经营思想，克服轻视使用过程（即客户服务过程）管理的倾向。

一方面，经常就客户对产品的使用效果与使用要求进行信息访问，尤其对客户提出的要求和反映的问题不要回避而应迅速做出反应，进行认真分析和研究，使产品质量不断得以改进和提高，甚至可能开发出新的方法、新的服务和新的产品；另一方面，认真处理出厂产品的质量问题，做好售后服务工作，树立"急客户之所急、想客户之所想"的观念，这样既可增强客户对企业的信任度和依赖性,又可使客户放心使用产品,从而进一步拓展销售市场。在信息传递迅速的资讯时代,客户也经常会"移情别恋",因此,客户对企业的忠心就是企业的"无价之宝"。

客户包括内部客户和外部客户,外部客户即是传统意义上的客户,而内部客户是指一个团队内部的整个工作流程中的下一个流程的队员。在全面质量管理中,要树立为客户服务的思想,不仅要服务于外部客户,而且要服务于内部客户(即下一个流程的工作人员)。

树立为下一个客户服务即"接手者就是客户"的思想,在社会化大生产的企业或流水线作业的团队中尤其重要。以超市卖场为例,若理货员只是被动地把陈列架上的商品补满,而从未主动检查厂家送来的商品是否快过保存期限或存在瑕疵,或者发现问题却从未做出拒绝布货的行动,待这样的商品被客户买走而引起买卖纠纷时,理货员却抱怨是送货员的错。殊不知,这是因为理货员疏忽或不负责任而导致的严重错误,致使产品质量、服务质量,甚至公司的商业信誉都大打折扣。

第二节 全面质量管理的实施

一、全面质量管理与 PDCA 循环的关系

如第二章所述,PDCA 循环是管理活动的一种方法,而且是全面质量管理必须遵循的一种科学的方法。全面质量管理活动的全过程,就是质量计划的制订与组织实现的全过程,这个过程就是按照 PDCA 循环,不停顿地、周而复始地运转的。全面质量管理活动的运转,离不开管理循环的转动,也就是说,改进与解决质量问题,赶超先进水平的各项工作,都要运用 PDCA 循环的科学程序。不论是提高产品质量,还是减少不合格品,都要先提出目标,即质量提高到什么程度、不合格品率降低多少。这就要有个计划,这个计划不仅包括目标,而且也包括实现这个目标需要采取的措施。计划制订之后,就要按照计划进行检查,看是否实现了预期效果,有没有达到预期的目标。通过检查找出问题和原因,最后就要进行处理,将经验和教训制定成标准,形成制度。

 【案例3-1】 PDCA 循环在航天制造企业全面质量管理实施中的应用

由于航天制造的特殊性,所以其主要的设计与生产是由国有企业负责。国有企业受体制制约,其在运营中存在一些通病,如惯性思维、基础管理薄弱等,这在很大程度上影响了航天制造产品的质量,也阻碍了 TQM 的实施。目前,航天制造企业生产制造过程中存在的主要问题有:

(1)员工质量管理意识淡薄,未形成以质量为主的理念。

(2)对生产过程的质量管控薄弱,质量关键点把握不到位。

(3)创新力度较低,员工工作的积极性较低,大部分的管理与技术沿用固有模式。

PDCA 循环是 TQM 所应遵循的科学程序,是 TQM 的核心思想,每经过一次循环,解决一批质量问题,质量水平就有新的提高。

1. 计划阶段
（1）对航天制造企业的现状进行分析，发现其存在的质量问题。
（2）对现有的质量问题进行分析，主要分析其存在的问题、弊端和需要进行质量改进或优化的部分。
（3）根据航天制造企业质量现状分析和现有质量问题分析、明确质量改进的方向并设立目标。
（4）根据目标和具体情况制订可实施的变更方案。
2. 实施阶段
在实施阶段，为保证计划的实施效果，企业要调动全员的积极性，遵循预定计划并分步贯彻实施。实施阶段要求企业对过程从全局把握，保证各项工作有序进行，做好过程数据的收集与统计分析。
3. 检查阶段
（1）检查、分析、评价质量改进效果和目标的达成度，并对质量改进过程中存在的问题进行总结。
（2）及时掌握各种相关信息，完善质量改进。
4. 总结与处置阶段
（1）对质量改进过程中出现的问题和解决办法进行总结，并制定成规定性文件，方便企业以后使用。
（2）建立新的标准或指标，评价质量改进取得的成果，并结合现有的问题和对新环境的再分析，继续对质量现状进行优化。

当前，航天事业正在走进一个新的发展阶段，机遇与挑战并存，这就对航天制造企业的发展有了更高的要求与期望。航天制造企业要深刻理解稳抓产品质量是企业的生存之道，高效稳定的质量管理体系是企业的立足之源。全面质量管理体系并没有统一的标准要求，因此，航天制造企业在实施全面质量管理的过程中要调动全体员工的积极性，充分理解全面质量管理的科学内涵，根据企业实际情况，应用 PDCA 循环理论将质量改进实施起来，通过持续改善使企业质量水平逐步提升。

二、全面质量管理实施流程

（一）管理者的前期准备

1. 管理人员接受 TQM 理念的培训

成功建立和实施 TQM 的关键在于"从头开始"，即从企业领导层开始。为保证在 TQM 的推行过程中所做决策的正确性，企业高层管理人员必须掌握 TQM 的内涵、作用和技巧，因此，企业有必要把对高层管理人员的理念培训作为踏上 TQM 征途的第一步。

2. 研讨企业质量现状

企业高层管理人员定期举行内部研讨会，对企业发展战略和文化面临的短期、长期挑战及现存的主要质量问题进行研究，统一关于 TQM 在本企业推进的必要性和可能带来的风险、利益及发展空间等问题的意见。

通过内部研讨会，企业高层领导可以认清企业质量水平，产生改进质量的紧迫感，并在质量改进的观念上达到高度统一。

3. 确定 TQM 高级负责人

TQM 工作离不开各部门的配合，因此，最高负责人必须具备对技术和管理进行综合性规划的能力，将各方面的力量统一到实现品质目标上来。该负责人通常由总经理或行政副总裁担任，职责是全面负责企业 TQM 推行的策划工作，确定各部门、各岗位的职责和权限，并将资源和权力合理分配到各部门。

质量经理直接听命于 TQM 最高负责人，负责具体项目的统筹规划工作，必须能够动员、整合各部门，指导他们协调一致地为完成品质目标而奋斗。

质量主管承担具体改进项目的策划组织职责，联合其他有关部门的力量，共同推进品质建设，确保产品品质符合甚至超过预期标准。

（二）TQM 机构建设

1. 成立最高领导机构——TQM 推行委员会

TQM 推行委员会是 TQM 的最高领导机构，一般由质量经理、其他部门经理、各车间主任和骨干员工组成。TQM 推行委员会的职责主要是宣传、培训，提供咨询和指导，监督落实，总结、汇报。

（1）宣传、培训。TQM 推行委员会成员负责向所在部门、车间宣传 TQM 知识，并进行关于 QC 小组活动、设备管理、5S 管理、看板管理和 TQM 工具等内容的强化培训。

（2）提供咨询和指导。TQM 推行委员会成员及时向员工们提供关于 TQM 的咨询和现场指导。

（3）监督落实。TQM 推行委员会成员针对质量管理现状制订改进计划和措施，并督促相关部门和人员进行落实。

（4）总结、汇报。TQM 推行委员会定期召开研讨会，总结、评价前一阶段 TQM 的效果，归纳推行经验和教训，探讨遗留的质量问题，并及时向 TQM 最高负责人汇报推行进度和现状。

2. 建立基层推行机构

TQM 基层推行机构及其职责见表 3-1。

表 3-1 TQM 体系中各部门的职责

机构		职责
职能机构	综合管理办公室	在企业最高领导的指示下，采取预防性质量控制措施： (1) 与有关部门一起制定、调整企业的 TQM 目标、制度。 (2) 编制各部门的质量手册、程序文件和质量计划。
	品质管理部门	(1) 登记 TQM 活动项目，管理 QC 小组成员和 TQM 诊断师。 (2) 收集、管理关于 TQM 活动的资料。 (3) 协助人力资源管理部门进行培训活动。 (4) 定期组织企业内部和外部的交流、宣传活动（包括成果发布会），以便企业其他部门有学习、交流 TQM 活动经验的机会。
	TQM 协调小组	(1) 协调相关部门共同制订或修改、完善质量事故预防与处理方案。 (2) 调查、收集企业内部和外部产品质量信息，并反馈给相关部门和领导。 (3) 明确各部门的工作流程和管理权限，落实奖惩制度。 (4) 处理产品质量问题及生产纠纷，调整、完善工作流程。

续表

机　　构		职　　责
辅助支持机构	研发部门	(1) 邀请销售、制造和质量管理等部门参加设计方案的审查和验证。 (2) 编订并完善产品资料文件。 (3) 根据客户要求和技术情报，调整、提高产品研发技术。
	人力资源部门	针对推行阶段和各部门工作内容，斟酌品质管理部门的意见，对相关培训事项进行统筹安排。
	生产部门	(1) 在生产过程中，对生产流程的各个环节进行检查，收集相关质量信息。 (2) 找出质量问题，寻找可改进的项目，定期制定改进意见书，并及时将改进意见书上报给 TQM 推行委员会。 (3) 配合技术部门修改综合管理办公室编定的工艺技术文件、产品质量标准书等文件，以便进一步改进质量。
监督机构	质量监察小组	(1) 小组成员定期开展对企业各部门、各工序的质量监督和检查活动。检查活动结束后，小组成员应记录质量目标的达成情况、相关制度的执行情况、管理者的管理水平、培训效果及 TQM 实施程度。 (2) 对获取、分析质量数据的仪器设备进行管理和维护。 (3) 编写质量管理的相关制度文件，如目标责任制度、交接班制度、TQM 制度、TQM 执行制度、奖罚制度等。
	成果评审小组	(1) 评审 TQM 具体项目的推行结果，并将评审结果上报 TQM 推行委员会。 (2) 落实 TQM 优秀项目的奖励工作。

综合管理办公室、品质管理部门和 TQM 协调小组是 TQM 体系中的职能部门，具体负责质量管理活动的组织、协调及控制工作。为避免出现揽功推过的现象，同一个质量改进项目可以由多个职能部门共同参与，却只能由一个职能部门负责。

研发部门、人力资源部门和生产部门是 TQM 活动的重要参与者。这些部门为 TQM 推行委员会进行科学决策提供参考信息，同时配合职能部门将品质改革方案付诸实施。

TQM 有完善的监督系统。质量监察小组、成果评审小组分别对 TQM 的推行过程和结果进行检查并做出评价。他们的监督、考核既是对员工的约束，促使员工扎扎实实地解决面临的所有质量问题，也是员工坚持不懈地探索品质管理领域的动力。

(三) 建立 TQM 保障系统

"兵马未动，粮草先行"的古训启示我们要重视基础保障工作。TQM 推行的基础保障是规范、科学的培训、考核系统。

1. 培训系统

任何一个岗位都会随着科技的进步，被注入更丰富的内涵。若员工的工作水平不能与时俱进，知识、能力与岗位要求之间存在偏差，TQM 目标的实现将遥遥无期。因此，企业必须实施科学的质量培训，使员工的质量知识、质量管理能力与岗位要求达到的高度相统一。

(1) 确定培训项目。培训规划者必须综合考虑特定岗位员工的职责、职能及岗位要求，从而明确该岗位的基本培训要求和培训项目。然后，培训规划者可以建立质量培训项目表，横向元素为各部门的各岗位，纵向元素为各岗位需要接受的质量培训项目。一般情况下，需要对技术人员和管理人员进行质量管理系统方法的强化培训，需要加强普通员工实际操作方面的培训，如产品质量控制方法。

（2）安排培训时间。为了保证正常的生产进度不受影响，质量培训可以分批进行。培训规划者应当对培训时间和培训规模进行灵活组合，力求以最经济的培训投入获取最显著的培训效果。

（3）确定培训负责人。一般情况下，质量部门的培训工作由总经理负责，其他岗位的培训事宜由质量经理负责。

（4）培训骨干。企业应分批派遣员工参与中国质量协会和其他著名单位组织的培训活动，培养TQM活动小组长、质量诊断师和其他TQM活动骨干。

2. 考核系统

（1）建立考核方案。TQM推行委员会负责建立品质考核指标，并制订相应的考核方案。质量考核涉及范围相当广泛，包含员工解决问题的能力、生产能力、参与态度，管理者的管理素质，实际工作结果与目标的偏差等内容。因此，委员会成员在确定方案时应多听取各方面的建议。

（2）实施考核。企业内应不定期举行TQM全员考核，考核由企业最高领导督导，由质量监察小组负责具体策划和推进。同时，考评工作离不开人事部门的配合，由人事部门将考评结果与部门、个人薪资、职务晋升及劳动编制等内容有机结合。

（3）实施处理措施。相关部门对TQM推行过程中表现优异的部门和人员实施奖励，对成果进行总结，并以图文并茂的表现方式在企业内部定点或流动展览。

对考核过程中暴露的工作质量缺陷、产品质量事故，企业应予以内部曝光或通报批评。

对考核过程中发现的违反安全生产管理法规和操作规范的人员，企业应实施处罚，并组织他们接受一定课时的强化教育和训练，以避免类似事件的重复发生。

（四）确定质量目标

合理的目标能够统一企业成员的品质哲学观，为品质管理工作提供源源不断的动力。品质目标的确定应严格按照以下程序进行。

1. 了解质量现状

只有立足于现实，深入了解企业的现状和面临的质量挑战，才能确定合适的目标，确保TQM的后续推行工作能够有的放矢，并取得显著成果。

（1）收集信息。品质信息的调查工作由TQM协调小组负责。小组成员需要广泛调查本企业各阶段、各环节的质量状况及各部门的品质管理工作效率等。调查可以以问卷调查、质量研讨会、内部考核、专家考查和产品追踪调查等形式进行。

此外，相关的原始工作记录和会议纪要，产销环节的质量数据报表、质量事故报告及客户反馈等材料，也是质量信息的重要来源。这些资料由品质管理部门负责收集、整理。

（2）计算质量成本。TQM的精髓在于保证质量的同时降低成本。因此，在正式推行TQM模式之前，企业管理者有必要深入了解现阶段的质量成本。

2. 寻找质量问题

企业管理者将国际、国家质量体系的最新标准、相关法律法规和同类企业的优秀质量管理的资料作为参照，分析调查结果和质量成本，从而找出存在于流程、体制和管理中的质量问题。

3. 制定质量改善总目标

对质量信息、质量成本进行分析后，在统计分析的基础上，企业高层管理者负责制定质量改善总目标。

质量改善总目标是指企业在一定时期内力求达到的质量管理效果。

质量改善总目标既包括短期目标（以一年为周期），也包括长期目标（以三年或五年为周期）。

TQM系统中的质量改善总目标包括培训普及率、培养的质量诊断师人数、项目目标实现率等内容。

提出质量改善总目标后，总经理与质量经理和各部门主管共同在品质目标责任书上签字。

4. 分解质量改善总目标

将质量改善总目标进行分解、细化，就能得到各个部门、工序及岗位的具体品质目标。只有将各个具体目标一一落实，质量改善总目标才有达到的可能。

无论是质量改善总目标还是具体目标，都应以科学、适当、可量化为制定原则。

（五）确定解决方案

1. 制订改善总计划

TQM推行委员会针对企业质量现状和目标，制订改善总计划，并及时提交企业高层管理者。方案中不仅涵盖解决措施，还应包括进度安排、岗位职责和推行费用等项目。

2. 获取批准

高层管理者对初步解决方案的合理性和有效性进行研判，并对计划书中申请的推行费用进行审核。通过集体讨论和投票表决，高层管理者共同决定是否批准该改善策略。

（六）建立TQM试点项目

获得批准后，TQM推行委员会按照预定计划，将一个解决难度较小、效果较明显的品质问题作为试点项目，并调动一切必要资源对其进行改善。当计划的效果得到实践检验后，企业中的反对呼声会逐渐减弱，可以大大减少计划的推行阻力和风险。

1. 培养攻关人员

（1）组建项目小组。为保证试点项目的工作绩效，TQM推行委员会应谨慎选定项目小组组长和骨干组员。项目小组的成员不仅要熟悉该改进领域，还必须具备较高的品质改进能力和团队合作意识。

（2）组织培训。有针对性的品质管理培训能够为TQM计划的实施提供思想、技术保障。项目小组的成员有必要接受一段时间的品质管理培训，以便深刻领悟TQM的内涵，掌握其推行流程，并学习相关的质量改进技巧。

2. 制订改进计划

一般而言，TQM项目改进计划包括质量目标、管理项目和改进步骤。

具体制订步骤如下：

（1）TQM项目小组的成员将整体的"质量"概念分解成独立的质量要素。

（2）TQM项目小组的成员对各质量要素分别进行调查，寻找导致质量问题的所有原因。

（3）TQM项目小组的成员在充分调查的基础上，通过集体讨论和绘制关联图或矩阵图，整合、分析找到的各种原因，并从中提炼质量的主要影响因素。

（4）TQM项目小组的成员本着目标明确、重点突出的原则制订工作计划，并将职责落实到个人。

3. 执行改进计划

在改进计划的执行阶段，以下工作的重要性不容忽视。

（1）数据统计。现场管理者应当做好数据收集和统计工作，以保证数据的准确性和有效性。通过分析数据资料，管理者能及时总结本工序或本车间的质量波动规律，为实施控制措施提供参考依据。

（2）信息记录和汇报。随着现代生产节奏的加快，质量信息的记录、交流工作刻不容缓。现场管理者是生产现场和企业其他部门之间的"桥梁"，需要掌握大量第一手的现场质量信息并负责在相关部门和员工之间传递这些质量信息。

随着信息时代的到来，现场管理者可以通过口头汇报，也可以通过看板、电子数据库、互联网等渠道实现质量信息的汇报、共享。

> **小贴士**
>
> 现场管理者进行质量信息共享的目的：
> (1) 便于质量管理部门及时更新质量档案。
> (2) 保证上级领导及时了解本部门的工作情况，并提供指导和支持。
> (3) 便于今后从中吸取经验、教训，为制定预防措施提供参考依据。
> (4) 为追溯质量事故的根源、责任人提供线索和证据。

（3）员工士气振奋。TQM的推行是一项复杂、细致且艰巨的任务。在长期的推行过程中，TQM项目小组的成员容易在遇到困难或改善工作的过程中产生消极情绪。要想振奋员工士气，使员工保持良好的工作状态，现场管理者必须掌握激励的艺术。具体可以通过帮助员工树立理想，并将员工个人理想与TQM目标相结合，达到激发员工工作积极性的目的。

当TQM项目小组的成员工作认真、士气高昂时，为了保持员工的这种工作状态，现场管理者可以通过公开表扬、设置部门内部奖项等方式，满足员工们对荣誉的追求，激发更多员工的竞争心理，营造积极向上、良性竞争的现场环境。

4. 总结计划执行情况

当TQM项目小组按计划实施改进后，质量监察小组将改进效果与质量目标进行对比，核实改进计划的有效性，并对TQM项目小组的工作情况做出缜密而客观的评价。

若改进效果与质量目标之间存在较大偏差，应保留计划的有效部分并将其标准化，对无效部分进行检讨、调整，并在相应的程序文件或质量手册中加以规定。这样做是为了总结经验教训，提高质量管理水平。

本次改进过程中遗留的问题应作为下一阶段的改进目标。

（七）全面推行改善总计划

时间是检验真理的唯一标准。TQM试点项目取得突破性进展或达成目标，意味着

TQM 模式的有效性和 TQM 改善总计划的可行性已通过实践的初步检验。企业将按既定程序进入 TQM 改善总计划的全面推行阶段。

1. 召开 TQM 全面推行会议

为了统一思想、激励员工，企业高层领导有必要召集企业全体员工出席 TQM 全面推行会议。在全面推行会议中，企业高层领导必须完成三项任务：

（1）公布试点项目成果，表彰试点项目小组和先进个人，调动员工对 TQM 活动的积极性。

（2）传达市场质量资讯和发展方向，使员工自觉树立改进质量的紧迫感和责任感。

（3）宣布全面质量管理推行计划，然后召开层级会议，向员工传达期望与任务。

2. 开展质量普及培训

产品的质量，归根结底取决于员工的技术水平和管理水平。因此，质量普及培训是达成 TQM 目标的基础。质量普及培训工作由人力资源部门负责，人力资源部门的员工在 TQM 推行委员会的领导下，根据质量管理职责的不同，为各级领导、管理人员、技术骨干和操作工人设计相应的培训课程。之后，人力资源部门通过现场教学、网络课程等多种方式组织人员接受培训，力求在有效控制培训成本的前提下，达到人人了解 TQM 的概念、作用和程序的培训效果。

3. 实施优质管理措施

（1）广泛建立 TQM 小组。首先，各部门、各车间向试点项目小组学习经验，从品质管理部门获取有关 TQM 活动的宣传资料，并明确本部门（车间）的质量管理任务。其次，管理者围绕企业质量改善总计划，制订本部门（车间）的具体改善计划。最后，部门（车间）管理者根据实际情况建立部门（车间）的 TQM 领导小组、TQM 执行小组及质量检查小组，开展部门间的质量管理竞赛。

（2）加强对质量体系运行的过程监控。质量问题可能出现在质量体系运行过程中的任何一个环节，因此，为确保 TQM 目标的实现，现场管理者必须严格监控质量体系运行的全过程。

在质量体系运行过程中，TQM 职能部门根据需要安排骨干人员指导相关 QC 小组开展工作，并对推行 TQM 过程中出现的问题给予解答和帮助。

（八）完善效果

1. 结果评定

企业根据实际情况，定期进行全员 TQM 检查，由成果评审小组对 TQM 的推行结果进行审核、评价，并提出改进措施。

企业根据审核结果和评价，对表现优异的部门、车间和个人按企业的奖惩制度进行奖励。

2. 标准化

TQM 推行者根据评定结果总结成功的经验，并提交推行委员会。

TQM 推行委员会组织有关部门和顾问把有效措施纳入标准制度，以巩固现有成果，防止失误，鼓舞员工。

在修订原有标准制度的过程中，修订者应注意维持质量体系的稳定、平衡，突出产量与质量共同提高的理念，不能顾此失彼。

措施标准化是一个对质量运行流程进行更新、优化的过程。新措施的出台，能够优化资源利用，减少产品在各个环节之间的周转时间，缩短生产周期，提升管理效率。

3. 更新招聘准则和上岗培训内容

（1）更新招聘准则。TQM体系对员工的质量管理能力提出了很高的要求，因此，企业应根据实际情况在招聘时加强对质量管理能力的考查力度，为企业吸纳更多的质量管理人才，共建体系。

（2）更新新员工上岗培训内容。在现代经济中，员工的流动能够为企业带来活力。但是，若新员工的培训内容陈旧老套，未与时俱进，会导致新旧员工之间工作能力的差距，进而导致计量、分析方法上的错误，增加企业质量管理成本。这个难题应主要通过更新新员工培训计划的内容和加强经验交流来解决。

4. 坚持推行

有关调查显示，推行TQM的企业很多，但是TQM计划得到有效实施的不足三分之一。很多企业一开始雄心勃勃，建立各种推行机构，举办声势浩大的动员会议，却"雷声大，雨点小"，最后不了了之。

因此，请记住，坚持推行比提出TQM计划更重要！

经过一段时间的TQM推行工作，质量保障体系完善、运行效果显著的企业可以向国家或地方政府部门的技术监督局认证中心及其委托机构提出质量认证申请，并争创国家卓越绩效模式管理奖，以名牌战略获取长期竞争优势。

三、全面质量管理常用统计方法

在开展全面质量管理活动的过程中，全面质量管理的常用工具必不可少，如第二章所述的QC七工具，亦为全面质量管理的常用统计分析方法，用于收集和分析质量数据，分析和确定质量问题，控制和改进质量水平。

第三节　全面质量管理的实际运用

一、品质保障体系的确立

（一）什么是品质保障体系

为了确保TQM在企业整体得以有效推进，需要明确各个部门在质量管理方面应该承担的职责（P），在此基础上予以实施（D），然后检查实施进展是否合理（C），进而再进行系统的处置（A）。对于产品和服务提供而言，最为常见的流程如图3-2所示，需要经过企划、研发、设计、生产准备、采购管理、生产、销售和流通等各个环节。在每一个环节，TQM的开展都很重要。

在服务行业，与生产准备相对应的就是培训，尽管名称多少有些差异，但基本流程与图3-2相同。另外，企划和研发的顺序关系也会因企业不同而形式各异，但是基本流程也与图3-2没有差别。这一系列的流程中，各部门按照企业方针明确划分各自的职责来实现提供更高质量的产品和更高品质的服务的目的。

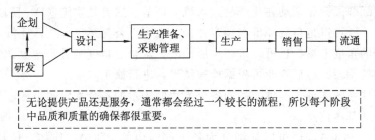

图 3-2 提供产品的流程

（二）品质保障体系的确立

从整体上统筹各个流程的职责时，通常会用到品质保证体系图，概要如图 3-3 所示。实际应用时，图中各项目的名称可能会有不同，但是考虑如何提高质量和品质的企业，都会以实体的形式来构建这样的框架。在被人问到"品质保证的框架是如何构成的"这样的问题时，最直接的回答就是把这个品质保证体系图给对方看。

在图 3-3 中，纵坐标是 PDCA，横坐标是各个部门。另外，为了明确高层的职责，有的品质保证体系图中还会包含管理层或经营企划室的部分。

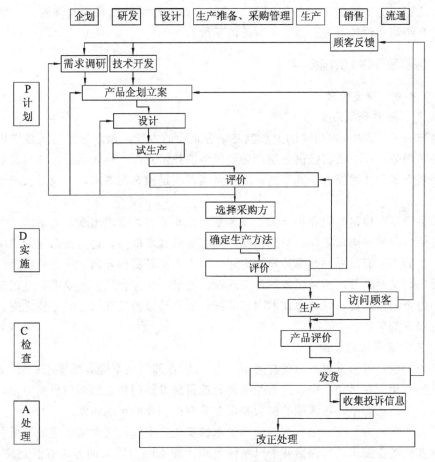

图 3-3 品质保证体系图

企划、研发、设计、生产准备、采购管理是为了生产进行的计划（P）阶段。接下来进行生产、实际开展营业活动并让产品进入流通环节，这就是实施（D）阶段。检查（C）阶段的产品评价既可以是自我评价和顾客评价，也可以委托第三方进行评价。此外，从经营者实施检查的角度来看，也可以进行高层诊断。从企业角度来看，这也是判断是否按照品质方针行动的手段。最后企业再根据检查结果，进行修正（A）。

品质保证体系图体现了提供产品的各个流程所表示的各个部门的职责，其中规定了与品质保证相关的基本信息。

企业整体的 PDCA，还可以被细分为各个部门内的 PDCA。比如，仅从生产阶段来看，就需要计划（P）如何生产、生产多少数量的产品，然后按照计划进行生产（D），之后再对生产的结果进行评价（C），如果有必要的话，再根据评价结果进行改善（A）。

（三）面向流程提速

在产品和服务的竞争日益激烈的当前社会，前文所述的企划、研发等一系列流程的提速成了企业的课题之一。流程提速的方案有两个：① 提高单个流程的速度；② 同时开展几个流程的工作。

方案①的关键就是标准化。比如，设计工作中，准确区分新的设计部分和沿用以前设计的部分，通过沿用之前的标准化设计，可以提高流程的速度。方案②中，事先预测同时开展几个流程情况下可能出现的问题点，尽可能在工作的前期将这些问题一一解决。为此，后文介绍的"设计审查"是一个有效的手段。

二、各阶段 TQM 实施要点

（一）企划、研发阶段

1. 企划、研发阶段的要点

企划与研发阶段中，TQM 的要点就是结合企业的方针，探索如何给顾客提供更高水平的产品和服务，以及切实提供上述产品和服务的技术开发。换句话说，这些流程输出的是产品企划方案和技术能力，其评判标准就是能否满足顾客的要求，以及是否符合企业的方针。

企划和研发要根据时间和场合来予以考量。先有顾客的要求出现，为了满足顾客要求进行研发的情况属于需求导向；与此相反，拥有基础技术能力，将其商品化的情况属于种子导向。我们不能简单地评判哪种导向更好，因为无论是哪种导向，重要的都是既要迎合顾客的要求，又要顾及产品和服务的可实现性。如果一味迎合顾客的要求，会出现研究长生不老药的企划；相反，只考虑技术因素的话，又有导致研发部门独断专权之虞，在实践中要考虑双方的平衡。

2. 探索顾客要求的关键

在企划阶段，最为重要的活动有两项：① 与研发部门共享顾客的要求；② 细致掌握顾客要求的变化。在活动①中，最为关键之处就是研发部门和企划部门要通力合作，避免各自为政。在活动②中，各课题的探索要求充分发挥企业的市场职能。

在活动②中，为了充分细致掌握顾客要求的变化，不仅需要探索顾客的表层需求，还需要对顾客的潜在需求进行探索并予以系统整理。探索顾客需求的方法有假想产品调查、集体讨论、问卷调查等。

通常情况下，顾客的反馈都很不明确。比如，A、B 二人对同一款车的评价都是"这是一部好车",但是他们所说的内容并不一定相同。再以宾馆前台的服务为例,顾客的反馈通常会包含完全不属于同一层级的内容,如"应对服务不好"和"电话的声音听不清楚"。因为,电话声音模糊是属于应对服务不好的一个方面。如果顾客反馈里有这样不明确的部分,就无法确定在接下来的设计阶段怎样处理才能满足顾客的需求,设计工作就无法顺利开展。因此,针对作为设计对象的产品和服务,需要将顾客的要求按照第一、第二、第三层级予以展开。

表 3-2 是宾馆前台服务中顾客的需求。在这一示例中,前台服务被分成了入住和确认预约两部分。其中,关于入住方面的第一层级的要求有"入住准确率""速度"及"应对态度"等方面。此外,"入住准确率"这一项的第二层级要求则可以展开为"意图传达清晰""语言易懂"等方面。像这样将服务展开为第一、第二层级,就可以对顾客的要求进行更为全面、更有层次的整理。顾客的要求都很笼统,所以要准确展开并分别确定应对方法。

表 3-2 宾馆前台服务中顾客要求展开示例

主要业务	流　　程	第一层次要求	第二层次要求
前台	入住	入住准确率	意图传达清晰
			语言易懂
			说明准确
		速度	说明简洁
			被问到问题能马上说明
		应对态度	态度和蔼
			气氛友好和谐
		……	
	确认预约	确认预约	……
		……	……
问询	把握客户意图	……	……
	回答问题清晰准确	……	……
支付费用:		……	

最后,企划部门也不能只以顾客为导向,营业阶段的反馈也很重要。在营业阶段,企业要经常实施顾客满意度调查。顾客满意度也是检查企划、设计、制造好坏的参考要素。

(二)设计阶段

1. 设计的作用

设计部门的主要职能就是根据企划部门和研发部门提供的信息,结合成本要求,考虑产品的生产能力、服务的提供能力,从而决定能够满足顾客需求的产品和服务的规格。如果是产品,主要规定产品的尺寸和重量等与产品状态相关的参数;如果是服务,则详细规定提供服务的内容、应对顾客的方法等。比如,在设计事务处理流程时,就必须考虑事务处理的速度,否则就无法跟上实际处理事务的节奏。另外,成本最终会反映在价格上,在考虑品质的同时,也需要将成本控制在一定程度。总之,在设计阶段,要综合考虑各种因素来决定产品的规格。

2. 设计阶段应该把握的要点

在设计阶段决定规格参数的时候，为了实现更好的品质，必须把握好关键的两点：一是要与企划部门和生产部门进行密切沟通；二是如果有问题尽量在早期发现。

与企划部门、生产部门、客服部门进行密切沟通，是为了避免设计者对产品和服务的规格设计独断专行，实现顾客要求与生产能力、成本等方面的综合平衡。通常情况下，顾客的要求都比较笼统，即使企划部门将顾客要求按照表 3-2 的形式进行展开，也只不过是将顾客的笼统需求变成了分层级的构造，并不能直接决定产品的规格。因此，企业需要将顾客的反馈转变成产品和服务的具体规格，后文第 3 点中介绍的品质功能展开就是一个有效的工具。

接下来说为什么要尽早发现问题。比如，在生产产品的时候，如果开始生产后才发现设计环节的问题，准备生产阶段的所有努力都会白白付出。另外，已经生产的部分也需要返工。如果在设计阶段就能发现问题的话，只需要在设计阶段进行修改即可。客服也是如此，如果设计了服务手册，并按此手册对员工进行培训后才发现问题，那么之前的培训效果也就几近为零。为了尽早发现问题，企业需要实施后文第 4 点中介绍的设计审查。

3. 品质功能展开

品质功能展开（Quality Function Deployment，QFD）是指将顾客的要求进行分层次整理，将其转换为产品规格所对应的特性。表 3-3 是以英语培训学校为例进行的品质功能展开分析。

首先，要对顾客的笼统要求尽量予以全面有层次的整理，表 3-3 的左半部分就是将顾客的要求按照三个层次详细展开。

表 3-3　英语培训学校中品质功能展开示例

顾客要求			提供方所提供服务的各项要素									
			学习计划			学习形式			设施		经济	
			会话时间数	阅读理解数	语法时间数	具体的服务规格					日常费用	可选项目费用
第一层次要求	第二层次要求	第三层次要求										
可以用英语与人沟通	会说	能表达自己的希望	○						○ ○	○		
		能够表达条件	○ ○						○	○		
		能够拒绝		○ ○	○ ○				○	○		
	会写	能够写出自己的意图		○ ○								
		书写正确		○								
能理解英语	要求笼统的顾客		○						○ ○	○		
				○		关联程度						
				○					○ ○			
				○								
掌握日常沟通	明白意图	能理解会话的前后文	○			○	○		○ ○			
	能够表达自己的意图	掌握基本单词				○	○		○ ○			
		可以确认事情							○ ○			
轻松学习	费用	基本费用									○ ○	○ ○
		可选项目费用									○ ○	○ ○
	入门	有机会									○ ○	○
		不知不觉间开始掌握									○ ○	○

表 3-3 的右上部分是决定产品和服务规格的各项要素，学习计划和学习形式是表现服务提供方的质量因素。如果是产品生产，就相当于尺寸和材质。

表 3-3 的右下部分显示的是服务的要求与服务的品质特性之间的关系。其中，标有圆圈的部分表示要求与品质特性之间的关系密切。比如，在这个表中显示，书写正确与学习计划中的阅读理解数和语法时间数密切相关。

在企划阶段，一方面，需要把握表 3-3 中左半部分顾客要求的构造，确定需要重视的要求。另一方面，为了在设计阶段尽量满足顾客需求，就需要充分利用表 3-3 右下部分的对应关系，再考虑生产阶段的能力，来决定对应各自特性的规格参数，如培训项目的构成、班级人数。

品质功能展开过程中，应将顾客的反馈进行结构性的展开，并显示与设计要素之间的关系，以实现满足顾客要求的目标。

4. 设计审查

设计审查（Design Review）是指为了尽早发现问题并采取相应对策，在完成设计工作后，将与生产和客服有关的人员集合在一起，对设计方案进行探讨的活动。图 3-4 显示的就是设计审查流程。从该示意图可以看出，企划、研发、设计、生产准备、采购管理、生产等各个部门都与设计审查活动有关。

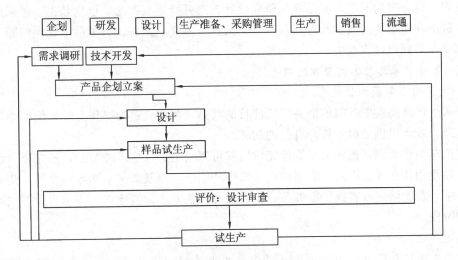

图 3-4 设计审查流程示意图

设计审查环节需要全部有关人员参与，从各个角度来对设计的合理性进行考量，以此实现在初期阶段就发现与质量相关的问题，并及时采取相应措施。

在图 3-4 中，纵轴与时间轴相对应，横轴与企划、研发、设计、生产准备、采购管理、生产、销售、流通等各个部门相对应。如图 3-4 所示，在完成企划和研发后，进入设计环节。在设计大体完成后，各部门集中对所设计的产品和服务的质量进行论证。比如，从企划的角度来论证设计是否正确反映了顾客的需求，从生产的角度来考量设计的规格在实际生产的时候是否现实可行。

如果在设计审查中发现了问题，就需要予以重新设计，完成后再次进行设计审查。尽量在早期阶段发现问题，是为了减少解决问题的成本和时间。图 3-5 显示的就是发现问题的时间点和解决问题所需成本之间的关系。

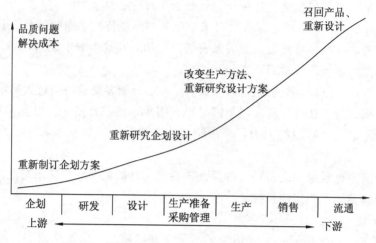

图 3-5　品质问题的发现阶段与解决问题所需成本

由图 3-5 可知,尽量在上游阶段发现问题,有助于降低解决品质问题的成本。

比如,在企划阶段发现了问题,只需要重新拟订企划方案即可。但是,如果到生产阶段才发现设计方面的问题,就需要从研究设计方案开始重新做起。也就是说,越靠近下游阶段,解决问题需要的成本和时间就越多。从这个意义上来看,为了尽早发现问题,所有部门都要参与到设计审查中。

(三) 生产准备、采购管理阶段

1. 生产准备阶段的目的

进入生产或提供服务前的准备阶段的目的就是,找到合适的操作方法,使生产与计划保持一致,或者提供的服务符合自己的初衷。

以汽车生产为例,也并不是设计完成后就可以马上进入生产环节的,还需要确定很多内容,如使用什么样的设备、采用什么样的生产顺序,以及如何采购零部件等。此外,宾馆服务中,在实际向顾客提供服务前,也需要有配备人才、实施培训等用来为提供服务做准备的阶段。

2. 生产准备的要点

在考虑生产和提供服务的准备活动中,两个关键词就是"样品试产"和"标准化"。"样品试产"就是试验性地生产产品或提供服务,并对结果进行评价的活动。这一过程中需要观察设计阶段决定的设计,考虑如何进行生产或提供服务,然后实际进行验证。

对试生产的产品或试提供的服务进行评价时,要从产品质量、服务品质等消费者视角及生产和服务的提供是否顺利等生产者视角两个方面进行评价。图 3-6 是对试生产产品的评价项目的示例。在这一图例中,既有从产品质量角度评价产品是否严格按照设计进行生产的项目,也有从生产效率角度对单位时间的产量、工作的难易程度进行评价的项目。

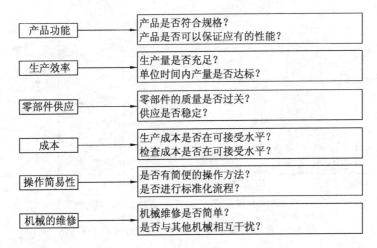

图 3-6　生产准备阶段试生产产品的评价项目图例

试生产产品的评价应从品质、成本、生产可行性等各种角度实施。

如果在试生产阶段无论如何都没有办法生产出满足要求的产品，就需要重新进行设计。一直到试生产产品或者提供的服务达到令人满意的效果，都是生产准备阶段。这一阶段的目的就是确保设计的方案可以生产出令人满意的产品，可以提供令人满意的服务。

接下来，以类似操作标准或服务提供手册的形式将操作步骤予以固定，然后就是对员工进行培训，以使工作严格按照操作标准或服务提供手册得以实施。

大多数情况下，制作标准的人和按照标准进行生产或提供服务的人是不同的。这样就会出现不能或不愿按照既定的方法进行实际操作的情况。此时，就需要根据实际状况对标准进行修订或对人员进行培训。

3. 采购管理的要点

采购管理是指选定供货方，然后检验是否持续进行供货，并在必要的时候采取一定措施的活动。采购管理中的计划（P）是指选定今后所采购产品的供货方，这里的选定要基于对品质、价格、发货期等各种因素的评价。其中，最难评价的就是品质。价格可以一目了然，很好判断。发货时间也可以用"截至何时发送多少货物"的形式加以约定。品质该如何进行判断呢？对于单一零部件的品质或许可以判断"这个品质好""那个品质不好"，但是，对整体该采用何种方式进行判断，恐怕就是经常遇到的问题了。

【案例 3-2】

某个餐厅要从鱼糕供货商中选定其中一家。鱼糕的供货商有鱼糕生产厂家 A 和厂家 B，最近两家公司的鱼糕重量分布图经调查如图 3-7 所示。如果选定厂家 A，该厂家可以按照供货要求提供重量在 100～105 克之间的鱼糕。而厂家 B 生产的鱼糕的重量分布则呈现不规则的状态，预示其生产过程中产生了较多小于 100 克和大于 105 克的不合格产品，但是因为餐厅指定了进货鱼糕的重量要在 100～105 克之间，所以厂家 B 只发了重量在 100～105 克之间的鱼糕，其他的则在内部进行了处理。这两家公司中，可以放心采购的是厂家 A。像这样，在选定供货方的时候，餐厅有必要选择充分满足质量要求的单位。

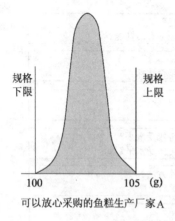 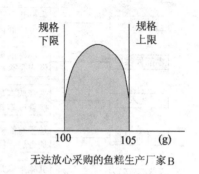

可以放心采购的鱼糕生产厂家A　　无法放心采购的鱼糕生产厂家B

图 3-7　鱼糕重量分布与顾客能否放心采购关系图

鱼糕生产厂家 A 可以持续提供重量在 100～105g 之间的产品，而厂家 B 则被认为是将不合规格产品进行了处理，餐厅无法放心进行采购。

选定好供货方后，接下来需要对供货状况进行检查。一般情况下，供货方都会按照要求正常供货，但是有时也会出现货品质量下降的情况，这就需要及时进行处理。如果采用"发来的零部件质量不好，请尽快提供质量合格的产品"的处理方法，那不过是应急措施。为了防止供货质量不佳的情况再次出现，需要将现有的状况反馈给供货方。此外，不能一味将责任推诿给供货方，需要通过信息共享等方式来构建合作机制。

（四）生产、客服阶段

1. 生产和客服阶段的目的和要点

在生产和客服阶段，需要按照计划进行生产或提供服务，并检查其结果是否正确。另外，还有重要的一点就是要在必要的时候根据情况进行处理。下文将分别进行说明。

按照计划操作，是指按照在生产准备阶段决定的步骤和方法进行作业。以餐馆为例，即从选定的供货方采购原材料，按照设定好的菜单和配方制作菜品。负责接待的人员按照决定好的程序接待客人。

下一步是检查产品质量和服务品质的阶段。继续以餐馆为例，即检查设定好的菜单能否在规定的时间内制作完成，接待客人的时候能否按照设定的方案来实行。接下来还要对检查结果进行判断，如果有必要再进行相应的处理。比如，如果制作菜品的时间超过了预想时间，首先要确认超过了多长时间。接下来还要判断是否按照预先制作好的烹调手册来制作菜品。如果制作方法是完全按照之前决定的方法进行的，那就说明不是厨师的制作方法有问题，而是烹调手册的原因。如果厨师没有遵守烹调手册的话，大概可以想象到有以下几种情况："厨师知道烹调手册却做不好""厨师因为不知道烹调手册而做不好""厨师知道烹调手册却没有遵守"。在"厨师知道烹调手册却做不好"的情况下，餐馆需要重新对标准加以研究，确认是否在做法上有不可行之处，或者对厨师进行再培训。在"厨师因为不知道烹调手册而做不好"的情况下，餐馆就应该首先让厨师了解规定的制作方法。在"厨师知道烹调手册却没有遵守"的情况下，餐馆就应该请厨师端正工作态度。总之，餐馆需要根据不能按时制作的原因来采取合适的处理措施。

2. 初期流动管理

在生产和提供服务的时候,企业还需要预估适应后的熟练效果,实行初期的流动管理。以餐馆为例,第一次做菜的时候肯定会多花时间也多费功夫。等适应后,做菜就可以既省时又美味。因此,餐馆在设定标准时间的时候就需要考虑到这样的熟练效果,管理的时候也同样如此。

在设定标准的时候,有时会以熟练状态为标准来进行设定。这样的情况下,切不能忘记在初期阶段会花费更多的时间。此外,在银行等地方的窗口业务中,如果是不熟练的柜员就会多花时间,而如果是熟手的话很快就能办完。以上是以时间为例进行的说明,同样,产品质量和服务品质在初期也会有不理想的阶段,随着时间的推移,产品质量和服务品质也会越来越好。

像这样从时间前后来看,在最初阶段需要加以特别的考虑,这样的应对措施就是初期流动管理。初期流动管理的要点就是以熟练效果为前提制定标准,在此基础上进行 PDCA 循环。

3. 维持与改善

初期流动管理结束后,重要的是如何维持良好的状态,并在合适的时机下予以改善。图 3-8 是初期流动管理、维持、改善的概念示意图。

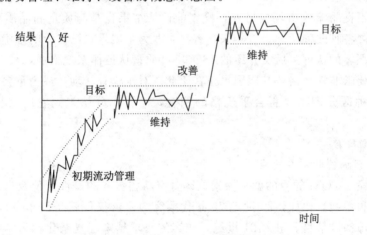

图 3-8 初期流动管理、维持、改善的概念示意图

初期流动管理中,到达预定目标后,接下来对这一状态加以维持。为达到维持的效果,最为重要的就是实行标准化处理。将处于良好状态的结果作为标准,以此标准来进行生产和提供服务。找出可以满足顾客的接待方法,并将这样的方法推广到所有员工。

在达到维持效果后,根据需要再进行改善。这是因为如果一直按照现有水平生产产品或提供服务,总有一天会落后于市场水平。因此,就需要设定动态的合理目标,来改变现有的水平。关于改善活动的详细情况,本书就不再赘述,这里仅对其基本原则进行介绍:

(1) 控制分布因素,以减少结果的分布不均。

(2) 改变结果的平均值以使结果的平均值得以改善。

(3) 出现异常状态时,与正常状态进行对比。

为了进行改善活动,首先要确认结果的状态,然后再根据以上三项原则采取合理的应对措施。

4. 生产优质产品有助于降低成本

生产优质产品可以降低企业的综合成本,这样的观点自20世纪70年代左右开始被人接受。在此之前,主流观点认为,与生产优质产品相比,只要加强检查力度就可以防止不合规格产品流入市场,最终会降低企业成本。这样的倾向在崇尚专业精神和部门主义的欧美国家尤为显著。但是,从诸多事例和经验来看,尽量在上游阶段发现不良品更有利于降低企业的综合成本。

与质量和品质相关的成本,这里简称品质成本,大致分为预防成本、评价成本和问题成本三项。在此基础上,问题成本还可以细分为在外部发现问题时的外部问题成本和在内部发现问题时的内部问题成本。预防成本是为了确保品质不出现问题所花费的成本,评价成本则是对品质进行评价所花费的成本。

从成本的构成上来讲,一般情况下越是在上游阶段发现问题,所花费的成本就越少。另外,在外部出现问题时所花费的成本要大大高于在内部发现问题时所花费的成本。如果问题在内部被发现,只需要材料费、人工费即可,但是如果问题在外部被发现,还会额外增加回收、赔偿等各种各样的费用。因此,务必要尽早发现问题。

5. 检查也是重要的部分

检查本身并不会使质量和品质达到完美,但是检查活动是非常重要的。检查的主要目的是为了不让不良品流入市场。另外,检查的记录结果也是与质量和品质息息相关的数据,有助于开展各种改善活动。近年来,有些企业为了展示自己流程的准确性而公开检查结果,以获得顾客的认可。后文介绍的ISO 9000质量认证体系规格中,截至1994年,对与检查相关的要求非常严格,其原因也正在于此。对于检查活动,最为重要的是不要把它单纯当成是一种区分产品是否合乎规格的调查,而要充分认识到它所发挥的各种重要作用。

(五)销售阶段

1. 探索顾客评价和潜在要求

在销售阶段,TQM的目的就是探索顾客对产品和服务的显性评价及潜在要求。过去顾客的要求都很单纯,比如,20世纪70年代顾客的要求仅仅就是汽车可以无故障行驶,电视可以无故障播放节目。进入21世纪,顾客的要求越来越复杂化。为了探索顾客的潜在要求,销售阶段的主要职能是获得基础信息。

无论是基本品质还是魅力品质,其本质就是物理满足状态和个人满意程度的二元结构。在过去,只要使产品满足物理要求就能得到顾客的满意。但是,现在来看,汽车在行驶的时候不出现故障是最基本的要求,如果不能正常行驶必然会引起顾客的不满,但是仅仅能正常行驶是无法获得顾客认可的。企业方的目标就是,在切实实现基本品质的前提下,再创造出能得到顾客认可的有魅力的品质。要想实现这一目标,就需要销售部门发挥搜集顾客反馈和声音的这一重要作用。

2. 搜集顾客反馈,开拓新业务

离顾客最近的部门就是销售部门。对产品或服务进行改善的时候,第一手信息的来源就是销售部门收集到的顾客反馈。对于顾客的反馈,销售部门要优先应对明显的不良品或投诉信息。另外,顾客的投诉可以看作显性的不满。如图3-9所示,显性的投诉不过是冰山的一角,对于商家而言重要的是要尽量使隐藏在水面下的冰山浮出水面。

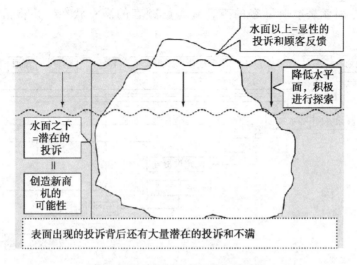

图 3-9　显性的投诉和潜在的投诉

探索顾客潜在需求的方法有"观察顾客行动"和"记录不能满足顾客的服务"。某个研究项目列举了日本秋叶原的某家咖啡店提供创新服务的实例，从中对顾客的行动进行了观察。该咖啡店地处秋叶原，到店里来的顾客多是刚在电器街上购完物的人。其中，有部分顾客连菜单都不看，就直接点了咖啡或橙汁之类的饮料，然后对饮料毫不关心，只是把刚才采购的电器从袋子里拿出来想试用一下。有的顾客还会问有没有电源插头。对于这些顾客来说，他们不注重咖啡店喝东西、休息的功能，他们的要求更倾向于使用电源以及马上试用刚买到的物品。于是，这家咖啡店进行重新装修，设置了电源和试用区，因此收到了相当高的评价。这样的应对就是将图 3-9 中潜藏在水面之下的顾客需求积极提取出来并开展新服务的实例。

另外，面对顾客的提问，没能满足顾客的服务要求时的记录也非常重要。比如，被问到有没有电源插座的时候，即使回答没有，顾客也不会太在意，因为他们也许会觉得这里是咖啡店，没有电源插座也是没有办法的事情。但是，从另外的角度来看，这也意味着潜在的商业机会。对现在尚不能满足的服务要求，回答"没有（或不行）"也是无奈之举，重要的是将这样的情况加以记录，并将其转变为提供服务的新线索。

3. 对现有产品进行顾客满意度调查

对于新提供的服务，上文第 2 点中的收集顾客反馈是最为有效的手段；对正在实行的服务项目，最有效的手段是进行顾客满意度调查。顾客满意度调查是针对产品或服务的重点项目来调查顾客的满意程度。其中，最为有名的是汽车行业中 J. D. Power 公司的顾客满意度调查。另外，在对服务进行满意度调查的时候，大多数的宾馆都准备了纸质问卷。问卷的调查结果用于宾馆服务的自查及日后的改善活动。

4. 与其他部门的合作

销售部门需要将顾客的声音和满意度反馈给企划部门、设计部门和生产部门。比如，如果顾客有潜在的要求，销售部门就需要将这一要求传达给企划部门。如果是关于规格方面的事宜，销售部门就需要将相应信息予以展开并传达给设计部门。如果是关于生产方面的问题，销售部门则要传达给生产部门。简单来说，如图 3-10 所示，销售部门的重要作用就是聆听顾客的声音和了解顾客的满意状态,并将信息传达给需要的部门。

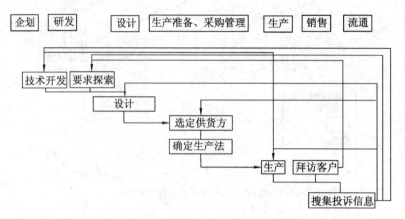

图 3-10　TQM 中销售部门的作用

(六) 库存、流通阶段

1. 库存、流通阶段的要点

库存、流通阶段的要点就是对保存、流通中的产品进行监控和管理,以确保产品的质量不会受到损害。

一般情况下,产品和服务在库存、流通阶段几乎都不会产生附加价值。因此,经常会出现因为成本原因而对这一阶段的管理进行偷工减料的情况,从而可能会因为产品和服务在安全性方面出问题而导致致命的损失。这样的问题在食品行业尤为显著。生产过程中,企业会引进危害分析的临界控制点(HACCP)等框架来确保产品的安全性,而在流通阶段往往会掉以轻心。为了避免这样的事情,企业需要设计库存、流通阶段的品质保障方案,按照方案贯彻管理原则,并根据必要情况进行适当的处理。

2. 库存阶段要考虑实时变化情况

出于品质方面的考虑,企业需要确保库存期间的产品性能不会出现退化。因此,在设定库存管理方案的时候,企业应充分考虑品质受时间因素影响的情况,并严格执行库存管理方案,然后随时对结果进行监控并采取必要的处理措施。

3. 流通阶段最为重要的是信息共享

在流通阶段,有时流通的职能不仅限于企业内部,还会由运输厂家来承担,所以各自的职责分担和信息传达就非常重要。比如,在运输食品的时候,"请保持温度在-10℃以下"和"运输的是鲜鱼,请保持温度在-10℃以下"两种不同的说法,会给接受信息的人两种不同的感觉,前者仅将希望的做法进行了传达,而后者还包含了为何需要这么做的信息。

虽然没有必要将所有的信息都传达给负责运输的人员,但是,对影响品质的因素,如储存、运输方法,企业要切实传达给相关负责人,并确保相关负责人按照确定好的处理方法予以实施。因此,企业需要充分明确产品质量和服务品质目标,并一一找出影响产品质量和服务品质的所有要素。

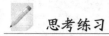 思考练习

1. 全面质量管理的内容有哪些？
2. 全面质量管理的显著特点有哪些？
3. 简述全面质量管理与 PDCA 循环的关系。
4. TPM 推行委员会有哪些职责？
5. 全面质量管理在产品的设计阶段应侧重哪些方面？
6. 全面质量管理在库存、流通阶段的应用有哪些？

第四章　QC小组活动

 学习目标

1. 掌握QC小组的基本概念和特征。
2. 掌握QC小组的类型和组建方式。
3. 掌握QC小组的工作内容和程序、评价小组活动成果的方法,以及在此过程中所运用到的质量管理工具和方法。

 导入案例

QC小组改善培训效果

随着公司的发展,各类培训越来越多。由于历年来公司对培训工作重视不够,培训管理不严,很多员工没有意识到培训的重要性,不愿主动地参加培训,导致培训效果不理想,员工整体素质得不到提高。公司领导认识到人才的重要性,觉得仅有人的量是不够的,人的质才是最重要的。从2018年开始,公司在员工培训上加大投入,并要求人力资源部采取措施增强员工培训意识,提升培训效果。为此,人力资源部牵头,安排各个部门负责培训事务的人员组建了培训QC小组。

QC小组活动的主题即增强员工培训意识,提升培训效果。从2018年4—6月调查数据可看出,应参与人数2 060人次,实际参与1 753人次,缺席307人次,平均每月培训参与率为85%,培训合格1 051人次,不合格702人次,平均合格率为60%。

项目目标:将员工培训参与率从85%提升到98%,将培训合格率从60%提高到90%。

针对项目目标进行可行性论证:公司正推行员工竞争上岗制,使员工有下岗危机感,主动参与培训的意识加强。在绩效考核中,培训参与情况和合格情况成为考核指标之一,培训成绩作为晋升和加薪的依据。

建立QC推行大日程计划:成立小组;确认职责;编制计划;收集数据;拟定目标;建立措施;实施考核;评价效果。

通过走访调查,发现员工对培训持消极看法的主要原因有:
1. 工作忙没有时间。
2. 不重视培训,不想参加。
3. 培训环境差。
4. 未认真学习培训内容。

针对上述主要原因,制定了如下对策:
1. 工作忙没有时间。

(1) 提前一周下发各类培训通知。
(2) 各部门负责人根据培训通知妥善安排好工作。
(3) 一般性出差或开会应与培训时间错开。
2. 不重视培训，不想参加。
(1) 制定《培训考核与奖惩办法》，通过经济手段，对无特殊理由不参加培训者予以处罚。
(2) 加强培训宣传力度，提高员工参与意识。
(3) 提高公司领导及部门负责人对培训的重视。
3. 培训环境差。
(1) 设置一个专用的培训室，进行装修，并配置空调、饮水机等设施。
(2) 配备并购买必要的培训工具，确保培训效果。
4. 未认真学习培训内容。
(1) 在员工学习过程中随时提供培训内容咨询和解答。
(2) 培训结束后，给予适当的时间让员工学习和复习培训内容。

在推行了一段时间 QC 小组改善活动后，QC 小组进行了效果确认，情况如下：2018 年 10—12 月，平均每月培训参与率为 99.2%，平均合格率为 94%。两项指标均已达到并超过了活动前所定的目标值。

之后为了把培训效果固化，公司进行了标准化管理：
1. 编制并实施《XX 集团公司培训管理手册》。
2. 编制并实施《培训与奖惩办法》。

(案例来源：ACCU 亚旗集团企业内部培训资料)

【案例思考】
1. 公司的培训 QC 小组成立后是怎样开展活动的？
2. 你觉得 QC 小组采取的众多措施中，哪一项措施至关重要？

第一节　QC 小组活动概述

作为全面质量管理的延续，QC 小组活动是一种有效的群众性质量管理活动。这种组织形式不仅涉及领导、技术人员、管理人员，而且还吸引了生产、服务一线的操作人员参加。在 QC 小组活动中，所有的职工都可以学技术、学管理，群策群力分析问题、解决问题。在企业活动中，各种质量和管理问题都会出现，QC 小组活动可以为这些问题的解决提供方案，促进企业和谐发展。

一、QC 小组概述

(一) QC 小组的概念

QC 小组（Quality Control Circle，QCC），也称"品管圈"，是指在各岗位上从事工作的员工，围绕企业的经营战略、方针目标和现场存在的问题，以改进质量、降低消耗、提高人的素质和经济效益为目而组织起来，运用质量管理的理论和方法开展活动的小组。

(二) QC 小组的类型

QC 小组组建工作做得如何，将直接影响 QC 小组活动的效果。因此，组建者对小组的分类、程序及人员等问题必须有明确的概念。QC 小组可以分为现场型、攻关型、管理型、服务型及创新型五种类型。

1. 现场型 QC 小组

现场型 QC 小组是以稳定工序质量、提高产品质量、降低物资消耗和改善生产环境为目的而组成的质量管理小组。其成员以现场员工为主。这类 QC 小组的课题比较小，问题集中，活动周期短，容易出成果。因此，企业应该大力提倡现场型 QC 小组的发展。

2. 攻关型 QC 小组

攻关型 QC 小组也叫技术型 QC 小组，主要是为了解决技术难题而组建的质量管理小组。这一类型的 QC 小组大多由管理人员、工程技术人员及普通员工组成。这类 QC 小组的课题难度一般较大，活动周期比较长，可以跨班组、跨单位组合。比如，为了确保产品生产和销售的正常进行，人力资源部门、行政部门等后勤单位可以联合起来开展活动。

3. 管理型 QC 小组

管理型 QC 小组是以提高管理水平和工作质量为目的而组建的质量管理小组。其成员以管理人员为主，通常以提高工作质量、管理效率等为课题开展活动。比如，企业今年的质量目标是将产品合格率提高到 98％，这就需要一个合适的管理型 QC 小组。

4. 服务型 QC 小组

服务型 QC 小组是以提高服务质量，推动服务工作标准化、程序化、科学化，从而提升经济效益和社会效益为目的的质量管理小组，主要由从事服务性工作的员工组成。这类 QC 小组多选择如何提供优质服务、加快资金周转和开展多功能服务等内容为课题，活动周期有长有短。

5. 创新型 QC 小组

前面四种类型的 QC 小组可以被归类为问题解决类 QC 小组，其共同点是运用 QC 工具解决现实存在的课题；而创新型 QC 小组不一定是针对某课题，而是要抛开现有的东西进行创新，目标是探求新路子、开发新技术、发现新方法等。

创新型 QC 小组与问题解决类 QC 小组存在着本质的不同，具体表现在以下四个方面：

(1) 立意不同。创新型 QC 小组致力于发现、研究企业中尚未存在的问题，问题解决类 QC 小组致力于在原有基础上改进或提高。如果选题在立意上突破常规、追新求变，应选择创新型 QC 小组；如果目的是提高或降低现有水平，达到规定要求或水平，则应选择问题解决类 QC 小组。

(2) 过程不同。创新型 QC 小组没有历史可参考，所以不需要调查现状、分析原因和确定主要原因；而问题解决类 QC 小组则必须对现状数据进行收集和调查，并加以分析。

(3) 结果不同。创新型 QC 小组是从无到有，创造以前不存在的事件或产品，达到增值、增效的目的；问题解决类 QC 小组是在原有的基础上增加或减少，进而优化、改善。

(4) 使用统计方法不同。创新型 QC 小组使用非数据分析方法较多，如头脑风暴、过程决策程序图、系统图、正交试验等；问题解决类 QC 小组使用数据分析的统计方法较多,如柏拉图、直方图、控制图等。

二、QC小组活动概述

(一)QC小组活动的起源

QC小组活动的提出者是QC手法中特性要因图的提出者,即日本的石川馨博士。他在1960年发表的著作《现场与QC》一书中,首次提出了QC小组活动的概念,并于1963年在日本的仙台召开了日本历史上第一届QC小组发表大会。从此,QC小组活动便以星火燎原之势在世界上发展起来。

在我国,QC小组从一开始就有着良好的群众基础。QC小组的创立人石川馨博士曾指出,他所推广的QC小组在一定程度上受中国"三结合"小组核心内容的启发和影响。1978年,北京内燃机总厂引入日本全面质量管理理念,并成立了我国第一个QC小组。同年末,该厂召开了第一次QC小组成果发表会,标志着我国正式推广QC小组活动这一质量管理活动。20世纪90年代开始,在政府及相关部门的强力推动下,QC小组活动已经在国内的企业中蓬勃发展起来了。

(二)QC小组活动的特征

从QC小组活动的实践来看,它有以下几个主要特征。

1. 教育性

QC小组活动是以教育的方式让现场工作人员不断吸收新知识,通过自我学习、相互启发的方式在日常工作中获取新知,使其水准随着科技的进步而不断提高的活动。

2. 自主性

QC小组活动避免使用命令的方式,以员工自愿参加为基础,鼓励其自主管理、自我教育、互相启发、共同提高,充分发挥小组成员的聪明才智和积极性、创造性。

3. 群众性

QC小组是吸引广大员工积极参与质量管理的有效形式,其成员不仅包括领导、技术人员、管理人员,更包括在生产、服务工作第一线的操作人员。QC小组活动以小组的形式经常聚集大家一起探讨,沟通想法,进而使工作现场的气氛和工作人员之间的感情日益融洽。

4. 民主性

QC小组活动主要强调大家一起参与、一起提案、相互协助。在QC小组内部讨论问题、解决问题时,小组成员间是平等的,不分职位与技术等级高低。QC小组活动高度发扬民主,鼓励小组成员各抒己见,互相启发,从而集思广益,通过集体的努力和合作产生好的绩效,以保证既定目标的实现。

5. 科学性

QC小组活动利用科学的品管统计方法去分析原因,并据此提出更好的对策,因而它是一项科学的、合理的活动。QC小组在活动中遵循PDCA循环的工作方式,严格按照QC小组活动的程序和步骤,层层深入地分析问题、解决问题;坚持用数据说明事实,用科学的方法来分析和解决问题,而不是凭"想当然"或个人经验。

6. 持续性

QC小组活动是由同一工作现场的工作人员共同开展的持续性活动,只要现场存在,

QC 小组活动就存在。虽然活动的议题会改变,但活动将永续不断,这样才能真正发挥出 QC 小组活动的改善作用。

(三) QC 小组活动的宗旨和作用

1. QC 小组活动的宗旨

QC 小组活动的宗旨,即 QC 小组活动的目的和意义,可以概括为三个方面。

(1) 提高员工的素质,激发员工的积极性和创造性。

广大员工在平凡的工作岗位上通过开展 QC 小组活动,发现问题、分析问题、解决问题,改进工作和周围环境,从中获得成功的乐趣,体会到自身的价值和工作的意义,体验到生活的充实与精神的满足。员工有了这样的感受,便会被激发出巨大的积极性和创造性,提升自身的协调管理能力,并能通过自我启发,担负起推行品质管理活动的责任,自身的潜能会得到更大程度的发挥。

(2) 改进质量,降低消耗,提高经济效益。

广大员工通过开展 QC 小组活动,不断改进产品质量、工作质量、服务质量,不断提高生产、服务、工作效率。提高资源利用率,不仅关系到员工个人利益,而且关系到企业兴衰和社会经济发展。QC 小组应注意选择这方面的课题,开展扎实的活动,取得实效。

(3) 构建文明的和令人心情舒畅的生产、服务、工作现场。

将 QC 小组活动与 5S、TPM 等活动结合在一起是较为普遍的做法。

在以上三条宗旨中,关键的一条是提高员工的素质,激发员工的积极性和创造性。因为只有员工的责任心很强、技术业务能力很高,又有极大的积极性和创造性,企业才会千方百计地提高质量、降低消耗、提高经济效益,也才会建立起文明的和令人心情舒畅的生产、服务、工作现场。而后两个方面的实践又会反作用于员工的素质、积极性、创造性。所以,QC 小组活动的这三条宗旨是相辅相成、缺一不可的。

2. QC 小组活动的作用

开展 QC 小组活动,代表着一种自下而上的改善文化的推行,能够体现现代管理以人为本的精神,调动全体员工发挥聪明才智,使员工积极参与企业的全面质量管理和追求卓越绩效的活动,为组织的可持续发展贡献力量,其影响是深远的,效果也会深入企业的各个角落。具体来说,QC 小组活动可起到以下作用:

(1) 有利于开发智力资源,发掘人的潜能,提高人的素质。

QC 小组活动使得现场每一个人都有机会提出问题,发表自己的观点并参与解决现场问题,所以 QC 小组活动能把现场人员的潜在智慧挖掘出来,用在现场改善上。

(2) 有利于预防质量问题和改进质量。

QC 小组活动是现场作业人员自动自发地解决问题、改善现场的活动,所以现场人员在制造过程中能够做到认真负责,从而减少不良事件的发生,保证品质的稳定。

(3) 有利于减少消耗,降低成本,提高劳动效率。

QC 小组活动是现场人员自动自发地发掘现场的问题,并自己分析问题、解决问题的一种小组活动。在现场人员自己发现问题、解决问题的过程中,他们培养了自主自发的精神,而这种精神有利于减少消耗,降低成本,提高劳动效率。

(4) 有利于改善和加强各项专业管理,提高整体管理水平。

现场最主要的任务是在规定时间内按指定的方法完成工作,也就是使标准化的工作能做到实际而有效。QC 小组活动能确立现场遵守标准的意识，使标准与现场作业得以匹配，使标准化作业真正推行起来，达到科学管理的目的。

（5）有利于实现全员参与管理。

通过全员参与，QC 小组活动能够提高现场士气，使品质管理活动贯彻到现场的最基层，并以此为基础提高现场的品质意识、问题意识和改善意识。

（6）有利于建立和谐的人际关系，增强员工的团结协作精神。

QC 小组活动能够改善人际关系，增进现场作业人员之间的了解，这样不但可以减少工作上的意见冲突，也可使现场气氛融洽，使管理更容易。

（7）有助于提高员工的科学思维能力、组织协调能力、分析与解决问题的能力。

QC 小组活动可以提高管理人员的领导能力，使得领导者和基层员工互相尊重，使作业人员士气高昂，进而使现场得以不断改善，创建高效有序的现场。QC 小组活动以现场为核心，执行公司制定的方针，以彻底执行现场管理，调动全员共同挖掘自己工作岗位上的问题并加以研究、解析。

（8）有利于提升顾客的满意度。

QC 小组活动可以提高现场水平，改善现场，改善品质，从而有效减少产品或服务的质量问题，提升顾客的满意度。

三、QC 小组活动与 TQM 之间的关系

QC 小组活动与 TQM 在内容和方式上多有契合。两者都是全员参与的群众性活动，参与者是企业各职能各层级的全体员工，包括管理层、技术人员、基层作业员工和服务人员。两者在活动时，都需要运用科学的统计方法和多种 QC 工具。

一般来说，QC 小组活动是在实施 TQM 之后，为了切实进行工作现场第一线的质量管理而开始的活动，是 TQM 的一部分，而不是全部。在普通的制造业场合，TQM 中 QC 小组活动的比重是 20%～25%。在第三产业中，因为最基层的员工和消费者接触的机会更多，所以 QC 小组活动的比重就会更大些，可能会达到 30%以上。

举例来说，QC 小组活动就如同开一部车子，而 TQM 是其他相关的配套措施，如马路、交通法规、汽车修理厂、加油站等。因此，可以说，QC 小组活动是 TQM 的一环，若只实施 QC 小组活动而不实施相关的其他管理，如部门营运管理、人才培训、标准化管理、进料管理、制程管理等，就很难达到预期效果。

TQM 和 QC 小组活动之间的关系，可用图 4-1 所示的模型来表示。

从原则上来说，QC 小组活动是在 TQM 开始后才展开的，历史上日本就是这样做的。在中小型企业和第三产业中，也可以先从 QC 小组活动开始，但有一点值得注意，就是 TQM 必须在恰当的时间开始，如果在 QC 小组活动开始后 2～3 年还未开展 TQM，QC 小组活动也不会产生多少成果。

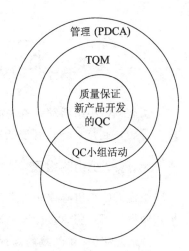

图 4-1 TQM 与 QC 小组活动之间的关系

QC小组活动不是一阵风般的运动，也不单单是一种精神活动。QC小组活动需要培养和使用适当的QC工具，是一项科学严谨的活动，而且需要永久持续进行下去方有较大成效。

QC小组活动是符合人性的自主性活动。所以，企业最高领导者、中层干部、管理干部不能自上而下地、着急地去实施，而要慢慢地推进。当然，也不能因为是自主活动，领导者特别是最高领导者、中层干部就放任其活动。QC小组活动的盛衰是最高领导者、中层干部对TQM和QC小组活动态度的一面镜子，领导者的态度和激励策略非常重要。

【案例4-1】 "黑金"QC小组的故事

"黑金"是中煤公司孔庄煤矿2014年成立的一个QC小组的名称。谈起这个小组，大家伙赞叹连连："真了不起，真不容易!"该小组共有9名成员。组长胡金旭年仅27岁，身为运输科的技术员，平时最大的爱好就是搞技术创新，因此，工作中出现的技术难题，他一个都不放过，降低架线电机车变频器故障率便是其中之一。

由于该矿井下运输系统复杂、站线长、电机车分布广、使用率高，电机车一旦出现故障将给矿井安全生产造成不利影响。为了及时降低架线电机车变频器故障率，胡金旭带领QC小组成员分两组昼夜在现场研究，经过多次头脑风暴，初步方案逐渐成形，小组成员还从实施难度、实施成本、效果预测等五个方面对方案进行了评估论证。

在QC小组的办公室里，一块小黑板上面密密麻麻地写着一些数字和表格。在讨论问题时，小组的每个成员都可以走到黑板前发表或者写下自己的意见。有时遇到分歧，小组成员们争论得非常激烈，但经过充分讨论后最终会形成一致意见。大家都利用业余时间进行技术攻关，遇到技术难题都在一起共同探讨。

"只要功夫深，铁杵磨成针。"经过QC小组成员一年多的不懈努力，最终，每台电机车变频器故障率从原来的21次/年下降至4次/年，而变频器单次维修费用约0.335万元，一年算下来，全矿20台电机车就能节省维修费上百万元。

(案例来源：http://www.chinacs.org.cn/news/1296.html)

第二节　QC小组活动的实施过程

实施QC小组活动，首先必须组建QC小组，明确小组成员的责任分工，然后从选择课题开始，制订计划，开展活动。

一、QC小组的组建

组建QC小组必须实事求是，结合实际。QC小组的组建是开展QC小组活动的第一步，做得好坏，将直接影响活动的效果。

（一）QC小组组建的原则

1. "自愿参加，上下结合"是组建QC小组的基本原则

"自愿参加"是指在组建QC小组时，小组成员对QC小组活动的宗旨有了一致的认

识和理解，从而自愿结合在一起，自主地参与质量管理、开展活动。

强调自愿参加，并不意味着企业的管理者就可以放弃指导与领导的职责。这里所讲的"上下结合"，就是要把管理者的组织、引导与员工的自觉自愿相结合，组建本企业的 QC 小组。领导重视、员工自愿组建的 QC 小组才会有持久的生命力。

2. "实事求是，灵活多样"是 QC 小组的工作基础

由于各个企业的特点不同，甚至一个企业的内部各个部门的特点也不同，因此，在组建 QC 小组时一定要从企业实际出发，以解决企业实际问题为出发点，实事求是地筹划 QC 小组的组建工作。在组建 QC 小组时形式可以灵活多样，组成适宜类型的 QC 小组，以方便活动，易出成果，例如，一些工业企业、建筑施工企业组织的技术攻关型 QC 小组，商业、服务业广泛组织的现场型或服务型 QC 小组，企事业单位组织的管理型 QC 小组。

3. 领导、技术人员和普通员工"三结合"，是 QC 小组的结构形式

由领导、技术人员和普通员工"三结合"组建 QC 小组，是为了解决企业或车间（部门）急需处理、有较大难度、牵涉面较广的技术、设备、工艺问题。这些问题的解决需要企业或车间为 QC 小组活动提供一定的技术、资金条件。这样组建的 QC 小组，容易紧密结合企业的方针目标，抓住关键课题，会给企业和 QC 小组成员带来直接经济效益。另外，由于领导与技术人员的参与，活动易得到人力、物力、财力和时间的保证，易于取得成效。

（二）QC 小组组建的程序

由于各个企业的情况、欲组建的 QC 小组类型及欲选择的活动课题特点等不同，组建 QC 小组的程序也不尽相同，大致可以分为三种情况。

1. 自下而上的组建程序

同一班组的几个人（或一个人）根据想要选择的课题内容推举一位组长（或邀请几位同事），共同商定是否组成一个 QC 小组，给小组取个什么名字，先要选个什么课题及确认组长人选。基本取得共识后，由经确认的 QC 小组组长向所在车间（或部门）申请注册登记，主管部门审查认为该小组具备建组条件后，可发给小组注册登记表和课题注册登记表。组长按要求填好注册登记表，并交主管部门编录注册登记号，该 QC 小组组建工作便告完成。

这种组建程序，通常适用于那些由同一班组或同一科室内的部分成员组成的现场型、服务型、管理型的 QC 小组。他们所选的课题一般都是自己身边的、力所能及的、较小的问题。这样组建的 QC 小组，成员的活动积极性、主动性很高，企业主管部门应给予支持和指导，包括对小组骨干成员进行必要的培训，以使 QC 小组活动持续有效地开展。

2. 自上而下的组建程序

这是中国企业当前较普遍采用的做法。首先，由企业主管 QC 小组活动的部门根据企业的实际情况提出全企业开展 QC 小组活动的设想方案，然后该部门与车间（或部门）的领导协商，达成共识后，由车间（或部门）和 QC 小组活动的主管部门共同确定本单位应建几个 QC 小组，提出组长人选，进而与组长一起物色每个 QC 小组所需的组员、所选的课题内容。接下来，由企业主管部门会同车间（或部门）领导发给 QC 小组组长注册登记表。组长按要求填完两表（即小组注册登记表、课题注册登记表），经企业主管部门审核

同意，并编上注册号，小组组建工作即告完成。

这种组建程序较普遍地被"三结合"技术攻关型 QC 小组所采用。

3. 上下结合的组建程序

这是介于上面两种情况之间的一种组建程序。它通常是由上级推荐课题范围，经下级讨论认可，上下级协商来组建。这主要涉及组长和组员人选的确定、课题内容的初步选择等问题，其他程序与前两种相同。这样组建小组，可取前两种所长，避其所短，应得到积极倡导。

表 4-1 为已组建完成的 QC 小组成员列表示例。

表 4-1 QC 小组的课题成员表

小组名称					课题名称	
成立时间	年　月　日				课题类型	现场型　攻关型　管理型
小组人数					活动频率	3 次/月（每月逢 5 日）
序号	姓名	性别	年龄	部门	职务	组内分工
1						组长：全面协调、规划
2						副组长：设定目标和对策
3						

（三）组建 QC 小组时的注意要点

（1）小组应有一个明确的名称，用以识别本 QC 小组。小组人数应适中，一般以 4～10 人为宜。人太少可能讨论时不全面，方案欠优；人太多可能难以达成一致意见，浪费时间精力。具体人数可以根据实际情况相应调整。

（2）小组应提拔或推选有组织能力和热心质量管理的人员担任组长，组长应对成员有引导力和约束力。QC 小组刚组建时，组长可以由班长或部门主管担任，当活动数期之后，小组成员对活动过程有了认识，可以推荐组员轮流担任组长，让大家都有学习管理、领导安排及主持业务的机会。QC 小组组长的主要职责是：

① 组织小组成员制订活动计划，进行工作分工，并带头按计划开展活动。

② 负责联络协调工作，及时向上级主管部门汇报小组活动情况。

③ 抓好质量教育，组织小组成员学习有关业务知识，不断提高小组成员的质量意识和业务水平。

④ 团结小组成员，充分发扬民主，营造宽松协作的环境，增强小组的凝聚力。

⑤ 经常组织召开小组会议，研究解决各种问题，做好小组活动记录，并负责整理成果和发表。

（3）QC 小组的组员，可以由与所选课题有关的人员组成，也可以由一些工作岗位相近、兴趣爱好相投的人员组成。QC 小组的组员不受职务的限制，工人、技术人员可以当组员，管理者也可以当组员。为了更好地开展改善活动、解决各类问题，QC 小组成员可以由部门领导、技术人员和一线操作工人共同组成。QC 小组成员的职责任务见表 4-2。

表 4-2 QC 小组成员的职责任务表

职 责	任 务
及时参加活动	QC 小组为自愿参加的团体,一旦成为小组成员,就应坚持经常参加小组活动,积极发挥自己的聪明才智,为 QC 小组活动做出贡献
按时完成任务	QC 小组的课题需要由全体成员分担,每个人都应完成自己的任务,这样才能保证全组课题的进度和效果,因此每个成员必须努力完成自己分担的任务
支持组长工作	QC 小组活动有时需要合理安排,每个成员都应以全组活动为主,服从组长领导,并积极配合组长工作
配合其他组员工作	在共同开展 QC 小组活动的过程中,组员之间须互相沟通,传递必要的信息,互相帮助,共同创造和谐、融洽的工作环境

(4) 小组组建后,应报企业或单位 QC 小组活动主管部门,经审核批准后,完成相应的注册登记手续,再开展相应的质量提升活动。QC 小组注册登记表见表 4-3。

表 4-3 QC 小组注册登记表

小组名称				部门(车间)			
成立日期				登记号			
课题名称				课题类型			
组长		副组长			协调员/顾问		
职务		职务			职务		
小组成员							
序号	姓名	职务	备注	序号	姓名	职务	备注
1				5			
2				6			
3				7			
4				8			
选题理由							
活动目标及推行计划							
主管单位意见							

(5) 小组活动频率(指开会讨论)不得低于每月 2 次;通常情况下,若小组超过半年未开展活动,则应予以注销;必要时,可以安排内部和外部咨询师来对小组活动进行指导、监督和评估。

二、QC 小组活动的内容

QC 小组成立后,就要根据课题和目标开展活动,活动是小组生命力的源泉。小组活动应遵循 PDCA 循环,以事实为依据,用数据说话,正确、适宜地运用统计方法,并结合专业技术,这样才能达到预期目标,取得有价值的成果。

（一）QC 小组活动的措施

正如前面讲过，要想有效地开展 QC 小组活动，必须要有领导的重视和支持，并有一个适宜的组织环境，具体来说有以下几点。

1. 领导重视，提高 QC 小组活动的广泛性

在 QC 小组活动的推进工作中，企业领导要高度重视，积极策划，及时推进。企业领导的亲自参与和示范，可以最大限度地调动各级干部和员工参加 QC 小组活动的主动性、积极性和创造性。而且，企业领导在管理因素和技术因素等方面的特殊资源可以为 QC 小组活动的开展提供有力的资源保障和经济支持，从而有效地提高 QC 小组活动水平和工作质量，形成从上到下主动顺应和积极推动 QC 小组活动的工作氛围。

2. 加强质量意识教育，把 QC 小组活动融入企业文化

QC 小组活动是广大员工自愿组织起来的群众性质量管理活动。不断加强员工的质量意识教育，才能增强员工的问题意识、改进意识。随着全体员工质量意识的提高而形成的质量观，必将深入到企业文化当中，形成企业的质量精神，在最大范围内调动员工的积极性，使他们自觉地、自主地参与 QC 小组活动。

3. 加强专业技术培训，打造优秀 QC 骨干队伍

企业要结合员工岗位进行技术基础知识的培训，加强专业基础知识培训，以提高广大员工的技术业务水平。QC 小组活动的主管部门要善于在质量管理工作中发现一些质量意识强、热衷于不断改进质量的积极分子，有意识地对他们进行培养教育，使他们比别人先学一步、多学一些，既掌握质量管理理论，又会运用 QC 小组活动的有关知识和方法，还懂得如何组织好 QC 小组活动，推动 QC 小组活动扎实、有效地开展。

QC 小组活动要注意教育的针对性和有效性，不同类型的小组学习内容要有所区别。企业要把质量教育纳入员工培训计划。培训计划表如表 4-4 所示。

表 4-4　QC 小组教育培训计划表

课程名称	培训内容	课时	培训对象	计划日期	组别	讲师

4. 建立健全有关规章制度，规范 QC 小组活动程序

为使组织的 QC 小组活动持续、健康地开展，主管部门应把 QC 小组活动纳入管理体系，并针对 QC 小组的组建、注册登记、活动管理、培训、成果发表、评选和奖励等各项工作制定出相应的规章制度，如《QC 小组活动实施办法》《QC 小组活动奖励细则》等，使 QC 小组活动有章可循。

5. 完善日常管理，使 QC 小组活动善始善终

主管部门对于日常活动的指导检查要做到经常抓、抓经常，及时帮助 QC 小组总结发表成果，落实激励政策。

（1）重视选题：QC 小组活动管理首先是课题管理，对课题管理要做到三看、三落实、三强调。

① 看选题是否合理，落实课题类型，强调课题的针对性。

② 看课题是否制定了目标，落实目标的可行性，强调目标的先进性。

③ 看课题的活动计划是否合理，落实课题完成预计时间，强调活动的有效性。

（2）监控过程：小组进行活动的时候一定要尽其所能克服困难，并对事情做出准确的判断。比如，在对问题进行分析的时候，一定要找到问题的症结所在；在做决策的时候，要尽量找出更多的方法，然后从中挑选出最好的对策来解决问题。

（3）认真总结：QC小组应按照解决问题的步骤进行总结，将取得的成果做成报告。在设计成果报告的时候要以图、表、数据为主，辅以少量的文字说明，做到标题化、图表化、数据化，使所有的数据都能一目了然。这样总结、整理出的成果报告就有很强的逻辑性，体现出一环扣一环，处处都有交代，使别的小组也能从中得到启发。

（二）按PDCA循环开展活动

如前面所述，QC小组可以分为问题解决类QC小组和创新型QC小组两大类型。

QC小组类型不同，其PDCA活动过程也有所不同，具体步骤如图4-2所示。其中，问题解决类QC小组活动分10个步骤完成，创新型QC小组活动没有现状调查和原因分析，分8个步骤完成，但这并不代表创新型QC小组活动比问题解决类QC小组活动简单，事实上创新型QC小组活动通常难度更大。

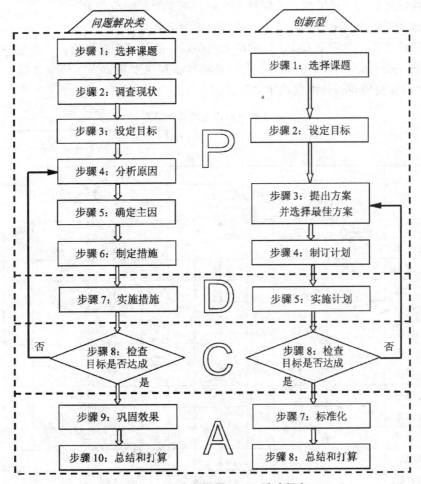

图4-2　QC小组课题PDCA活动程序

三、QC 小组活动的程序

各种类型的 QC 小组活动实施的过程有所不同，本书以问题解决类 QC 小组为例，来说明具体实施过程。

（一）选择课题

QC 小组活动课题选择一般有三方面的依据：企业方针目标和中心工作、现场存在的薄弱环节、顾客（包括下道工序）的需要。

QC 小组的选题范围是广泛的，涉及企业各个方面的工作，大致集中在以下十个方面：提高质量；降低成本；设备管理；提高出勤率、工时利用率和劳动生产率，加强定额管理；开发新品；开设新的服务项目；安全生产；治理"三废"，改善环境；提高顾客（用户）满意率；加强企业内部管理；加强思想政治工作，提高职工素质。

选择课题时需要考虑的因素包括但不局限于：重要度、紧迫度、效果显著程度、实施难易度、可量化的经济效益、非量化的无形效益。

选择课题时还须注意以下问题：

（1）课题宜小不宜大。

（2）课题名称应一目了然，不能抽象，如"减少胶带的消耗量"。

（3）选择课题的理由要直截了当，讲清目的和必要性。

选定课题之后，对应于 QC 小组的活动程序，一般经过小组讨论，会提出一个总体的活动计划表（表4-5），明确各阶段完成的时间节点和主要负责人。该表格也可以在成立 QC 小组之后提前编排，待课题选定之后再向上级递交。

表 4-5 QC 小组活动计划表

									批准		审核		制表	
课题名称								制表时间			年	月	日	
选题理由								小组名称						
								小组组长姓名						
序号	活动阶段	责任人	1	2	3	4	5	6	7	8	9	10	11	12	备注
1	确定问题														
2	选定课题														
3	活动计划														
4	把握现状														
5	设定目标														
6	分析原因														
7	确定要因														
8	制定对策														
9	实施对策														
10	确认效果														
11	标准化														
12	总结打算														

（二）调查现状

在整个 QC 小组活动开展过程中，现状调查阶段处于一个很重要的地位。这是因为，该步骤在活动程序中起到了承上启下的作用。同时，只有对实际情况有了正确、深入的了解，才能够对症下药，找出根本原因并制定出有效的对策。

为了解课题的目前状况，必须认真做好现状调查。在进行现状调查时，应根据实际情况，应用不同的 QC 工具（如调查表、排列图、折线图、柱状图、直方图、管理图、饼分图等），进行数据的搜集和整理。

针对数据的搜集和整理，要特别注意以下几点：

（1）利用企业现有的统计报表和数据库进行调研。

（2）相关负责人亲自到问题产生的现场，如生产车间、顾客场所进行实地考察。

（3）数据要具有可比较性，这样才可以更加准确明了地对其进行量化。

（4）数据要具有时效性，可以借助运行图和一定时间内的历史数据记录。

（5）对现状调查取得的数据要整理、分类，进行分层分析，以便找到问题的症结并从不同角度进行分类分析，再到现场观察、测量、跟踪以掌握问题的实质。

现状调查在两种场景下可以省略，或用其他活动替代。一是在创新型 QC 小组活动中，因为没有现成的情况可以借鉴，现状调查这一步骤可以直接被省略；二是对于上级直接下达的指令类课题，可以用可行性分析来替代现状调查。

（三）设定目标

课题选定以后，应确定合理的目标。根据目标产生的源头不同，目标可以分成自选性和指令性两类。自选性目标是由 QC 小组的组员自发确定的，因此经过了现状调查步骤；而指令性目标则是由上级主管和领导直接下达的，或者是 QC 小组根据与自身所处的班组或部门相关的考核指标而确定的。

以某工厂"降低直拉钢丝亮丝不良率"的课题为例，其目标设定如图 4-3 所示。

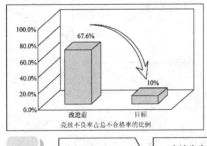

图 4-3　目标设定示例

另外一种目标分类的方法,则是把目标分为定量型和定性型两类。定量型目标是指具体的、可量化的、可测量的目标;而定性型目标是指只有目标的性质,而没有具体可量化值的目标,一般不提倡将这种目标作为 QC 小组的活动目标。

总体来说,目标的设定应当遵循 SMART 原则,即 Specific(具体的)、Measurable(可测量的)、Attainable(可达成的)、Relevant(相关性)及 Time-bound(时效性)。

设定目标值的注意要点:
(1)目标与问题相对应:通常针对每个问题设定 1 个目标为宜,最多不超过 2 个。
(2)目标必须量化,明确用数据表示。
(3)制定的目标既要有一定的挑战性,又要具备可行性。

(四)分析原因

对调查后掌握到的现状和数据,发动全体组员,通过头脑风暴,集思广益,进行分析,找出问题的原因。小组成员充分拓宽思路,针对问题从可以设想的角度收集可能产生问题的全部原因(如果是指令类课题,现存问题不明确,则在分析原因前要把现状与目标值之间的差距调查分析清楚)。

分析原因的注意要点:
(1)要针对所存在的问题分析原因。
(2)分析原因要展示问题的全貌,选用适当的 QC 工具(如图 4-4 所示的因果图),可以从 5M1E(人、机器、材料、方法、测量、环境)的角度展开分析。

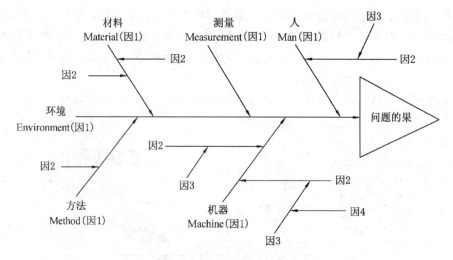

图 4-4 特性要因图(因果图)

(3)分析原因要彻底,可以用"5 why"分析法(图 4-5)一层一层展开分析,分析到可采取对策的具体因素为止。

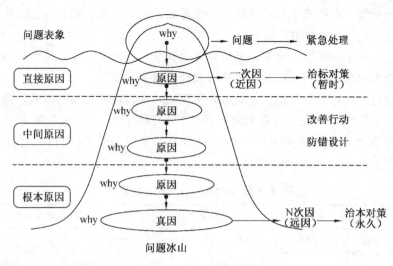

图 4-5 "5 why" 分析法

（五）确定主要原因

经过原因分析以后，将多种原因根据关键、少数和次要多数的原理进行排列，从中找出主要原因。在寻找主要原因时，可根据实际需要应用排列图、关联图、相关图、矩阵分析、分层法等不同分析方法。

确定主要原因的注意要点：

(1) 主要原因要在末端因素中选取。
(2) 剔除末端因素中的不可抗拒因素（有影响，但不可抗拒，小组无法采取对策）。
(3) 对末端因素逐条确认，找出真正导致问题的主要原因。
(4) 贯彻"三现主义"（现场、现物、现状）的确认，不能光在会议上讨论表决。

【案例 4-2】 "设备—操作者未及时修整砂轮"因素的确认

问题点——通过调查表和排列图确认加工零件毛刺缺陷发生率为 58%。
原因分析——用特性要因图找出"设备—操作者未及时修整砂轮"因素。
工艺规定——每磨 10 个工件必须重新修整砂轮。
确认——对现场操作进行随机抽查。
调查——3 天内随机抽查 10 人次（不同班次）。
调查结果——磨 10 个工件修整一次砂轮的 2 人次，磨 11~15 个工件修整一次砂轮的 2 人次，磨 16~20 个工件修整一次砂轮的 5 人次，磨 21~25 个工件修整一次砂轮的 1 人次，工艺执行率仅为 20%。因此，判定操作者未及时修整砂轮为主要原因。

（六）制定对策（制订计划）

针对上一步骤识别出的一条或若干条主要原因，制定出相应的对策。制定对策所依据的是以往的经验、知识、技能，同时，要拓宽思路，从不同的角度和出发点，尽可能多地制定出对策，以便有更大的选择余地。

制定对策的三个步骤：

(1) 提出对策：小组成员开动脑筋，发散思维，独立思考，相互启发，从各个角度提出改进的想法，对策提得越具体越好。

(2) 研究、确定所采取的对策：分析对策的有效性、可实施性，避免采用临时性的应急对策，尽量采用依靠小组自己的力量能够做到的对策。

(3) 制定对策表：对策可能仅仅是策略层面的，要转化成具体的措施，需要制订更加详尽细致的行动方案，因此，要在制定对策这一步骤结束前，形成对策表（表4-6），明确5W1H。对策表通常包含七方面的内容，即主要原因、对策、目标、措施、负责人、地点、完成时间。

表 4-6　5W1H 对策实施计划表

序号	Why	What	How		Who	Where	When
	主要原因	对策	目标	措施	负责人	地点	完成时间
1							
2							
3							

（七）实施措施（计划）

前面所论述的六个步骤都是 PDCA 循环的第一阶段，即策划阶段（P）。这也从一个侧面反映出质量管理活动中策划的重要程度。接下来，就进入第二阶段，即实施阶段（D）。

QC 小组需要按上一步骤的输出，将对策表中制定的各项措施按计划分工实施。小组组长要组织成员，定期或不定期地研究实施情况，随时了解课题进展，发现新问题要及时研究、调查措施（计划），以达到活动目标。

实施措施（计划）时应该注意的问题：

(1) 按对策表列出的改进措施（计划）加以实施。

(2) 小组组长除完成自己负责的对策外，还要组织和协调，并定期检查实施的进度。

(3) 实施过程中遇到困难无法进行下去时，小组组长应及时组织小组成员讨论，如确实无法克服，可以修改对策，再按新对策实施。

(4) 边实施边检查效果。每条对策实施完毕，要再次收集数据，与对策表所定的目标比较，检查对策是否已彻底实施并达到了要求。

(5) 在实施过程中应做好活动记录，以便为整理成果提供依据。

（八）检查效果

这一步骤进入了 PDCA 循环的 C 阶段，即检查阶段。实施措施（计划）后，应进行效果检查。效果检查的主要依据是比对，包括将对策和行动实施结束后的问题数据收集整理，与 QC 小组选题时设立的目标进行比对，以及与实施前的实际情况进行比对。

如果达到了预定的目标，小组就可以进入下一步的工作；如果实施后的结果尚未达到设定的目标，则说明对根本原因的分析和确定可能存在着不足，或者相应的对策和行动还不够有效，则需要根据 PDCA 循环再次进行策划、实施、检查和改正，直到达成设定的目标。

仍以某工厂"降低直拉钢丝亮丝不良率"的课题为例,其检查效果情况如图 4-6 所示。

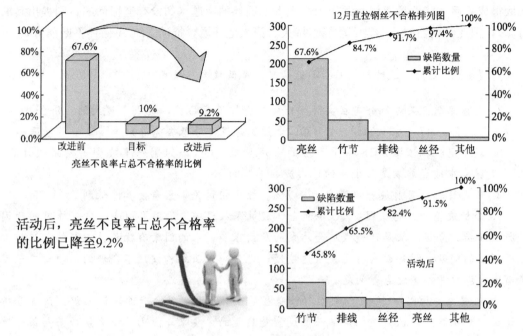

图 4-6　QC 小组活动效果检查

（九）制定巩固措施

达到了预定的目标值,说明该课题已经完成。

取得效果后,就要把效果维持下去,并防止问题的再次发生,为此,要制定巩固措施。

制定巩固措施的注意要点：

（1）把对策表中通过实施已证明行之有效的措施或方法纳入工作标准、工艺规程或管理标准。如果只涉及本班组,则通过班组守则、岗位责任制等形式加以巩固。

（2）到现场确认是否按新的方法操作和执行了上述标准。

（3）在取得效果的巩固期内要做好记录,进行统计,用数据说明成果的巩固情况。

（十）总结和提出下一步的打算

小组通过活动取得了一定的成果,也就是经过了一个 PDCA 循环。这时候,应对遗留问题进行分析,并将其作为下一次活动的课题,进入新的 PDCA 循环。

小组将活动的成果进行总结,是自我提高的重要环节,也是成果发表的必要准备,还是总结经验、找出问题,进行下一个循环的开始。

总结和打算阶段的关注点：

（1）通过此次活动,除解决了本课题外,还解决了哪些相关问题？还需要抓住哪些没有解决的问题？

（2）检查活动程序、方法的应用等方面哪些是成功的,哪些是还不太成功而需要改进的,还有哪些心得体会？

（3）在做好以上两点的基础上提出下一次活动要解决的课题,以便 QC 小组活动持续地开展下去。

以上步骤是 QC 小组活动的全过程，体现了一个完整的 PDCA 循环。由于 QC 小组每次取得成果后，能够将遗留问题作为小组下个循环的课题（如没有遗留问题，则提出新的打算），因此，就使 QC 小组活动能够持久、深入地开展，推动 PDCA 循环不断前进。

【案例 4-3】 通过开展 QC 小组活动，降低玻壳炸裂率

1. 选择课题：某灯泡公司在实际生产中玻壳炸裂废品多，造成了较大的经济损失（1 只玻壳厂内价为 47 元）。为此，玻壳 QC 小组选择了"降低玻壳炸裂率"这一活动课题。

2. 调查现状：根据 2018 年 1 月份的生产月报，QC 小组制作了玻壳不良品统计表。在 A 类废品中玻壳炸裂是最主要的，占废品总数的 53.7%。

3. 确定目标：目前玻壳炸裂率为 9.7%。经小组讨论，力争使其降低到 5% 以下。

4. 分析玻壳炸裂的原因：QC 小组全体成员深入现场，用因果图法对玻壳炸裂的原因进行了分析。分析结果是，造成玻壳炸裂的原因很多，人的因素有操作技能欠缺、工作责任心不强的问题；设备因素有退火架速度慢、退火炉炉头结构设计不合理的问题；工艺因素有退火温度曲线不适当等问题。

5. 确定主要原因：QC 小组成员仔细观察了生产过程，结合专业理论知识，认真分析了退火炉炉头构造，认为退火炉第一燃烧室是热量的主要来源。由于退火炉炉头与第一燃烧室距离太远，造成炉头空间温度偏低，玻壳入炉后得不到充足的热量，因而容易炸裂。而由于玻壳炸裂，玻璃碎片又造成第一燃烧室附近的烟道堵塞，烟气无法上升至炉膛内，使该区域热量减少。这就形成了"炸裂→堵塞→温度低→炸裂"的恶性循环。所以，要降低玻壳炸裂率，最关键的是要解决炉头结构设计不合理的问题。

6. 制定对策：玻壳生产线的有关设备是从日本旭硝子公司引进的，其中就包括退火炉炉头设备。QC 小组认为，要用"消化、吸收、提高和创新"的态度对待外国的技术，于是大胆制定了改造退火炉炉头设备的措施。

7. 实施对策：实施措施，完成了退火炉技术改造的设计方案和施工图；完成了退火炉炉头空间增设辐射火头的设计、制造任务，并通过了可行性实验；完成了退火炉炉头的技术改造，重点解决了炉头空间温度低的问题；自行设计、制造了炉头使用的辐射火头；重新改造了第一燃烧室的烟道，使保证热循环的燃烧气体畅通、炉内温度均匀，杜绝了造成恶性循环的根源。

经过采取以上措施，QC 小组根据 4 月初的生产报表，统计了玻壳不良品分布情况，炸裂率已从原来的 9.7% 下降到 6.1%，说明小组活动有初步效果。此后，QC 小组又经过原因分析，采取了"重新设计、制造玻壳退火架""调整玻壳推送装置的推送间隙时间"等 4 条措施。

8. 检查效果：QC 小组活动收到了明显的效果，即玻壳炸裂率下降。根据 2018 年 9 月份的生产月报，从玻壳不良品统计表、排列图可以看出，玻壳炸裂占 A 类废品总数已由 QC 小组活动前的 53.7% 下降为 43.7%；炸裂占检验数的比例由先前的 9.7% 下降为 4.3%，下降了 5.4 个百分点，达到并超过了 5% 的活动目标值。

9. 制定巩固措施：经过半年多的运行，效果稳定。此后，QC 小组又采取了以下巩固

措施：按改进后的玻壳退火工艺编制工艺文件，建立工序质量管理点 2 个，并将这些举措纳入了玻壳生产线工序质量管理文件。

10. 提出下一步的打算：（1）进一步改善玻壳炸裂；（2）减少 A 类废品发生率。

（案例来源：http://baike.boraid.cn/doc.php?id=18510，QC 小组法）

第三节　QC 小组活动的总结与评价

QC 小组根据自己选定或领导指定的课题，通过全体成员的共同努力，运用 PDCA 循环等管理方法和 QC 统计技术进行活动。当一个课题进入尾声后，需要进行认真总结，将总结的成果进行发表，以有利于下一个活动课题的顺利开展。

一、QC 小组活动成果报告

QC 小组活动的成果可以分为有形成果和无形成果两种。所谓有形成果，主要是指为社会和企业创造出来的物质财富，如产品质量的提高、物质消耗的降低、经济效益的增长和劳动生产率的提高等。由于这些成果都可以用定量的数据来衡量，因而被称为有形成果。所谓无形成果，一般包括改善环境、改善人际关系、提高员工素质、避免事故等。由于无形成果属于比较抽象的事物，因此，不可以用数据来衡量，仅可以用文字来定性描述。

有形成果是 QC 小组进行总结的重要内容，也是评价 QC 小组的活动成效和对其进行奖励的依据，但在总结过程中也不能忽视对无形成果的总结和交流，因为无形成果是开发 QC 小组成员智力、发现人才、培养人才、调动员工积极性、提高员工素质的具体表现。

（一）成果报告的内容

QC 小组在活动结束后对成果进行及时、全面的整理，可以起到回顾课题、提升能力、梳理知识和增强小组成员间感情的积极作用。

QC 小组活动成果报告的主要内容：

(1) 企业简介或工程、项目简介。
(2) 小组概况，包括组长、顾问、组员及他们的职务、分工等。
(3) 选题理由和依据。
(4) 现状调查和依据。
(5) 设定目标值及对其进行可行性分析。
(6) 明确主要问题和原因。
(7) 确定主要原因并对其予以验证。
(8) 制定对策，编制对策表。
(9) 实施对策，要描述全部的实施环节和内容。
(10) 检查确认实施的效果。
(11) 制定巩固措施。
(12) 总结、体会，明确遗留问题和今后活动的大体安排。

(二) 成果报告的编写

要把 QC 小组活动取得的成果总结出来，写成文字材料，以用于认证、发表、交流、评选、推广，并达到提高的目的，就需要掌握一定的编写规律和要领，以及撰写 QC 小组成果报告的一些基本要求。QC 小组活动成果报告的编写有一定的规范，编写要点如下。

1. 成果报告的编写准备

首先，QC 小组组长统筹成果报告编写工作，编写计划和进度表，召集回顾会议，亲自或责成某小组成员拟订编写提纲；其次，确定成果报告执笔人，各组员按不同分工收集和整理小组活动的原始记录与资料，并由报告执笔人按照组员的建议和达成的一致意见，整理出报告初稿；最后，由全体组员补充修改，总结分析活动的经验教训，经讨论统一看法后，最终完成成果报告的终稿。

2. 成果报告的编写要求

一是严格按活动程序进行总结；二是文字精练，描述条理清楚、逻辑性强；三是根据选题抓住重点，切忌节外生枝；四是内容真实可靠，避免虚假；五是以图表、数据为主，配以少量文字说明，使成果报告清晰、醒目；六是不要用专业技术性太强的名词术语，必要时计量单位要规范化、标准化。

3. 成果报告的编写技巧

成果报告是 QC 小组活动全过程的书面表现形式，编写得成功，既是对本组成员的一种鼓舞，也是对参与交流的其他小组成员的一种启示。为此，须运用以下技巧：一是课题名称要短小、鲜明、易懂；二是开头要引人入胜，结尾要令人回味；三是成果的中心问题应该明确并富有挑战性；四是活动的程序和时间顺序能连贯地体现 PDCA 循环；五是要认真总结出特色，所谓特色，是指在 PDCA 循环运用方面，在以事实为依据、用数据说话方面，在方法的应用方面，其成功之处、创新方处、有推广价值之处。

(三) QC 小组活动成果的发表

QC 小组活动成果的发表，可以起到启发思路、提升士气、言传身教，以及体现公平、公正、公开的积极作用，可以采用专家点评、领导参加、听众发言和对话交流的形式展开。在发表前 QC 小组成员须做好充分准备，并注意演讲时的精神面貌和细节，有必要时采用简单的道具和辅助工具。

成果发表是指在一定的场合和规定的时间内（一般是 15 分钟），由 QC 小组的某个或几个成员将本小组的成果报告当众发布。

1. 成果发表的形式

（1）现场发表型。这是指在车间、工厂或公司范围内进行成果发表交流。因为都是"熟人"，所以比较简单，通常采用实物对比、重点活动阶段的介绍或集体共同发表的方式。

（2）会议发表型。这是指多个 QC 小组按一定程序在大会上发表自己的成果，以便交流和评比。根据会议组织者的级别不同，成果发表会议可分为全国 QC 小组成果发表会议，省、市级 QC 小组成果发表会议，局、系统级 QC 小组成果发表会议，行业级和公司、厂级 QC 小组成果发表会议。根据发表目的的不同，成果发表会议可分为评选表彰式、发表分析式和经验交流式等类型。

（3）文娱发表型。这是指把成果内容用小品、演讲或其他文娱形式来表现的一种发表形式,可由一人介绍,多人表演成果内容,还可配以道具、漫画、连环画及音响等丰富多彩的表现形式。此种形式生动活泼,引人入胜,但需要很多准备时间。

2. 成果发表的作用

QC 小组的活动成果发表不是为了走形式,也不是仅仅为了评出几个优秀 QC 小组,它的作用在于:

(1) 交流经验,相互启发,共同提高。
(2) 鼓舞士气,满足 QC 小组成员自我实现的需要。
(3) 现身说法,吸引更多的员工参加 QC 小组活动。
(4) 使评选优秀 QC 小组和优秀成果具有广泛的群众基础。
(5) 提高 QC 小组成员科学总结成果的能力。
(6) 培养和发现基层质量管理工作的人才。

二、对 QC 小组活动成果的评审

评审就是评价和审核。对 QC 小组活动成果的评审,就是按照评审标准,衡量 QC 小组活动达到标准的程度,审查 QC 小组活动成果是否完整、正确、真实和有效。评审的目的是肯定取得的成绩,指出不足,同时表彰先进和落实奖励,使 QC 小组活动能够扎扎实实地开展下去。

(一) 评审的基本要求

为了达到评审的目的,对 QC 小组活动成果的评审应该满足以下三条基本要求。

1. 有利于调动积极性

广大员工自发地组织起来参加 QC 小组活动,进行质量改进,具有深远的意义。为此,评审时要充分肯定他们的成绩,帮助他们总结成功的经验,同时诚恳地指出存在的缺点,以帮助他们提高活动水平。切不可对其缺点加以指责,以免挫伤他们的积极性。

2. 有利于提高 QC 小组的活动水平

QC 小组经过活动取得成果后,愿意与大家一起分享成功的喜悦,同时也愿意听取领导、专家和同行指出他们的活动成果有哪些不足之处,以便在下次活动中改进。为此,要对他们的成果内容和活动过程进行评审,认真负责地指出其缺点和不足,提出今后改进的希望和建议。这样才能不断提高活动水平。

3. 有利于交流和沟通

QC 小组活动成果的发表是进行交流的主要方式,而评审活动对交流能起到引导作用。对一个 QC 小组活动成果进行评审,总结成功的经验,指出其存在的缺陷和不足,并提出改进意见,对其他 QC 小组来说,也能从中得到启发与帮助。为此,在总结成功的经验时,一定要实事求是,在指出缺陷和不足时也要有依据。

(二) 评审的标准

根据评审目的,对 QC 小组活动成果的评审包含两部分内容:一是肯定成绩;二是指出不足。提出评审意见,特别是指出问题和不足,一定要站在客观的立场上,依照事物的本来面目去考察,不带个人偏见。

QC 小组活动成果分为有形成果和无形成果两个方面,在评选优秀 QC 小组活动成果时,不能单纯以经济效益等有形成果为依据,还应该重视人员能力提升、管理水平提高等无形成果。

QC 小组活动成果的评审形式分为现场评审和发表评审两种。其考查侧重点分别在于活动的过程和取得的效果。评审标准根据形式的不同分别制定。

1. QC 小组活动成果的现场评审

关于 QC 小组活动开展得如何，最真实的体现是活动现场。因此，现场评审是评审 QC 小组活动成果的重要方面。现场评审的项目及内容如表 4-7 所示。

表 4-7　QC 小组活动成果现场评审表

序号	评审项目	评审内容	配分	得分
1	QC 小组的组织	(1) 按有关规定进行小组登记和课题登记 (2) 小组活动时小组成员的出勤情况 (3) 小组成员参与分担组内工作的情况	7～15	
2	活动情况与活动记录	(1) 活动过程按 QC 小组活动程序进行 (2) 取得数据的各项原始记录妥善保存 (3) 活动记录完整、真实，并能反映活动的全过程 (4) 每一阶段的活动均按计划完成 (5) 活动记录的内容与发表的资料一致	20～40	
3	活动成果及其维持、巩固	(1) 对成果内容进行核实和确认，并已达到所制定的目标 (2) 取得的经济效益已得到财务部门的认可 (3) 改进的有效措施已被纳入有关标准 (4) 现场已按新的标准作业，并把成果巩固在较好的水准上	15～30	
4	QC 小组的教育	(1) QC 小组成员对 QC 小组活动程序的了解情况 (2) QC 小组成员对方法、工具的了解情况	7～15	
总体评价			总得分	

2. QC 小组活动成果的发表评审

在 QC 小组活动成果发表时，为了相互启发、学习交流、肯定成绩、指出不足，以及评选出优秀的 QC 小组，还需要对成果发表进行评审。发表评审的项目及内容如表 4-8 所示。

表 4-8　QC 小组活动成果发表评审表

序号	评审项目	评审内容	配分	得分
1	选题	(1) 所选课题与上级方针目标相结合，或是本小组现场急需解决的问题 (2) 课题名称简洁明确地直接针对所存在的问题 (3) 已清楚掌握现状，数据充分，并通过分析已明确问题的症结所在 (4) 现状已为制定目标提供了依据 (5) 目标设定数量合理，并有量化的目标值和一定的依据	8～15	

续表

序号	评审项目	评审内容	配分	得分
2	原因分析	（1）针对问题的症结分析原因，因果关系明确、清楚 （2）原因分析透彻，一直分析到可直接采取对策的程度 （3）从末端因素中选取主要原因 （4）已对所有末端因素都进行要因确认，并且用数据、事实客观地证明确实是主要原因	13～20	
3	对策与实施	（1）针对所确定的主要原因，逐条制定对策 （2）按5W1H的原则制定对策，对每条对策在实施后都能检查是否已完成（达到目标）及有无效果 （3）按对策表逐条实施，且对实施后的结果都有所交代 （4）由本组成员来实施大部分对策，遇到困难能努力克服	13～20	
4	实施效果	（1）取得效果后与原状比较，确认其改进的有效性；与所制定的目标比较，看其是否达到 （2）取得经济效益的计算实事求是、无夸大 （3）已注意了对无形效果的评价 （4）已将有效方法和措施纳入有关标准，并按新标准实施 （5）能将改进后的效果维持、巩固在良好的水准	13～20	
5	成果发表	（1）发表资料系统分明，前后连贯，逻辑性好 （2）发表资料通俗易懂，以图、表、数据为主，避免通篇文字、照本宣读	5～10	
6	特点	（1）工具运用正确、适宜（符合活动需要） （2）统计方法运用突出，有特色，具有启发性	8～15	
总体评价			总得分	

（三）评审的方法

企业主管部门组织熟悉 QC 小组活动的有关人员组成评审组，一般不少于 5 人。评审的时间一般安排在小组取得成果后 2 个月左右为宜。相隔时间太短，不能很好地看出效果维持和巩固的情况；相隔时间太长，则不利于更好地调动小组成员的积极性。

现场评审时，专家组要到现场考察成果展示，严格按照表 4-7 中的内容进行评审计分。发表评审可在 QC 小组成果发表会上进行，严格按照表 4-8 中的内容进行评审计分。

把现场评审和发表评审两项综合起来，就是对该 QC 小组活动成果评审的总成绩。企业评审的重心应在审核成果的真实性及有效性上，因此，现场评审和发表评审的成绩占总成绩的比例设置为 60％和 40％为宜。

评审一般应按以下程序进行：

（1）发表会的主办部门把参加发表的小组的成果材料收齐后，提前交给各位评委进行预审。

（2）评委审阅后，对每一份成果材料按评审原则和评审标准提出初步的评审意见。评审意见一般包括两部分内容。第一部分是对成果的总体评价；第二部分是指出成果内容中的不足之处。总体评价是指从成果的总体去看属于什么类型，成果有什么主要特点，在 PDCA 程序运用方面、在以事实为依据和用数据说话方面、在方法的应用方面有哪些成功之处，在哪些方面有交流、推广的价值，以及还有些什么不足。指出不足之处时要具体指出每一条缺陷之所在，并说明为什么存在缺陷。这也就是评审前的准备，如果没有这样的准备，评委们很难在短短的 15 分钟发表后给出恰如其分的分数。

（3）在发表会现场，听完每一个成果的发表及提问、答辩，评委们严格按 QC 小组活动成果发表评审表的内容逐条进行评分，给出成绩。同时，还要根据发表及回答提问的情况修正初步的评审意见。评审意见可被提供给发表小组，作为以后活动中改进、提高的参考，或作为现场讲评之用。

三、对 QC 小组的激励措施

当 QC 小组的成员以极大的热情，围绕企业的方针目标和现场存在的问题，在改进质量、降低消耗、加强管理及提高经济效益方面开展活动，并取得成果以后，要想使这一奋发向上的热情得以保持，并能使小组再次选择课题持续地活动下去，同时也吸引更多员工参加 QC 小组活动，就必须采取有效的激励手段。有效的激励必须选择恰当的、正确的方法。

1. 理想与目标激励

员工是否有远大的理想，精神境界如何，对其积极性影响很大。理想可以分为社会理想和个人理想，两者都可以对员工工作、学习的积极性产生持久的作用。因此，企业应当把理想教育当作激励的重要手段，帮助员工树立社会理想，并把个人理想和社会理想结合起来，这样就能使员工产生动力，积极地参与到 QC 小组的活动中去。

2. 荣誉激励

对做出成绩的优秀员工给予表彰，授予荣誉称号，发给荣誉证书等，这是对员工做出贡献的公开承认，可以满足个人自尊的需求，从而达到激励的目的。对取得成果的 QC 小组，特别是对评选出来的优秀 QC 小组授予荣誉称号和荣誉证书，小组的每个成员都会为获得这一荣誉而感到自豪，同时也会为维护这一荣誉而继续努力。

3. 物质激励

物质激励是最基本的激励手段，这里的物质包括工资、奖金及各种公共福利。工资、奖金及住房等决定着人们的基本生活需求的满足程度。同时，员工的收入及居住条件也影响其社会地位、社会交往甚至影响着学习、文化娱乐等精神需要的满足。QC 小组取得成果，创造了效益，应根据按劳分配的原则给予其物质奖励。

4. 关怀与支持激励

QC 小组的活动能得到企业领导的重视、关心和支持，必将进一步激发起员工参加 QC 小组活动的积极性，从而把 QC 小组活动搞得更好。

5. 培训激励

培训的激励作用是多方面的，它可以满足员工特别是青年员工对知识的渴求，可以提高员工达成目标的能力，以胜任更艰巨的工作。对员工进行 QC 小组的基本知识培训，可以使他们能顺利组织起 QC 小组进行活动；选派 QC 小组骨干到上级举办的骨干培训班进行系统的培训，必将激励员工参加 QC 小组并提高员工的活动积极性。

6. 组织激励

组织激励是指运用组织责任及权力对员工进行激励。大多数人是愿意得到提拔和承担更大责任的，对工作出色的员工进行提拔和重用，一定会进一步调动该员工的积极性，同时对其他员工也是一种鞭策。

思考练习

1. 什么是 QC 小组？QC 小组活动的目的是什么？
2. QC 小组有哪些类型？其中问题解决类 QC 小组和创新型 QC 小组有哪些不同？
3. QC 小组活动的作用有哪些？
4. QC 小组的组建通常有哪些形式？
5. QC 小组组长与组员分别有哪些职责？
6. QC 小组按照 PDCA 循环开展活动有哪些步骤？
7. QC 小组活动用于分析原因的方法有哪些？
8. QC 小组活动成果的评审标准由哪两部分组成？

第五章　质量管理中的统计技术

 **学习目标**

1. 认识统计技术在质量管理中的重要性。
2. 了解质量管理中常用的统计技术。
3. 了解正态分布的原理和应用。
4. 了解 6σ 管理的组织和实施过程。
5. 掌握计数抽样检验的形式和方法。

 **导入案例**

违反直觉的统计学现象

从一个真实案例说起：第二次世界大战（以下简称"二战"）后期，美国空军展开了对德国和日本法西斯的大规模战略轰炸。然而，战斗机返回时往往弹痕累累，损失惨重。

美国空军当局因此下决心在飞机上焊防弹钢板以减少损失。可是，如果在整架飞机上都焊上钢板的话，钢板增加的重量势必导致飞机的战斗性能降低，飞行速度、航行距离、载弹量等都会受到影响。防弹钢板应该焊在飞机的什么部位呢？哪儿的防弹效率最高呢？

经过研究，美国空军请来了当时有名的统计学家亚伯拉罕·沃尔德帮忙解决防弹钢板焊在何处的问题。

沃尔德临阵受命，把统计表发给地勤技师，让他们陆续把返航战斗机上弹孔的位置汇总上来。然后，他在一张大纸上画出飞机的轮廓，把地勤技师汇总上来的弹孔位置一一标出。最后的结果是，除了飞行员座舱和飞机尾翼没有标记之外，其他整个机身上下几乎都被标满了。

真是不可思议！据此图分析，是不是除了座舱和尾翼两个地方外，飞机上全部焊上钢板就解决问题了呢？

恰恰相反——沃尔德的直觉告诉他：座舱中弹，飞行员就会伤亡；尾翼中弹，飞机就会失去平衡而坠落。这两个地方中弹，飞机也就回不来了。因此，真正的结论是：座舱和尾翼两个部位最需要焊上防弹钢板。

美国空军采纳了沃尔德的建议。你可能想象不到，焊上去的钢板挽救了数以万计美军飞行员的生命。

就这样，统计学家沃尔德用科学的方法，根据从空战中返回的战斗机机身上的中弹损伤数据，找出了问题的关键。他画出的统计图激发了他的灵感，帮助他找出了问题的症结所在。

统计学提出了一系列全新的哲学概念，并且取得了不曾预料到的飞速发展，首先得力于它的实用性。在"二战"时期，美国想提高军工企业产品的质量，在其他方法无能为力的情况下，采用了统计学的控制图的概念与方法，结果使产品质量大幅度提高，并使之适合大规模生产，使美国工业取得了意想不到的发展，也使美国工业迅速领先于其他国家。在此基础上产生了由计算机控制的自动控制生产线、数控车床等，带来了数字化革命，促进了第三次科技革命的爆发。

我们在工作中也会接触到大量的统计数据，在使用这些数据进行分析的时候，我们有没有想过这些数据与我们所期望的是否吻合，是否存在影响数据结果的未考虑到的因素呢？我们在使用数据的时候，不妨将眼界放宽一些，考虑数据的上下游联系更充分一些，这样更有助于我们得到正确的结论。

[案例来源：陈悟朝．统计原来挺有趣［J］．中国统计，2009（11）：60．]

【案例思考】
1. 采用统计技术的目的是什么？应用统计学能解决哪些问题？
2. 联系前面学过的内容，在质量管理中使用的统计工具有哪些？

第一节 统计技术概述

著名质量管理大师爱德华兹·戴明博士说过："除了上帝，其他人要用数据说话！"这句话说明了数据是质量管理活动的基础。在质量管理过程中，我们需要有目的地收集有关质量数据，并对数据进行归纳、整理、加工、分析，从中获得有关产品质量或生产状态的信息，从而发现产品存在的质量问题及出现问题的原因，以便对产品的设计、生产工艺进行改进，以保证和提高产品质量。

统计技术可以起到通过数据反映事物特征、比较事物间的差异、分析事物间的关系及影响事物发展变化的因素、通过分析数据发现质量问题等作用。在工作实践中，我们通常采用统计技术对产品质量控制活动进行跟踪记录、数据搜集、抽样检验及质量分析，通过识别症状、分析原因、寻求对策，促进问题的解决。

一、统计技术在质量管理中的重要性

ISO根据许多国家和地区日益增长的对质量管理体系标准的兴趣和需求，制定了与ISO 9000系列标准相配套的或派生的标准，形成了被称为"ISO 9000族"的质量管理和质量保证国际标准。这是一个浩大的系统工程，涉及一整套质量体系标准。到目前为止，已颁布的正式标准有20个左右。据统计，其中有三分之二的标准直接为统计技术的运用专门设置了要素或章节并提出了要求，把统计技术的运用视为质量管理的重要内容和质量管理体系不可缺少的组成部分。

（一）统计技术在质量管理体系中的作用

采用质量管理体系应该是组织的一项战略性决策，可以帮助其提高整体绩效，为推动可持续发展奠定良好基础。在ISO 9000族标准的核心文件之一——ISO 9000：2000《质量管理体系 基础和术语》中有一个条款"2.10 统计技术的作用"描述如下：

> **小贴士**
>
> 　　应用统计技术可帮助组织了解变异,从而有助于组织解决问题并提高有效性和效率。这些技术也有助于更好地利用可获得的数据进行决策。
> 　　在许多活动的状态和结果中,甚至是在明显的稳定条件下,均可观察到变异。这种变异可通过产品和过程可测量的特性观察到,并且在产品的整个寿命周期(从市场调研到顾客服务和最终处置)的各个阶段,均可看到其存在。
> 　　统计技术有助于对这类变异进行测量、描述、分析、解释和建立模型,甚至在数据相对有限的情况下也可实现。这种数据的统计分析能对更好地理解变异的性质、程度和原因提供帮助,从而有助于解决甚至防止由变异引起的问题,并促进持续改进。

　　另外,质量管理七项原则(见本书第六章第二节)是建立和实施 ISO 9001 质量管理体系的理论基础。其中,"循证决策"强调的是基于证据的决策方法,是应用统计技术进行数据处理的重要原则之一。具体可开展的活动有:

(1) 对相关的目标值进行测量,收集数据和信息。
(2) 确保数据和信息具有足够的精确度、可靠性和可获取性。
(3) 使用有效的方法分析数据和信息。
(4) 理解适宜的统计技术的价值。
(5) 根据逻辑分析的结果及经验和直觉进行决策并采取行动。

　　国际标准化组织为帮助组织系统应用和实施 ISO 9000 质量管理体系,陆续制定了十几个支持性标准,其中 ISO/TR 10017(GB/Z 19027)《ISO 9001:2000 统计技术指南》解释了如何采用统计技术更好地利用数据分析进行决策,从而持续改进产品和过程质量,实现顾客满意。

　　在质量管理和质量保证活动中,可能被用到的统计技术有以下几类:

(1) 旧 QC 七工具,指检查表、分层法、排列图、直方图、散布图、因果图、控制图等方法。这些方法主要用于分析存在的质量问题,为制定改善措施提供依据。

(2) 新 QC 七工具,指 KJ(亲和图)法、关联图、系统图、矩阵图、箭头图、PDPC(过程决策计划图)法和矩阵数据分析法。作为旧 QC 七工具的补充,新工具更能适应复杂多变的环境因素,主要用于预防质量问题的发生,为提升质量水平提供决策依据。

(3) "方差分析"是指当生产过程受到多因素影响时,如何分清主次、估计各因素影响大小的一种统计方法。

(4) "回归分析"是当生产操作条件或产品设计条件发生变更时,为工艺或产品特性发生的变化提供定量模型,寻找变异规律,以便预测和控制质量,预测和调整产品特性。

(5) "试验设计"主要用于确定哪些因素对过程和产品性能有显著影响,并确定最佳搭配或满意搭配,优化参数,改进质量。

(6) "可靠性分析"是指应用逻辑、归纳、演绎的原理和方法对系统可能会发生的故障进行分析研究。常见的可靠性分析方法有故障模式、影响及危害度分析(FMECA)和故障树分析(FTA)。

(7) "抽样检验"可用于进货(IQC)、过程(PQC)和最终(FQC/QA)检查,对总体抽取样本进行测量或检验，以判断一批产品的质量特性，并决定是否接收。

（8）利用监视或测量活动来验证产品和服务是否符合要求时，为确保监视和测量活动可行并使结果有效和可靠，可以采用"测量系统分析（MSA）"。

表 5-1 新/旧 QC 七工具使用范围

序号	方法 程序	旧 QC 七工具							新 QC 七工具						
		调查表	分层法	排列图	因果图	直方图	散布图	控制图	系统图	关联图	亲和图	矩阵图	箭头图	PDPC法	数分法
1	选题	●		●		○	○	△	○	△					
2	现状调查	●	○	●		○		○							
3	目标设定			○	●	△		△							
4	原因分析				○		○								
5	主因确定	○			●		○		●	●		○			△
6	对策制定	○	○		△		○		△			△		●	
7	对策实施	○							△			△		●	
8	效果验证	○		○											
9	标准化巩固					△		△							
10	下一步打算			△	△				●	○	○		○	●	

● 表示特别有效　　○ 表示有效　　△ 表示有时可被采用

（二）统计技术在质量管理中应用的要点

1. 正确认识统计技术的重要性

在我国推行质量管理的过程中，对统计技术应用的认识有过较大的变化。在早期，有人认为"全面质量管理就是 QC 七工具加全员参与"；后来又出现了"统计方法可用可不用"等否定统计技术的倾向，这些看法都是片面的。

在 ISO 9000 族标准的贯彻与质量管理体系认证活动中，也曾有企业要求把统计技术"剪裁"掉，以减少工作量，这种要求也是不正确的。对任何企业来说，统计技术的应用都是质量管理体系不可缺少的组成部分，不存在可有可无或"剪裁"的问题，只有统计技术工具的难易简繁和适用程度的高低之分。在建立、实施和保持质量管理体系的活动中，尽管组织管理活动是主要内容，但是也必须有统计技术的应用。

2. 统计技术应用的注意事项

在统计技术的应用上，应注意以下两点：

（1）重视统计技术应用的基础条件。

任何事物的应用都有一定的条件，统计技术的应用也不例外，要想发挥其作用，也必须具备一定的基础条件。过去，人们对这些基础条件重视不够，或者把统计技术看成不论条件如何，在任何情况下都管用的"灵丹妙药"；或者不论基础条件如何，强制应用某种统计技术。这些都是由于不了解统计技术的应用条件所致。

质量管理中统计技术应用的基础条件有以下五个：

① 企业质量管理基础工作扎实，有健全的日常管理秩序，产品质量具有可追溯性。

② 生产过程相对稳定，影响质量的因素已经标准化，过程质量处于受控状态。

③ 具备必要的技术和物质条件，如配备了必要的、示值准确的计量器具和先进的测试手段，以及现场记录的图表。

④ 统计数据数字化。大量数据的计算和整理依靠人工进行一来容易出错，二来工作量太大。目前，统计技术已经与计算机紧密结合，一些专业统计软件既可减少现场采集、整理数据的工作量，又可应用某些高级统计方法（如多元分析等）寻找数据的深层规律。

⑤ 配备掌握统计技术专业知识的质量管理人员，这些人员必须熟悉统计技术（如本书第二章中的QC七工具、回归分析、试验设计等），而且必须熟练掌握计算机软件（如Excel）等应用技能。

这里强调"基础条件"是为了更好地发挥统计技术的作用，而不是说不具备这些基础条件的企业就不能应用统计技术。企业在采用统计技术时，既要积极实践，又要配合基础建设，使统计技术在质量管理体系中发挥出应有的作用。

（2）重视统计技术与专业技术和管理措施相结合。

统计技术的主要作用是能及时提供相对比较可靠的质量信息，但它并不能取代专业技术和管理措施本身。比如，当SPC控制图显示出异常信号时，它自身并不能判明异常的原因在何处，还必须依靠工人和技术人员通过专业技术和管理状况的分析找出原因所在，结合专业技术和管理措施，提出合适的对策并加以实施。

在企业建立、实施和保持质量管理体系的过程中，一方面要发挥专业技术的作用，另一方面也要辅之以系统的组织管理措施。在这过程中，统计技术的应用是不可缺少的工具，只有将各项技术和管理措施互相结合、互相补充，才能确保质量管理体系的有效运行。具体而言，要做到以下三点：

① 应依照ISO 9000质量管理体系的要求，健全各项生产和管理制度，严格执行质量管理体系标准和技术工艺规程，同时应加强监督，使制度执行真正落到实处。

② 选择统计技术要和实际工作紧密结合，不可生搬硬套，应因地制宜，具有可操作性；只要能解决实际问题，达到质量管理的目的，越是简单容易的方法越要优先采用，而非越深奥越好。

③ 统计技术是一门古老而又不断发展的科学技术，方法是多种多样的，不仅有传统的旧QC七工具，也有新QC七工具，因此企业要加大教育培训力度，提高职工的技术素质，特别是企业中质量工程师的素质，使他们不仅对生产各过程都有所了解，也要不断学习新技术、新方法，了解本行业采用的质量控制新技术、新方法。

在经济飞速发展的今天，市场的需求要求企业不断提升产品质量。质量管理水平对于企业提升产品质量是重中之重。不断发挥统计技术的作用，不断提升统计技术的水平，对于企业的质量管理与综合实力的提升有重要作用。

【案例 5-1】

一年的足球联赛结束了，某记者很有心地将该赛季所有球队各场比赛的进球数与失球数分别相加，得出了两个总和。

在掌握了充分的事实依据以后，记者评论道："本赛季各队总进球数比上赛季增加了，说明各队的进攻能力有了一定的提高,但是很不幸,本赛季各队的总失球数也增加了,而且恰好与总进球数一样,说明各队的防守能力还有待提高……"

你觉得这个记者说得是否有理?你认为赛季应统计什么数据比较有意义?

二、统计技术中的基础术语

为了进一步学习统计技术,首先必须理解统计学的几个重要术语。

(一)统计技术

1. 随机事件(随机现象)

体系运行过程或产品实现的各阶段出现的各种现象、状态或结果,在统计技术中统称为事件。事件又可进一步分为确定性事件和随机事件。

(1)确定性事件。

确定性事件是指在某一组条件下必然出现的现象(必然事件);或者在某一组条件下必然不出现的现象(不可能事件)。

(2)随机事件(随机现象、偶然事件)。

随机事件是指在某一组条件下可能出现也可能不出现的事件(出现具有不确定性),但在大重复试验(观察)下呈现某种规律性(统计规律性)的事件。

在质量管理体系运行过程或产品实现过程中,随机现象是大量存在的。比如,从一批产品中任取一件,取到的可能是正品,也可能是次品;连续生产的某工序上加工产品的某质量特性值大小具有不确定性;等等。

2. 数理统计与统计技术

统计技术是指收集、处理、分析、解释数据并从数据中得出结论的科学技术。

"数理统计"并非独立于统计学的新学科,而是统计学中所有收集和分析数据的新方法的一个综合性名词。概率论是数理统计方法的理论基础,但是它不属于统计学的范畴,而属于数学的范畴。

建立在概率论基础上的数理统计是研究随机事件变异及其规律性的学科,是研究如何以有效的方式收集、整理和分析受到随机性影响的数据,从而对观察的事件做出推断、预测,以便决策与控制的过程。另外,在数理统计研究中,也经常用到推断型的统计技术,用以解决如何从有限的样本数据推断出总体结论的问题。

(二)总体与样本

1. 总体与个体

在质量管理中,我们经常需要研究产品的质量特性及其规律性。在统计中,我们把研究的一类对象的全体称为总体(也称母体),把构成总体的每一个成员称为个体。于是,给出定义如下:总体(N)——研究对象的全体,可以是一批产品、一道工序加工的某一组条件下的某种产品等。个体——总体中的每一个单位(样本单位、样品)。

譬如,我们要了解某种型号的手机电池的充电寿命,那么这种手机电池的全体便构成一个总体,每一个手机电池便是一个个体。

在研究中,人们往往关心的是总体中每个个体的某个指标,因而通常把每个个体所具有的指标的全体称为总体的变量,常用变量 X 表示。我们事先可以知道这一变量的一切可能取值,然而无法在测定前知道每一个取出的个体的值,但是它们的取值是有规律可循的。我们将这种变量称为随机变量。

譬如上面所讲的手机电池,如果我们关心的是其充电寿命,那么可以把该种型号的手机电池的所有充电寿命看成一个总体,每一个电池的充电寿命便是一个个体,总体的电池充电寿命(X)一切可能取值为非负实数(从 0 到 ∞),而每一个个体电池的充电寿命(x)在测定前是不知道的,我们统计的目的就是要去研究其取值的规律性(存在一定的实际范围)。

2. 样本

从总体中抽出的部分个体组成的集合称为样本(也称子样),定义为:样本(n)——从总体(N)中随机抽取的部分个体集合。样本中包含个体(也称样品)的数量称为样本容量(也称样本量),通常用 n 表示。

注意,N 和 n 都是数量,X 和 x 分别表示总体和个体中的某个变量特性值。

在质量管理中,我们需要研究的是总体取值所具有的规律。然而,我们不可能测定每一个个体的特性值,譬如上面讲的总体为手机电池的充电寿命,其充电寿命的测定是一种破坏性试验,因而不可能获得每一个电池的充电寿命。有时总体所含的个体很多,也无法一一测定。通常的做法是从总体中抽出若干个个体,通过这些个体的数据对总体进行推断。

我们抽取样本的目的是要对总体进行推断,为了能从样本正确推断总体,就需要所抽取的样本能很好地反映总体的信息,为此需要有一个正确的抽取样本的方法。

一个好的抽样方法要求总体中每一个个体有同等机会被选入样本,并且样本中每一样品取什么值不受其他样品取值的影响,这样得到的样本称为"简单随机样本",以下提到的"样本"都是指简单随机样本。

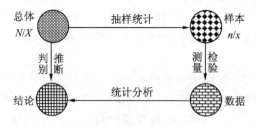

图 5-1 总体与样本的统计学关系

(三)数据与变量

1. 数据

我们抽取样本后,就可以对样本中的每一个个体测定其指标,以后把这些测定值记为 $x_1, x_2, \cdots, x_n$,它们便是通常所说的数据,即样本的观察值。

在质量管理中通常遇到的数据有两种类型:

一是定性数据,如果总体 X 的取值只能按一定的特征或标准进行分类,那么这种数据便是定性数据。如将产品分为一等品、二等品、等外品,那么每个产品就按所定的标准属于某一类。

二是定量数据,这时总体 X 的取值可以用一定的数量单位来度量,它们又可分为计量数据与计数数据两类。

(1)计量数据:如果总体 X 的取值可以通过某种量具、仪器的测定获得,这种数据是计量数据,它们可以取某一区间中的一切实数,如产品的寿命、材料的强度、轴的直径、电阻的阻值等。

(2) 计数数据:如果总体 X 的取值是通过数数的方法获得的,它们往往只能取非负整数,这种数据是计数数据,如一批产品中的不合格品数、铸件上的气泡数、纺线中每百米出现断线的次数等。

2. 变量

样本数据 x 取哪一个数要看检查结果,事先不能确定。这些可以变化的数据,如果存在一定的规律,在统计学上就称为变量,可以用来进行建模分析或数学计算。

所以,简单地讲,变量就是以某些规律变化的数据。

有些变量是一些数值,可以通过数数或者测量得到,所以这些变量是量化的定量变量(或数值变量,Quantitative or Numeric Variables)。定量变量可以用来计算和分析。

还有一些如性别、民族、肤色、喜欢与否、喜欢程度等进行分类的定性变量(或属性变量,Qualitative or Attribute Variables),如男和女、汉族、藏族、蒙古族,等等。定性变量一般用来分类和排序。

三、统计数据的整理与分析

1. 数据的离散性和规律性

在生产线上,同一生产条件下,抽取同一种产品 100 件,测定某种质量特性获得 100 个数据。其数据分布一般具有两个重要特征。

(1) 离散性。无论如何严格控制生产条件,数据总是波动的。

(2) 规律性。波动并非杂乱无章,数据总是在某一范围内波动,且遵循一种分布规律。统计技术的一个重要方面是选用恰当的统计方法揭示数据的统计特征,从而实现质量预测、质量控制、问题预防和质量改进。

2. 统计特征的描述——数据的特征值

若从总体中抽取一个样本,得到数据 x_1,x_2,$\cdots$,x_n,则常见的数据特征值有两类:一类反映样本的位置状态;一类反映样本的波动大小。

(1) 反应样本位置的统计量,常用的是以下两种:

① 平均值(样本均值)。

样本均值是样本数据的算术平均值,常记为 $\bar{x}$:

$$\bar{x} = \frac{x_1 + x_2 + \cdots + x_n}{n} = \frac{1}{n}\sum_{i=1}^{n} x_i$$

样本中的数据多数分布在样本均值附近,因而样本均值是表示样本位置最好的统计量,人们很喜欢用它。但是它有一个缺点,那就是容易受数据中一些特大值与特小值(称为异常值)的影响。

例如,设容量为 5 的样本观察值为 3,5,7,9,11,则其样本均值为 7,如果把 11 误记为 41,则样本均值变为 13,就完全偏离了样本的真实特性。

在有些统计中,如比赛评分时有意去掉一个最高值和一个最低值再计算平均分,以示公平,但是这样做并不能真正排除数据中存在的异常值,因而引入下面这个"中位数"特征量,辅助样本均值作为数据的代表。

② 样本中位数。

样本中位数是样本中的数据按从小到大排列后处在中间位置上的数，用 $\tilde{x}$ 表示。

将一组数据按从小到大次序重新排序（有序样本），当数据样本量 n 为奇数时，取居于中间的数值为样本中位数，当样本量 n 为偶数时，则取中间两个数的平均数为样本中位数。

当有序样本为 $\{x_{(1)}, x_{(2)}, \cdots, x_{(n)}\}$ 时，中位数的表达式为：

$$\tilde{x} = \begin{cases} x(\frac{n+1}{2}), & n \text{ 为奇数} \\ \frac{1}{2}[x(\frac{n}{2}) + x(\frac{n}{2}+1)], & n \text{ 为偶数} \end{cases}$$

例如，设容量为 5 的样本观察值为 10，15，23，30，35，则样本中位数是居中的 23，如果增加一个观察值 7，则样本 7，10，15，23，30，35 的中位数为 $(15+23) \div 2 = 19$。

中位数受异常值的影响较小，譬如本例中，即使把 10 误记为 1，中位数都不变。

【案例 5-2】

汽车的显示器上，除了显示里程和油耗之外，还可以显示实时驾驶速度和平均驾驶速度。但是，令驾驶员迷惑的是，平时在路上的车速基本都在 40 km/h 以上，在空闲路段或高架上行驶时的车速都提高到 60 km/h 甚至 80 km/h 以上，但是显示器显示的平均驾驶速度只有 30 km/h 左右。

这是因为，一旦汽车启动，在红灯停车、途中等人上下车等情况下，有大量速度为"0"的时间也参与了平均驾驶速度的计算。所以，驾驶员们建议厂家：为了真实反映驾驶速度，是否能更新程序，把车速为"0"的数据剔除，使其不参与平均车速的计算？

(2) 反映数据波动的统计量，常用的有极差 R、样本方差 s^2 或标准偏差 s、变异系数三个指标。

① 极差。

极差是样本中的最大值与最小值的差，记为 R，即 $R = x_{\max} - x_{\min}$。

极差计算简单，但是对样本信息的利用不够，且受异常值的影响也较大。前例中，原来数据的极差为 $11-3=8$，如果把 11 误记为 41，极差就变成 38，两者相差很大。

② 样本方差与样本标准差。

为了充分利用数据，常用样本方差表示数据的波动。它是数据与其样本均值的差的平方和除以（样本容量-1），常用 s^2 表示：

$$s^2 = \frac{1}{n-1} \sum_{i=1}^{n} (x_i - \bar{x})^2$$

例如，如果 5 个数据是 3，5，7，9，11，样本容量 n 为 5，样本均值 $\bar{x}$ 为 7，则其样本方差为：$s^2 = [1/(5-1)] \times (16+4+0+4+16) = 10$。

如果 5 个数据被改为 5，6，7，8，9，则 n 和 $\bar{x}$ 没有变化，仍为 5 和 7，但是其样本方差变为 2.5，这说明后面 5 个数据比前面 5 个数据的波动小，也就是说后面 5 个数据相对于前面 5 个数据而言比较集中。这一点在直观上是明显的，如图 5-2 所示。

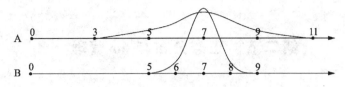

图 5-2 两组数据的分布比较

样本方差可以反映数据的波动，但是其量纲（即数据单位）与数据的原始量纲不同，它是原始量纲的平方，所以在实际应用中也常常用其算术平方根，称为样本标准差，记为 s。

如上例，A 组的样本方差 s^2 是 10，样本标准差 s 是 3.16；B 组的样本方差 s^2 是 2.5，样本标准差 s 是 1.58。

③ 变异系数。为了比较不同指标的波动，需要排除数据量纲的影响，因而常采用变异系数，它是样本标准差与样本均值的比，常用 C 表示。

例如，某厂生产两种不同规格的轴，现在从每一种规格的轴中各取 10 根，测得它们的直径的均值与标准差分别为：

产品 A 的样本均值为 105 mm，样本标准差为 1.05 mm

产品 B 的样本均值为 1 500 mm，样本标准差为 10.5 mm

若从它们的样本标准差看，产品 B 的直径波动大，然而产品 B 的直径也大，从而其测量误差也大，因而直接看样本标准差就难以比较，为此我们分别计算各自的变异系数：

产品 A 的变异系数：$C_A = 1.05 \div 105 = 0.01 = 1.0\%$

产品 B 的变异系数：$C_B = 10.5 \div 1\,500 = 0.007 = 0.7\%$

由此可见，虽然产品 B 的直径样本标准差很大，但是它的波动比产品 A 的小。

【案例 5-3】

我们抽取样本是为了对总体进行推断，所以抽取样本时要特别注意：

抽样要具有代表性，即要求每一个个体都有同等机会被选入样本，这便意味着每一样品特性值 x_i 与总体变量 X 有相同的分布，这样的样本便具有代表性；抽样还要具有独立性，即要求样本中每一样品取什么值不会受到其他样本取值的影响。

随机抽样可以查"随机数表"，也可以利用 Excel 函数模拟抽样过程。例如，有 100 个零件，编号分别为 1—100，我们要从中随机抽取 5 个样品，可以在 Excel 单元格里输入"=TRUNC（100 * RAND（），0）"，复制到 5 个单元格，就能产生 5 个 100 以内的随机整数（为了剔除重复或邻近数字，可以多复制几个单元格），然后抽取对应编号的 5 个零件。

还有一种抽样方法叫等距抽样，比如上例中先从 1—20 编号中随机抽取一个样品，假设为 9 号，然后每个编号加 20，分别抽出 9 号、29 号、49 号、69 号、89 号这 5 个样品。

第二节 正态分布与 6σ 管理

正态分布（Normal Distribution），也称"常态分布"，是最重要的一种概率分布形式。正态分布概念是由法国数学家棣莫弗（Abraham De Moivre）于 1733 年首次提出的，但由于德国数学家高斯（Johann Carl Friedrich Gauss）率先将其应用于天文学研究，故正态分布又叫高斯分布（Gaussian Distribution），在统计学的许多方面有着很大的影响力。

正态分布是许多统计方法的理论基础。抽样检验、方差分析、相关分析和回归分析等多种统计方法均要求分析的指标服从正态分布。许多统计方法虽然不要求分析指标服从正态分布，但要求相应的统计量在大样本时近似正态分布，因而大样本时这些统计推断方法也是以正态分布为理论基础的。

一、正态分布的概念

我们在第二章中学习过根据检测数据绘制直方图，正常形态的直方图高峰位于中部，左右两侧大致对称，如图 5-3 所示。

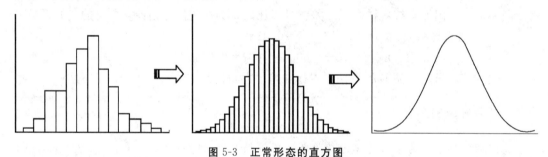

图 5-3 正常形态的直方图

我们设想，如果观察例数逐渐增多，组段不断分细，直方图顶端的连线就会逐渐形成一条高峰位于中央（均值所在处），两侧逐渐降低且左右对称，不与横轴相交的光滑曲线。这条曲线称为频数曲线或频率曲线，演化成数学上的正态分布。

正态分布也叫常态分布，是连续随机变量概率分布的一种，自然界、人类社会、心理学研究和教育学研究中大量现象均按正态形式分布，如能力的高低、学生成绩的好坏等都属于正态分布。它随随机变量的平均数、标准差的大小与单位不同而有不同的分布形态。

正态分布是有两个连续型随机变量 μ 和 σ^2 的分布。第一个参数 μ 是服从正态分布的随机变量的均值，第二个参数 σ^2 是此随机变量的方差，所以正态分布记作 $N(\mu, \sigma^2)$。

正态分布概率密度曲线可以用下列函数来表示：

$$f(x) = \frac{1}{\sqrt{2\pi}\sigma} e^{-\frac{(x-\mu)^2}{2\sigma^2}}$$

这条曲线反映了总体变量 X 的分布，其中 x 是总体中的某一个个体的取值。

μ 是正态分布的位置参数，描述正态分布的集中趋势位置。概率规律为取与 μ 邻近的值的概率大，而取离 μ 越远的值的概率越小。

σ 是总体的标准差，描述正态分布数据的离散程度或波动形态。σ 越大，数据分布越分散，曲线越扁平；σ 越小，数据分布越集中，曲线越瘦高。

正态分布以 $x=\mu$ 为对称轴，左右完全对称，在 $x=\mu-\sigma$ 和 $x=\mu+\sigma$ 处有两个拐点。

在正态分布的概率密度曲线下，x 轴上方所夹的面积恰好为 1，即所有总体变量的取值概率为 100%，而介于 a 与 b 之间的面积便是总体在 (a, b) 间取值的概率（图 5-4），即为总体取值介于这一区间的比例，常用 $P(a<x<b)$ 表示。下面会介绍正态分布中这一概率的计算。

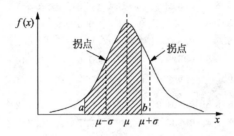

图 5-4　正态分布概率密度曲线

二、正态分布概率的计算

把纵轴移到正态分布的顶点，称 $\mu=0$，$\sigma=1$ 的正态分布为标准正态分布，这时对应的分布函数通常记为 $\Phi(x)$，即 $\Phi(x)=P(X<x)$，意义就是正态分布概率曲线之下 $X<x$ 所覆盖的面积，用数学计算式表示，就是概率曲线函数从 $-\infty$ 到 x 的积分值，公式为：

$$\Phi(x) = \frac{1}{\sqrt{2\pi}\sigma} \int_{-\infty}^{x} e^{-\frac{(x-\mu)^2}{2\sigma^2}} dx, \quad -\infty \leqslant x \leqslant \infty$$

将此函数代入各个 x 值，计算结果见表 5-2，使用时直接查表即可。

例如，假设 $a=0.5$，$b=1.5$，那么 x 数据出现在 a 到 b 之间的概率是多少？

设 $X \sim N(0, 1)$，则查标准正态分布表可以得到 $\Phi(x)$ 的概率值，这时 $x>0$，则有：

$$P(X<1.5) = \Phi(1.5) = 0.9332$$
$$P(X<0.5) = \Phi(0.5) = 0.6915$$

由于 $P(0.5<X<1.5)$ 可以看成是上述两个概率之差，所以有：

$$P(0.5<X<1.5) = P(X<1.5) - P(X<0.5)$$
$$= \Phi(1.5) - \Phi(0.5)$$
$$= 0.9332 - 0.6915 = 0.2417$$

又由于标准正态概率密度曲线在 $x=0$ 两边是完全对称的，总体概率为 100%，即 1，所以有 $P(X<-x)=1-P(X<x)$，即 $\Phi(-x)=1-\Phi(x)$。

例如，计算样本出现在 $X<-1.5$ 的概率：

$$P(X<-1.5) = \Phi(-1.5) = 1 - \Phi(1.5) = 1 - 0.9332 = 0.0668$$

如果纵轴不在正态曲线的顶点，即 $X \sim N(\mu, \sigma^2)$ 中的 $\mu \neq 0$，根据正态分布的性质，这时先要将变量转换为 $U \sim N(0, 1)$ 的标准正态分布，然后查表 5-2 来求有关概率：

$$U = \frac{X-\mu}{\sigma}$$

表 5-2 标准正态分布函数表

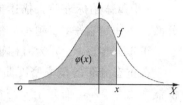

X	0.00	0.01	0.02	0.03	0.04	0.05	0.06	0.07	0.08	0.09
0.0	0.500 0	0.504 0	0.508 0	0.512 0	0.516 0	0.519 9	0.523 9	0.527 9	0.537 9	0.525 9
0.1	0.539 8	0.543 8	0.547 8	0.551 7	0.555 7	0.559 6	0.563 6	0.567 5	0.571 4	0.575 3
0.2	0.579 3	0.583 2	0.587 1	0.591 0	0.594 8	0.598 7	0.602 6	0.606 4	0.610 3	0.614 1
0.3	0.617 9	0.621 7	0.625 5	0.629 3	0.633 1	0.636 8	0.640 6	0.644 3	0.648 0	0.651 7
0.4	0.655 4	0.659 1	0.662 8	0.666 4	0.670 0	0.673 6	0.677 2	0.680 8	0.684 4	0.687 9
0.5	0.691 5	0.695 0	0.698 5	0.701 9	0.705 4	0.708 8	0.712 3	0.715 7	0.719 0	0.722 4
0.6	0.725 7	0.729 1	0.732 4	0.735 7	0.738 9	0.742 2	0.745 4	0.748 6	0.751 7	0.754 9
0.7	0.758 0	0.761 1	0.764 2	0.767 3	0.770 3	0.773 4	0.776 4	0.779 4	0.782 3	0.785 2
0.8	0.788 1	0.791 0	0.793 9	0.796 7	0.799 5	0.802 3	0.805 1	0.807 8	0.810 6	0.813 3
0.9	0.815 9	0.818 6	0.821 2	0.823 8	0.826 4	0.828 9	0.831 5	0.834 0	0.836 5	0.838 9
1.0	0.841 3	0.843 8	0.846 1	0.848 5	0.850 8	0.853 1	0.854 4	0.857 7	0.859 9	0.862 1
1.1	0.863 4	0.866 5	0.868 6	0.870 8	0.872 9	0.874 9	0.887 7	0.879 0	0.881 0	0.883 0
1.2	0.884 9	0.886 9	0.888 8	0.890 7	0.892 5	0.894 4	0.896 2	0.898 0	0.899 7	0.901 5
1.3	0.903 2	0.904 9	0.906 6	0.908 2	0.909 9	0.911 5	0.913 1	0.914 7	0.916 2	0.917 7
1.4	0.919 2	0.920 7	0.922 2	0.923 6	0.925 1	0.926 5	0.927 8	0.929 2	0.930 6	0.931 9
1.5	0.933 2	0.934 5	0.935 7	0.937 0	0.938 2	0.939 4	0.940 6	0.941 8	0.943 0	0.944 1
1.6	0.945 2	0.946 3	0.947 4	0.948 4	0.949 5	0.950 5	0.951 5	0.952 5	0.953 5	0.954 5
1.7	0.955 4	0.956 4	0.957 3	0.958 2	0.959 1	0.959 9	0.960 8	0.961 6	0.962 5	0.963 3
1.8	0.964 1	0.964 8	0.965 6	0.966 4	0.967 1	0.967 8	0.968 6	0.969 3	0.970 0	0.970.6
1.9	0.971 3	0.971 9	0.972 6	0.973 2	0.973 8	0.974 4	0.975 0	0.975 6	0.976 2	0.976 7
2.0	0.977 2	0.977 8	0.978 3	0.978 8	0.979 3	0.979 8	0.980 3	0.980 8	0.981 2	0.981 7
2.1	0.982 1	0.982 6	0.983 0	0.983 4	0.983 8	0.984 2	0.984 6	0.985 0	0.985 4	0.985 7
2.2	0.986 1	0.986 4	0.986 8	0.987 1	0.987 4	0.987 8	0.988 1	0.988 4	0.988 7	0.989 0
2.3	0.989 3	0.989 6	0.989 8	0.990 1	0.990 4	0.990 6	0.990 9	0.991 1	0.991 3	0.991 6
2.4	0.991 8	0.992 0	0.992 2	0.992 5	0.992 7	0.992 9	0.993 1	0.993 2	0.993 4	0.993 6
2.5	0.993 8	0.994 0	0.994 1	0.994 3	0.994 5	0.994 6	0.994 8	0.994 9	0.995 1	0.995 2
2.6	0.995 3	0.995 5	0.995 6	0.995 7	0.995 9	0.996 0	0.996 1	0.996 2	0.996 3	0.996 4
2.7	0.996 5	0.996 6	0.996 7	0.996 8	0.996 9	0.997 0	0.997 1	0.997 2	0.997 3	0.997 4
2.8	0.997 4	0.997 5	0.997 6	0.997 7	0.997 7	0.997 8	0.997 9	0.997 9	0.998 0	0.998 1
2.9	0.998 1	0.998 2	0.998 2	0.998 3	0.998 4	0.998 4	0.998 5	0.998 5	0.998 6	0.998 6
3.0	0.998 7	0.999 0	0.999 3	0.999 5	0.999 7	0.999 8	0.999 8	0.999 9	0.999 9	1.000 0

注：本表最后一行自左至右依次是 $\Phi(3.0),\Phi(3.1),\Phi(3.2),\cdots,\Phi(3.9)$ 的值。

例如，见图 5-4，设正态分布为 $X \sim N[1.4,(0.05)^2]$，即 $\mu=1.4$，$\sigma=0.05$。已知 $a=1.30$，$b=1.45$，求 $P(1.30<X<1.45)$。

本例先将变量转换成标准正态分布里的坐标，然后查表 5-2 计算概率：

$$U_a=(1.30-1.40)\div 0.05=-2，$$
$$U_b=(1.45-1.40)\div 0.05=1$$
$$P(1.30<X<1.45)=P(-2<U<1)$$
$$=P(U<1)-P(U<-2)=\Phi(1)-\Phi(-2)$$
$$=\Phi(1)+\Phi(2)-1=0.841\ 3+0.977\ 2-1=0.818\ 5$$

本例的现实意义是，当有一个零件的规格是 $1.4^{+0.05}_{-0.10}$，而样本检测数据符合图 5-4 这个正态分布的话，标准偏差 $\sigma=0.05$ 时，可推断出它的总体合格率为 81.85%。

在质量管理中，常要求将不良率或缺陷发生概率控制在多少 σ 以内，其意义在于尽量将 σ 缩减到规格允许的范围之内，越小代表样本特性越靠近中心值，质量越稳定，不良率或缺陷发生概率越低。

对于质量控制规格和 σ 数值的关系，我们可在后续"6σ 管理"中更深入地理解。

【案例 5-4】

比如，一个零件的规格允差是 30±0.15，如果测量样本的中心值 $\mu=30$，计算出来的标准差 $\sigma=0.15$，则说明零件特性值位于正态曲线下规格区间在横轴 $(\mu-\sigma,\mu+\sigma)$ 内的面积为 68.27%，就是说质量只控制在一个 σ 以内的话，可能会有 31.73% 的不良率。如果测量样本计算出来的标准差 $\sigma=0.075$，那么规格区间在 $(\mu-2\sigma,\mu+2\sigma)$ 内的面积为 95.45%，也就是说，能把质量控制在 2σ 以内时，不良率可骤降至 4.55%。同理，要是能把质量控制在 3σ 以内的话（样本偏差 σ 是规格值允差的 1/3＝0.05），不良率仅为 0.27%。

"小概率事件"通常是指发生的概率小于 0.05 的事件，我们认为在一次试验中该事件是几乎不可能发生的。由此可见，由上文可知，超出 $X\pm 2\sigma$ 的概率已经小于 0.05，而 $X\pm 3\sigma$ 以外的概率不足千分之三，实际中可认为相应的事件是不会发生的。所以，随机变量 X 实际可能的取值区间可看作限制在区间 $(\mu-3\sigma,\mu+3\sigma)$ 以内，这被称为正态分布的"3σ"原则。

三、6σ 质量管理

6σ（六西格玛）是一种改善企业质量流程管理的技术，以"零缺陷"的完美追求，带动质量大幅度提高、成本大幅度降低，最终实现经济效益的提升与企业竞争力的突破。

（一）6σ 管理的含义

1. 6σ 的统计学含义

前面我们学习过正态分布，知道了 σ 是统计学上正态分布的标准差，用来表示一组数据或过程输出结果的离散程度，可以用于评估产品和生产过程的特性波动大小。

在 20 世纪 70 年代，产品质量如果达到 2σ，不良率控制在 5% 以内便达到标准。但是，到了 20 世纪 80 年代，随着全面质量管理（TQM）的深入开展，品质要求已提升至

3σ。根据统计学知识,在3σ范围内,包括了 99.73% 的质量特性值,这就是说产品的合格率已达到 99.73%,只有 0.27% 为次品。很多人以为产品达到如此水平已非常完美,但这实际上相当于在一百万件产品中仍有 2 700 件次品。

如果能够把质量控制在6σ范围内,就有 99.999 999 98% 的质量特性值符合要求,即达到6σ质量标准的话,将只有十亿分之二的不合格品产生。但是,由于种种原因,任何流程在实际运行中都会产生偏离目标值或期望值的情况,这种情况被称为漂移。

美国学者本德和吉尔森经过近 30 年的研究得出结果:漂移量为 1.490,通常取为 1.50。考虑漂移后,3σ与6σ情况下,每百万次机会中出现缺陷的概率(Defects Per Million Opportunities,DPMO)分别为 66 800 ppm 和 3.4 ppm。DPMO 与σ的对应关系如表 5-3 所示。

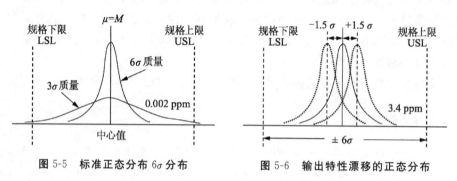

图 5-5　标准正态分布6σ分布　　　图 5-6　输出特性漂移的正态分布

表 5-3　σ水平与 DPMO 的对应关系

σ水平	标准合格率/%	标准缺陷/ppm	修正合格率/%	修正DPMO/ppm	以图书为例的发生概率
1σ	68.27	317 300	30.9	690 000	一本书平均每页 170 个错字
2σ	95.45	45 500	69.2	308 000	一本书平均每页 25 个错字
3σ	99.73	2 700	93.3	66 800	一本书平均每页 1.5 个错字
4σ	99.993 7	63	99.4	6 210	一本书平均每 30 页 1 个错字
5σ	99.999 943	0.57	99.98	230	一套百科全书只有 1 个错字
6σ	99.999 999 98	0.001 8	99.999 66	3.4	一个小型图书馆的藏书中只有 1 个错字

6σ追求的最完美的质量水准,就是 3.4 ppm。这个质量水平意味着所有的过程和结果中,99.999 66% 是无缺陷的,极端接近"零缺陷"的管理要求,几乎趋近人类能够达到的最完美境界。

2. 6σ的管理学含义

6σ管理刚开始仅仅局限于统计学的含义,随着应用的发展,6σ管理已成为组织提升质量的管理模式。由于追求"零缺陷"是质量管理的终极目标,所以6σ管理的含义远远超出了其统计意义。6σ是一种管理理念,是一种以顾客为导向的持续改进的管理模式。

6σ管理法是一个以质量为主线,以顾客需求为中心,利用对数据和事实的分析,提升一个组织的业务流程能力的管理方法体系。这一方法体系包括一组强大的系统工具箱,通过科学、有效的量化方法,分析和改进企业业务流程中的关键因素,可以减少缺陷,缩短运营周期,降低成本,从而提高顾客的满意度和实现收益的最大化。

（二）6σ管理的组织体系

6σ管理作为一项系统的改进活动，必须依靠有效的组织体系和一批优秀的人才来推动实施和保证效果。启动6σ管理时，应挑选合适的人选，经系统培训合格后，安排到活动的相应岗位，并规定和赋予明确的职责与权限，形成6σ管理的组织体系，这是实施6σ管理的基本条件和必须具备的资源。

6σ管理具有"倡导者"（Champion）、"黑带大师"（Master Black Belt，MBB）、"黑带"（Black Belt，BB）、"绿带"（Green Belt）的组织体系（图5-7）。6σ管理中上述角色的名称借用的是柔道、空手道中获得不同段位所佩戴的腰带。6σ管理与空手道有相似之处，两者都依赖系统的、强化的脑力和技术训练，依靠力量、速度，果断、准确、快速地完成任务。

1. 倡导者

倡导者，或称"勇士"，来自企业中具有威望的高层管理者，对企业成功实施6σ管理负责，并统帅黑带大师和黑带的工作。

2. 黑带大师

黑带大师，或称"黑带主管"，是指实施6σ管理的技术总负责人，主要职责为协助勇士选择有意义的项目，确定黑带、绿带将来的项目，指导6σ管理工具和技术的使用，并制订实施计划和时间构架。

图5-7 6σ管理的组织体系

3. 黑带

黑带是6σ项目组的头目，熟悉6σ管理的理念和工具技术，能指导绿带和队友利用工具快速有效地达到改进目标。

4. 绿带

绿带是指经过培训，在自己的岗位上参与6σ项目的人员。

（三）6σ管理的实施方法

6σ管理不仅是理念，同时也是一套业绩突破的方法。它将理念变为行动，将目标变为现实。这套方法就是6σ改进方法（DMAIC）和6σ设计方法（Design For Six Sigma，DFSS）。DMAIC常用于对企业现有流程的改善；而DFSS则主要用于企业新产品和服务流程的设计及旧流程的再造等工作。

1. DMAIC改进过程

经过近三十年的发展，6σ管理的改进过程逐渐形成了一整套行之有效的模式，即DMAIC过程：界定（Define）—测量（Measure）—分析（Analyze）—改进（Improve）—控制（Control）。这五个阶段是一个严密的整体，环环相扣，层层推进。

DMAIC模型的应用是一个循环过程。作为实施6σ管理的操作方法，它的运作程序与6σ项目的周期及工作阶段紧密结合。DMAIC模型从界定到控制不是一次性的直线过程，在运用过程中有些技术与方法会被反复使用。只有不满足现状，勇于创新，不断改进，才能在6σ管理中取得卓越成就。

2. DFSS设计过程

DFSS以顾客需求为导向，以质量功能展开为纽带，深入分析和展开顾客需求，综合应用系统设计、参数设计、容差设计、实验设计及普氏矩阵、失效模式及后果分析（FMEA）等设计分析技术，提高产品的固有质量，从而更好地满足顾客的需求。

DFSS从一开始的设计阶段就强调产品质量，在开发过程中努力消除产品的潜在缺陷，提高产品抵御各种干扰的能力，减少质量波动，从而实现6σ管理的质量目标。

DFSS的实施没有固定的模式，而且可以借鉴使用很多工具。研究者提出了诸如DMADV（Define，Measure，Analyze，Design，Verify，即界定、测量、分析、设计、验证）等十多种设计流程，限于篇幅，在此不再赘述。

【案例5-5】

20世纪70年代，摩托罗拉公司产品的质量受到了来自日本公司的严峻挑战。摩托罗拉公司决定认真采取质量改进战略，以高质量的产品和完全的顾客满意来应对竞争。在其实施的若干改进措施中，第一条就是6σ质量管理。1987年，摩托罗拉建立了产品生产的"6sigma"体系和相应的质量管理方法。至1997年，摩托罗拉基本实现6σ质量管理目标，十年间平均每年提高生产率12.3%，而生产过程中的失误率减少了97%，因质量缺陷造成的费用损耗减少了84%，共节约成本140亿美元，销售额增加了5倍，使利润每年增长约20%。

第三节 抽样检验

对产品的检验通常通过两种方式进行：全数检验与抽样检验。全数检验就是对全部产品逐个进行测定，从而判定每个产品合格与否的检验。抽样检验不是将总体中的所有单位产品逐个进行检验，而是按照规定的抽样方案和程序，从总体中随机抽取一部分，然后对该部分样品进行检验，把其结果与判定基准相对比，再利用统计的方法来判断群体合格与否，最后对检验批做出接收或拒收的判定。这是一种以数理统计为基础的科学的产品检验方法，是质量管理的重要组成部分和技术手段。

【案例5-6】

假设你到水果摊买橙子，你可能会问摊主："这橙子，甜不甜呀？"摊主会说："我切一个给您尝一尝，先尝后买。"于是，他就从一大堆橙子中拿出一个切给你尝。给你尝的目的是什么呢？他当然不可能把每个橙子都切开让你品尝了再卖给你，给你切开一个品尝的目的是让你通过这一个橙子的质量情况来推断这一大堆橙子的质量情况，显然这就是抽样检验的目的，归纳总结成一句话就是：通过样本推断总体的特性。

一、抽样检验的概念

第二次世界大战时期，美国军方采购军火时，在检验人员极度缺乏的情况下，为保证其所购入的大量军火的品质，专门组织一批优秀数理统计专家，依据数学统计理论，建立了一套产品抽样检验模式，满足战时的需要。

抽样检验是从群体中随机抽取一部分样品，对该部分样品进行检验，把其结果与判定基准相比较，然后利用统计的方法来判断群体合格与否的检验过程。

抽样应遵循的随机原则，是指在抽取调查单位时，样本单位的抽取不受调查者主观因素和其他系统性因素的影响，完全排除人们主观意识的影响，使总体中的每个单位被抽中的概率相等，抽中与否纯粹是偶然事件。

抽样检验是一种既经济有效又及时的方法，它与100%的全数检查相比，能节省时间、费用和劳动力。而当产品检验包含破坏性试验时，抽样检验是获取信息的唯一切实可行的途径。抽样检验在建立、实施、保持和改进质量管理体系中应用十分广泛。现将抽样检验中常用术语择其主要的介绍如下。

(一) 单位产品和产品批

(1) 单位产品：为实施抽样检验的需要而划分的基本单位体。对于按件制造的产品来说，一件产品就是一个单位产品，如一个螺母、一台机床、一台电视机。但是，有些产品的单位产品的划分是不明确的，如钢水、布匹等，这时必须人为地规定一个单位量，如一米布、一千克大米、一平方米玻璃等。

(2) 产品批：作为检验对象而被汇集起来的一批产品，是提交进行检验的一批产品，有时也称交检批。在抽样检验中对产品的检验总是按批进行的。一个检验批可能是一个投料批、一个运输批、一个工人一天生产的产品等。总之，同一批产品应该由基本相同的制造条件、一定时间内制造出的同种单位产品构成。

(3) 批量：一批产品中所包含的单位产品的个数，常用大写字母 N 表示。

(二) 产品质量的表示

产品的质量是用质量特性值表示的，常用的特性值有"计数"和"计量"两种。对于计量的特性值来讲，如在抽样时只考虑其合格与否，则转换成计数的情况处理。

(1) 缺陷（Defect）：质量特性未满足预期的使用要求，即构成缺陷。根据缺陷后果的严重性，通常可以把缺陷分为三个等级：致命缺陷（A类缺陷）、重缺陷（B类缺陷）和轻缺陷（C类缺陷）。

(2) 不合格（Nonconformity）：指单位产品的任何一个质量特性未满足规定要求。

(3) 不合格品（Nonconforming Unit）：具有一项或一项以上不合格的单位产品，被称为不合格品。

(4) 不合格品率：个体中的不合格品数除以被检测的个体总数即不合格品率。

(5) 产品的质量水平：对计件产品而言，产品目前的质量水平常用"过程平均不合格品率"表示，它是指连续检验的 k 批同类产品的总的不合格品率，如果这 k 批产品的批量分别为 N_1，N_2，$\cdots$，N_k，其中的不合格品数分别为 D_1，D_2，$\cdots$，D_k，则过程平均不合格品率为 $P=(D_1+D_2+\cdots+D_k)/(N_1+N_2+\cdots+N_k)$。

在实际中总是用样本的数据进行估计，设在这 k 批产品中分别抽取 n_1，n_2，$\cdots$，n_k 件，其中的不合格品数分别为 d_1，d_2，$\cdots$，d_k，则过程平均不合格品率用下式估计：
$$p=(d_1+d_2+\cdots+d_k)/(n_1+n_2+\cdots+n_k)$$

一般情况下，k 不应小于20。

二、常用的抽样检验方案

抽样检验方案有多种。对计数特性值来讲，可以用计数型抽样检验方案；对计量特性值来讲，可以用计量型抽样检验方案。如果按抽取样本的个数来分，有一次抽样、二次抽样、多次抽样等。如果连续使用计数抽样检验方案，还可依据验收情况随时调整抽样方案，有时加严，有时放宽，这样就形成了调整型抽样方案。此外，还有其他的抽样检验方法，如散装料抽样检验方案、序贯抽样检验方案等。

1. 按产品质量特性分类

（1）计数型抽样检验方案。

当质量特性值只能取一组特定的数值，而不能取这些数值之间的数值时，这样的特性值被称为计数值。计数值可进一步划分为计件值和计点值。对产品进行按件检查时所产生的属性（如评定合格与不合格）数据，称为计件值。每件产品中质量缺陷的个数称为计点值，如棉布上的疵点数、铸件上的砂眼数等。

计数型抽样检验方案是根据规定的要求，用计数方法衡量产品质量特性，把样本的单位产品仅区分为合格品或不合格品（计件），或计算产品的缺陷数（计点），将其测定结果与判定标准相比较，最后对其做出接收或拒收决定的抽样方案。

（2）计量型抽样检验方案。

当质量特性值可以取给定范围内的任何一个可能的数值时，这样的特性值被称为计量值。如用各种计量工具测量的数据（长度、重量、时间、温度等）就是计量值。

计量型抽样检验方案就是单位产品质量特性值为计量值（强度、尺寸等）的抽样方案。它是对样本中单位产品的质量特征进行直接定量计测，并用计量值作为批判定标准的抽样方案。

计量抽样和计数抽样的抽样方法类似，但因计量数据的统计和判定较为烦琐，在实际中多采用 SPC 控制图（见第二章）管控。故本章后续只介绍计数型抽样方案。

2. 按抽样方案原理分类

（1）标准型抽样方案。

该类方案是为了保护生产方利益，同时也保护使用方利益，预先限制生产方风险的大小而制订的抽样方案。

（2）挑选型抽样方案。

该类方案对于经检验判为合格（接收）的批，只要替换样本中的不合格品；而对于经检验判为拒收的批，必须全检，并将所有不合格品全部替换成合格品。

（3）调整型抽样方案。

该类方案由一组方案（正常方案、加严方案和放宽方案）和一套转移规则组成，根据过去的检验资料及时调整方案的宽严，以控制质量波动，并刺激生产方主动、积极地不断改进质量。该类方案适用于连续批产品。

3. 按抽取样本的数量分类

（1）一次抽样方案。

这里以计数型一次抽样方案为例，由 N，n，Ac，Re 四个数决定，其中 N 是批量，n 是抽取的样本量，Ac 是合格判定数，Re 是不合格判定数，(Ac, Re) 称为判定数组，这里一般有 $Re=Ac+1$。

一次抽样检验方案的实施如下：从批量为 N 的一批产品中随机抽取 n 件产品进行检验，如果其中不合格品件数（也可以是缺陷总数）为 d，那么当 d 不超过 Ac 时，则接收该批产品，当 d 不低于 Re 时，则拒收该批产品，如图 5-8 所示。

我们通常把这样一个检验方案记为（N, n, Ac, Re）。其中，N 是已知的，因此只要定下 n 与 Ac，也就决定了计数的一次抽样方案。事实上，只要 N 相对于 n 来讲比较大时，批量 N 的影响就不大，所以在这种条件下，也常把此方案简写为（n, c），这里的 c 即为 Ac。

(2) 二次抽样方案。

二次抽样方案比一次抽样方案相对复杂。先从批量 N 中抽取第一个样本 n_1，检验出来的不合格品数为 d_1，从而做出三种可能的判断：当 $d_1 \leqslant Ac_1$ 时，接收该批；当 $d_1 \geqslant Re_1$ 时，拒收该批；而当 d_1 介于 Ac_1 和 Re_1 之间时（这里 $Re_1 - Ac_1 \geqslant 2$），须进行第二次抽样，如果从第二个样本中检出的不合格品数为 d_2，则将（$d_1 + d_2$）的值与 Ac_2 和 Re_2（这里一般有 $Re_2 = Ac_2 + 1$）进行比较来决定接收还是拒收该批，如图 5-9 所示。

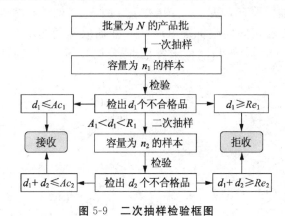

图 5-9　二次抽样检验框图

(3) 多次抽样。

多次抽样计划是二次抽样概念的延伸，需要抽取 3 个及以上样本，最终才能对批做出接收与否的判定。至于是否需要第 i 次抽样，要根据前次（$i-1$）抽样结果而定。GB/T 2828.1—2012《计数抽样检验程序　第 1 部分：按接收质量限（AQL）检索的逐批检验抽样计划》国家标准中规定了最多 5 次抽样的规则。

多次抽样操作复杂，检验员须经专门训练，一般情况下没有必要，也很少被采用。

三、计数抽样检验的实施

（一）计数抽样特性曲线

前面已讲过，一般在计数抽样检验中用到 3 个参数来表征方案：样本大小 n、合格判定数 Ac（Accept）或 c 和不合格判定数 Re（Reject）。在一次抽验方案中，由于 $Re = Ac + 1$，所以可以用（n, c）符号来表示一个一次抽样检验方案。

一次抽样方案如果采用方案（n, c）来检验，那么"判断此批合格"的概率或者说"接收概率"就要依赖于批不合格品率 p。p 越大，接收概率越小，即这个接收概率 L 是

批不合格品率 p 的函数，记为 $L(p)$，$L(p)$ 又称为抽检方案 (n, c) 的抽检函数。把 $L(p)$ 画在坐标上，就得到了抽样特性曲线，简称 OC（Operating Characteristic）曲线（图 5-10）。

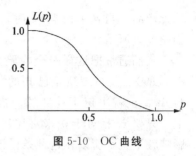

图 5-10 OC 曲线

OC 曲线也被称为接收概率曲线。当 $p=0$ 时（整批 100% 合格，不合格品率为 0），无论样本容量是多少，抽取到的全都是合格品，$L(p)=1$，即该批 100% 地被接收；当 $p=1$ 时，被抽取到的必然全是不合格品，$L(p)=0$，即接收概率为 0，该批 100% 地被拒收。

如果从批量为 N 的一批产品中一次抽取 n 件作为样本，设从样本中检验出的不合格品数为 x，那么当 $x \leqslant c$ 时，该批产品就可以被接收，此时接收概率就转变成在批不合格品率 p 的样本 n 中检验出不合格品 x 的概率 $P(x \leqslant c)$，即：

$$L(p) = P(x \leqslant c) = P(x=0) + P(x=1) + \cdots + P(x=c)$$

由此我们可以看出，对于某一确定的产品批，其不合格品率 p 也是确定的，那么接收概率 $P(x \leqslant c)$ 就与抽样检查方案 (n, c) 有关。图 5-11 就是考虑了不同抽样方案的 OC 曲线。图 5-11 (a) 表示相同接收标准（$c=0$）下抽取不同样本容量（$n=10, 30, 60$）的接收概率，图 5-11 (b) 表示相同样本容量（$n=60$）下对于不同接收标准（$c=0, 2, 5$）的接收概率。

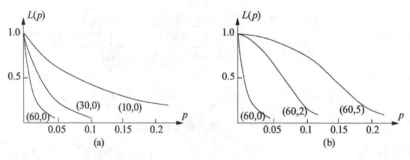

图 5-11 不同抽样方案 (n, c) 对应的 OC 曲线

（二）计数调整型抽样检验方案

前面叙述过计数型的一次抽样和二次抽样检验方案，但是，真实的计数抽样检验存在两类风险 α 和 β：第 I 类风险 α，假设顾客的整批可接收标准为 p_0，实际批的不合格品率为 p_1，按照标准来讲，接收标准为 $p_1 < p_0$，而当抽检结果为 $c/n > p_0 > p_1$ 时，将本来合格的批误判为拒收，称为生产方风险，风险概率为 α；第 II 类风险 β，是抽检时发生 $c/n < p_0 < p_1$ 的情况，将本来不合格的批误判为接收，称为使用方风险，风险概率为 β。

由于是抽样检验，上述两类风险是必然存在的。风险的大小，取决于抽样检验方案 (n, c) 的宽严程度。方案越严格（增加样本容量 n，或减少可接收不合格品数 c），那么将增加第 I 类风险 α，降低第 II 类风险 β，从而不利于生产者/供方。反之，如果方案放宽，则会增加第 II 类风险 β，降低第 I 类风险 α，从而不利于使用方/顾客。

国家标准 GB/T 13262—2008《不合格品百分数的计数标准型一次抽样检验程序及抽样表》中，规定了 $\alpha=0.05$，$\beta=0.1$ 为确定一次抽样检验方案的抽样标准，可以根据 p_0、

p_1 的要求值查表选出 (n, c)。

【案例 5-7】

某电子仪器厂与固定的电容器厂供方商定，当电容器厂提供的产品批的不合格品率不超过 3% 时，以高于 95% 的概率接收（因为 $\alpha=0.05$，$1-\alpha=0.95$），而当不合格品率超过 12% 时，将以低于 10% 的概率接收（相当于 $\beta=0.1$）。如何制定计数型抽样检验方案？

这里 $p_0=3\%$，$p_1=12\%$。可以从 GB/T 13262—2008 的一次抽样方案表（表 5-4）中，找出 p_0 为（2.81~3.15）的行与 p_1 为（11.3~12.5）的列交叉处对应的数字为（66，4），这便是所要的方案：$n=66$，$c=4$。图 5-12 是本例（66，4）的 OC 曲线图示。

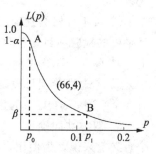

图 5-12 OC 曲线实例

表 5-4 以不合格品率为标准的一次抽样方案表（局部）

	415,18	280,13	205,10	155,8	110,6	86,5	66,4	68,3	44,2	29,2	27,2	25,2	22,2	13,1	12,1	11,1	2.81~3.15
		350,17	250,13	180,10	140,8	100,6	78,5	60,4	42,3	39,3	26,2	24,2	22,2	20,2	11,1	10,1	3.16~3.55
			310,17	225,13	165,10	125,8	90,6	70,5	52,4	37,3	35,3	23,2	21,2	20,2	17,2	10,1	3.56~4.00
				275,17	200,13	145,10	110,8	78,6	62,5	46,4	33,3	31,3	20,2	19,2	17,2	10,1	4.01~4.50
					245,17	180,13	130,10	100,3	70,6	54,5	41,4	30,3	28,3	18,2	17,2	15,2	4.51~5.00
						220,17	150,13	115,10	86,8	62,5	48,5	37,4	27,3	25,3	16,2	15,2	5.01~5.60
							195,17	140,13	100,10	68,7	54,6	43,5	33,4	23,3	22,3	14,2	5.61~6.30
								175,17	120,12	82,9	60,7	43,6	38,5	29,4	21,3	14,2	6.31~7.10
									150,16	105,12	74,9	54,7	44,6	34,5	26,4	18,3	7.11~8.00
										130,16	90,12	66,9	48,7	39,5	30,5	23,4	80.1~9.00
											115,16	82,12	58,9	43,7	34,6	27,5	9.01~10.0
												105,16	74,12	52,9	38,7	26,5	10.1~11.2
5.01~5.60	5.61~6.30	6.31~7.10	7.11~8.00	8.01~9.00	9.01~10.0	10.1~11.2	11.3~12.5	12.6~14.0	14.1~16.0	16.1~18.0	18.1~20.0	20.1~22.4	22.5~25.0	25.1~28.0	28.1~31.5	31.6~35.5	p_0/% p_1/%

为了尽量规避上述两类风险，使生产方和使用方双方的利益平衡，人们引入了计数调整型抽样检验方案。

所谓计数调整型抽样检验，是指根据以往检验过的质量信息，随时按一套规则"调整"检验的严格程度，从而调整抽样检验方案的抽样检验过程。

1. 几个相关的概念

（1）接收质量限（Acceptance Quality Limit，AQL）。

AQL 是指当一个连续系列批被提交验收抽样时，可允许的最差过程平均质量水平。它是对生产方的过程质量提出的要求，是允许生产方过程平均（不合格品率）的最大值。

确定 AQL 时，应考虑对生产方的质量保证能力（如过程平均、质量信誉）、所检产品特性的重要程度、使用方的质量要求（如性能、功能、寿命、互换性等）、产品复杂程度、产品质量不合格分类类别、检验项目的数量和经济性（如产品检验费用、检验时间、是否是破坏性检验、最小总成本）、所检产品特性对下道工序的影响、产品的价格等因素。

下面介绍几种确定 AQL 的方法。

① 根据过程平均确定。使用生产方近期提交的初检产品批的样本检验结果对过程平均的上限加以估计，与此值相等或稍大的标称值如能被使用方接受，则以此作为 AQL 值。

② 按不合格类别确定。对于不同的不合格类别的产品，分别规定不同的 AQL 值，越是重要的检验项目，验收后的不合格品造成的损失越大，越应指定严格的 AQL 值。原则上，对 A 类、B 类或 C 类不合格规定的 AQL 值接收标准可以逐级增加（放宽）。

③ 考虑检验项目数确定。同一类的检验项目有多个（如同属 B 类不合格的检验项目有 3 个）时，AQL 值的规定值应比只有一个检验项目时的规定值要适当大一些。

④ 双方共同确定。AQL 意味着使用方期望得到的质量与成本之间的一种平衡。从这个意义上来说，为使用户要求的质量同供方的过程能力协调，双方需要彼此信赖，共同协商，合理确定一个标称的 AQL 值。这样可以减少由 AQL 值引起的一些纠纷。

（2）检验水平（Inspect Level，IL）。

IL 反映了批量（N）和样本量（n）之间的关系，标志着在一定批量下的检验样本量。GB/T 2828.1—2012 中检验水平有两类：3 个一般检验水平和 4 个特殊检验水平。在同样批量下，不同检验水平对应的抽样方案的样本量字母和样本量是不同的，判别力也不同。

表 5-5　样本量字母（GB/T 2828.1—2012）

批量（N）	特殊检验水平				一般检验水平		
	S-1	S-2	S-3	S-4	Ⅰ	Ⅱ	Ⅲ
2～8	A	A	A	A	A	A	B
9～15	A	A	A	A	A	B	C
16～25	A	A	B	B	B	C	D
26～50	A	B	B	C	C	D	E
51～90	B	B	C	C	C	E	F
91～150	B	B	C	D	D	F	G
151～280	B	C	D	E	E	G	H
281～500	B	C	D	E	F	H	J
501～1 200	C	C	E	F	G	J	K
1 201～3 200	C	D	E	G	H	K	L
3 201～10 000	C	D	F	G	J	L	M
10 001～35 000	C	D	F	H	K	M	N
35 001～15 000	D	E	G	H	L	N	p
150 001～500 000	D	E	G	J	M	P	Q
500 001 以上	D	E	H	K	N	Q	R

一般检验水平：分为Ⅰ、Ⅱ、Ⅲ三个级别。水平Ⅱ为正常检验水平，检验水平从Ⅰ到Ⅲ，判别能力逐级提高，对应同样批量下抽样量增大。无特殊要求时，正常检验均采用一般检验水平Ⅱ。当需要的判别能力比较低时，可规定使用一般检验水平Ⅰ；当需要的判别能力比较高时，可规定使用一般检验水平Ⅲ。

特殊检验水平：分为 S-1、S-2、S-3 和 S-4 四个级别。特殊检验的抽样量比较小，所以需要承受的误判风险相应增加了。特殊检验水平主要适用于破坏性试验或检验成本高的抽样。从 S-1 到 S-4 的抽样检验水平也是逐级提高的。

检验水平的设计原则是：如果批量增大，样本量一般也随之增大，但大批量中样本量占的比例比小批量中样本量所占比例要小。对应批量大小的检查量用字母 A、B、C、D……表示，在表 5-5 中可以查到。

2. 检验的严格度与转移规则

检验的严格度是指交验批所接受抽样检验的宽严程度。计数调整型抽样系统通常有下列三种不同严格度的检验。

（1）正常检验：正常检验是过程平均处于正常 AQL 时的一种抽样检验方案。

（2）加严检验：加严检验是为保护使用方的利益而设立的。当预先规定的连续批数的检验结果表明过程平均可能比 AQL 低劣时采用。一般情况下，让加严检验的样本量同正常检验的样本量一致，而判定可接收的不合格数（Ac）降低。

（3）放宽检验：当预先规定的连续批数的检验结果表明过程平均优于 AQL 时，应以较高的概率接收检验批，以保护生产方的利益。一般情况下，在放宽检验时，样本量比相应正常抽样方案减小，而接收标准与加严检验抽样方案的接收标准基本相同。

GB/T 2828.1—2012 中规定了正常检验、加严检验和放宽检验三种不同严格度的检验规则，并按下述原则确定提交检验批应接受何种严格度的检验。

① 除非另有规定，在检验开始时应使用正常检验。

② 除需要按转移规则改变检验的严格度外，下一批检验的严格度继续保持不变。检验严格度的改变，原则上按各种不同类型不合格（A 类、B 类或 C 类）分别进行，允许在不同类型不合格之间给出改变检验严格度的统一规定。

③ 加严检验开始后，若不合格批数（不包括再次提交检验批）累积到 5 批（不包括以前转到加严检验后出现的不合格批数），则暂时停止按照本标准所进行的检验。

④ 在暂停检验后，若供货方确实采取了措施，使提交检验批达到或超过所规定的质量要求，则经负责部门同意后，可恢复检验，一般应从加严检验开始。

转移规则如图 5-13 所示（可参阅 GB/T 2828.1—2012 中的具体规定）。

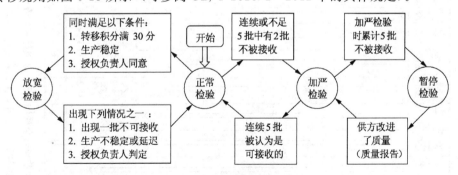

图 5-13　抽样检验的转移规则

3. 抽样方案的检索

根据规定的批量（N）、检验水平（IL）、接收质量限（AQL）、抽样方案类型和检验严格度进行检索。第一步：根据 N 和 IL 查表 5-5，确定样本量字母；第二步：根据样本量字母在表 5-6、表 5-7、表 5-8 三张抽样方案表中查找出抽样的样本容量（抽样个数 n）及批量合格判定基准（Ac，Re）。现举例说明。

表5-6 正常检验一次抽样方案(GB/T 2828.1—2012)

样本量字码	样本量	接收质量限 (AQL)																									
		0.010	0.015	0.025	0.040	0.065	0.10	0.15	0.25	0.40	0.65	1.0	1.5	2.5	4.0	6.5	10	15	25	40	65	100	150	250	400	650	1000
		Ac Re	Ac Re	Ac Re	Ac Re	Ac Re	Ac Re	Ac Re	Ac Re	Ac Re	Ac Re	Ac Re	Ac Re	Ac Re	Ac Re	Ac Re	Ac Re	Ac Re	Ac Re	Ac Re	Ac Re	Ac Re	Ac Re	Ac Re	Ac Re	Ac Re	Ac Re
A	2	↓															↓	0 1	↓	↑	1 2	2 3	3 4	5 6	7 8	10 11	14 15	21 22	30 31	44 45
B	3															↓	0 1	↓	↑	1 2	2 3	3 4	5 6	7 8	10 11	14 15	21 22	30 31	44 45	↑
C	5														↓	0 1	↓	↑	1 2	2 3	3 4	5 6	7 8	10 11	14 15	21 22	30 31	44 45	↑	
D	8													↓	0 1	↓	↑	1 2	2 3	3 4	5 6	7 8	10 11	14 15	21 22	↑			
E	13												↓	0 1	↓	↑	1 2	2 3	3 4	5 6	7 8	10 11	14 15	21 22	↑				
F	20											↓	0 1	↓	↑	1 2	2 3	3 4	5 6	7 8	10 11	14 15	21 22	↑					
G	32										↓	0 1	↓	↑	1 2	2 3	3 4	5 6	7 8	10 11	14 15	21 22	↑						
H	50									↓	0 1	↓	↑	1 2	2 3	3 4	5 6	7 8	10 11	14 15	21 22	↑							
J	80								↓	0 1	↓	↑	1 2	2 3	3 4	5 6	7 8	10 11	14 15	21 22	↑								
K	125							↓	0 1	↓	↑	1 2	2 3	3 4	5 6	7 8	10 11	14 15	21 22	↑									
L	200						↓	0 1	↓	↑	1 2	2 3	3 4	5 6	7 8	10 11	14 15	21 22	↑										
M	315					↓	0 1	↓	↑	1 2	2 3	3 4	5 6	7 8	10 11	14 15	21 22	↑											
N	500				↓	0 1	↓	↑	1 2	2 3	3 4	5 6	7 8	10 11	14 15	21 22	↑												
P	800			↓	0 1	↓	↑	1 2	2 3	3 4	5 6	7 8	10 11	14 15	21 22	↑													
Q	1250		↓	0 1	↓	↑	1 2	2 3	3 4	5 6	7 8	10 11	14 15	21 22	↑														
R	2000	↓	0 1	↑	1 2	2 3	3 4	5 6	7 8	10 11	14 15	21 22																	

⇩——使用箭头下面的第一个抽样方案。如果样本量等于或超过批量，则执行100%检验。
⇧——使用箭头上面的第一个抽样方案。
Ac——接收数。
Re——拒收数。

表5-7 加严检验一次抽样方案(GB/T 2828.1—2012)

样本量字母	样本量	接收质量限（AQL）																									
		0.010	0.015	0.025	0.040	0.065	0.10	0.15	0.25	0.40	0.65	1.0	1.5	2.5	4.0	6.5	10	15	25	40	65	100	150	250	400	650	1000
		Ac Re	Ac Re	Ac Re	Ac Re	Ac Re	Ac Re	Ac Re	Ac Re	Ac Re	Ac Re	Ac Re	Ac Re	Ac Re	Ac Re	Ac Re	Ac Re	Ac Re	Ac Re	Ac Re	Ac Re	Ac Re	Ac Re	Ac Re	Ac Re	Ac Re	Ac Re
A	2	↓	↓	↓	↓	↓	↓	↓	↓	↓	↓	↓	↓	↓	↓	↓	↓	↓	⇨	1 2	2 3	3 4	5 6	8 9	12 13	18 19	27 28
B	3																	⇨	1 2	2 3	3 4	5 6	8 9	12 13	18 19	27 28	41 42
C	5																⇨	1 2	2 3	3 4	5 6	8 9	12 13	18 19	27 28	41 42	⇦
D	8															⇨	1 2	2 3	3 4	5 6	8 9	12 13	18 19	27 28	41 42	⇦	
E	13														⇨	1 2	2 3	3 4	5 6	8 9	12 13	18 19	27 28	41 42	⇦		
F	20													⇨	1 2	2 3	3 4	5 6	8 9	12 13	18 19	⇦					
G	32												⇨	1 2	2 3	3 4	5 6	8 9	12 13	18 19	⇦						
H	50											⇨	1 2	2 3	3 4	5 6	8 9	12 13	18 19	⇦							
J	80										⇨	1 2	2 3	3 4	5 6	8 9	12 13	18 19	⇦								
K	125									⇨	1 2	2 3	3 4	5 6	8 9	12 13	18 19	⇦									
L	200								⇨	1 2	2 3	3 4	5 6	8 9	12 13	18 19	⇦										
M	315							⇨	1 2	2 3	3 4	5 6	8 9	12 13	18 19	⇦											
N	500						⇨	1 2	2 3	3 4	5 6	8 9	12 13	18 19	⇦												
P	800					⇨	1 2	2 3	3 4	5 6	8 9	12 13	18 19	⇦													
Q	1250				⇨	1 2	2 3	3 4	5 6	8 9	12 13	18 19	⇦														
R	2000			⇨	1 2																						
S	3150	0 1	⇧																								

⇩——使用箭头下面的第一个抽样方案。如果样本量等于或超过批量，则执行100%检验。
⇧——使用箭头上面的第一个抽样方案。
Ac——接收数。
Re——拒收数。

表5-8 放宽检验一次抽样方案(GB/T 2828.1—2012)

样本量字码	样本量	接收质量限（AQL）																									
		0.010	0.015	0.025	0.040	0.065	0.10	0.15	0.25	0.40	0.65	1.0	1.5	2.5	4.0	6.5	10	15	25	40	65	100	150	250	400	650	1000
		Ac Re	Ac Re	Ac Re	Ac Re	Ac Re	Ac Re	Ac Re	Ac Re	Ac Re	Ac Re	Ac Re	Ac Re	Ac Re	Ac Re	Ac Re	Ac Re	Ac Re	Ac Re	Ac Re	Ac Re	Ac Re	Ac Re	Ac Re	Ac Re	Ac Re	Ac Re
A	2											⇩					0 1	⇧	1 2	1 2	2 3	3 4	5 6	7 8	10 11	14 15	21 22	30 31
B	2										⇩					0 1	⇧	1 2	1 2	2 3	3 4	5 6	7 8	10 11	14 15	21 22	30 31	⇧
C	2									⇩					0 1	⇧	1 2	1 2	2 3	3 4	5 6	7 8	9 10	11 14	15 21	22	⇧	
D	3								⇩					0 1	⇧	1 2	2 3	3 4	5 6	6 7	8 9	10 11	14 15	21 22	⇧			
E	5							⇩					0 1	⇧	1 2	2 3	3 4	5 6	6 7	8 9	10 11	14 15	21 22	⇧				
F	8						⇩					0 1	⇧	1 2	2 3	3 4	5 6	6 7	8 9	10 11	14 15	21 22	⇧					
G	13					⇩					0 1	⇧	1 2	2 3	3 4	5 6	6 7	8 9	10 11	⇧								
H	20				⇩					0 1	⇧	1 2	2 3	3 4	5 6	6 7	8 9	10 11	⇧									
J	32			⇩					0 1	⇧	1 2	2 3	3 4	5 6	6 7	8 9	10 11	⇧										
K	50		⇩					0 1	⇧	1 2	2 3	3 4	5 6	6 7	8 9	10 11	⇧											
L	80	⇩					0 1	⇧	1 2	2 3	3 4	5 6	6 7	8 9	10 11	⇧												
M	125					0 1	⇧	1 2	2 3	3 4	5 6	6 7	8 9	10 11	⇧													
N	200				0 1	⇧	1 2	2 3	3 4	5 6	6 7	8 9	10 11	⇧														
P	315			0 1	⇧	1 2	2 3	3 4	5 6	6 7	8 9	10 11	⇧															
Q	500		0 1	⇧	1 2	2 3	3 4	5 6	6 7	8 9	10 11	⇧																
R	800	0 1	⇧	1 2	2 3	3 4	5 6	6 7	8 9	10 11	⇧																	

⇩——使用箭头下面的第一个抽样方案。如果样本量等于或超过批量，则执行100%检验。
⇧——使用箭头上面的第一个抽样方案。
Ac——接收数。
Re——拒收数。

例如，某公司采用 GB/T 2828.1—2012 对购进的零件进行检验。有一批待检产品批量 $N=4\,000$，规定 AQL=1.5（%），采用 IL=Ⅱ，求正常、加严和放宽一次抽样检验方案。

解：① 从表 5-5 中包含 $N=3\,500$ 的行与 IL=Ⅱ 所在列相交处读出样本量字母 L。

② 从表 5-6（正常检验）、表 5-7（加严检验）和表 5-8（放宽检验）中字母 L 所在行向右在样本量栏内分别读出 $n=200$、200、80，并由 L 所在行与 AQL=1.5（%）所在列相交处分别读出可接收数和拒收数组合分别为 (7, 8)、(5, 6)、(5, 6)。

③ 由此得到：正常一次抽样方案为 $n=200$，$Ac=7$，$Re=8$，简写为 (200, 7)；

加严一次抽样方案为 $n=200$，$Ac=5$，$Re=6$，简写为 (200, 5)；

放宽一次抽样方案为 $n=80$，$Ac=5$，$Re=6$，简写为 (80, 5)。

这里需要对 AQL 再次说明一下，我们查表时发现，表格中有 AQL=10（%）、100（%）甚至 1 000（%），其中可能查到的可接收数 $Ac>$抽样数 n，这是什么意思呢？

GB/T 2828.1—2012 中有明确的规定：AQL≤10（%）的合格质量水平，可以是每百单位产品不合格品数，也可以是每百单位不合格数；AQL>10（%）的合格质量水平，仅仅是每百单位产品不合格数（指产品上的缺陷数量）。所以，如果是以产品上的不合格（缺陷）数来规定 AQL 的话，其值就都比较大，一般都在 10（%）以上，这并不代表顾客对供方的要求变宽松了，反而应当是顾客的要求更加苛刻了，需要更高的检验手段和成本，而且如果检验到致命缺陷（A 类不合格）的话，使用方可以停止检验，立即判定为拒收。

比如，AQL=2.5（%）时，要看顾客的要求是指不合格品，还是指不合格（缺陷数）。如果接收规格是不合格品率小于 2.5%，则 2 000 个批量的产品允许有 50 个不合格品；如果接收标准是缺陷数，则表示 2 000 个产品中最多只允许有 50 个缺陷（一个产品上可能有好几个同类或不同类的缺陷，况且有缺陷的产品并不一定是不合格品）。

而当 AQL=500（%）（超过 10%）时，则只能表示接收标准为每百单位产品不合格（缺陷）数是 500，即如果抽样数量为 100 个的话，总共允许从这 100 个产品中被检查出的缺陷数量不多于 500 个，极端地来理解就是，即使其中 99 件没有不合格点，只有 1 件产品为不合格品，但在其上面发现了有 501 个缺陷，那该批产品就被判定为不合格（拒收）了。

例如，某工厂对购入的一批线路板（光板）实行验收抽样。规定 $N=2\,000$，每百单位产品不合格数 AQL=100，IL=S-4。求正常检验一次抽样方案。

解：① 从表 5-5 中包含 $N=2\,000$ 的行与 IL=S-4 所在列相交处读出样本量字母 G。

② 从表 5-6 中 G 所在行向右（先不管此行的抽样数 $n=32$）与 AQL=100 所在列的相交处查到的是一个向上箭头，沿↑读出最先碰到的一组接收数与拒收数 (21, 22)。

③ 由 (21, 22) 所在行再向左读出此判定标准的实际抽样数为 $n=13$（这样就保证了 n、Ac 和 Re 处于同一行内，这叫作查抽样检验表的"同行原则"，这样才能确保 AQL 正确）。

④ 所求正常检验一次抽样方案为：$n=13$，$Ac=21$，$Re=22$。

在本例中，$Ac=21$，$Re=22$ 均为总的缺陷数，顾客可以进一步规定缺陷的种类，如 $Ac=21$ 中，A 类缺陷（如断线、短路等）最多只允许出现 1 个，其余为 B 类或 C 类缺陷

(如气泡、凸起等); C类缺陷(如脏污)若能去除则不予计入。

4. 不接收批的处置

如果批已被接收,使用方应整批接收,但负责部门有权不接收在检验中发现的任何不合格品,而不管该产品是否是样本中的一部分。所发现的不合格品可以返工或以合格品替换。经负责部门批准,供货方可按该部门规定的方式再次提交检验。

如果批不被接收,负责部门应决定怎样处置不接收批。可以将这样的批降级或报废,可以对整批筛选,剔除所有不合格品,并对不合格品加以修理或换成合格品。对于经过筛选、返工或替代的产品批,可以用更严格的标准再做评定,或作为一种辅助信息保存。

如果在检验的样本中发现严重或致命的不合格品,可以停止剩余未完成的检验,立即判定整批不接收,并责令供方全数检验该类不合格品,分析原因并提供改善计划。

思考练习

1. 统计技术在质量管理体系中的作用是什么?
2. 在质量管理中常用的统计技术有哪些?
3. 什么是总体和样本?它们的统计学关系是怎样的?
4. 什么是正态分布?正态分布在统计学中的地位如何?
5. 简述正态分布概率密度曲线的意义。
6. 6σ 的统计学含义和管理学含义分别是什么?
7. 试描述 6σ 管理的组织体系。
8. 简述 6σ 管理中质量改进的实施方法。
9. 如何理解抽样检验中的生产方风险和使用方风险?
10. 试述一次、二次和多次计数抽样检验的实施方案。
11. 试述计数调整型抽样检验方案的转移规则(请查阅 GB/T 2828.1—2012)。
12. 某铸造厂为提高缸体耐磨特性,试制了一种镍合金铸件以取代原来的铜合金铸件。现从两种材料中各抽取一个样本进行硬度测试,其结果如下(已排序):

含铜铸件 A 组 $n=5$, 68.4 69.2 71.8 72.0 72.6
含镍铸件 B 组 $n=6$, 68.8 70.5 71.3 71.6 72.2 73.4

分别计算两组数据的中位数、平均值和标准差,并比较哪组数据更稳定。
13. 设正态分布 $X \sim N(60, 4)$,求概率 $P(56 < X < 68)$。
14. 已知有一批待检产品批量 $N=1\,000$,规定 AQL$=0.65$(%),采用一般检验水平 IL$=$Ⅱ,求正常检验、加严检验和放宽检验一次抽样方案。
15. 设一批产品的批量为 2 500,以每百单位不合格数作为质量指标,规定 AQL$=150$(%),采用一般检验水平 IL$=$Ⅰ,求正常检验一次抽样方案。

下篇

ISO质量管理体系

第六章　ISO 质量管理体系概述

 **学习目标**

1. 了解 ISO 质量管理体系的产生和发展历程。
2. 了解 ISO 质量管理体系的管理原则。
3. 认识质量管理体系审核认证的目的和意义。

导入案例

我国质量管理体系颁证数量居世界首位

2011 年 10 月 24 日，国际标准化组织质量管理和质量保证技术委员会（ISO/TC 176）第 28 届年会在北京国家会议中心开幕。

本次年会是 ISO/TC 176 第一次在中国召开年会。ISO/TC 176 是 ISO 最重要和最具有影响力的技术委员会之一，其制定的 ISO 9001 质量管理体系标准在全球范围内产生了广泛而深刻的影响，是 ISO 国际标准推广应用的成功典范。

国家标准委主任陈钢在开幕式致辞中表示，中国将进一步推动 ISO 质量管理体系标准的完善和发展。陈钢指出，今年恰逢中国国家标准委成立 10 周年，在全国标准化工作者的共同努力下，中国标准化事业取得了长足的发展。特别是在国际标准化工作方面，中国的对外交流与合作不断深入，参与 ISO 等国际标准化活动的能力不断提升。

目前，中国以积极成员身份参与了 636 个 ISO 技术委员会的技术活动，承担了 ISO 共 50 个技术委员会和分委员会的秘书处及 27 个主席的工作，为国际标准化做出了应有的贡献。在中国，ISO 9001 质量管理体系标准得到了非常广泛的应用。截至 2010 年年底，有近 20 万家企业通过了质量管理体系认证，颁发的质量管理体系认证证书数量居世界首位，极大地提升了中国企业的管理水平和能力。本次大会将进一步推动 ISO 质量管理体系标准的完善和发展，为全球可持续发展做出更大的贡献。

据悉，ISO/TC 176 提出的 2010 年新的战略规划是打造动态的 ISO 9000 生态系统。这一生态系统旨在提高 ISO 9000 族体系的能力，集中优势资源和精力，通过 ISO 9000 产品和市场营销支持系统，使它们更易于使用，更易于推进到新的应用领域。本次年会就该战略规划的完善和充实进行深度探讨。

（案例来源：《中国质量报》，2011—10—26）

【案例思考】
1. 查询相关资料，目前中国有多少家企业获得了 ISO 9001 的认证？
2. 企业实施 ISO 质量管理体系，能够获得哪些益处？

第一节 ISO 族标准的产生和发展

ISO 质量管理体系（QMS）标准，使各国的质量管理和质量保证活动统一在一致的基础上产生了积极影响。国际化系列标准总结了工业发达国家先进企业的质量管理实践经验，统一了质量管理的术语和概念，给出了一套系统而科学的管理体系实施要求、评价方法和指南，推动了组织的质量管理，在实现组织质量目标和消除贸易壁垒方面发挥了显著作用，普遍地提高了产品质量和顾客的满意程度。到目前为止，ISO 质量管理体系标准已在 175 个国家和地区使用，其中多数国家和地区已依照 ISO 9001 标准建立起质量管理体系认证制度。

一、什么是 ISO

ISO 一词来源于希腊语"isos"，即"相同""平等"之意，是国际标准化组织（International Organization for Standardization）的简称。

ISO 是一个全球性的非政府组织，是国际标准化领域中一个十分重要的组织，又称"经济联合国"，现有成员 160 多个。

ISO 是一个非政府的国际科技组织，是世界上最大的、最具权威的国际标准制定、修订组织。它成立于 1947 年 2 月 23 日。ISO 的最高权力机构是每年一次的"全体大会"，其日常办事机构是中央秘书处，设在瑞士的日内瓦。ISO 宣称它的宗旨是"发展国际标准，促进标准在全球的一致性，促进国际贸易与科学技术的合作"。

ISO 下设技术委员会（Technical Committees，简称 TC），专门从事国际标准的制定和推广工作。由技术委员会通过的国际标准草案提交各成员团体投票表决，须取得至少 75％ 参加表决的成员团体的同意，国际标准草案才能作为国际标准正式发布。

ISO 共有 200 多个技术委员会，2 200 多个分技术委员会（SC）。TC 和 SC 下面还可设立若干工作组（WG）。ISO 现已制定出国际标准共 10 300 多个，涉及各行各业各种产品（包括服务产品、知识产品等）的技术规范，如 ISO 的公制螺纹、ISO 的 A4 纸张尺寸、ISO 的集装箱系列（目前世界上 95％ 的海运集装箱都符合 ISO 标准）和有名的 ISO 9000 质量管理、ISO 14000 环境管理系列标准等。

TC 176 即 ISO 中第 176 个技术委员会，它成立于 1979 年，全称是"质量保证技术委员会"，1987 年又更名为"质量管理和质量保证技术委员会"。TC 176 下属的 SC2 质量体系分技术委员会专门负责制定品质管理和品质保证技术的标准。所有 ISO 的国际标准都应每 5～8 年进行评审，评审其适用性和适宜性。

代表中国参加 ISO 的国家机构是国家技术监督局（现更名为国家市场监督管理总局）。

二、ISO 9000 族标准的发展历程

质量管理体系 ISO 9000 国际标准系列（族）由 ISO/TC 176（国际标准化组织质量管理和质量保证技术委员会）负责制定和修订。ISO/TC 176 于 1987 年完成并正式发布了第

一版 ISO 9000 系列标准，1990 年决定对 1987 版 ISO 9000 系列标准进行有限的技术性修订，1994 年完成并正式发布了第二版 ISO 9000 系列标准，通称 1994 版 ISO 9000 族标准。

随后，ISO/TC 176 决定再次对标准进行彻底的大修订，1996 年在广泛调研顾客对标准的要求和广泛征求标准使用者意见的基础上，提出了标准修订方案，1997 年正式提出以"八项质量管理原则"为新版标准的设计思想。经过不断地反复征求意见和修订，最后 ISO/TC 176 于 2000 年 12 月 15 日正式发布了 2000 版的 ISO 9001:2000《质量管理体系要求》全新标准。

在 2000 版的基础上，ISO/TC 176 对标准继续修订完善，在 2008 年 10 月 31 日正式推出了 2008 版的 ISO 9000 族标准。相比以前的 1987 版和 1994 版，后面的 2000 版与 2008 版做了彻底的结构性修改，目标是：要让全世界都接受和使用 ISO 标准；为提高组织的运作能力，提供有效的方法；增进国际贸易，促进全球的繁荣和发展；使任何机构和个人可以有信心从世界各地得到任何期望的产品。

随着信息化时代的推进，特别是全球服务业的崛起，ISO 9000 族标准又显露了其传统的局限性。于是，经过 ISO/TC 176 的修改和成员投票，ISO 9001:2015 最新版标准于 2015 年 9 月 23 日正式发布。

2015 版 ISO 9001 标准着眼为未来 10 年乃至更长时期的质量管理做好准备，将更加适用于所有类型的组织，特别是服务行业的应用；更加适合于建立整合型管理体系；更加关注质量管理体系的有效性和效率。ISO 9001 的这次改版体现了几点最重要的变化：

（1）通过使用通用的新高层结构（Annex SL），与其他主要管理体系标准保持一致。ISO/IEC 导则附件 SL 中给出的管理体系标准结构，称为高层结构。

（2）采用了基于风险的思维。风险防范意识贯穿整个标准，使整个管理体系适用于风险预防，并鼓励持续改进。

（3）强调建立适合各组织具体要求的管理体系，提高了对"服务型"组织的适用性。

（4）提高对领导作用的要求。要求组织高层能参与其中并承担责任，使质量与更广泛的业务策略相适应。

（5）灵活的成文信息要求，对文件的规定性要求更少。如今组织机构可以自行决定需要记录什么信息，应该采用什么文件格式。

（6）更少的规定性要求。新版标准强调对过程的管理，更重视过程而非文件，更重视绩效而非记录。

（7）更加强调组织环境。新版标准增加了第 4 章"组织环境"的要求，识别、应对组织的内外部环境，抓住环境变化带来的机遇并规避风险。

（8）更加注重实现预期的过程结果以增强顾客满意。

（9）确定质量管理体系边界。

2015 版标准更加适用于所有类型的组织，更加适合于企业建立、整合管理体系，更加关注质量管理体系的有效性和效率；在术语、整体结构、具体要求方面对 2008 版进行了完善，增加了一些新要求，对同一条款内的子条款和要求的排列顺序进行了必要的调整；深化和引入了一些新的理论基础和工具，修改后的适用性更好；在引言和附录上也做了较大修改，整体感觉非常完美。

ISO 9000 族标准的采用在我国起步于 1988 年 12 月，国家技术监督局正式发布等效采用（EQV）1994 版的 ISO 9000 系列标准的 GB/T 10300《质量管理和质量保证》系列国家标准。1992 年 5 月，GB/T 19001—1992/ISO 9001：1987 发布，等同采用（IDT）ISO 9000 系列 1987 版标准。随后，与 ISO 9000 系列标准转版同步，1994 版、2000 版和 2008 版等同采用的 ISO 9000 系列标准分别发布。2016 年 12 月，最新版的 GB/T 19001—2016/ISO 9001：2015 标准发布。

三、ISO 9000 族标准系列构成

我们通常说的 ISO 9000 标准或体系，不是指一个标准，而是一族标准的统称，由几个标准组成，全称为"ISO 9000 族质量管理体系标准"（如无特别注明，本书 ISO 9000 和 ISO 9001 指同一体系）。"ISO 9000"是国际标准化组织（ISO）在 1994 年提出的概念，是指由 ISO/TC 176 制定的国际标准。

ISO 9000 族标准由核心标准、支持性标准和一些小册子组成。

（一）三个核心标准

ISO 9000 族标准的构成会因为版本的不同而相应变化，2015 版最新标准包含以下三个核心标准（冒号后面是最新版），见表 6-1。

- ISO 9000：2015《质量管理体系　基础与术语》
- ISO 9001：2015《质量管理体系　要求》
- ISO 9004：2009《追求组织的持续成功　质量管理方法》

表 6-1　ISO 9000 族核心标准的内容

标准编号	标准内容概要	最新版本
ISO 9000/GB/T 19000	质量管理七项原则本身不作为要求，但构成了 ISO 标准所规定要求的基础。ISO 9000 还定义了应用于 ISO 9001 标准的术语、定义和概念。	2015
ISO 9001/GB/T 19001	ISO 9000 标准旨在为组织的产品和服务提供信任，从而增强顾客满意。正确实施本标准也能为组织带来其他预期利益。ISO 9001 标准是组织建立、实施和评审质量管理体系的依据。	2015
ISO 9004/GB/T 19004	ISO 9004 标准为组织选择超出 ISO 9001 标准要求提供指南，包括自我评价方法指南，以便组织能够对其质量管理体系的成熟度进行评价。	2009

（二）一个重要标准

GB/T 19011/ISO 19011《管理体系审核指南》，为审核方案管理、管理体系审核的策划和实施及审核员和审核组能力评价提供指南。该标准也适用于质量管理体系之外的审核员和审核组织，如 ISO 14001 环境管理体系、OHSAS 18001 职业健康安全管理体系等。

（三）支持性标准

为帮助组织系统运用 ISO 9000 族核心标准，实施或寻求改进其质量管理过程、体系整体绩效，ISO/TC 176 陆续制定了十多个支持性标准，包括管理体系质量计划、文件管理及客户满意、测量技术等，以下列出等同采用的国家标准。

（1）GB/T 19010/ISO 10001《质量管理　顾客满意　组织行为规范指南》，为组织确

定其在满足顾客需求和期望方面的满意程度提供指南。

（2）GB/T 19012/ISO 10002《质量管理 顾客满意 组织处理投诉指南》，通过确认和理解投诉方的需求和期望，并解决所接到的投诉，为组织提供有关投诉处理过程的指南。

（3）GB/T 19013/ISO 10003《质量管理 顾客满意 组织外部争议解决指南》，为组织有效和高效地解决有关产品投诉的外部争议提供指南。

（4）GB/Z 27907/ISO 10004《质量管理 顾客满意 监视和测量指南》，为组织采取增强顾客满意的措施并识别顾客所关注的产品、过程和属性的改进机会提供指南。

（5）GB/T 19015/ISO 10005《质量管理体系 质量计划指南》，为组织制订和实施质量计划，作为满足相关过程、产品、项目或合同要求的手段，形成支持产品实现的工作方法和实践提供指南。

（6）GB/T 19016/ISO 10006《质量管理体系 项目质量管理指南》，可适用于从小到大、从简单到复杂、从单独的项目到项目组合中组成部分的各种项目。该标准既可供项目管理人员使用，也可供需要确保其组织应用质量管理体系标准相关实践的人员使用。

（7）GB/T 19017/ISO 10007《质量管理体系 技术状态管理指南》，帮助组织在整个寿命周期内对产品的技术和管理状态应用技术状态管理。技术状态管理可用于满足本标准规定的产品标识和可追溯要求。

（8）GB/T 19018/ISO 10008《质量管理 顾客满意 企业-消费者 电子商务交易指南》，指导组织如何有效和高效地实施企业-消费者电子商务交易系统（B2C ECT），从而为增加顾客对此电子商务交易的信心奠定基础，提高组织满足顾客要求的能力，以减少投诉和争议。

（9）GB/T 19022/ISO 10012《测量管理体系 测量过程和测量设备的要求》，为测量过程管理及支持和证明符合计量要求的测量设备的计量确认提供指南。

（10）GB/T 19023/ISO/TR 10013《质量管理体系文件指南》，为编制和保持质量管理体系所需的文件提供指南。该标准也能用于环境管理体系和安全管理体系。

（11）GB/T 19024/ISO 10014《质量管理 实现财务和经济效益的指南》，专门为最高管理者制定。该标准为通过应用质量管理原则实现财务和经济效益提供指南。

（12）GB/T 19025/ISO 10015《质量管理 培训指南》，为组织解决培训相关问题提供帮助和指南。

（13）GB/Z 19027/ISO/TR 10017《GB/T 19001—2000 的统计技术指南》。

（14）GB/T 19028/ISO 10018《质量管理 人员参与和能力指南》。

（15）GB/T 19029/ISO 10019《质量管理体系咨询师的选择及其服务使用的指南》。

第二节 ISO 9000 质量管理原则

质量管理原则是 2000 版 ISO 9001 质量管理体系标准开始建立的理论基础，2008 版标准继续沿用，未做修改。2015 新版修订时重新评估了这些质量管理原则，将其中的原则之一"管理的系统方法"合并到"过程方法"中。因此，2000 版和 2008 版所应用的八项质量管理原则在 2015 版中变成了七项质量管理原则,见表 6-2。

表 6-2　2008 版与 2015 版质量管理原则对照

ISO 9001:2008	ISO 9001:2015	执行目的
1. 以顾客为关注焦点	1. 以顾客为关注焦点	满足要求、超越期望
2. 领导作用	2. 领导作用	统一目标、协调资源
3. 全员参与	3. 全员参与	充分参与、利益最大
4. 过程方法	4. 过程方法	过程管理、效果显著
5. 管理的系统方法		
6. 持续改进	5. 改进	持续改进、不断完善
7. 基于事实的决策方法	6. 循证决策	事实为凭、决策有据
8. 与供方的互利关系	7. 关系管理	合作共赢、价值共享

从名称和次序来看,这些质量管理原则没有特别大的变化,但是实际上 2015 版已经对每一个质量管理原则的内涵进行了全新的阐释,既有对过去的修正和补充,也有一些全新的表达。ISO 9000:2015 对每一个质量管理原则的阐述更加详细,包括:① 释义——解释含义;② 基本原理——说明依据;③ 主要收益——实施的目的;④ 典型的措施——组织可采用的具体做法。(可借鉴实施,但不限于此。)

一、以顾客为关注焦点

【释义】质量管理的主要关注点是满足顾客要求并且努力超越顾客的期望。

【基本原理】组织只有赢得顾客和其他相关方的信任才能获得持续成功。与顾客相互作用的每个方面,都提供了为顾客创造更多价值的机会。理解顾客和其他相关方当前和未来的需求,有助于组织的持续成功。

【主要收益】增加顾客价值;提高顾客满意度;增进顾客忠诚;增加重复性业务;提高组织的声誉;扩展顾客群;增加收入和市场份额。

【典型的措施】识别为组织创造价值的直接和间接顾客;了解顾客当前和未来的需求和期望;将组织的目标与顾客的需求和期望联系起来;将顾客的需求和期望在整个组织内予以沟通;为满足顾客的需求和期望,对产品和服务进行策划、设计、开发、生产、支付和支持;测量和监视顾客满意度,并采取适当措施;确定有可能影响到顾客满意度的相关方的需求和期望,确定并采取措施;积极管理与顾客的关系,以实现持续成功。

二、领导作用

【释义】各层领导建立统一的宗旨和方向,并且创造全员积极参与的条件,以实现组织的质量目标。

【基本原理】统一的宗旨和方向,以及全员参与,能够使组织将战略、方针、过程和资源协调一致,以实现其目标。

【主要收益】提高实现组织质量目标的有效性和效率;使组织的过程更加协调;改善组织各层次、各职能间的沟通;开发和提高组织及其人员的能力,以获得期望的结果。

【典型的措施】在整个组织内,就其使命、愿景、战略、方针和过程进行沟通;在组织的所有层次创建并保持共同的价值观和公平道德的行为模式,培育诚信和正直的文化;鼓励在整个组织范围内履行对质量的承诺;确保各级领导者成为组织人员中的实际楷模;为组织人员提供履行职责所需的资源、培训和权限;激发、鼓励和表彰员工的贡献。

三、全员参与

【释义】整个组织内各级人员的胜任、授权和参与,是提高组织创造价值和提供价值能力的必要条件。

【基本原理】为了有效和高效地管理组织,各级人员得到尊重并参与其中是极其重要的。通过表彰、授权和提高能力,促进在实现组织的质量目标过程中的全员参与。

【主要收益】通过组织内人员对质量目标的深入理解和内在动力的激发以实现其目标;在改进活动中,提高人员的参与程度;促进个人发展以及激发主动性和创造力;提高员工的满意度;增强整个组织的信任和协作;促进整个组织对共同价值观和文化的关注。

【典型的措施】与员工沟通,以增进他们对个人贡献重要性的认识;促进整个组织的协作;提倡公开讨论,分享知识和经验;让员工确定工作中的制约因素,毫不犹豫地主动参与;赞赏和表彰员工的贡献、钻研精神和进步;针对个人目标进行绩效的自我评价;为评估员工的满意度和沟通结果进行调查,并采取适当的措施。

四、过程方法

【释义】当活动被作为相互关联、功能连贯的过程系统进行管理时,可更加有效和高效地始终得到预期的结果。

【基本原理】质量管理体系是由相互关联的过程所组成的。理解体系是如何产生结果的,能够使组织尽可能地完善体系和提高绩效。

【主要收益】提高关注关键过程和改进机会的能力;通过协调一致的过程体系,始终得到预期的结果;通过过程的有效管理、资源的高效利用及职能交叉障碍的减少,尽可能地提高绩效;使组织能够向相关方提供关于其一致性、有效性和效率方面的信任。

【典型的措施】确定体系和过程需要达到的目标;为管理过程确定职责、权限和义务;了解组织的能力,事先确定资源约束条件;确定过程相互依赖的关系,分析个别过程的变更对整个体系的影响;对体系的过程及其相互关系进行继续管理,有效和高效地实现组织的质量目标;确保获得过程运行和改进的必要信息,并监视、分析和评价整个体系的绩效;对能影响过程输出和质量管理体系整个结果的风险进行管理。

五、改进

【释义】成功的组织总是致力于持续改进。

【基本原理】改进对于组织保持当前的业绩水平,对其内外部条件的变化做出反应并创造新的机会都是非常必要的。

【主要收益】改进过程绩效、组织能力和顾客满意度;增强对调查和确定基本原因以及后续的预防和纠正措施的关注;提高对内外部的风险和机会的预测和反应能力;增加对增长性和突破性改进的考虑;通过加强学习实现改进,增加改革的动力。

【典型的措施】促进在组织的所有层次建立改进目标；对各层次员工进行培训，使其懂得如何应用基本工具和方法实现改进目标；确保员工有能力成功地制定和完成改进项目；开发和部署整个组织实施的改进项目；跟踪、评审和审核改进项目的计划、实施、完成和结果；将新产品开发或产品、服务和过程的更改都纳入改进中予以考虑；赞赏和表彰改进。

六、循证决策

【释义】基于数据和信息的分析和评价的决策，更有可能产生期望的结果。

【基本原理】决策是一个复杂的过程，并且总是包含一些不确定因素。它经常涉及多种类型和来源的输入及其解释，而这些解释可能是主观的。重要的是理解因果关系和潜在的非预期后果。对事实、证据和数据的分析可导致决策更加客观，因而组织更有信心。

【主要收益】改进决策过程；改进对实现目标的过程绩效和能力的评估；改进运行的有效性和效率；提升评审、挑战和改变意见和决策的能力；提升证实以往决策有效性的能力。

【典型的措施】确定、测量和监视证实组织绩效的关键指标；使相关人员能够获得所需的全部数据；确保数据和信息足够准确、可靠和安全；使用适宜的方法对数据和信息进行分析和评价；确保人员对分析和评价所需的数据是胜任的；权衡经验和直觉，依据证据进行决策并采取措施。

七、关系管理

【释义】为了持续成功，组织需要管理与相关方（如供方、合作伙伴、顾客、投资者、雇员或整个社会）的关系。

【基本原理】相关方影响组织的绩效。组织管理与所有相关方的关系，最大限度地发挥其在组织绩效方面的作用，对供方及合作伙伴的关系网的管理是非常重要的。

【主要收益】通过对每一个与相关方有关的机会和限制的响应，提高组织及其相关方的绩效；在目标和价值观方面，与相关方有共同的理解；通过共享资源和能力，以及管理与质量有关的风险，提升为相关方创造价值的能力；形成使产品和服务稳定流动的、管理良好的供应链。

【典型的措施】确定组织和相关方的关系；确定需要优先管理的相关方的关系；建立权衡短期收益与长期考虑的关系；收集并与相关方共享信息、专业知识和资源；适当时，测量绩效并向相关方报告，以增加改进的主动性；与供方、合作伙伴及其他相关方共同开展开发和改进活动；鼓励和表彰供方与合作伙伴的改进和成绩。

第三节 其他国际化管理体系标准

ISO 9001 质量管理体系是组织（企业）应用最广泛的体系，而当今，组织的管理是全方位的，只要有需要，组织可以应用若干个不同的国际化管理体系。其中，最常见的是组织实施的"三体系一体化认证"，即在一个组织单位同时实施 ISO 9001 认证、

ISO 14001 认证和 OHSAS 18001 认证（目前新的国际标准为 ISO 45001）。

这三个体系的通用性都很强，适用于各种类型、不同规模、提供不同产品和服务的组织，审核程序也基本类似，所以同时实施认证可以节约大量时间和人力成本，可以对提高组织内部管理水平和外部信誉度起到事半功倍的效果。

一、ISO 14001 环境管理体系（EMS）

ISO 14001:2015 是国际标准化组织制定的环境管理体系标准，是目前世界上最全面和最系统的环境管理国际化标准，适用于任何类型与规模的组织。组织实施ISO 14000 标准可达到节能降耗、优化成本、改善组织形象、提高竞争力的目的。

环境管理体系围绕环境方针的要求展开环境管理，管理的内容包括制定环境方针、实施并实现环境方针所要求的相关内容、对环境方针的实施情况与实现程度进行评审并予以保持等。环境管理所涉及的管理要素包括组织结构、计划活动、职责、惯例、程序、过程和资源等，这些管理要素与组织生产管理、人事管理、财务管理是类似的，没有本质区别，ISO 14001 标准将它们系统化、结构化，提出环境管理模式。

二、ISO 45001 职业健康安全管理体系（OHSAS）

ISO 45001 职业健康安全管理体系来源于 OHSAS 18000 系列标准，即 OHSAS 18001《职业健康安全管理体系——规范》和 OHSAS 18002《职业健康安全管理体系——实施指南》。全新的 ISO 45001 提供了一个框架，以允许组织识别和降低职业健康与安全的风险，从而营造一个安全健康的工作环境。

国际标准化组织对于 ISO 45001《职业健康安全管理体系——要求及使用指南》标准的制定，在经历了近 5 年的提案阶段（2013 年 3 月）、准备阶段（2013 年 11 月）、CD1 阶段（2015 年 3 月）、CD2 阶段（2015 年 7 月），以及 DIS1 草案阶段（2015 年 11 月）、DIS2 草案阶段（2017 年 5 月）和 FDIS 阶段（2017 年 11 月）后，最终在 2018 年 3 月 12 日正式发布了这部国际标准。

三、IATF 16949 汽车行业质量管理体系（ISO/TS）

IATF 16949 是汽车质量管理体系标准，其全称为《汽车生产件及相关服务件组织的质量管理体系 要求》，于 2016 年 10 月 1 日发布第一版，代替 ISO/TS 16949:2009。

此标准在 ISO 9001:2015《质量管理体系 要求》的基础上加入汽车行业的特殊要求，只适用于汽车整车厂和其直接的零备件制造商。标准考虑七项质量管理原则并将五大工具［即产品质量先期策划（APQP）、生产件批准程序（PPAP）、潜在失效模式和后果分析（FMEA）、统计过程控制（SPC）、测量系统控制（MSA）］贯穿其中，应用过程方法实现在汽车供应链中合理策划开发，持续改进，强调缺陷预防，减少在汽车零部件供应链中容易产生的质量波动和浪费。

该标准通过以下方面作用于质量。

1. 利用先期策划保证产品质量和提高产品可靠性

该标准强调策划时考虑风险和机遇，在产品量产之前通过产品质量先期策划或项目管理等方法对整个产品生命周期进行管理。

2. 利用多种工具进行缺陷预防

这项措施依据的理念有二：其一，越早采取预防措施，问题越好解决，后期解决问题的成本也就越低；其二，产品质量是设计、制造出来的，过多检验、事后检验是一种浪费，提前预防是最佳手段。

3. 减少变差和浪费

减少变差和浪费的具体措施有：① 确保存货周转及最低库存量；② 区分增值和非增值活动，控制质量成本；③ 提前制订应急计划，减少突发事件带来的损失；④ 减少非质量的额外成本（如等待、过多搬运等）。

4. 精益成本控制

该标准导入了精益制造原则，控制成本的公式从传统的"售价＝成本＋利润"变成精益模式"利润＝售价－成本"。精益制造的理念是减少组织运行中的各种浪费，如生产搬运过多、废品的产生、更换模具时间太长、产品库存过多等。任何浪费得到避免或控制，都会使成本减少。

5. 在供应链中持续不断地改进

质量的管控是长期的、持续的，须通过全员认真实施本体系，坚持不懈地持续改进体系流程，才能达到最终目的。整个供应链对质量的影响也不容小觑，其管理可从以下方面持续改进：① 质量的改进；② 生产力的改进；③ 成本的降低；④ 次级供应商的管理和开发。

四、TL 9000 通信行业质量管理体系

TL 9000 手册（TL 9000 质量管理体系要求手册与 TL 9000 质量管理体系测量手册）是专门为全球信息和通信技术（ICT）行业设计的，以便将 ICT 行业的质量体系要求及测量要求文件化。

TL 9000 质量管理体系要求手册为电信产品（硬件、软件和服务）的供方建立了一套通用的质量管理体系要求。这些要求是以现行的 ISO 9001 标准为基础，再加上通信行业的管理模式和评价指标构建而成的体系。

TL 9000 的目标是：

（1）培育能够有效和高效地保护电信产品（硬件、软件和服务）的完善和使用的质量管理体系。

（2）建立并保持一套通用的质量管理体系要求。

（3）减少电信质量管理体系标准的数量。

（4）规定有效成本和以业绩为基础的测量，以指导进展并评价质量管理体系实施的结果。

（5）推动持续改进。

（6）增强顾客与组织的关系。

（7）规范工业的符合性评定过程。

五、ISO/IEC 27001 信息安全管理体系（ISMS）

信息安全管理实用规则 ISO/IEC 27001 的前身为英国的 BS 7799 标准，该标准由英国

标准协会（BSI）于 1995 年 2 月提出，并于 1995 年 5 月修订而成。1999 年 BSI 重新修改了该标准。BS 7799 分为两个部分：

（1）BS 7799-1，信息安全管理实施规则：对信息安全管理给出建议，供负责在其组织启动、实施或维护安全的人员使用。

（2）BS 7799-2，信息安全管理体系规范：说明了建立、实施和文件化信息安全管理体系的要求，规定了根据独立组织的需要应实施安全控制的要求。

2000 年，国际标准化组织在 BS 7799-1 的基础上制定并通过了 ISO 17799 标准。BS 7799-2 在 2002 年也由英国标准协会进行了修订。国际标准化组织在 2005 年对 ISO 17799 进行修订，BS 7799-2 也于 2005 年被作为 ISO 27001：2005 采用。

进行 ISO 27001 信息安全管理体系认证，可以增进组织间电子商务往来的信用度，能够建立起网站和贸易伙伴之间的信任。随着组织间电子交流的增加，我们通过信息安全管理的记录可以看到信息安全管理明显的利益，该体系认证可为广大用户和服务提供商提供一套基础的设备管理。同时，该体系认证可以把组织的干扰因素降到最小，创造更大的收益。

思考练习

1. 什么是 ISO？ISO 质量管理体系经历了哪几次改版？
2. ISO 9001：2015 版标准的主要特点是什么？
3. 简述 ISO 9000 族标准的核心标准及其主要内容。
4. 简述 ISO 9001：2015 标准的质量管理七项原则。
5. 组织的"三体系一体化认证"是指哪三个管理体系？

第七章　ISO 9001:2015 质量管理体系要求

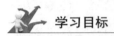
学习目标

1. 了解 ISO 9001:2015 标准的特点和范围。
2. 全面掌握 ISO 9001:2015 标准条款的实施要点。
3. 能够应用 ISO 标准要求对实际案例进行分析判断。

导入案例

可口可乐公司的质量管理体系

可口可乐公司（The Coca-Cola Company）成立于 1886 年 5 月 8 日，总部设在美国佐治亚州的亚特兰大，是目前全球最大的饮料公司，拥有全球 48% 的市场占有率。可口可乐公司在 200 个国家拥有 160 种饮料品牌，包括汽水、运动饮料、乳类饮品、果汁、茶和咖啡。目前，全球每天有 17 亿人次的消费者在畅饮可口可乐公司的产品，公司大约每秒钟售出 19 400 瓶饮料。据 2016 年 10 月测评，可口可乐公司位列全球 100 大最有价值品牌第三名。

一、质量控制必须从源头抓起

可口可乐公司在全球有一套非常完善的质量管理体系，用以保障其产品在送到消费者手上时完全符合公司规定和所在国食品安全的相关法规。在采购环节，可口可乐公司对供应商实施非常严格的认证体系，对于原料的入场检验，包括监控，也有一套非常完整的体系。

可口可乐公司（中国）从巴西、美国买入很多的果汁、果肉，每一批都会经过 400 多项严格的检测，包括农药残留、重金属、微生物等，用以保证产品安全。之后，这些检测合格的原材料被运送至各装瓶厂使用。

这样做的目的在于从源头上保证产品最后是安全的，也是符合标准的。而对于提供产品上下游原材料的公司，如瓶坯供应商，可口可乐公司也有着严格的要求：企业经营要在 3 年以上，必须通过质量体系认证。合作也不是一劳永逸的，可口可乐公司还要对原材料主要供应商进行认可，公司会建立清单，定期进行审核，如果发现某供应商存在问题，则要求其必须提供有效改善证据，否则会将其从合格供应商名单中剔除。

二、严格控制生产过程，才能确保产品质量

以中粮可口可乐华中饮料有限公司（简称"华中厂"）为例，总经理陈红兵表示："质量安全是企业发展的基石，我们要努力提高公司质量管理水平，努力将华中厂打造成世界级的工厂！"

华中厂视产品质量为企业的第一生命，投资百万，在生产线上安装在线 CO_2/糖度监控仪，能够监控每一瓶产品的质量。华中厂同时配备了空瓶瓶口检测仪、全方位电子验瓶机、视觉测试仪、液位打检机，利用电子设备自动、精确地检验每一瓶产品。在生产过程中，品控员会每 4 小时对在线监测仪进行校验，确保其准确性。

华中厂对质量的承诺和把关，可以从一些生产专业数据中感受到。比如，4℃：从混比机里调制出来的可口可乐成品统一为 4℃，以保证饮料的最佳口感和最佳灌注状态；14 项：一瓶可口可乐成品必须经过 14 项指标的检测（外观、口味、色泽、杂质、净容量、CO_2 含量、微生物等）；7 天：生产线每 7 天必须进行五步清洗消毒 1 次；10 次：一瓶可口可乐的生产过程要经过 10 次以上的检测；72 小时：每条生产线每 72 小时必须清洗消毒 1 次；106 项：每年对原水和处理后水进行 106 项全分析，确保水质符合要求。

三、管理体系已经完善，未来没有终点

从采购原材料到生产出产品，加上之后的储存和配送，这些就如同一个个程序，在可口可乐公司周而复始地完美运行。而支撑起这套程序的，是公司采用的质量管理体系。

可口可乐产品的高质量来自公司先进的管理理念，以及对消费者负责任的态度等各个方面。因此，可口可乐严格执行可口可乐管理体系（简称 KORE），用以建立和实施质量管理体系。而这一体系比较特别的地方是：从源头一直到产品上到货架上，再到消费者手里之前，都有一个质量管理的程序。

1998 年 KORE 开始建立，第二年取得了第一阶段的认证，2010 年又取得了第二阶段的认证。之后，公司陆续通过了 ISO 9001 认证审核，2010 年又通过了 ISO 14001 和 OHSAS 18001 认证审核。经过十多年的不断改善，可口可乐公司的质量管理体系已经日趋完善。

然而，改善 KORE 是一个不断循环往复、不断完善提高的过程，是一段没有终点的旅程。遵守法律法规，同步于新的质量管理方法及最好的制造习惯和技术，注重食品安全，关注顾客期望并提供超越顾客期望的产品和服务，改善对股东价值的贡献，是可口可乐公司不懈追求的目标和责任。

（案例来源：http://www.myzaker.com/article/5b2cd6381bc8e0bc47000187）

【案例思考】
1. 如何理解质量管理要从源头抓起？
2. 质量管理体系要覆盖"全过程"是什么意思？
3. 实施质量管理体系对企业有哪些潜在益处？

第一节　质量管理体系总体要求

ISO 9001:2015《质量管理体系　要求》已于 2015 年 9 月 23 日正式发布实施，替代 ISO 9001:2008；同时，国际认可论坛（International Accreditation Forum，IAF）也发布了转换实施指南，明确新旧标准的转换期限为 3 年。我国规定自 2018 年 9 月 15 日起，所有的 GB/T 19001—2008 认证证书都将作废。与 ISO 9001:2015 等同采用的我国国家标准 GB/T 19001—2016（ISO 9001:2015，IDT）《质量管理体系　要求》（图 7-1）也于 2016 年 9 月 28 日发布，并于同年 10 月 1 日开始实施。

中华人民共和国国家标准

GB/T 19001—2016/ISO 9001:2015
代替 GB/T 19001—2008

质量管理体系　要求

Quality management systems—Requirements

(ISO 9001:2015,IDT)

图 7-1　GB/T 19001—2016（封面局部）

备注：GB-国家标准，简称国标；T-推荐使用（非强制）；IDT-等同于（无修改）。

和 2008 版标准相比，ISO 9001:2015（GB/T 19001—2016）的改动比较大，是自 1987 年第一版发布以来的四次技术修订中影响最大的一次修订。新标准的章节结构顺序发生了变更，从 8 章增加为 10 章，另加一个引言和两个附录，分别是：0. 引言；1. 范围；2. 规范性引用文件；3. 术语和定义；4. 组织环境；5. 领导作用；6. 策划；7. 支持；8. 运行；9. 绩效评价；10. 改进；附录 A（资料性附录）：新结构、术语和概念说明；附录 B（资料性附录）：SAC/TC 151 制定的其他质量管理和质量管理体系标准。

标准的重点内容是第 4 章至第 10 章，遵循了 PDCA 管理循环的过程，如图 7-2 所示。

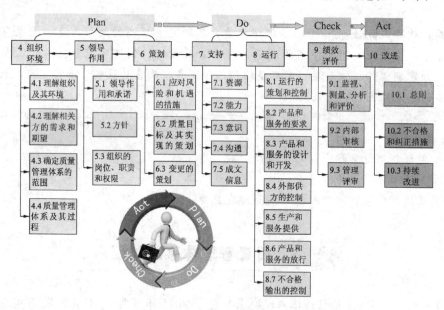

图 7-2　ISO 9001:2015 标准重点条款与 PDCA 的关系

本章将对 ISO 9001:2015 的重点条款做详细解释，根据 PDCA 循环顺序分为四个模块：

第一节的内容主要是质量管理体系的总则、范围、术语，以及"Plan"里面的过程，也就是标准的第 1 章至第 6 章的部分条款，包括体系概述、组织环境、领导力方面的要求。其中，第6章"策划"的内容，将在本书第八章第二节中讲述。

第二节主要是标准第7章"支持"的内容，包括资源保障、员工能力和意识、信息沟通、文件管理等。其中，"7.5成文信息"的内容，将在本书第九章中专门讲述。

第三节的内容是质量管理体系中最重要的部分，是标准第8章"运行"所涉及的与产品和服务实现直接相关的过程，也属于PDCA循环中的"Do"过程，包括市场开发、订单与合同管理、产品实现策划、产品设计开发、制造过程设计开发、更改控制、采购产品和服务管理、产品生产、产品检验放行、产品交付、售后服务等。

第四节的内容主要是标准第9章所涉及的测量、分析和评价（Check），以及第10章所涉及的纠正措施和持续改进方面的要求（Act）。其中，"9.2内部审核"和"9.3管理评审"的内容，将在本书第十章中讲述。

一、2015版标准的变化点

（一）2015版标准在结构上的主要变化

ISO 9001:2015仍然以过程方法为导向，强调PDCA循环实施管理体系，与2008版相比，在标准结构方面主要有如下几个方面的变化。

1. 采用基于风险的思维

新标准自始至终贯穿基于风险的方法，要求将基于风险的方法融入质量管理体系的建立、实施、维护和持续改进之中。机会就是正面的风险。

2. 管理原则由原来的八项转变为七项

新标准将"管理的系统方法"合并到"过程方法"原则中，强调过程方法的重要性，各过程采用"输入、输出"的方式设定，每个过程有管理者的作用，突出过程绩效。

3. 更加强调组织环境

新标准借鉴了初始评审的理念，明确提出了"评审组织所处环境"的要求。第4章由原来的"质量管理体系"调整为"组织环境"，此部分为新增内容，要求组织识别内外部环境对管理体系的影响，关注相关方的需求和期望等。

4. 增强对领导作用的要求

第5章由原来的"管理职责"变更为"领导作用"，突出组织高层在管理体系中的作用，取消了管理者代表的规定。

5. 对成文信息的要求更加灵活

新标准取消了质量手册、程序文件这些在旧版标准中明确要求的文件，统一用"形成文件的信息"这样非常模糊的词。意思很明显，不管采用什么样的方式，只要能把事情说清楚就可以了。文件没有具体的级别要求，可根据组织的实际需要进行编制，可以保留现有的"质量手册、程序文件、作业指导、记录"四个级别，标准没有做强制要求。文件体现的形式更加灵活，可以采用音频、电子文档、纸质文本等形式。

（二）2015版标准在术语和概念方面的变化

（1）用"产品和服务"替代了"产品"。原先的标准只有产品的概念，把服务作为包含在产品中的一种形式，而ISO 9001:2015强调产品和服务的差异，即服务存在于产品之外，体现了以顾客为中心的原则，也使标准的适用性更广泛，更适合于服务性行业。

（2）增加了基于风险的思维条款，去除了"预防措施"条款，要求组织理解其组织环境并以确定风险和机遇作为策划的基础,明确提出"确定风险和机会应对措施"的要求。

(3) 取消了对质量手册、文件化程序等大量强制性文件的要求,合并了文件和记录,统一叫"形成文件的信息(成文信息)"。

(4) 增加了组织的知识条款,明确提出了"知识"也是组织实施、保持和改进质量管理体系所需的一种资源。

(5) 用"外部提供的过程、产品和服务"取代"采购产品"和"外包过程"。

2008 版与 2015 版标准之间的主要术语差异如表 7-1 所示。

表 7-1　ISO 9001:2008 与 ISO 9001:2015 之间的主要术语差异

ISO 9001:2008	ISO 9001:2015
产品	产品和服务
对不适用部分的删减	对适用性的说明
管理者代表	分派类似的职责和权限,但没有要求委任一名管理者代表(保留任命也可以)
文件、质量手册、形成文件的程序、记录	形成文件的信息(沿用原来说法也可以)
工作环境	过程运行环境
监视和测量设备	监视和测量资源
(无)	组织知识(新增概念)
采购产品、外包过程	外部提供的过程、产品和服务
供方	外部供方
预防措施	基于风险的思维方法

二、对组织环境的要求

ISO 9001:2015 新增了第 4 章对"组织环境"的要求。一个与组织的经营环境有关的内外部因素,可能影响到质量管理体系实现预期结果的能力。组织的质量管理体系应适应组织环境的不断变化,组织环境信息应作为建立质量管理体系的信息输入。

2015 版第 4 章中"4.3 确定质量管理体系的范围"和"4.4 质量管理体系及其过程"是与质量管理体系建立策划相关的内容,将在本书第八章第二节讲述。

2015 版标准条款的内容是:

4　组织环境

4.1　理解组织及其环境

　　组织应确定与其宗旨和战略方向相关并影响其实现质量管理体系预期结果的各种外部和内部因素。组织应对这些外部和内部因素的相关信息进行监视和评审。

4.2　理解相关方的需求和期望

　　由于相关方对组织稳定提供符合顾客要求及适用法律法规要求的产品和服务的能力具有影响或潜在影响,因此,组织应确定:

　　a) 与质量管理体系有关的相关方;

　　b) 与质量管理体系有关的相关方的要求。

　　组织应监视和评审这些相关方的信息及其相关要求。

(一)对组织环境的理解

组织环境是指对组织建立和实现目标的方法有影响的内部和外部因素的组合。这些因素有正面的因素也有负面的因素。正面的因素可能引发机遇的出现;负面的因素对组织实现战略和目标构成威胁,对组织实现质量管理体系预期结果产生负面影响。

根据组织环境信息的来源渠道,组织环境可以分为外部环境和内部环境两大类。

(1) 外部环境包括宏观环境和微观环境。宏观环境又包括政治、经济、技术、社会文化、自然环境及相关方的影响;微观环境又包括市场需求、竞争环境、资源环境等。

(2) 内部环境是指组织的具体工作环境,包括物理环境、心理环境、文化环境等。

与组织环境相关的部分内部和外部因素如表7-2所示。

表7-2 与组织环境相关的部分内部和外部因素

内部因素	外部因素
① 组织治理相关因素,如决策方式、程序及组织架构 ② 资源因素,包括基础设施、过程运行环境、组织的知识 ③ 人力因素,如人员、能力、意识 ④ 经营因素,如生产销售过程、售后服务、质量管理体系绩效、顾客评价 ⑤ 文化因素,如组织文化、工作环境 ⑥ 财务因素,如企业员工工资	① 政治因素,如政策稳定性、公共投入、本地基础设施、国际贸易条款变化 ② 宏观经济因素,如货币汇率变化、宏观经济走向、通货膨胀率 ③ 社会因素,如本地区失业率、社会安全感、地区教育水平、劳动时间 ④ 技术因素,如新材料、新工艺、新设备、专利技术 ⑤ 竞争因素,如市场占有率、顾客群体变化 ⑥ 法律法规因素,如法律法规要求、环境法规及行为准则

(二)对相关方需求和期望的理解

组织不仅要关注与质量管理体系有关的相关方,还要关注相关方的要求,因为这些相关方对组织持续稳定地提供符合顾客要求及适用法律法规要求的产品和服务的能力具有显著影响或潜在影响,又因相关方及其要求可能会变化,所以组织还应监视和评审这些相关方及其要求。与质量管理体系有关的部分相关方及相关方的可能要求如表7-3所示。

表7-3 与质量管理体系有关的部分相关方及相关方的可能要求

序号	相关方	相关方的可能要求
①	顾客	对产品或服务的要求,如符合性、价格、安全性
②	最终用户或受益人	与顾客或外部供应商、分包商达成的合同中的要求
③	股东、业主	行业规范及行业标准
④	银行	执照、许可证及其他授权形式
⑤	外部供方、分包商	条约、公约及备忘录
⑥	员工	与公共机构及顾客达成的协议
⑦	法律法规立法和监督机构	组织契约合同的承担义务

【案例7-1】

某公司市场部的职责之一是负责市场调研、收集市场情报。审核员在审查市场部时询问市场部经理:"你们部门在理解顾客需求方面有什么工作目标?"市场部经理说:"我们以销售人员的销售业绩作为主要的考核目标,只要产品卖出去就是符合顾客需求。因为现在市场竞争太激烈,我们采取末位淘汰制,如果销售业绩不好就只能下岗。"

案例分析:该案例违反了标准"4.2 理解相关方的需求和期望"的有关规定。因为根据标准的要求,公司要成为顾客导向型(Customer-oriented)的企业,就必须不断收集顾客和过程反映的数据与信息并加以应用,理解顾客的需求和期望,引导持续改进,以始终满足顾客要求。但是,如果仅以员工的销售业绩考核员工,把销售业绩与员工收入甚至是否下岗挂钩,员工对顾客的服务目的就仅仅在于成交多少钱,而成交又意味着顾客的付出,这就使得买卖双方站在对立的立场上。该案例同时也不符合质量管理七项原则中的"以顾客为关注焦点"及"关系管理"的相关要求。

三、对领导作用的要求

ISO 9001:2015 第 5 章的内容是"领导作用",讲述的是组织里面最高管理者在质量管理体系中应该担当的责任和义务,条款主要内容分为三个方面:

(1)领导作用和承诺,其核心是最高管理者确保其以顾客为关注焦点的领导作用和承诺。

(2)最高管理者应制定、实施和保持质量方针,本条款"5.2 方针"和"6.2 质量目标及其实现的策划"将在第八章第二节另行讲述。

(3)最高管理者应确保组织相关岗位的职责、权限得到分配、沟通和理解。

(一)领导作用和承诺

1. 最高管理者的定义

"最高管理者"是指在最高层指挥和控制组织的一个人或一组人。由此,最高管理者不限于组织中具有最高权限的一位领导,可以是组织最高管理层的若干领导。大家可以共同承担管理职责,关键是职责要清楚,分工要明确。

"领导"是领导者为实现组织的目标而运用权力向其下属施加影响力的一种行为或行为过程。领导作用即充分发挥其影响作用,使下属更有效地实现其目标。领导工作包括五个必不可少的要素:领导者、被领导者、作用对象(即客观环境)、职权和领导行为。

2. 最高管理者的领导作用

质量管理体系的成功取决于组织内相关人员在最高管理者领导下的积极参与,更依赖于最高管理者的承诺与支持,包括提供充足资源,指导和支持组织人员为质量管理体系的有效性做出贡献,推动改进,等等。标准条款是这样表述的:

5.1 领导作用和承诺
5.1.1 总则
最高管理者应通过以下方面,证实其对质量管理体系的领导作用和承诺:
a)对质量管理体系的有效性负责;
b)确保制定质量管理体系的质量方针和质量目标,并与组织环境相适应,与战略方向相一致;
c)确保质量管理体系要求融入组织的业务过程;
d)促进使用过程方法和基于风险的思维;
e)确保质量管理体系所需的资源是可获得的;
f)沟通有效的质量管理和符合质量管理体系要求的重要性;

> g) 确保质量管理体系实现其预期结果；
> h) 促使人员积极参与，指导和支持他们为质量管理体系的有效性做出贡献；
> i) 推动改进；
> j) 支持其他相关管理者在其职责范围内发挥领导作用。
> 注：本标准使用的"业务"一词可广义地理解为涉及组织存在目的的核心活动，无论是公有、私有、营利或非营利组织。

由此可见，最高管理者在质量管理体系的领导作用是不言而喻的，最高管理者必须发挥其引领、影响作用，确保整个团队实现质量体系的有效运行。其主要作用表现在以下方面：

（1）责任担当。最高管理者对质量管理体系的有效性承担责任。

（2）确定方向。质量方针和质量目标是企业质量战略的重要组成部分，最高管理者应确保质量方针和质量目标得以建立，并与组织环境和战略方向相一致。

（3）重视过程。最高管理者应确保将质量管理体系要求融入组织的业务过程。本标准提及的"业务"范围，可见本条款的"注"。

（4）增强意识。最高管理者应促进组织人员使用过程方法和基于风险的思维。

（5）保障资源。最高管理者应确保组织获得质量管理体系所需的资源。

（6）支持沟通。最高管理者应就有效的质量管理和符合质量管理体系要求的重要性进行沟通，提高全员积极参与的意识。

（7）关注结果。最高管理者应确保组织的质量管理体系实现其预期结果。

（8）营造环境。最高管理者应营造一个良好的工作环境，激励、促进、指导和支持员工努力提高质量管理体系的有效性，为质量管理体系运行的有效性做出贡献。

（9）促进改进。最高管理者应促进组织内部改进意识的形成，而不是墨守成规，要建立持续改进的机制，促使组织整体业绩的改进。

（10）团队合作。最高管理者应支持其他相关管理者在其职责范围内发挥领导作用。

3. 以顾客为关注焦点

> 5.1.2 以顾客为关注焦点
> 最高管理者应通过以下方面，证实其以顾客为关注焦点的领导作用和承诺：
> a) 确定、理解并持续满足顾客要求及适用的法律法规要求；
> b) 确定和应对风险和机遇，这些风险和机遇可能影响产品和服务合格及增强顾客满意的能力；
> c) 始终致力于增强顾客满意。

本条款与七项质量管理原则之一"以顾客为关注焦点"的要求一致。组织依存于顾客，顾客的存在是组织的根基。只有满足顾客的要求、达到顾客满意，组织才能生存和发展。最高管理者应以满足顾客要求、增强顾客满意为管理的根本目标。

（1）最高管理者应确保完整、准确地识别和确定本组织的直接或间接顾客；理解顾客当前和未来的需求与期望；确定和理解适用的法律法规要求。

（2）为实现组织的成功，组织可通过与顾客沟通、市场（顾客）调查、投标或合同签订前的评审、获取行业报告、收集顾客产品售后反馈信息、确定市场行情等方式，识别和理解顾客要求，尽可能与顾客的要求达成一致。组织应确定和识别能够影响产品和服务符合性及增强顾客满意能力的风险和机遇,并明确相关的控制措施,有效地避免或减少不利影响。

(3)组织应通过适合组织运作方式的各种形式,监视和测量顾客的满意度,分析影响顾客满意度的因素,在有可能影响顾客满意度和期望的方面采取措施,通过满足顾客需求并争取超越顾客期望,不断增强顾客满意。

(二)组织的岗位、职责和权限

> 5.3 组织的岗位、职责和权限
> 最高管理者应确保组织相关岗位的职责、权限得到分配、沟通和理解。
> 最高管理者应分配职责和权限,以:
> a)确保质量管理体系符合本标准的要求;
> b)确保各过程获得其预期输出;
> c)报告质量管理体系的绩效及改进机会,特别是向最高管理者报告;
> d)确保在整个组织推动以顾客为关注焦点;
> e)确保在策划和实施质量管理体系变更时保持其完整性。

组织内角色、职责和权限的规定是质量管理体系运行的组织保证,最高管理者应确保组织内部机构设置、岗位及人员安排得到确定,规定相应的质量职责和权限,这是体系策划的一项重要活动,具体见本书第八章第二节相关叙述。

最高管理者应明确各部门和角色的设置,规定职责和权限,为质量管理活动奠定良好基础,确保岗位接口清晰、责任明确。

虽然新版标准没有相关要求,但仍然可以在组织管理层中指派"管理者代表"角色,该角色负责向最高管理者报告质量管理体系的绩效及改进机会。担任该角色的人员应能充分接近最高管理层,以便于最高管理层及时做出正确的决策。

组织通常应以文件形式(如"岗位说明书")明确与质量有关角色的职责和权限。

【案例 7-2】

某进出口公司国际贸易合同履行程序规定,进口合同的信用证应经业务经理批准后方能通知银行开证,而该公司的质量手册规定,信用证开具的审批权为总经理所有。

案例分析:该公司关于信用证的权限分配产生矛盾,并且沟通和理解也出现问题,不符合 ISO 9001:2015 中"5.3 组织的岗位、职责和权限"的要求。公司应该予以明确说明,比如,审批权限为总经理所有,但日常处理可以授权给业务经理完成,并规定具体操作方法。

第二节 对支持过程的要求

本节对应于 ISO 9001:2015《质量管理体系 要求》第 7 章的内容,主要包括:一、资源;二、能力;三、意识;四、沟通;五、成文信息。

本节针对 7.1—7.4 的相关条款逐一进行解释;"7.5 成文信息"在本书第九章详述。

一、资源的管理

ISO 9001:2015 所指的"资源"包括人力资源、基础设施、过程运行环境、监视和测量资源、组织的知识等五个方面。

(一)资源管理总要求

> 7.1 资源
> 7.1.1 总则
> 组织应确定并提供所需的资源,以建立、实施、保持和持续改进质量管理体系。组织应考虑:
> a) 现有内部资源的能力和局限;
> b) 需要从外部供方获取的资源。

与 ISO 9001:2008 相比,2015 版标准明确地提出组织在考虑资源配置时不应局限在组织内部,也可合理、科学地利用外部资源。

1. 组织的内部资源

在建立管理体系时,需要配备恰当的资源,如开展组织的环境分析、相关方调查、体系策划等;在体系实施过程中,为确保各过程的正常运作,需要配备适当的人员、基础设施、过程运行环境、监视和测量资源、组织的知识等资源。

2. 组织的外部资源

组织对外部资源的利用决策依赖于对内部资源的分析。组织应根据内部资源的特点,发现、选择、利用外部资源,实现组织目的,其方式可包括诸如外包、聘请专家、租用设备设施等。

(二)人力资源管理

> 7.1.2 人员
> 组织应确定并配备所需要的人员,以有效实施质量管理体系,并运行和控制其过程。

在组织的各项资源中,人力资源发挥着统领各项资源的主导作用,处于核心地位。这是因为组织的一切活动首先是人的活动,人的活动引发、控制、带动了其他资源的活动。人力资源是唯一起创造作用的因素,是组织资源增值的决定性因素。

人力资源管理是企业可持续发展的根本保障,组织应根据企业的发展规划,合理地进行人力资源策划,不仅应满足当前的管理需求,还应充分考虑组织发展的需要。

人力资源管理通常包括六大工作模块:

(1)人力资源规划,主要包括战略发展规划、组织制度规划、工作岗位规划、人员配置规划、经费成本规划等。

(2)人员招聘与配置,主要包括人员需求内部分析、招聘面试、录用、岗位配置等。

(3)员工技能培训,主要有新员工上岗培训、在岗培训、外部脱岗培训等形式。

(4)绩效考核管理,可分为绩效计划、绩效监督、考核评价、反馈应用四个阶段。

(5)员工关系管理,主要包括劳动合同管理、劳动纠纷处理、激励、奖惩和沟通等。

(6)工资福利管理,包括制定薪资制度、核算薪资、发放社保福利等。

（三）基础设施管理

> 7.1.3 基础设施
> 组织应确定、提供并维护所需的基础设施，以运行过程，并获得合格产品和服务。
> 注：基础设施可包括：
> a) 建筑物和相关的设施；
> b) 设备，包括硬件和软件；
> c) 运输资源；
> d) 信息和通信技术。

基础设施是组织业务运作的重要物质基础，是构成生产力的重要要素之一。为了向顾客提供满足要求的产品和服务，基础设施必不可少。组织应确保其基础设施持续充分、适宜。为实现产品和服务的符合性，本条款提出了对基础设施管理的基本要求。

1. 基础设施的定义

基础设施是指组织运行所必需的设施、设备和服务的系统。

2. 基础设施的类型

依据组织提供的产品和服务的类型，基础设施的种类一般包括：

（1）建筑物和相关设施，如办公楼、商场的营业大楼、储存场所、生产场所等，以及与之配套的通风、照明、空调系统等相关设施。

（2）设备和相关设施，如机加工设备、数控机床及其所带软件、各种工装辅具等。

（3）运输资源，如大型超市接送顾客的班车、上门维修服务用车辆、工厂内的运输车辆、搬运工具等。

（4）信息和通信技术，如通信技术及设施、办公信息系统、ERP 系统、交付后活动的维护网点或信息系统等。

3. 基础设施的管理

基础设施的管理是包括需求分析、选型、购置、安装、使用、维护保养、检修、报废等的全生命周期过程管理。不同类型的基础设施，其管理的基本内容有所差异。就基础设施中的设备而言，管理任务有以下几个方面：

（1）根据技术先进、经济合理的原则和生产需要，正确地选择和购置设备。

（2）做好设备的保养、修理、改造、更新工作，保证设备经常处于良好的技术状态。

（3）在某些行业，信息系统也是重要的基础设施，如超市使用的收银系统等，其管理的基本要求是稳定、安全、可靠，管理的基本内容有软件的开发、软件的验证、权限设置、病毒防护、软件更新、数据备份等。

（四）过程运行环境管理

> 7.1.4 过程运行环境
> 组织应确定、提供并维护所需的环境，以运行过程，并获得合格产品和服务。
> 注：适宜的过程运行环境可能是人为因素与物理因素的结合，例如：
> a) 社会因素（如非歧视、安定、非对抗）；
> b) 心理因素（如减压、预防过度疲劳、稳定情绪）；
> c) 物理因素（如温度、热量、湿度、照明、空气流通、卫生、噪声）。
> 由于所提供的产品和服务不同，这些因素可能存在显著差异。

组织应确保过程运行环境持续满足要求。过程运行环境指过程运作所需要的、对产品和服务质量具有影响的特定条件。这些条件可以包括以下方面。

1. 人为因素（如心理因素、社会因素）

人为因素可能影响到一个组织是否具有和谐稳定的内部环境，进而会影响到员工的积极参与，对一个体系能否正常有序运行非常重要，需要组织处理好各部门和岗位的接口，做到职责分明、奖惩分明，营造公开、公平、合理、和谐的人文环境和企业文化。

2. 物理因素（如温度、湿度、洁净度、粉尘、噪声、照明、振动、卫生等）

不同组织由于其过程和产品不同，运行所需的条件也各不相同。在确定所需环境及其要求时，组织应考虑顾客的需求、法律法规的要求及自身的定位，如医疗器械企业生产场所的洁净度要求、光伏元器件企业生产场所的温湿度要求、儿童医疗机构病房及候诊室的温馨可爱的氛围要求等，组织应识别出此类条件要求并予以满足。

（五）监视和测量资源管理

> 7.1.5 监视和测量资源
> 7.1.5.1 总则
> 当利用监视或测量来验证产品和服务符合要求时，组织应确定并提供所需的资源，以确保结果有效和可靠。组织应确保所提供的资源：
> a) 适合所开展的监视和测量活动的特定类型；
> b) 得到维护，以确保持续适合其用途。
> 组织应保留适当的成文信息，作为监视和测量资源适合其用途的证据。
> 7.1.5.2 测量溯源
> 当要求测量溯源时，或组织认为测量溯源是信任测量结果有效的基础时，测量设备应：
> a) 对照能溯源到国际或国家标准的测量标准，按照规定的时间间隔或在使用前进行校准和/或检定，当不存在上述标准时，应保留作为校准或验证依据的成文信息；
> b) 予以识别，以确定其状态；
> e) 予以保护，防止由于调整、损坏或衰减所导致的校准状态和随后的测量结果的失效。
> 当发现测量设备不符合预期用途时，组织应确定以往测量结果的有效性是否受到不利影响，必要时应采取适当的措施。

"监视"往往是一个动态过程，是指确定体系、过程、产品、服务或活动的状态，是一组连续的数据信息。确定状态可能需要检查、监督或密切观察。"测量"是指确定数值的过程，它代表的是动态过程中的一个点，是静态的参数或特征。

1. 对监视和测量资源的控制

在实施上述监视和测量活动时，企业会使用到相应的监视和测量资源。监视和测量所需的资源可能因组织提供的产品和服务的类型及建立的质量管理体系过程不同而不同。由于监视和测量的性质不同，使用的资源也不同。监视资源一般是录像、录音设备，如扫描仪、监控装置、温湿度记录仪（绘制连续变化曲线）等。测量资源在制造型企业中被大量使用，如游标卡尺、压力表、温度计、天平秤、三坐标测量仪等。

为了确保监视和测量资源持续符合要求，企业有必要对监视和测量资源予以适当的维护。根据资源的类型不同，维护方法也存在差异，如对人员的培训、对设备的定期检定校准、对标准物质的有效期管理等。

2. 测量溯源条款的说明

所谓溯源，是指将监视和测量设备与标准物质（如砝码、量块）进行对比，寻求一致。当要求测量溯源时，测量设备应进行如下控制：

(1) 按照能溯源到的国际或国家标准的测量标准的规定，测量设备应在规定的时间间隔或在使用前进行校准或检定。

"校准"是判定仪器的精度和误差，如果有误差，则进行修正使其达到测量要求。校准不具有法制性，一般是由组织自行制定标准进行的溯源行为。

"检定"是由法定计量部门判定仪器合格与否，具有周期性和法律强制性。例如，游标卡尺、螺纹规等量具在一年内至少应检定一次，超过一年未检定即属于失效。

(2) 在使用过程中，如有必要，按照规定的要求对测量设备进行调整或再调整，以保证测量结果的有效性。比如，天平的调平衡、测量电阻时的调零点等；再比如，市场上常见的家用电子秤，由于精度不高，所以每次称重前都要调零。

(3) 测量设备的校准状态应有识别标识，通常在器具上贴上检定标签，上面注明本次检定日期、有效期或下次检定时间，以确定其校准状态，也可用记录、颜色等方法表示。对于不合格、预期未校准的设备，标识可以是"停用""封存"等（一般用红色标签）。

(4) 应采取有效措施，如对使用人员进行培训、制定作业指导书和检定规程、采用防错措施等，以防止可能使测量结果失效的调整。组织应采取适当的措施，在搬运、维护和储存期间防止设备损坏或功能衰减。

(5) 此外，当发现测量设备不符合要求时，组织应对以往测量结果的有效性进行评价和记录，并对该设备和任何受影响的产品采取适当的措施。使用该测量仪器检验的产品，属于"可疑产品"，组织应当追回并使用合格、准确的仪器重新测量。

(6) 有关监视和测量资源的控制管理，包括购买、使用、校准和检定，还有故障修理、停用或封存等，都应该保留成文信息，也就是既要有文件，还要有记录。

（六）组织的知识管理

> 7.1.6 组织的知识
> 组织应确定必要的知识，以运行过程，并获得合格产品和服务。这些知识应予以保持，并能在所需的范围内得到。
> 为应对不断变化的需求和发展趋势，组织应审视现有的知识，确定如何获取或接触更多必要的知识和知识更新。
> 注1：组织的知识是组织特有的知识，通常从其经验中获得，是为实现组织目标所使用和共享的信息。
> 注2：组织的知识可基于：
> a) 内部来源（如知识产权、从经验获得的知识、从失败和成功项目汲取的经验和教训、获取和分享未成件的知识和经验，以及过程、产品和服务的改进结果）；
> b) 外部来源（如标准、学术交流、专业会议、从顾客或外部供方收集的知识）。

知识也是组织的一种资源。组织的知识是指组织通过学习、实践或探索所获得的认知、判断或技能。知识正逐渐成为当今组织取得竞争优势的关键因素。

组织的知识来源于内部和外部。

内部来源有两类。一类是组织的知识产权，例如，组织的专利和专有技术、独特的制造工艺技术，组织从多年产品设计和开发及制造过程中获得的经验总结、从失败或者成功的项目中汲取的别人无法体会和得到的经验或教训，还有组织内部一批技术骨干拥有的虽未成文但独有的知识和经验。另一类是从聘请专家指导，进行标杆对比及过程、产品和服务的改进结果等当中得到的知识和经验。

外部来源则包括组织的技术和业务骨干经常参加一些国际、国内学术交流和专业会议等获得的知识和技术；经常关注并从顾客、外部供应商和分包商处收集的知识；参与制定国际、国内或行业标准所获得的前瞻性的知识和技术；等等。

对知识的管理是动态的，组织要考虑内外部环境的变化，及时地更新知识及其管理方法。知识的增长可能会带来创新，使质量管理体系的绩效达到更高水平。还须注意的是，由于员工经常流动可能会导致一些信息、知识和技能的流失，所以组织要采取一些措施，如鼓励师傅带徒弟等，保护组织的知识和信息不流失、技能不失传。

二、能力和意识的管理

能力和意识，在 ISO 9001:2015 的 7.2 和 7.3 两个条款中分别提出，而在 ISO 9001:2008 中是"6.2 人力资源"中的一个子条款，即"6.2.2 能力、培训和意识"，说明新版标准对能力和意识更加强调和重视，要求更具体。

（一）对于能力的管理要求

> 7.2 能力
> 组织应：
> a) 确定在其控制下工作的人员所需具备的能力，这些人员从事的工作影响质量管理体系绩效和有效性；
> b) 基于适当的教育、培训或经验，确保这些人员是胜任的；
> c) 适用时，采取措施以获得所需的能力，并评价措施的有效性；
> d) 保留适当的形成文件的信息，作为人员能力的证据。
> 注：适用措施可包括对在职人员进行培训、辅导或重新分配工作，或者聘用、外包胜任的人员。

本条涉及的管理对象为在组织控制下工作、影响质量管理体系绩效和有效性的人员，可能包括管理、设计、工艺、技术、采购、生产操作、检验等岗位的工作人员，这些人员有可能是组织内部的员工，也有可能是来自组织外部的承包方人员。

1. 识别人员的能力要求

在组织的质量管理体系过程中承担工作的员工，都可能直接或间接地影响产品和服务质量，组织应明确上述人员应具备的能力要求，即为了保证工作目标的实现，相关人员必须具备的能力方面的要求。这些要求常常以胜任职位所需的教育、培训、技能和经验加以表达。能力要求一般基于工作分析，以岗位说明书等形式体现。

2. 满足人员的能力要求

组织应根据员工的受教育程度、培训情况、职业技能水平和工作经验等，以及岗位的复杂程度去合理地安排使用员工，以确保员工能胜任其工作。当出现不能够满足要求的情形时，组织可以采取招聘、培训、轮岗等多种方法，确保相关岗位人员具备相应的能力。

3. 评价人员的能力程度

为了保证质量绩效，组织应该确保相关岗位人员是具备相应能力的，为此，组织应对人员的能力进行持续的评价。评价的方法可能包括考试、面谈、试用期评估、定期的绩效考核等。

组织应能为相关人员具备能力提供证据，如学历证明文件、资质证书、技能等级证书、培训记录、考评考核记录等。

【案例 7-3】

某公司人力资源部在 2019 年 12 月就把 2020 年度培训需求计划通知发到了各个部门，但到 2020 年 3 月，公司年度培训计划还未制订出来，原因是各部门迟迟没有上报培训需求。因此，人力资源部无法知道各部门的培训需求，也就无法制订公司年度培训计划。

案例分析：一些企业，尤其是一些大型企业经常会出现这种问题。人力资源部对企业众多的部门、岗位、所需的职业技能和员工的能力水平并不十分清楚，所以只发通知，等下面的职能部门把培训需求报上来再汇总；而下面各部门往往又认为这是人力资源部的事情，加之生产任务很忙，所以拖拉，甚至忘记上报需求。这种做法不符合标准"7.2 c) 适用时，采取措施以获得所需的能力"条款的要求。人力资源部是人员能力要求的主管部门，必须认识到培训对提升企业质量管理体系绩效和有效性的重要性。对于公司培训需求，人力资源部应当与其他部门建立沟通渠道，并主动到各部门协助进行调查分析。

（二）对于意识的管理要求

> 7.3　意识
> 组织应确保在其控制下工作的人员知晓：
> a) 质量方针；
> b) 相关的质量目标；
> c) 他们对质量管理体系有效性的贡献，包括改进绩效的益处；
> d) 不符合质量管理体系要求的后果。

质量意识是组织从领导决策层到每一个员工对质量及质量工作的认识和理解。对质量的思想认识、信念，以及质量素养、对质量的评价等，都属于质量意识的范畴。质量意识对质量行为起着极其重要的影响和制约作用，所以组织应加强质量意识的管理工作。

质量意识管理可通过加强质量道德意识的培训和教育、完善质量责任制、开展全面质量管理活动（TQM、QC 小组、5S 运动）、传播质量文化观等方式实施。

ISO 9001:2015 给出了加强质量意识管理的内容：

（1）理解质量方针，让有关的人员明白方针的内涵及其所代表的企业追求，其目的是统一质量价值观。

（2）让有关的人员了解相关的质量目标及其与组织整体目标之间的关系，从而明确自己的工作要求，确定自己努力的方向。

（3）确保每个员工都认识到自己所做的工作对质量管理体系有效性的贡献，激发其主人翁意识，从而为组织创造更好的绩效。

（4）让有关人员了解到如果不符合质量管理体系要求可能带来的后果，从而防止错误的动机、行为乃至结果的产生。

【案例 7-4】

某企业的质量方针是"质量第一,用户第一"。有审核员询问了副总经理、总工程师、质管主任及技术、销售等部门的负责人和部分员工对本企业质量方针的理解,特别是里面的两个"第一"怎么达到。回答是各式各样的。有的说质量放第一,处处为用户着想;有的说主导产品要达到行业先进,让顾客放心;有的说产品实行"三包"、终身服务……

案例分析:这是个比较具有代表性的例子。有些企业制定的质量方针是口号式的,只注重华丽、响亮,而不考虑是否适合本企业的具体情况。本案例中企业的质量方针只是给外部展示的摆设,没有在企业内进行沟通,让员工理解其内涵,从而得到应用。该企业的做法一方面不符合"5.2 方针"的要求,另一方面也不符合"7.3 a)质量方针"的要求。

三、沟通的管理

ISO 9001:2015 中的条款"7.4 沟通"在 2008 版"5.5.3 内部沟通"的基础上,增加了外部沟通的内容。

> 7.4 沟通
> 组织应确定与质量管理体系相关的内部和外部沟通,包括:
> a) 沟通什么;
> b) 何时沟通;
> c) 与谁沟通;
> d) 如何沟通;
> e) 谁来沟通。

沟通是确保全员积极参与的基础,有效的沟通是组织内部各方之间及组织与外部各方之间的桥梁和纽带,可以促进达成共识,实现组织目标。组织应该识别和明确沟通需求,并对沟通过程进行策划,包括内容、时机、对象、方式、职责等内容。

1. 内部沟通

组织应确保质量管理体系在组织内的各个部门都有效地运行,同时,组织内应建立一套有效的沟通制度,确保各部门间协调协作、信息流畅。

内部沟通的内容主要包括:

(1) 有关质量方针和质量目标的沟通,如组织的价值观、组织对顾客或其他相关方的承诺、组织在质量方面追求的方向、组织的各过程目标、各岗位的工作目标等。

(2) 有关要求的沟通,如顾客对产品和服务的要求、与组织的产品相关的法律法规的要求、组织对内部各职能岗位的职责和权限的要求、组织对各职能岗位的工作要求等。

(3) 有关过程的结果的沟通,如过程的监视和测量结果、质量方针和质量目标的实施效果、工作绩效的考核结果、质量管理体系过程的改进效果等。

(4) 有关改进的沟通,如组织中人员的改进建议、组织中人员的改进要求和意见、组织中人员对改进的积极反馈等。

沟通的对象因其内容不同而有差别,可能只局限在个别职能岗位或层次,如最高管理层,也可能是全员性的。

沟通的形式多样，可以通过会议、文件、公告、电子邮件等多种方式实现沟通，通常表现为看板、内刊、质量分析报告等形式。

沟通的时机可能是实时、每天、每周、月度、季度、年度等。

2. 外部沟通

除内部沟通外，在质量管理体系运行过程中，组织还需要开展大量的外部沟通，组织也应对这些外部沟通过程进行管理。一般情况下，组织存在的外部沟通有与顾客的沟通（如合同、订单、问询等）、与外部供方的沟通（如采购合同、质量问题等）、与其他相关方（如政府监管部门、行业协会等）的沟通等。

与内部沟通相比，外部沟通的形式更正式一些，如报告、规范、补充协议、备忘录、信函等形式。组织在策划外部沟通时，也应该考虑到针对突发事件（如质量事故）的沟通活动，以及为提升企业形象而主动进行的信息发布等。外部沟通也要针对不同的沟通内容分别明确责任部门，如与顾客沟通以市场部为主，与外部供方沟通以采购部为主。

【案例 7-5】

某公司装配车间的小李最近很恼火，这几天天天加班到夜里 12 点，因为生产部经理说 3 天后客户要来提货，这 8 台升降机一定要装配完成。然而，升降机装配好后一直未见提货，原来客户早已通知了公司营销部推迟提货，但生产部经理不知道。这种事情经常发生，总经理有时知道，有时不知道，经常是一线人员加班加点，把产品装配出来后，客户又迟迟不来提货；有时是客户早就通知公司订单需要提前完成，而生产部不知道，结果影响到交货，导致客户投诉甚至取消订单。

案例分析：客户推迟或是提前提货，都提前通知了公司的相关部门，但这家公司的内部沟通存在问题，相关部门互不通气，总经理有时知道也不通知生产部门，这样会影响到合格产品的交付，长此下去还会影响员工的工作积极性。这种做法不符合标准"7.4 沟通"条款的要求。

第三节 对运行过程的要求

运行过程是质量管理体系的核心内容，主要包括：运行的策划和控制；产品和服务的要求（顾客要求的确认）；产品和服务的设计和开发；外部提供的过程（采购及外包过程）、产品和服务的控制；生产和服务的提供；产品和服务的放行；不合格输出的控制。

运行是质量管理体系 PDCA 循环中的 D 阶段，通过该阶段的运行控制，可达到产品和服务实现的目的。整个实现过程如图 7-3 所示。

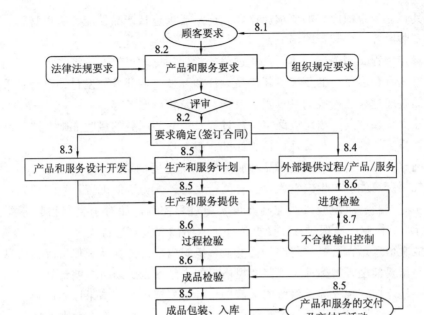

图 7-3 产品和服务实现的运行过程

一、运行的策划和控制

ISO 9001:2015 中的"8.1 运行的策划和控制"规定了与产品和服务有关的运行过程策划和控制的总体要求,这些过程也包括由外部提供的过程。将过程方法和基于风险的思维运用到产品和服务实现中,可以预防或减少非预期的结果,规避风险,把握机遇。

> 8.1 运行的策划和控制
> 为满足产品和服务提供的要求,并实施第 6 章所确定的措施,组织应通过以下措施对所需的过程(见 4.4)进行策划、实施和控制:
> a)确定产品和服务的要求;
> b)建立下列内容的准则:1)过程;2)产品和服务的接收;
> c)确定所需的资源以使产品和服务符合要求。
> d)按照准则实施过程控制;
> e)在必要的范围和程度上,确定并保持、保留成文信息,以:1)确信过程已经按策划进行;2)证实产品和服务符合要求。
> 策划的输出应适合组织的运行。
> 组织应控制策划的变更,评审非预期变更的后果,必要时,采取措施减轻不利影响。
> 组织应确保外包过程受控(见 8.4)。

本条款中的策划、实施和控制,就是指组织对一个产品和服务,从前期的市场调研、顾客要求开始,到产品和服务的设计和开发过程、原材料和零部件的采购供应过程、生产制造过程、产品测量检验过程、市场销售及售后服务的全过程进行讨论,制订切实可行的计划,然后付诸实施。对新产品、新技术、新项目的研发尤应如此。

在对产品和服务的运行进行策划和控制时,组织应关注以下几方面的内容:

(1)确定要求。组织应确定产品和服务的要求,包括顾客和相关方的要求及适用法律法规,将其转化为组织内部的要求。比如,产品要求包括产品性能、所用材料、工艺和技术参数、安装服务、包装运输等方面。

(2) 确定过程。相关质量体系及其过程的策划,见本书第八章第二节。例如,针对产品所需的过程有顾客要求的评审、新产品设计和开发、零部件外发包、原材料采购、零件制造和产品装配过程、检验测量过程、市场营销及售后服务等。

(3) 建立接收准则。组织应确定上述过程及产品和服务的接收准则,这些准则可以是规章制度、质量计划、工艺文件、检验标准、服务规范等。

(4) 确定资源。组织应确定产品和服务实现所需要的资源,包括原材料、辅助材料、水、电、气等所需能源、生产设备、检验测量设备、人力资源配置、组织的知识等。

(5) 实施控制。组织应按照准则要求实施过程控制,如对于生产和服务提供过程的5M1E进行有效控制,确保过程在受控条件下(明确规范)进行。

(6) 成文信息。在必要的范围和程度上,组织应确定并保持或保留成文信息。保持成文信息,是指要健全各类标准、规范、规格,如产品图纸、质量控制计划、工艺流程、作业指导书、检验检查规程等。保留成文信息,是指要把运行的结果如实记录下来,形成各种质量记录,作为确信过程已经按策划进行、证实产品和服务符合要求的证据。

(7) 风险控制。组织应确定产品和服务运行各过程中的风险和机遇,策划应对风险和机遇的措施,将风险管理纳入运行过程中。

(8) 运行策划输出的形式应结合组织的产品、服务、管理等实际,并适合组织的运作方式。比如,建筑施工企业针对具体工程项目策划运行的文件,通常为施工设计方案。

(9) 运行策划的变更控制。运行策划的变更可能涉及产品的变更、生产流程的变更、服务提供的变更、接收准则的变更等,组织应对非预期变更的后果进行评审。如果这些变更或变化对组织的经营带来风险,组织应对其采取适当的行动,以减少不良影响,这些行动包括重新进行故障模式及后果分析(FMEA)、更新控制计划等。

(10) 外包过程的控制。外包是指安排外部组织承担组织的部分职能或过程。虽然外包的职能或过程在组织的管理体系覆盖范围内,但是外部组织处在覆盖范围之外。由于外包过程对产品和服务实现具有影响,因此,组织必须识别所需的外部过程并策划和实施运行控制。外包过程控制的具体要求见本节对条款8.4的描述。

【案例7-6】

在某建筑公司第一项目部,审核员看到在建办公楼的消防系统是请某消防安装公司安装的。审核员要求查看该公司的安装资质证明材料,项目部经理出示了安装公司的安装资质证明。审核员进一步要求查看具体在现场进行安装的施工队人员的资质证明文件。项目部经理说:"这事不归我们管,应该由安装公司自己负责。"

案例分析:安装公司是建筑公司的外包方,在施工时应该纳入建筑公司的质量管理体系。因此,建筑公司不仅应该对安装公司的资质有要求,而且对其现场施工人员的资质也应进行控制,只有这样才能真正保证质量。本例中,安装公司的做法违反了标准"8.1 运行的策划和控制"中"组织应确保外包过程受控"的规定。

二、产品和服务的要求

本部分的标准条款主要与顾客相关,具体有四个方面,包括以下内容:

(1) 顾客沟通:强调组织与顾客之间的有效沟通,建立和巩固与顾客的良好关系,增加利用机遇,有效控制风险。

(2) 产品和服务要求的确定:旨在确定产品和服务运行过程的输入信息,包括顾客提出的规格要求、相关行业标准、适用的法律法规等。

(3) 产品和服务要求的评审:对顾客的合同或订单进行评审。

(4) 产品和服务要求的更改:对产品和服务要求所产生的任何更改,必须得到有效控制,以确保产品和服务继续满足顾客的要求。

(一) 顾客沟通

> 8.2.1 顾客沟通
> 与顾客沟通的内容应包括:
> a) 提供有关产品和服务的信息;
> b) 处理问询、合同或订单,包括更改;
> c) 获取有关产品和服务的顾客反馈,包括顾客投诉;
> d) 处置或控制顾客财产;
> e) 关系重大时,制定应急措施的特定要求。

本条款内容与 ISO 9001:2008 标准中"7.2.3 顾客沟通"条款相关联,2015 版标准增加了在处置或控制顾客财产及应急响应方面与顾客沟通的控制要求。

(1) 顾客沟通的目的。与顾客沟通是将组织与顾客联系在一起,以实现组织目标的手段。从这个意义上说,没有沟通,就没有市场。与顾客沟通的目的是:

① 了解市场行情。

② 掌握顾客需求与期望。

③ 规避风险与把握机遇。

④ 获取顾客关于产品和服务的反馈,包括抱怨。

(2) 顾客沟通的时机。

① 售前:如市场调研过程、产品宣传或推介过程等。

② 售中:如招投标过程、合同谈判过程、合同更改过程等。

③ 售后:如三包过程、售后服务过程等。

(3) 顾客沟通的方式。

① 广告、会议(如产品发布会、展销会等)。

② 利用现代通信工具(如电话、传真、网络等)。

③ 建立专门的联系渠道(如设立 400 免费咨询电话)。

④ 必要时的登门拜访。

⑤ 定期或不定期的产品和服务顾客满意信息的调查分析。

(4) 确保顾客知道并同意组织处置或控制顾客财产的方式、方法。

(5) 关系重大时,应制定有关应急措施的特定要求。所谓"关系重大",对制造业而言,可包括诸如产品重大安全缺陷召回、食品污染事件紧急召回等;对服务业而言,可包括诸如极端天气的应急处置、重大事件的应急处置（如热门景点节假日大客流事件的应急处置）等。组织应考虑为这些关系重大的活动制定具体的应急措施，事先预防，一旦出现紧急情况，有章可循，及时与顾客沟通，最大限度地降低风险。

【案例 7-7】

在某公司销售科的《顾客信息反馈表》中有如下记载："顾客反映本厂试剂 A 质量不好，使用时没有显示反应。"审核员问销售科长："对此问题采取了哪些纠正措施？"科长很为难地回答："顾客就是这么反映的。我们每批产品都有留样，可以针对不同批号产品重新检验以便追溯。但是，业务员带回来的信息没有说明是哪批产品发生的问题，因此我们也不知道应该如何采取措施。"

案例分析：这说明业务员带回来的信息不够准确，事后也没有进行回访调查，因此也就丧失了对信息进行跟踪处理的机会。本例中，销售科的做法违反了标准"8.2.1 顾客沟通"的规定，组织应当获取有关产品和服务的顾客反馈，包括顾客投诉。

（二）产品和服务要求的确定

> 8.2.2 产品和服务要求的确定
> 在确定向顾客提供的产品和服务的要求时，组织应确保：
> a）产品和服务的要求得到规定，包括：1）适用的法律法规要求；2）组织认为的必要要求；
> b）提供的产品和服务能够满足所声明的要求。

组织在销售产品、参加招投标或与顾客进行商务和技术谈判，直至产品交付和交付后的后续服务全过程中，应确定的与产品和服务有关的要求如下：

（1）顾客规定的要求或组织对产品和服务所规定的要求，包括产品名称、规格型号、技术性能、质量、数量、交货方式及地点、交货时间及售后服务等规定。

（2）合同、订单或技术协议书中虽然没有明示，但规定用途或已知的预期用途所必需的要求，如安全性、可靠性、维修性、产品寿命等。例如，对液化气灶具，尽管未明示，但其安全防爆等要求是不言而喻的。

（3）产品所适用的相关法律法规要求，包括所遵循的是何标准，是国际标准、国家标准、部颁标准，还是行业标准等。

（4）组织认为必要的要求，如产品采用的本企业标准，应用的本公司的专利技术，维修、更换处理等售后服务的特殊承诺，或与顾客商定的其他附加要求等。

组织应确保提供的产品和服务能够满足所声明和承诺的要求。

（三）产品和服务要求的评审

> 8.2.3 产品和服务要求的评审
> 8.2.3.1 组织应确保有能力向顾客提供满足要求的产品和服务。在承诺向顾客提供产品和服务之前，组织应如下各项要求进行评审：
> a）顾客规定的要求，包括对交付及交付后活动的要求；
> b）顾客虽然没有明示，但规定的用途或已知的预期用途所必需的要求；

c) 组织规定的要求；
d) 适用于产品和服务的法律法规要求；
e) 与以前表述不一致的合同或订单要求。
组织应确保与以前规定不一致的合同或订单要求已得到解决。
若顾客没有提供成文的要求，组织在接受顾客要求前应对顾客要求进行确认。
注：在某些情况下，如网上销售，对每一个订单进行正式的评审可能是不实际的，作为替代方法，可评审有关的产品信息，如产品目录。
8.2.3.2　适用时，组织应保留与下列方面有关的成文信息：
a) 评审结果；
b) 产品和服务的新要求。

产品和服务要求的评审，通俗地讲，就是对顾客的合同或订单进行评审，主要内容如下：

（1）评审的目的：确认组织有能力满足产品和服务的要求。顾客对产品和服务的要求，包括对交付及交付后活动的要求，或组织对产品和服务所规定的要求，在标书、合同或订单、技术协议书中，或在组织对外发布的产品信息中应得到规定。

（2）评审的对象：已确定的产品和服务的要求和组织确定的任何附加要求。具体内容可以参照上一条款 8.2.2 解释中的（1）—（4），再加上与以前表述不一致的合同或订单要求。

（3）评审的时机：应在向顾客做出提供产品和服务的承诺之前，如投标前对投标文件的评审、合同或订单签订前对合同或订单的评审、合同或订单更改前的评审。

（4）评审的方法：形式多样，可以包括对定型产品和服务要求的评审、事先评审、授权认可等；对于特殊产品和服务的要求，可通过会议或会签进行评审。

（5）评审的要求：

① 产品和服务要求得到规定，包括明示的、通常隐含的、必须履行的及组织确定的任何附加要求。

② 组织的生产能力、技术水平、生产设备设施、人员能力、质量管理水平等能满足标书、协议书、合同或订单中规定的要求。

③ 与以前洽谈合同或订单的时候表述不一致的要求，已经在合同或订单中重新表述，双方已经达成共识，不再有歧义。

④ 当顾客以口头或电话等方式提出要求而没有形成相应文件时，组织在接受顾客要求前应对顾客要求进行确认。例如，采用电话、邮件、网络聊天工具等方式让顾客确认。还有一种常见情况，就是营销人员在招标现场或顾客处，需要当场决定某些顾客要求或更改要求，可电话请示组织同意后，先签约，回来后再将协商记录请管理者审核签字。

（6）评审的记录：评审的结果及评审所引发的措施，如制作或修改投标书，重新洽谈并修改合同，或签订补充技术协议、备忘录等成文信息必须保留。

【案例 7-8】

大新锅炉厂过去一直生产 13 atm 压力的蒸汽锅炉，但是最近好几个顾客到厂里来要求订购 16 atm 压力的锅炉。该厂还没有生产 16 atm 压力的锅炉的生产许可证，但是销售科考虑到锅炉的生产技术都差不多，就准备先安排生产，同时办理相关的报批手续，经报厂长批准后就与三个顾客签订了生产 16 atm 压力的锅炉的合同。

案例分析：生产锅炉等压力容器是需要有生产许可证的，该厂没有获得生产 16 atm 压力的锅炉的生产许可证就与客户签订生产合同，明显违反了国家法律法规的规定。如果因为生产技术或设施存在问题，拿不到许可证，就不能履行已经与顾客签订的合同了，顾客蒙受了损失肯定要向工厂索赔。本例中，大新锅炉厂的做法不符合标准"8.2.3 产品和服务要求的评审"，在承诺向顾客提供产品和服务之前，组织应对顾客规定的要求进行评审。组织应确保有能力向顾客提供满足要求的产品和服务，并且适用于产品和服务的法律法规的要求。

（四）产品和服务要求的更改

> 8.2.4 产品和服务要求的更改
> 若产品和服务要求发生更改，组织应确保相关的成文信息得到修改，并确保相关人员知道已更改的要求。

本条款内容非常简单，但是事关责任重大，如果实施不好，将会给组织在经济利益和行业信誉方面造成重大损失。

标准实施要求：若产品要求发生更改，如规格型号、交货期、订单数量、交付方式，组织应评审更改的性质及其影响，确保相关的标书、协议书、合同或订单等文件得到修改，并确保相关人员如营销、研发、采购、生产制造及检验人员知道已更改的要求，从而确保后续的策划、设计、生产（服务）按照更改后的要求实施。

【案例 7-9】

审核员在某公司销售部查 2018 年 9 月销售统计报表时，发现一批 DT34 型密封件共计 1 000 件注明"因合同更改积压"字样。销售经理说："这是南昌新兴公司今年 5 月份订的货，本来订好要 3 000 件，但后来他们来电话说只要 2 000 件，可是我们忘了通知生产部，所以就积压了这 1 000 件，到现在还没有卖出去。"

案例分析：本案例属于顾客订货数量的合同变更，即使电话通知，也属于合法的变更，而且公司也同意了顾客的变更（顾客有电话记录）。问题在于，公司没有对变更后的顾客要求进行重新评审，或者说重新评审后没有更改相关的成文信息（重新分配生产计划），也没有让相关人员（生产部）知道已更改的要求。该做法不符合标准"8.2.4 产品和服务要求的更改"。

三、产品和服务的设计和开发

产品和服务的设计和开发是质量管理体系运行中的一个重要过程，对最终产品和服务能否满足顾客要求和法律法规要求起着至关重要的作用。因此，所有版本的 ISO 标准都对本过程规定了非常严格的控制要求，特别是 ISO 9001:2015，应用了过程方法及基于风险的思维，以对产品和服务的设计和开发过程进行有效控制。

8.3 产品和服务的设计和开发

8.3.1 总则
组织应建立、实施和保持适当的设计和开发过程，以确保后续的产品和服务的提供。

8.3.2 设计和开发策划
在确定设计和开发的各个阶段和控制时，组织应考虑：
a) 设计和开发活动的性质、持续时间和复杂程度；
b) 所需的过程阶段，包括适用的设计和开发评审；
c) 所需的设计和开发验证、确认活动；
d) 设计和开发过程涉及的职责和权限；
e) 产品和服务的设计和开发所需的内部、外部资源；
f) 设计和开发过程参与人员之间接口的控制需求；
g) 顾客及使用者参与设计和开发过程的需求；
h) 对后续的产品和服务提供的要求；
i) 顾客和其他有关相关方所期望的对设计和开发过程的控制水平；
j) 证实已经满足设计和开发要求所需的成文信息。

8.3.3 设计和开发输入
组织应针对所设计和开发的具体类型的产品和服务，确定必需的要求。组织应考虑：
a) 功能和性能要求；
b) 来源于以前类似设计和开发活动的信息；
c) 法律法规要求；
d) 组织承诺实施的标准或行业规范；
e) 由产品和服务性质所导致的潜在的失效后果。
针对设计和开发的目的，输入应是充分和适宜的，且应完整、清楚。
相互矛盾的设计和开发输入应得到解决。
组织应保留有关设计和开发输入的成文信息。

8.3.4 设计和开发控制
组织应对设计和开发过程进行控制，以确保：
a) 规定拟获得的结果；
b) 实施评审活动，以评价设计和开发的结果满足要求的能力；
c) 实施验证活动，以确保设计和开发输出满足输入的要求；
d) 实施确认活动，以确保形成的产品和服务能够满足规定的使用要求或预期用途；
e) 针对评审、验证和确认过程中确定的问题采取必要措施；
f) 保留这些活动的成文信息。
注：设计和开发的评审、验证和确认具有不同目的。根据组织的产品和服务的具体情况，可单独或以任意组合的方式进行。

8.3.5 设计和开发输出
组织应确保设计和开发输出：
a) 满足输入的要求；
b) 满足后续产品和服务提供过程的需要；
c) 包括或引用监视和测量的要求，适当时，包括接收准则；
d) 规定产品和服务特性，这些特性对于预期目的、安全和正常提供是必需的。
组织应保留有关设计和开发输出的成文信息。

8.3.6 设计和开发更改
组织应对产品和服务在设计和开发期间及后续所做的更改进行适当的识别、评审和控制，以确保这些更改不会对满足要求产生不利影响。
组织应保留下列方面的成文信息：
a) 设计和开发更改；
b) 评审的结果；
c) 更改的授权；
d) 为防止不利影响而采取的措施。

ISO 9001:2015 对于有关设计和开发的要求非常严格,所以条款比较烦琐,但是一旦组织涉及产品和服务的设计和开发过程,就必须严格按照标准的要求实施控制,才能保证后续的产品和服务能够满足规定的使用要求或预期用途。

本条款的过程关系如图 7-4 所示。其中,有几个重要的术语,在此重点解释。

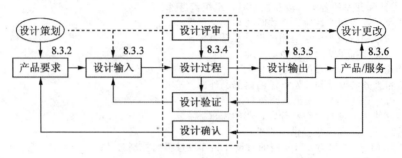

图 7-4　设计和开发过程控制关系图

(1) 设计输入:组织应明确产品和服务的所有要求,保留成文信息(如设计任务书),以达到设计和开发的目的。设计和开发的输入来源主要有:顾客合同、技术协议、行业标准、相应的法律法规等,还有经过市场调研确定的产品功能、性能、主要技术与工艺参数、材料安全和环保性能、采用标准、验收准则等数据。

(2) 设计输出:设计和开发的输出是设计和开发过程的结果,其形式因设计要求、产品或服务性质的不同而异。硬件制造业设计输出形成的文件通常包括图纸、规范、计算书、接收准则(产品标准)、各种清单或明细表(如原材料明细表、零部件明细表、标准件明细表等)、安装使用和维护说明书。服务业的设计输出通常有三大规范,即服务内容规范、服务提供规范、质量控制规范。

在互联网时代,无纸化输出(电子数据)将是设计和开发输出的主要形式。

(3) 设计评审:在设计进行过程中的每个阶段进行,一般采用评审会议、资料传阅或专家评审方法,目的是检查是否按照设计策划的过程进行设计,发现存在的问题并及时纠正。

(4) 设计验证:在形成设计输出时进行,常用试验或证明、变换方法计算或验算、文件发布前评审等方法,目的是证明是否满足设计和开发输入的要求。

(5) 设计确认:在产品和服务交付或实施之前进行,一般采用送顾客试用或模拟顾客环境试运行等方法,目的是要证明组织提供的产品和服务满足顾客的要求。

(6) 设计更改:当产品和服务在设计和开发评审、验证、确认等控制活动中出现任何问题,或者新产品和服务在后续的提供中出现任何问题时,就要对原有的设计和开发做相应的更改。设计更改后,还须安排适当的评审、验证、确认,以确保这些更改不会对产品和服务的提供符合要求产生不利影响。

设计评审、设计验证、设计确认之间的关系如表 7-4 所示。

表 7-4　设计评审、设计验证和设计确认之间的关系

项目	设计评审	设计验证	设计确认
目的	1. 评价设计和开发的结果满足要求的能力 2. 识别设计和开发全过程所存在的问题并提出必要的措施	证实设计和开发输出满足输入的要求	确保产品能够满足规定的使用要求或已知的预期用途的要求（通常站在顾客立场）
对象	阶段的设计结果	设计输出文件、图样或样品	向顾客提供的产品或样品
时机	在设计的适宜阶段进行	在形成设计输出时进行	在产品交付或实施之前完成
方式	会议、传阅方式	试验、计算/验算、对比、文件发布前评审	试用、模拟
实质	阶段性检查	对过程的正确性的证明	对结果的正确性的证明和认可
特点	依据所策划的安排，在适宜的阶段对设计和开发进行系统的评审	依据所策划的安排对设计和开发进行验证	依据所策划的安排对设计和开发进行确认

由于各个组织的产品和服务的类型不同，设计和开发的技术工具、持续时间、负责程度也各不相同，而且有很多组织实际上并不涉及设计和开发过程，也有些组织，特别是服务型企业，虽然涉及某些开发与设计的内容，但在申请 ISO 认证时，只包含了产品制造或服务实现及其支持过程的范围。所以，本书限于篇幅，不再详细解释 8.3 节条款的具体内容，请读者自行学习理解其含义，结合具体实际进行应用。

【案例 7-10】

在某建筑工地，工人正在进行钢筋绑扎。工地监理发现某部位基础钢筋直径偏细，于是要求停工，向设计院询问。设计院经核对后承认出现了计算错误，并说因为是用的计算机辅助设计软件设计的，设计人一般情况下不再核对计算，可能是参数条件设定错了。

案例分析：很显然，设计院对于设计输出的结果没有进行验证，也没有对形成的产品实物是否满足要求进行确认。该做法违反了标准"8.3.4 设计和开发控制"的规定。

四、外部提供的过程（采购及外包过程）、产品和服务的控制

ISO 9001:2015 标准中 8.4 节条款所要求的控制内容有两个方面：一是对供方（供应商）及其采购产品（服务）的控制，相当于 2008 版标准"7.4 采购"；二是对分供方（外包商）及其外包过程的控制，相当于 2008 版标准 4.1 中对外包过程管理的要求。供应商和外包商在 2015 版标准中被合二为一，统称为外部供方。

(一)外部供方提供过程、产品和服务的范围

> 8.4.1 总则
> 组织应确保外部提供的过程、产品和服务符合要求。
> 在下列情况下,组织应确定对外部提供的过程、产品和服务实施的控制:
> a) 外部供方的产品和服务将构成组织自身的产品和服务的一部分;
> b) 外部供方代表组织直接将产品和服务提供给顾客;
> c) 组织决定由外部供方提供过程或部分过程。
> 组织应基于外部供方按照要求提供过程、产品和服务的能力,确定并实施对外部供方的评价、选择、绩效监视及再评价的准则。对于这些活动和由评价引发的任何必要的措施,组织应保留成文信息。

本条款中讲述的外部供方提供的过程、产品和服务,大致可分为以下几种情况:

(1) 外部供方的产品和服务将构成组织自身的产品和服务的一部分。例如,汽车制造厂一般只负责车身焊接、表面涂装和整车总装三大块,而绝大多数零部件都是汽车零部件制造厂提供的。

(2) 外部供方代表组织直接将产品和服务提供给顾客。组织只负责生产产品,而将销售及服务全部都外包给专业的销售服务公司或代理商,由他们代表组织提供给顾客。例如,目前很多电子商务公司就是典型的销售和服务外包商。

(3) 组织决定由外部供方提供过程或部分过程。例如,一些大的建设工程,如道路、桥梁、地铁工程,一般都由中铁、中化建等大型建设集团公司承担,但他们会把一些标的段分包给其他一些建设施工公司和设备安装公司。

不管是上述哪种情况,组织都应确保外部供方提供的过程、产品和服务符合要求,不仅要确定并实施对外部供方的评价、选择、绩效监视及再评价的准则,还要对其进行控制。

对于这些活动和由评价引发的任何必要的措施,组织应保留成文信息。

【案例 7-11】

某审核员在采购部审核时发现,由快递公司送来的一批继电器开关的标签上只有发货单位,没有生产厂名。审核员询问采购部负责人后得知,由于顾客增加订单数量,部分零配件发生短缺,于是采购部负责人让采购员直接在网上搜索后下了采购订单,零件的型号是正确的,应该可以使用,对生产厂商没有进行考察了解。

案例分析:本案例采用的继电器开关,属于"8.4.1 a) 外部供方的产品和服务将构成组织自身的产品和服务的一部分"。根据ISO标准规定,组织应实施对外部供方的评价、选择、绩效监视。在购买之前,组织需要取得生产厂家及其产品的信息,对其做出评价并保留记录。

对外部供方的具体管控措施,在下一个条款中阐述。

（二）实施对外部供方的管控

> 8.4.2 控制类型和程度
> 组织应确保外部提供的过程、产品和服务不会对组织稳定地向顾客交付合格产品和服务的能力产生不利影响。组织应：
> a) 确保外部提供的过程保持在其质量管理体系的控制之中；
> b) 规定对外部供方的控制及其输出结果的控制；
> c) 考虑：1) 外部提供的过程、产品和服务对组织稳定地满足顾客要求和适用的法律法规要求的能力的潜在影响；2) 由外部供方实施控制的有效性；
> d) 确定必要的验证或其他活动，以确保外部提供的过程、产品和服务满足要求。

所谓控制类型和程度，简单地讲，包含以下四个方面的内容：

（1）将外部供方纳入组织质量管理体系的控制之中，指的是首先要制定对外部供方进行选择、评价和重新评价的准则，其次对外部供方进行监测评价，只有在"合格供方名录"里面的外部供方，组织才可以采用其产品或服务。

（2）应对需要控制的原材料、零部件及外部供方完成的半成品或服务等制定接收准则，确保外部供方提供的过程、产品和服务符合规定的要求。

组织可以根据不同的外部供方提供的过程、产品和服务对本组织的产品和服务影响的重要程度，划分等级，如特殊控制、重点控制、一般控制（或 A 类、B 类、C 类、D 类），按照对应的控制等级，选择不同程度的手段进行控制。

（3）对外部供方提供的产品和服务进行验证，例如，对于工厂里面接收的原材料，组织需要按照制定的接收准则对其进行检验或试验，合格通过后才能将其投入使用。

（4）对外部供方的评价和重新评价的准则和结果，例如，对于供方监查报告、供货检验记录、质量验证报告等，组织都要保留好文件化信息。

【案例 7-12】

某机械厂过去一直从该市第二钢铁厂采购 QA2 型特种钢板用于精密冲压加工。但是，3 月份由于第二钢铁厂的 QA2 型特种钢板一直供不应求，为了维持生产，在未进行评价、选择的情况下，采购员紧急从外地一家钢铁厂采购了同一牌号的钢板，结果由于材料不符合要求，冲压时损坏了模具。而该厂《采购控制程序》文件中明确规定："第一次从供方采购重要物资时，应先对样品进行检验，检验合格才能允许供方小批量供货，对小批量供货检验合格才能将该供方列入合格供方名录，正式签订批量供货合同。"

案例分析：该机械厂的做法违反了标准 8.4.2 条款的规定。首先，对于重要材料，合格供方不能只有一家，一定要有备选的合格供方，当出现质量事故或者供货脱节时，组织可以采用第二、第三方案。其次，万一发生生产急需等特殊情况，组织可以从合格供方目录之外寻找供方，但是，必须对其进货物资进行严格检验，这个检验代表了对该供方的评价。本案例中，采购员进货时没有对新供方进行检验，导致采购来的钢板在冲压时损坏了模具，反而更延误了生产。

(三)提供给外部供方的信息

> 8.4.3 提供给外部供方的信息
> 组织应确保在与外部供方沟通之前所确定的要求是充分和适宜的。
> 组织应与外部供方沟通以下要求:
> a) 须提供的过程、产品和服务;
> b) 对下列内容的批准:1) 产品和服务;2) 方法、过程和设备;3) 产品和服务的放行;
> c) 能力,包括所要求的人员资格;
> d) 外部供方与组织的互动;
> e) 组织使用的对外部供方绩效的控制和监视;
> f) 组织或其顾客拟在外部供方现场实施的验证或确认活动。

本条款所要求明确的是,向外部供方提供的采购信息、订单、合同必须符合要求。

(1) 在发出采购信息、合同之前,组织首先确保与外部供方进行沟通,确定外部供方有能力提供满足组织要求的过程、产品或服务。

(2) 采购信息、合同中应该明确的事项:

① 产品和服务内容,如要求供方按生产件批准程序(PPAP)进行产品和服务的提供。

② 方法、过程和设备,即对外部供方提供的过程所采取的工艺、设备或方法的批准,如建筑施工企业分包方施工方案的审批。

③ 产品和服务的放行,明确外部供方提供的产品和服务的验证要求、验证方式及放行方式。

④ 能力要求、人员资质,如运输服务车辆驾驶员应具备相应的资格和能力。

⑤ 外部供方与组织的接口,以便于沟通信息。

⑥ 组织对外部供方绩效的控制和监视的要求,组织收集、分析相关信息,作为对外部供方再评价的依据。

⑦ 对组织或其顾客拟在外部供方现场实施的验证或确认活动的安排,以及输出结果的放行方式等。

五、生产和服务的提供

前面明确了顾客的要求(订单/合同),完成了产品和服务的设计和开发,并且也确定了对外部供方的控制,接下来就是为顾客生产产品或提供服务的过程。

ISO 9001:2015 标准"8.5 生产和服务提供"的条款,要求组织应策划并在受控的条件下进行生产和服务的提供,控制可能影响生产和服务提供过程达成预期目标的相关风险。

(一)生产和服务提供的控制

> 8.5.1 生产和服务提供的控制
> 组织应在受控条件下进行生产和服务提供。适用时,受控条件应包括:
> a) 可获得成文信息,以规定以下内容:1) 拟生产的产品、提供的服务或进行的活动的特性;2) 拟获得的结果;
> b) 可获得和使用适宜的监视和测量资源;

> c) 在适当阶段实施监视和测量活动,以验证是否符合过程或输出的控制准则及产品和服务的接收准则;
> d) 为过程的运行使用适宜的基础设施,并保持适宜的环境;
> e) 配备胜任的人员,包括所要求的资格;
> f) 若输出结果不能由后续的监视或测量加以验证,应对生产和服务提供过程实现策划结果的能力进行确认,并定期再确认;
> g) 采取措施防止人为错误;
> h) 实施放行、交付和交付后的活动。

本条款涵盖的内容很广泛,在现场审核中发现的不符合,大部分都发生在本条款的实施过程中,所以在此要重点加以理解。

生产和服务的提供应按照条款4.4过程策划的要求,应用过程方法策划在受控的条件下进行。适用时,受控条件应包括:

(1) 可获得成文信息,如技术规范、图样、样板、工艺、服务规范、作业指导书、生产计划等;拟获得的结果,如产品和服务的验收标准。

(2) 可获得和使用适宜的监视和测量资源,如配备和使用生产和服务提供过程中所需要的监视和测量设备,以便在生产和服务提供的过程中及时监控相应的产品特性和过程特性的变化,将它们控制在规定的范围内。

(3) 在适当阶段实施监视和测量活动,以验证是否符合过程或输出的控制准则及产品和服务的接收准则。

(4) 为过程的运行提供适宜的基础设施和环境。基础设施包括生产设备、工具、服务设施、ERP软件、供电、照明、供水、供气、通风、消防等;环境包括物理环境(温度、湿度、卫生等)、人文环境(组织关系、人际沟通等)。标准中"适宜"的含义是基础设施和环境要求应满足生产和服务过程的要求。

(5) 配备具备能力的人员,包括所要求的资格。人力资源是生产和服务要素中的首要资源,生产和服务提供需要配备具备能力的人员,包括所要求的资格。

(6) 根据不同组织运行过程的性质,有的组织可能存在输出结果无法被后续监视或测量验证的过程,这样的过程被称为特殊过程。常见的特殊过程有:

① 过程的质量特性要在后续使用时才能显现,如铸铁中的砂眼、电焊中的气泡。

② 无法用经济的方法进行检验,必须要进行破坏性试验才能测量,如保温材料中的发泡均匀度、油漆的剥离强度。

③ 过程的结果不能通过测量和试验测得,如混凝土的浇筑等。

那么,特殊过程应该怎样控制质量呢?标准规定,要对特殊过程实现预期结果的能力进行评估与确定,过程能力通常涉及过程中的"人""机""料""法""测""环"(5M1E)等相关因素。特殊过程确认的策划,应包括以下内容:

• 规定评审和批准过程的准则,包括规定评审方法、评审人员、过程结果应达到的质量要求。

• 采取成熟经验的评审或新工艺试验,确定严格的工艺参数(温度、压力、速度、时间等),通过过程能力的认定和控制保证过程结果满足要求。

• 规定设备能力和人员资格需要达到的要求,并进行设备认可和人员鉴定。

- 规定并执行特定的方法和程序，包括为什么做、由谁做、何时和何处做、做什么、如何做（5WIH）。
- 遵守特殊过程运行中必要的记录要求。

（7）采取措施防止人为错误。对那些更多依赖人的过程，应特别关注是否有防错措施。防错措施也叫防呆措施，就是利用技术手段防止人为错误。例如，手机中的SIM卡，因为其特殊的形状设计，就不会出现放置错误；银行在客户设置密码时，要求重复两次输入，防止人为错误。适用时，组织可以应用风险管理技术，如过程失效模式与效应分析（FMEA）、危害分析的临界控制点（HACCP）、故障树分析（FTA）等技术控制风险。

（8）实施放行、交付和交付后的活动。这里的"放行"是指生产和服务过程各阶段产品的周转和最终产品交付的活动，包括应实施的对产品和服务的验证活动的安排，应按条款"8.6 产品和服务的放行"的要求实施控制。"交付"是指组织与顾客交接产品的有关活动。"交付后活动"包括售后服务、担保条件所规定的相关活动，如合同规定的产品维护服务，以及回收或最终报废处置服务。交付后活动的控制，应执行条款"8.5.5 交付后活动"的控制要求。

【案例7-13】

某乡办企业承接开关厂开关柜箱体的焊接加工。审核员发现焊点大小不一、间距分布不匀，于是问工人："工艺指导书对于焊接有没有具体规定？"焊工回答："工艺指导书没有规定得很详细，但我们都是很熟练的焊工，凭经验就知道应该采用的焊接工艺。"

审核员在查看《焊接工艺指导书》时看到对于箱体每边有焊接点数的规定，但对于焊接时的焊料预处理、焊枪温度、接触时间、间距误差等都没有控制要求。

案例分析：焊接作业可以被归类为特殊过程，为了达到受控条件，焊工需要在作业过程中严格遵守作业条件的规定。比如，明确对人员能力资格的要求，规定控制作业温度、时间、压力、速度的测量；同时考虑防呆措施，如采用夹具控制焊点的间距位置。

（二）对标识和追溯性的要求

> 8.5.2 标识和可追溯性
> 需要时，组织应采用适当的方法识别输出，以确保产品和服务合格。
> 组织应在生产和服务提供的整个过程中按照监视和测量要求识别输出状态。
> 当有可追溯要求时，组织应控制输出的唯一性标识，并应保留所需的成文信息以实现可追溯。

本条款旨在说明在生产和服务提供过程中，组织要如何对三类标识进行识别，并确定需要采取哪些控制措施。

1. 标识的目的

（1）产品的标识：为防止错用或误用易混淆的产品，应对其进行适当的标识，如品名、批号、数量等。

（2）状态的标识：检验状态包括待检、待判、合格、不合格，防止错用或误用未经检验或经检验不合格的产品。

(3) 服务人员标识、服务场所标识、服务过程标识（如宾馆标识卫生间正在清洁中、茶具已消毒），告知顾客及相关人员适当的信息。

2. 标识的方法

应采用适宜的方法进行标识，如挂牌、标签、记录、色标、区域定置、条形码、编码等。

3. 可追溯性

可追溯性是指追溯客体的历史、应用情况或所处位置的能力。实现可追溯性的两个基本条件是标识的唯一性和保留实现可追溯性所需的成文信息。

产品或服务需要追溯的场合示例如下：

(1) 法律法规有要求时，如汽车发动机编号。

(2) 原材料、零部件的来源。

(3) 加工的历史，如组织为实现内部管理、了解质量情况，对发现的问题进行追溯。

(4) 产品和服务交付后的发送和所处的位置，如食品的追溯性要求。

【案例 7-14】

某水泵生产企业供应部从一家新供方处采购来一批水泵密封圈。到货后，组装车间来不及检验，经有关领导同意就直接将密封圈安装到急于生产的 D-25 型水泵上。3 天后，密封圈的检验结果出来了，其性能不能满足设计要求。此时，已组装完 56 台，其中有 29 台已安装了这批密封圈，但无法查出哪些是安装了这种密封圈的水泵。

案例分析：本案例有两点不符合标准条款的要求。其一，没有对采购的原材料做必要的检查、评价就使用了，不符合 8.4.2 条款对外部供方提供产品的控制。其二，因为对材料来不及检验就直接使用，牵涉到生产过程中"特殊采用"的情形，企业必须要做好唯一性的标识和记录，以便将来出现问题时可以进行追溯并做区分。该企业的做法不符合 8.5.2 条款中"当有可追溯要求时，组织应控制输出的唯一性标识，并应保留所需的成文信息以实现可追溯"的规定。

（三）顾客或外部供方的财产

> 8.5.3 顾客或外部供方的财产
>
> 组织应爱护在组织控制下或组织使用的顾客或外部供方的财产。
>
> 对组织使用的或构成产品和服务一部分的顾客和外部供方财产，组织应予以识别、验证、保护和防护。
>
> 若顾客或外部供方的财产发生丢失、损坏或发现不适用情况，组织应向顾客或外部供方报告，并保留所发生情况的成文信息。
>
> 注：顾客或外部供方的财产可能包括材料、零部件、工具和设备及场所、知识产权和个人资料。

本条款是"关系管理"原则在标准中的具体应用。组织不仅要控制所使用的顾客财产，也要控制所使用的外部供方的财产，既要做到防止财产损坏并妥善保管，又要及时通报异常或不适用情况。

1. 顾客或外部供方财产的范围

顾客或外部供方的财产可以是有形的（如材料、工具、设备、顾客场所），也可以是无形的（如知识产权、个人信息）。组织应根据财产的类型采取适当的保护措施，应明确财产的所有者，并采用适宜的方式告知组织内部相关部门或岗位。

2. 控制要点

组织要识别生产和服务过程中可能涉及并需要承担保护责任的顾客或外部供方财产，并对经识别的此类财产进行控制：

（1）识别：标识以示区别。

（2）验证：验证其是否完好和适用。

（3）保护和防护：防止变质、损坏、丢失、错用或混用等。

（4）记录和报告：发现问题（丢失、损坏、不适用）时予以记录并向顾客或外部供方报告。

【案例 7-15】

在某电信公司进行审核时，审核员发现业务人员将打印有顾客的姓名、电话号码及住址等信息的资料摊放在桌面上，并随意丢弃。审核员问业务人员如何对顾客个人信息进行保护，业务人员回答说："公司没有规定。"

案例分析：顾客财产包括知识产权和个人信息。电信公司的资料上有顾客私人信息，这些信息也属于顾客财产的一部分。公司应规范使用并保护好顾客信息，使之不受滥用和泄露。

（四）对产品和服务的防护

> 8.5.4 防护
> 组织应在生产和服务提供期间对输出进行必要的防护，以确保符合要求。
> 注：防护可包括标识、处置、污染控制、包装、储存、传输或运输及保护。

本条款内容与 ISO 9001:2008 标准中"7.5.5 产品防护"条款相关，更加强调全过程的产品和服务的防护，强调服务的过程输出也需要防护；增加了"处置""传输""污染控制"等内容。防护是生产和服务提供期间需要考虑的受控条件之一，目的是确保产品和服务满足要求。

1. 防护的分类

（1）产品实现过程的防护：从原材料进厂（或服务提供开始）到最终产品出厂（或服务提供结束）全过程均需要防护。

（2）交付过程的防护：当顾客要求或本组织承诺时，防护应延续到交付地。

2. 防护的方法

（1）标识：这里指的是防护标识，如易碎、防潮、防磁等，要特别注意与条款 8.5.2 的联系和区别。

（2）处置：某些产品和服务在提供的不同阶段，需要进行防护性的处置，如金属部件防止生锈、在交付的产品上设置保护膜防止划伤等。

（3）污染控制：对于某些产品（如食品），必须防止其产品提供的各个阶段受到污染，确保产品的符合性。服务性行业在服务提供过程中应考虑环境的影响，如医院、培训机构必须保证防止噪声污染。

（4）包装：采用包装进行防护涉及包装物的设计、制作与检验，包装过程的控制，采用符合法规规定的包装标识等。

（5）储存：储存环境应与产品要求相适应；采取防火、防盗、防泄漏措施；出入库应有手续；账、卡、物应一致，并定期检查；确保物品先进先出（FIFO），定期盘点，保持标识要求。

（6）运输或传输：比如，对搬运、运输工具的要求；防潮、防震处理；当某些服务性行业涉及产品或服务以数据或信息的形式传输时，应确保防止失密或损坏。

（7）保护：在生产和服务提供期间，采取合适的措施防止产品受到伤害或损坏，如新楼销售过程中，往往会对电梯内部加装一些保护层，防止电梯内饰受到损坏。

【案例 7-16】

某审核员在某厂包装车间审核时看见一堆纸箱，箱上喷有"防震""防潮"字样。车间主任说："这是经销店退回的一批仪表，纸箱并没有破损。"审核员看着他们拆开纸箱，发现仪表四周垫有发泡垫块，但仪表裸装在内，且有些仪表已经损坏。

案例分析：该批仪表的包装不符合标准"8.5.4 防护"的要求。组织应在生产和服务提供期间对输出进行必要的防护，以确保符合要求。

（五）交付后的活动

> 8.5.5 交付后活动
> 组织应满足与产品和服务相关的交付后活动的要求。
> 在确定所要求的交付后活动的覆盖范围和程度时，组织应考虑：
> a）法律法规要求；
> b）与产品和服务相关的潜在不良的后果；
> c）产品和服务的性质、用途和预期寿命；
> d）顾客要求；
> e）顾客反馈。
> 注：交付后活动可包括保证条款所规定的措施、合同义务（如维护服务等）、附加服务（如回收或最终处置等）。

本条款强调的是，组织在确定所要求的交付后活动的覆盖范围和程度时，应考虑的相关因素。除了已知的法律法规要求、顾客的要求以外，组织还应考虑产品和服务的性质、用途和预期寿命发生变化或顾客反馈意见处理不当可能带来的潜在不良后果。

组织应满足与产品和服务相关的交付后活动的要求。在 8.5.1 h）条款中就有实施放行、交付和交付后的活动要求。交付后的活动，可以是：

（1）顾客回访，确认顾客对交付产品和服务的满意程度。
（2）产品退换、维修保修、备件供应、现场安装设备等售后服务。
（3）回复顾客对产品和服务的咨询。

(4) 履行合同的安排，如保修或技术支持。

(5) 回收或最终报废处置。

(6) 对顾客在产品和服务使用过程中出现意外等潜在不期望后果的处置。

（六）更改控制的要求

> 8.5.6 更改控制
> 组织应对生产或服务提供的更改进行必要的评审和控制，以确保持续地符合要求。
> 组织应保留成文信息，包括有关更改评审结果、授权进行更改的人员及根据评审所采取的必要措施。

在生产或服务提供期间，外部和内部情况有可能会有变化。例如，顾客的要求可能会改变，法律法规要求或标准（如安全、环保标准）可能会提高，外部供方的原材料成分、型号、零部件的质量或交货期可能会产生变化，组织自己的设备、测量装置或操作人员可能会出现问题。这些会导致要更改生产或服务提供，为此，组织必须进行控制。控制方式有评审、验证或确认、批准等，以确保持续地符合要求。

对于评审活动的记录、验证或确认结果、实施更改人员的授权及所采取的必要措施等成文信息，组织应予以保留，以作为证据。

【案例 7-17】

某加工厂零件表面处理工艺文件中规定：每筐限装该零件 10 件，在 80～90℃槽液浸泡 20 分钟。近期因蒸汽不足，槽液温度最高也只能达到 75℃。车间主任决定用延长浸泡时间来解决问题，即浸泡 30 分钟。为不影响生产进度，每筐装 15 件，在蒸汽不足的情况下完成了生产任务。内审员问工艺员是否知道这一工艺更改，工艺员表示不知道。

案例分析：该生产车间的做法违反了标准"8.5.6 更改控制"的要求。因为外部环境变化、生产设备更新等原因导致工艺参数的变化，就属于产品和服务实现过程的更改。在实施这些更改前必须进行必要的评审，确保产品和服务持续满足质量要求。本例中，因为槽液温度下降，采取延长浸泡时间的更改不是不可以，而是必须对更改处理的零件进行测量试验，确定延长多少时间才能使表面处理的质量不受影响，然后在更改相关的工艺作业文件之后才可以实施。

六、产品和服务的放行

本条款只有一条"8.6 产品和服务的放行"，没有子条款，要求组织根据策划的安排，验证产品和服务的要求是否已得到满足，来决定对产品和服务的放行。

> 8.6 产品和服务的放行
> 组织应在适当阶段实施策划的安排，以验证产品和服务的要求已得到满足。
> 除非得到有关授权人员的批准，适用时得到顾客的批准，否则在策划的安排已圆满完成之前，不应向顾客放行产品和交付服务。
> 组织应保留有关产品和服务放行的成文信息。成文信息应包括：
> a) 符合接收准则的证据；
> b) 可追溯到授权放行人员的信息。

组织应按照在 8.1 条款中安排的策划，在适当阶段验证产品和服务的要求已得到满足。不论是采购产品、中间产品还是最终产品与服务，都应该在按照策划的安排圆满完成之后被认定为合格品才能放行。

在所有策划安排的验证活动没有得以完成并获得满意结果之前，产品或服务在通常情况下不得交付给顾客。但由于某些原因，如在生产任务紧张、顾客催货等特殊情况下，无法按照正常程序检验完成，组织可以采用"紧急放行"的方式，前提是必须得到有关授权人员的批准，或得到顾客的批准，才能放行产品和交付服务。

授权最终放行产品和交付服务的人员应可追溯，如保留批准人签名的授权信息。

【案例 7-18】

某电子厂组装车间，线路板元器件组装完成后，经流水线 QC 检验员进行目视检查和电性能测试后，需要交给品管科 QA 检验员进行抽样检测。审核员查看本月的检验记录，在翻阅时询问 QA 检验员："在检验记录上盖章表示什么？"QA 检验员回答："表明已完成所有的检验工作，整批产品合格可以入库。"但是，审核员发现，检验记录上 QA 检验员的印章已盖到 31 日，而当天才 20 日。检验员说："反正车间里就我一个 QA，这样是为了方便，所以就提前盖好章了。"

案例分析：在检验记录上盖章，表明检验结果的授权人员批准放行。当还没有进行检验时就把印章盖好，就有可能把还没有经过 QA 检验的产品误认为已经完成所有检验的合格产品入库。该做法违反了"8.6 产品和服务的放行"的规定。

七、不合格输出的控制

ISO 9001:2015 标准第 8 章产品和服务实现过程的最后一个条款，是对不合格输出的控制，是为了防止非预期的使用或交付。为了实现这个目的，组织应确保对不合格输出的识别和控制，并对其采取措施，以降低不利影响，增强顾客满意。

8.7　不合格输出的控制
8.7.1　组织应确保对不符合要求的输出进行识别和控制，以防止非预期的使用或交付。
组织应根据不合格的性质及其对产品和服务符合性的影响采取适当措施。这也适用于在产品交付之后，以及在服务提供期间或之后发现的不合格产品和服务。
组织应通过下列一种或几种途径处置不合格输出：
a) 纠正；
b) 隔离、限制、退货或暂停对产品和服务的提供；
c) 告知顾客；
d) 获得让步接收的授权。
对不合格输出进行纠正之后应验证其是否符合要求。
8.7.2　组织应保留下列成文信息：
a) 描述不合格；
b) 描述所采取的措施；
c) 描述获得的让步；
d) 识别处置不合格的授权。

本条款在 ISO 9001:2008 标准中的表述是"不合格品控制",2015 版标准为了适应产品和服务输出结果形式的不同,调整了条款名称,强调不合格输出的控制既包括不合格产品也包括不合格服务,控制时机既包括产品和服务交付前的各个阶段,也包括产品和服务交付以后。对应保留的成文信息(质量记录),2015 版标准增加了"识别处置不合格的授权"。

1. 不合格输出的控制要点

(1) 识别:组织应在生产和服务实现的各个阶段识别不合格输出,包括采购阶段、生产和服务提供阶段、产品和服务放行阶段、交付后活动阶段。

(2) 标识和隔离:为防止不合格产品和服务的非预期使用或交付,组织应采用适当的方式标识不合格输出状态。

(3) 评审:基于风险思维,组织应评审不合格的性质及其对产品和服务的影响,以便采取适当的处置措施。

(4) 处置:组织应根据不合格的性质及严重程度采取相应措施,可能的处置方式包括:

① 纠正:是指为消除已发现的不合格所采取的措施,如进行返工、返修或降级处理。在对不合格输出进行纠正之后应再次验证,以证实产品和服务符合规格规范或使用要求。

"返工"是指为使不合格产品或服务符合要求而对其采取的措施。返工可影响或改变不合格产品或服务的某些部分。返工后的产品和服务一般可以成为合格品。

"返修"是为使不合格产品或服务满足预期用途而对其采取的措施。不合格产品或服务的成功返修未必能使其符合要求,返修可能需要连同让步。返修包括对以前是合格的产品或服务,为重新使用所采取的修复措施,如作为维修的一部分。

"降级"是为使不合格产品或服务符合不同于原有的要求而对其等级的变更。

② 隔离、召回、暂停供应或停止服务:在交付或开始使用后发现产品不合格时,组织应采取适当的措施(如追回、调换、退货、维修、合理补偿等)。服务提供过程发生不合格的首要处置措施可能还包括及时道歉。

③ 通知顾客,避免和减少产生不良后果。

④ 放行(有条件),延长服务或保修期限。

⑤ 让步接收:经授权人员批准,必要时经顾客批准,让步接收不合格品。

"让步"是对使用或放行不符合规定要求的产品或服务的许可。通常,让步仅限于在规定的时间或数量内及特定的用途下,对含有限定的不合格特性的产品和服务的交付。

⑥ 退货或报废:对关键质量特性不合格的产品做退货或报废处理,以防止其原预期的使用或应用。

2. 不合格输出的成文信息

组织应保留不合格的性质及随后所采取的任何措施的成文信息(记录),包括所批准的让步的记录。不合格输出控制的成文信息可以作为不符合趋势分析的依据,也是进行质量绩效评价的信息输入。ISO 9001:2015 标准要求保留下列成文信息:

(1) 描述不合格:通常应记录不合格发生的时间、场合,不合格的内容、数量、性质、严重程度,对后续生产和服务提供的影响,是否造成经济损失或顾客投诉等。

(2) 描述所采取的措施:根据不合格输出的性质及严重程度采取的措施,如纠正(返工、返修、降级)、隔离、限制、退货或暂停、让步接收、废弃、道歉、赔偿等。

(3) 描述获得的让步：采取措施或不需要采取措施的让步接收，均应进行适当的风险分析。让步应经授权人员批准，必要时，得到顾客批准才可以让步。

(4) 识别处置不合格的授权：处置不合格的人员应经过授权，保留签字、印章等标识，便于后续责任的追溯。

【案例 7-19】

某审核员在某手机生产厂审核成品试验站时发现有一次手机电磁辐射严重超标，问其原因。质检站站长说："我们查了，发现是两批零件有问题造成的。"审核员问："知道是哪两批吗？"质检站站长说："由于该零件是关键零件，我们管理很严格，从电脑上查到了全部产品的编号，而且我们已经通知生产部门和销售部门，停止使用和销售安装了这些零件的手机。"审核员问："发出过吗？"质检站站长说："我查过，已经发出 300 台。我们已决定，只要顾客一提出来，我们就退换。"

案例分析：本案例中，手机生产厂的做法违反了"7.8 不合格输出的控制"的规定。组织应根据不合格的性质及其对产品和服务符合性的影响采取适当措施。在产品交付之后，组织发现不合格，不应当被动地等待顾客退货，而是应当马上通知顾客，隔离、限制、退货或暂停对产品和服务的提供，并同步实施纠正措施，防止不合格的再次发生。

【案例 7-20】

在某公司销售科，审核员看到在顾客投诉记录上记载，上个月被顾客退回来的两批齿轮的硬度不符合规定。这两批产品的出厂批号分别是 01921 和 01930，分别返回 150 件和 180 件。

审核员问："这两批产品是如何处理的？"销售科科长回答："我们给顾客更换了产品。"审核员又问："这两批产品后来怎么处理呢？"销售科科长说："交生产科送热处理车间返工了。"审核员来到热处理车间，要求查看这两批不合格品的返工检验记录。车间检验员说："我们把这两批产品和其他产品一起进行热处理了，因此没法单独出示对它们的检验记录。"热处理检验规程规定：每炉产品 600 个，抽检 3 个产品。

案例分析：对于返工或返修的不合格品，原则上应当按照标准的要求全数再检验，而不能用抽检方法。如果确实无法做到 100% 全数检查（如需要疲劳试验），那也需要加倍抽样比例。本案例中，热处理车间将返工后的零件与其他正常产品一起进行热处理，按照 0.5% 的抽样比例进行检查，实际上就是没有针对返工品进行再检查，违反了标准"8.7.1 对不合格输出进行纠正之后应验证其是否符合要求"的规定。

第四节 绩效评价与分析改进

本节对应于 ISO 9001:2015《质量管理体系 要求》第 9 章和第 10 章的内容。其中，标准第 9 章"绩效评价"中的"9.2 内部审核"和"9.3 管理评审"，将在本书第十章中详述。

本节主要针对以下条款进行解释：一、监视、测量、分析和评价（标准条款9.1）；二、不合格和纠正措施（标准条款10.1和10.2）；三、持续改进（标准条款10.3）。

一、质量管理体系的绩效评价

ISO 9001:2015标准第9章"绩效评价"，指的是对质量管理体系运行的绩效进行检测和评价，对应于PDCA循环的C（检查）阶段。其中，第一个条款提出组织应对监视、测量、分析和评价活动进行策划，以评价质量管理体系的绩效和有效性，同时为改进提供输入。

（一）监视、测量、分析和评价

> 9.1 监视、测量、分析和评价
> 9.1.1 总则
> 组织应确定：
> a) 需要监视和测量什么；
> b) 需要用什么方法进行监视、测量、分析和评价，以确保结果有效；
> c) 何时实施监视和测量；
> d) 何时对监视和测量的结果进行分析和评价。
> 组织应评价质量管理体系的绩效和有效性。
> 组织应保留适当的成文信息，以作为结果的证据。

2015版标准的一个重要特点是更加强调质量管理体系的绩效和有效性，在条款4.4、5.1.1、5.3、7.2、7.3、8.4、9.1、9.2、9.3、10.1中都提到了有关的要求。

质量管理体系的绩效是指组织通过质量管理体系运行所实现的可测量的结果。质量管理体系的有效性是指组织通过质量管理体系运行完成策划的活动并得到策划结果的程度。绩效和有效性均与结果有关，组织可以通过取得的绩效来评价管理体系的有效性。

质量管理体系绩效既包含与产品和服务有关的内容，也包含与过程运行体系运行有关的内容，如产品合格率、外部供方绩效、风险和机遇应对的有效性等。

在确定要测量哪些内容时，组织应根据标准条款"4.4 质量管理体系及其过程""9.1.2 顾客满意""9.1.3 分析与评价""9.2 内部审核""9.3 管理评审"确定相关的绩效内容和措施要求，也可以根据自身的管理需求，提出更多的绩效要求，如创新、市场、财务等有关的内容。

为了能够清晰、准确、一致地表达和评价与活动、过程、产品、服务、体系相关的绩效，组织可设立质量管理体系绩效指标体系。绩效指标体系可以完整地符合"9.1.1 总则"中提出的要求（表7-5给出了某公司的质量管理体系绩效指标示例）：

① 绩效指标和目标（测量什么）。
② 绩效评价的方法（如使用平衡计分卡、卓越绩效准则等）。
③ 测量的时间频度。
④ 对测量结果的分析处理。

组织应保留适当的关于监视、测量、分析和评价的成文信息，作为结果的证据。

表 7-5　某公司质量管理体系绩效指标示例

绩效项目	目标指标	测量频度
与市场有关	市场占有率、市场增长率	月、季、年
与产品和服务有关	产量、进度、合格率、返品率； 出货延误、设备平均故障间隔时间（MTBF）	月、季、年
与过程及组织的管理有关	加工周期、过程能力指数、平均在库日数； 专利数量、年度新产品数量	月、季、年
与顾客有关	顾客满意度、顾客忠诚度	半年、年
与财务有关	成本利润率、质量成本占制造成本的比例	半年、年

【案例 7-21】

某公司在《质管部工作手册》上规定："公司每个月召开一次质量例会，对各部门的质量情况进行讨论交流……当有顾客审核、发生质量事故等特殊情形时，增加召开临时质量会议。"

审核员查看质量例会记录时发现，该公司最近半年来只召开了四次质量例会。质管部部长说："有两次是因为工厂正在赶任务，大家都很忙，因此时间拖下来后就取消了。"

案例分析：定期召开质量例会是一种对质量管理体系进行监测、分析和评价的有效手段，因此公司应该坚持按照规定定期召开质量例会，至少每个月召开一次。当发生内部质量事故，或者顾客重大投诉时，还需要增加召开临时质量会议。本案例中，公司的做法违反了《质管部工作手册》的规定，也违反了标准"9.1 监视、测量、分析和评价"的规定。

（二）顾客满意的测量

本条款是"以顾客为关注焦点"质量管理原则在标准中的具体体现，要求组织能够获取来自顾客的反馈，以系统的方法了解顾客对产品和服务及其需求和期望得到满足程度的感受。组织应运用科学的方法了解顾客满意信息，并开展相应的评价工作，以发现改进机会，从而争取不断满足并超越顾客期望、增强顾客满意，帮助组织实现持续成功。

> 9.1.2　顾客满意
> 组织应监视顾客对其需求和期望已得到满足的程度的感受。组织应确定获取、监视和评审该信息的方法。
> 注：监视顾客感受的例子可包括顾客调查、顾客对交付产品或服务的反馈、顾客座谈、市场占有率分析、顾客赞扬、担保索赔和经销商报告。

"顾客满意"是指顾客对其期望已被满足程度的感受，是顾客通过对一个产品和服务的可感知的效果（感知质量）与他的期望（认知质量）相比较后所形成的感觉状态。顾客满意水平是可感知效果和期望值之间的差异函数，一般包括不满意、满意、高度满意三种状态：如果可感知效果低于期望，期望得不到满足，则顾客不满意；如果可感知效果与期望相匹配，期望得到满足，顾客就满意；如果可感知效果超过期望，顾客就会高度满意，直至产生忠诚度。有关顾客满意程度的示意如图 7-5 所示。

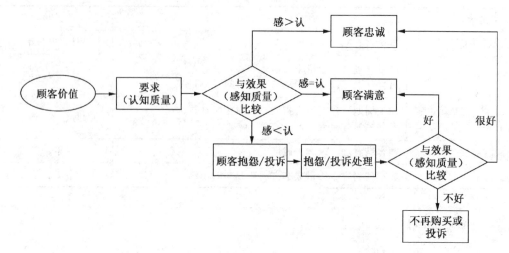

图 7-5　顾客满意示意图

影响顾客满意的因素因产品和服务的不同而可能存在较大的差别，除性能、价格、交付、售后外，还涉及品牌、渠道等其他方面。此外，即使是同样的产品和服务，由于顾客的类型不同（如中间经销商、最终使用者），影响顾客满意的因素也会存在显著的差异。组织应该识别相关的影响因素，以更有效地理解有关顾客满意的信息。

为了能够尽可能真实、全面地了解有关顾客满意的信息，组织应确定获取顾客满意的信息所需的适宜的方法和渠道，通常包括发放顾客满意调查表、顾客座谈、电话回访、上门拜访、通过社交媒体（微信、QQ 等）交流、外部专业调查机构的调查统计、媒体的报道等。

【案例 7-22】

某饭店大厅内的信息展览架上有征求顾客意见的《满意度调查表》，供顾客自由拿取、填写。审核员询问服务员："《满意度调查表》的回收率如何？"服务员说："不清楚，此事由销售部负责。"审核员又问销售部经理，经理说："回收很少，顾客如果没有意见一般也就不填写了。"审核员看到《满意度调查表》中有顾客建议栏，便问经理："最近顾客对于饭店有什么好的建议？"经理说："不清楚。"审核员问："是否采取过什么措施确保调查表有一定的回收率？"经理说："顾客不填写，我们也没办法。"审核员问："你们还采取了其他什么措施来了解顾客的满意程度吗？"经理说："暂时没有。"

案例分析：设置《满意度调查表》的目的是对饭店的质量管理体系绩效进行测量。既然要做，就应采取相关的措施保证其效果。实际上，顾客满意程度的调查方式是多种多样的，这些信息的获得可以是主动的，也可以是被动的。上述把调查表放在架子上供顾客自由拿取是被动的方式，其效果很难得到保证，只能作为一种辅助的方式。实际上，顾客满意程度的信息来源可以是问卷和书面调查，也可以是顾客座谈、电话回访、网上评价、对行业和市场的分析、消费者协会的报告等。本案例中，饭店的做法违反了标准"9.1.2 顾客满意"的规定。

（三）数据的分析与评价

本条款是"循证决策"质量管理原则在标准中的具体应用，要求组织对通过监视和测量获取的适宜的数据和信息进行分析和评价，掌握组织管理体系的绩效水平，以便适时对管理体系进行改进。

> 9.1.3　分析与评价
> 组织应分析和评价通过监视和测量获得的适当的数据和信息。
> 应利用分析结果评价：
> a）产品和服务的符合性；
> b）顾客满意程度；
> c）质量管理体系的绩效和有效性；
> d）策划是否得到有效实施；
> e）应对风险和机遇所采取措施的有效性；
> f）外部供方的绩效；
> g）质量管理体系改进的需求。
> 注：数据分析方法可包括统计技术。

通过监视和测量活动会收集到很多有用的数据和信息，组织如果不对这些数据和信息进行评价、分析并将其转化为有用的输出，监视和测量活动就失去了意义。组织应按照策划的安排（条款9.1.1）分析通过监视和测量活动获取的数据，并利用分析得出的信息实施评价，以更加有效地发现改进的机会。在质量管理体系的背景下，组织对监视和测量获取的数据进行分析是为了评价以下内容：

（1）产品和服务的符合性，如产品合格率、不合格情况和缺陷类型分布，与产品和服务要求的差异及程度，顾客反映的质量问题，等等。

（2）顾客满意程度，如顾客满意度、交货及时率、抱怨和投诉的处理、市场占有率等。

（3）质量管理体系的绩效和有效性，主要是指内外部审核结果。

（4）策划是否得到有效实施。

（5）应对风险和机遇所采取措施的有效性。

（6）外部供方的绩效。

（7）质量管理体系改进的需求。

基于数据分析和评价的决策，更有可能产生期望的结果，有助于持续改进产品和服务、过程质量，实现顾客满意。正确地采用统计技术可以帮助组织更好地利用数据进行决策。本书上篇内容，可以帮助读者掌握质量管理中常用的统计技术。

【案例7-23】

某机床厂长轴车间的质量目标中规定产品的合格率为95%，内审发现近五个月的合格品率分别为97.03%、96.52%、96.00%、95.30%、95.01%。车间主任说："几年来，我们这个指标一直都能保持在97%左右。上个月的合格率为95.01%，又达到95%的质量目标要求。情况很好，不影响我们车间的奖金。"

案例分析：本案例中，车间的做法不符合标准"9.1.3分析与评价"条款要求："组织应分析和评价通过监视和测量获得的适当的数据和信息。"该车间近五个月的产品合格率虽然超过质量目标的要求，但呈不断下降趋势。什么原因导致出现这种情况，不得而知。接下来，产品合格率很可能会下降到 95% 以下。所以，该车间应该运用统计技术对数据进行分析和评价，找出原因，进行改进。

二、质量管理体系的改进

ISO 9001:2015 标准第 10 章"改进"，是质量管理体系 PDCA 循环的 D（处理）阶段。其中，"10.1 总则"明确了对改进的总体要求；"10.2 不合格和纠正措施"提出了针对质量管理体系中出现的不合格，要分析原因，采取有效措施，防止再次发生。

（一）对改进的总体要求

本条款是七项质量管理原则之一"改进"原则在标准中的具体应用。改进的目的是使组织能够在动态环境中持续地满足顾客要求和增强顾客满意，有效地应对未来的挑战，保持竞争优势。

> 10.1　总则
> 组织应确定和选择改进机会，并采取必要措施，以满足顾客要求和增强顾客满意。
> 这应包括：
> 　　a）改进产品和服务，以满足要求并应对未来的需求和期望；
> 　　b）纠正、预防或减少不利影响；
> 　　c）改进质量管理体系的绩效和有效性。
> 注：改进的例子可包括纠正、纠正措施、持续改进、突破性变革、创新和重组。

成功的组织持续关注改进。改进对于组织保持并提升绩效，对内部、外部环境的变化做出反应并创造新的机会都非常必要。组织应确定和选择改进的机会，改进的输入可以来自 2015 版标准第 9 章，即监视、测量、分析和评价的结果。

改进可以在下述三个方面同时进行，也可以选择其中某些方面展开：

（1）改进产品和服务。在满足既有要求的同时，要有预见性地考虑未来变化的需求和期望，如考虑人口老龄化的趋势，电子产品的操作界面应更加简洁、直观等。

（2）纠正、预防或减少不利影响，如对发生的不合格采取必要的措施。2015 版标准没有以"预防措施"为标题的条款，预防措施的概念体现在基于风险的应对措施中。

（3）改进质量管理体系的绩效和有效性，如提升制造过程的一次合格率、降低质量成本、提高顾客满意度等。

改进的方式包括被动型（纠正、纠正措施）、持续型（持续改进）、跨越型（突破性变革、创新和重组）改进。

（二）不合格和纠正措施

> 10.2　不合格和纠正措施
> 10.2.1　当出现不合格时，包括来自投诉的不合格，组织应：
> 　　a）对不合格做出应对，并在适用时：1）采取措施以控制和纠正不合格；2）处置后果；
> 　　b）通过下列活动，评价是否需要采取措施，以消除产生不合格的原因，避免其再次发生或者在其他场合发生：1）评审和分析不合格；2）确定不合格的原因；3）确定是否存在或可能发生类似的不合格；

> c) 实施所需的措施;
> d) 评审所采取的纠正措施的有效性;
> e) 需要时,更新在策划期间确定的风险和机遇;
> f) 需要时,变更质量管理体系。
> 纠正措施应与不合格所产生的影响相适应。
> 10.2.2 组织应保留成文信息,作为下列事项的证据:
> a) 不合格的性质及随后所采取的措施;
> b) 纠正措施的结果。

ISO 9001:2015 标准较 2008 版标准增加了"e) 需要时,更新在策划期间确定的风险和机遇""f) 需要时,变更质量管理体系",取消了必须编制形成文件的程序要求。

"不合格(不符合)"是指未满足要求。未满足要求的产品和服务通常被称为"不合格产品和服务",对此类不合格的控制和纠正处理见上一节中条款"8.7 不合格输出的控制"。本条款中的"不合格",包括了所有未满足质量管理体系要求的事项,涉及产品和服务的实现、管理和支持过程,通常被称为"不合格(不符合)项"。

虽然标准没有要求,但组织仍可根据实际情况,编制不合格和纠正措施控制的程序文件,以规定对已发现的不合格如何采取纠正措施,如何评审纠正措施的有效性,并防止不合格再次发生。纠正措施的处理流程见图 7-6。

所谓纠正,是对发生的不合格进行确认,修正或消除不合格及其产生的影响。所谓纠正措施,是分析不合格产生的原因,制定改善措施,以防止和杜绝今后再次发生类似的不合格。

当出现不合格,包括来自相关方投诉的不合格时,组织应采取措施调查何处发生错误,并尽可能纠正错误,避免将来再次发生类似问题。处理不合格、采取纠正措施是改进的重要活动和手段,其目的是控制、纠正不合格,消除不合格的危害和影响,纠正产生不合格的原因,防止再次发生。

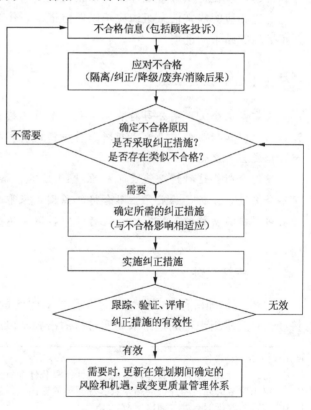

图 7-6 纠正措施流程图

不合格的来源包括但不限于:

(1) 内部/外部审核发现。

(2) 产品和服务实现过程中的监视和测量。

(3) 对外部供方的监测和评价。

（4）顾客及其他相关方的投诉。

（5）不符合法律法规要求。

（6）员工发现的问题。

对发生的不合格（包括引起的投诉），组织应及时做出响应，采取可行的必要措施。例如，对不合格的产品进行返工、返修、换货、退货、改作他用；立刻停止不合格的服务，重新提供服务；对正在发生的违规操作及时予以纠正；等等。视不合格造成的后果和影响程度，组织应采取适当的措施给予处理，如道歉、赔偿、追回等。

当出现不合格，包括投诉时，组织应对发生的不合格进行评审和分析，以确定发生不合格的原因，确定是否存在或可能发生类似的不合格。依据评审的结果，组织应采取措施以控制和纠正不合格，同时评价是否需要采取其他纠正措施，以消除不合格产生的原因，避免其再次发生不合格或在其他区域发生不合格。

对所采取的纠正措施的有效性要进行评审，需要时，可考虑更新在策划期间确定的风险和机遇，或变更质量管理体系。纠正措施应与所对应的不符合的影响程度相匹配。

上述相应的成文信息组织应予以保留记录，作为不合格的性质及随后所采取的措施和纠正措施的结果的证据。

【案例7-24】

在质量例会上，某公司对装配车间1个月连续出现两次装配不合格进行了处理。会后开出的《纠正措施处理单》上在纠正措施栏内填写的处理结果是：对车间主任进行罚款处理，扣发当月奖金。

案例分析：这种情况违反了标准"10.2 不合格和纠正措施"条款的要求。公司应该对不合格进行分析，确定产生不合格的原因，采取纠正措施，以消除产生不合格的原因，并对纠正措施实施效果的有效性进行评审，避免不合格再次发生或者在其他场合发生。

三、持续改进

2015版标准所称的"持续改进"是针对组织的质量管理体系的。持续改进强调的是持续，它要求组织不断地采取切实可行的措施予以改进。

> 10.3 持续改进
> 组织应持续改进质量管理体系的适宜性、充分性和有效性。
> 组织应考虑分析和评价的结果及管理评审的输出，以确定是否存在需求或机遇，这些需求或机遇应作为持续改进的一部分加以应对。

本条款明确了组织应通过持续改进，以改进质量管理体系的适宜性、充分性和有效性，旨在帮助组织抓住发展机遇，防范发展中的风险，达成预期的结果和提高顾客满意度。

通过实施持续改进活动，组织可以改善其产品、服务及过程，并提升质量管理体系的绩效和有效性。

为满足顾客要求和增强顾客满意，组织应考虑来自分析和评价的结果（条款9.1.3）、

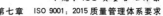

管理评审的结果（条款 9.3），以确定持续改进的需求和机遇。

持续改进是一个反复采取措施、实施所策划的解决方案的过程，其基本的活动、步骤和方法包括：

（1）分析和评价现状，以识别改进的项目（区域）。
（2）确定改进的目标。
（3）寻找可能的解决办法，以实现这些目标。
（4）评价这些解决办法并做出选择。
（5）实施选定的解决办法。
（6）测量、验证、分析和评价实施的结果，以确定这些目标已经实现。
（7）正式采纳更改。

持续改进也要用到各种统计手法，如使用 QC 七工具、六西格玛、精益生产等。

【案例 7-25】

WPS 是中国人颇为熟悉的文书处理软件。金山公司最先推出的基于 DOS 版本的 WPS 因为简单易用，很快取得了较大的市场份额，成为文字处理方面的"老大"。但是，后来美国微软推出了 Windows 视窗作业 MS-Office 系统，而金山公司没有对自己的 WPS 进行必要的改进，没有跟上发展的潮流推出基于视窗的系统。同时，微软公司的办公软体已经完成了汉化，并且具有"所见即所得"的特点，很快占据了大部分中国市场。虽然后来金山公司推出了 WPS2000，但是已经无力回天，市场份额已经被蚕食无几。

案例分析：作为本章最后一个案例，在此就做一下全章总结。ISO 9001 质量管理体系不是组织用来装点门面的装饰，而是实实在在能够帮助组织（特别是企业）提高市场竞争力、增加效益的法宝。企业要立于市场不败之地，必须严格遵守七项管理原则，以市场为向导，以客户为中心，不断进取，持续改进。

虽然 WPS 中文处理软件的开发和使用比 MS-Office 系统还早，而且它曾与原来的中文五笔输入法共生共荣，风靡一时，但是金山公司没有深入分析市场形势以识别和满足顾客的需求，没能做到持续革新改进，从而错过了发展机遇，导致了后来的一蹶不振。

本案例涉及"5.1.2 以顾客为关注焦点""0.3.3 基于风险的思维""4.1 理解组织及其环境""10.3 持续改进"等多项 ISO 9001 标准条款的要求内容。

思考练习

1. ISO 9001:2015 标准与旧版标准比较有哪些变化？
2. 如何理解 ISO 9001:2015 标准中关于组织环境的管理要求？
3. 组织最高管理者在质量管理体系中的作用表现在哪些方面？
4. ISO 9001:2015 标准提出了哪些资源要求？
5. 组织应当怎样实施对基础设施的管理？
6. 举例说明什么是监视和测量资源。

7. 如何按照ISO 9001:2015标准要求提高全员的质量意识？
8. 如何加强组织内部和外部的沟通交流？
9. 如何实施对产品和服务要求的评审？
10. 如何理解开发和设计中的"评审""验证""确认"之间的关系？
11. 组织如何实施对外部供方提供的产品和服务的管理？
12. 标识有哪些类型？怎样满足对标识的"可追溯性"要求？
13. 试说明顾客财产包括的范围，以及对顾客财产应当如何管理。
14. 简述如何实施对产品的防护。
15. 不合格品的处置方式有哪些？
16. 什么是顾客满意？组织应如何监视和测量顾客满意度信息？
17. 举例说明组织应如何实施纠正与纠正措施。
18. 为满足顾客要求和增强顾客满意，组织应如何实施持续改进？

第八章 质量管理体系的建立和实施

 学习目标

1. 了解质量管理体系建立的方法和步骤。
2. 掌握质量管理体系策划和准备的内容。
3. 熟悉质量管理体系实施和认证的过程。

 导入案例

企业推行质量管理体系的相关步骤

仔细阅读过 ISO 9000 体系标准后,你一定会产生这样一个概念,ISO 9000 体系的确非常全面,它规范了企业内从原材料采购到成品交付的所有过程,牵涉到企业内从最高管理层到最基层的全体员工。你也许会想:这么全面而复杂的体系,推行起来一定非常困难吧!

不可否认,推行 ISO 9000 有一定的难度,但是,只要你真心实意地将推行 ISO 9000 作为提升公司管理业绩的重要措施而不只是摆摆样子,将它作为一项长期的发展战略,稳扎稳打,按照公司的具体情况进行周密的策划,ISO 9000 终究能在你的公司里生根结果。

简单地说,推行 ISO 9000 有如下五个必不可少的过程:知识准备—策划(立法)—宣贯(执行)—监督(认证)—持续改进。

你可以根据贵公司的具体情况,对上述五个过程进行规划,按照一定的推行步骤,引导贵公司逐步迈入 ISO 9000 的世界。

以下是企业推行 ISO 9000 的典型步骤,这些步骤完整地演绎了上述五个过程。

- 对企业原有质量管理体系进行识别、诊断。
- 任命管理者代表、组建 ISO 9000 推行组织。
- 制定目标及激励措施。
- 各级人员接受必要的管理意识和质量意识训练。
- ISO 9001 标准知识培训。
- 编写质量管理体系文件(立法)。
- 依据质量管理体系文件进行大面积宣传、培训、发布、试运行。
- 内审员接受训练。
- 进行若干次内部质量管理体系审核。
- 在内审基础上进行管理评审。
- 完善和改进质量管理体系。
- 申请认证。

企业在推行 ISO 9000 之前，应结合本企业实际情况，对上述各推行步骤进行周密的策划，并给出时间上和活动内容上的具体安排，以确保得到更有效的实施效果。

企业经过若干次内审并逐步纠正后，若认为所建立的质量管理体系已符合所选标准的要求（具体体现为内审所发现的不符合项较少），便可申请外部认证。

（案例来源：http://www.hzbh.com/show.asp?id=9254）

【案例思考】

1. 企业为什么要建立 ISO 9000 质量管理体系？
2. 建立、推行 ISO 9000 质量管理体系需要做好哪些方面的工作？

第一节 建立和实施质量管理体系的基本方法与步骤

任何组织为实施其决策和达到其目标而开展的活动，均需要管理。管理是多方面的，当管理与质量活动有关时，则为质量管理。质量管理是在质量方面指挥和控制组织的协调活动，通常包括制定质量方针和质量目标及质量策划、质量控制、质量保证、质量改进等活动。要实现质量管理的方针目标、有效地开展各项质量管理活动，必须建立相应的管理体系，这一管理体系被称为质量管理体系。

根据 ISO 9001:2015 标准要求建立和实施质量管理体系，可以帮助组织稳定提供满足顾客要求及适用法律法规要求的产品和服务的能力，促成增强顾客满意的机会，管控好与组织环境和目标相关的风险与机遇。

一、建立和实施质量管理体系的要求

一个能完成自身职能的组织，在客观上都有一个质量管理体系，但并非每个组织的质量管理体系都能保持和有效运行。按照 ISO 9000 族标准要求所建立的质量管理体系，是个系统化、程序化和形成文件的并能提供客观证据的质量管理体系，是有明确规定的质量方针并能有效运行、保持和不断改进的质量管理体系。

ISO 9001:2015 标准为需要证实其有能力稳定地提供满足顾客要求、法律法规要求的产品和服务并通过体系的有效应用以增强顾客满意的组织，规定了质量管理要求。组织按照 ISO 9001:2015 标准的要求建立质量管理体系，形成文件，加以实施和保持，并持续改进其有效性，能够实现上述作用。这对于提高组织的管理水平和增强组织的市场竞争能力都具有十分重要的意义。

根据 ISO 9000 族标准的要求和已取得认证注册组织的经验，在建立和实施质量管理体系过程中统一以下认识是有益的。

（1）一个组织质量管理体系的设计和实施受组织的环境、不断变化的需求、具体目标、所提供的产品和服务、所采用的过程及该组织的规模和结构的影响，质量管理体系的建立一定要充分体现组织自身的特点。

（2）ISO 9000 族标准只规定了质量管理体系的通用要求，并没有规定为达到标准要求的具体做法。质量管理体系文件的任务就是将标准中的通用要求转化为能反映本组织特点并具有运行性质的法规性文件。

(3) 一般而言，一个组织的好的经验和行之有效的做法，都应符合标准要求。编制质量管理体系文件的关键，是要善于从两者中寻求共同点，不要过于苛求"文似"，要注重"神似"，切不可将精力放在编制那些"装饰性"文件上，这正如 ISO 9000 标准 2.7 条款所强调的："文件的形成本身并不是目的。"

(4) 建立和完善质量管理体系的关键，是强化各级管理者，特别是最高管理者在质量管理体系中的主导作用和关键地位。要使各级管理者认识到，建立质量管理体系的目的主要不是解决操作性问题，而是解决管理问题，解决管理者自身的工作质量问题。

(5) 质量管理体系是在持续改进中得到完善的，而这种改进是永无止境的。组织的管理者应确信，在任何情况下，本组织的质量管理体系都存在不足和有待改进；应通过管理评审、自我评价、内部审核、数据分析等自我完善机制，不断寻找改进领域，确定并实现新的改进目标。

二、建立和实施质量管理体系的基本方法

ISO 9001 标准采用过程方法，该方法结合了 PDCA（计划、执行、检查、处理）循环与基于风险的思维。过程方法能帮助组织策划其过程及各过程之间的相互作用。PDCA 循环使得组织确保对其过程进行恰当管理，提供充足资源，确定改进机遇并采取行动。基于风险的思维使得组织能确定可能导致其过程和质量管理体系偏离策划结果的各种因素，采取预防控制，最大限度地降低不利影响，并最大限度地利用出现的机遇。

（一）以过程方法建立质量管理体系标准

ISO 9001:2015 在"0.3.1 总则"中表示：

> 本标准倡导在建立、实施质量管理体系及提高其有效性时采用过程方法，通过满足顾客要求增强顾客满意。采用过程方法所需考虑的具体要求见 4.4。
>
> 将相互关联的过程作为一个体系加以理解和管理，有助于组织有效和高效地实现其预期结果。这种方法使组织能够对其体系的过程之间相互关联和相互依赖的关系进行有效控制，以提高组织整体绩效。
>
> 过程方法包括按照组织的质量方针和战略方向，对各过程及其相互作用进行系统的规定和管理，从而实现预期结果。可通过采用 PDCA 循环（见 0.3.2）及始终基于风险的思维（见 0.3.3）对过程和整个体系进行管理，旨在有效利用机遇并防止发生不良结果。
>
> 在质量管理体系中应用过程方法能够：
> a) 理解并持续满足要求；
> b) 从增值的角度考虑过程；
> c) 获得有效的过程绩效；
> d) 在评价数据和信息的基础上改进过程。

将相互关联的过程作为一个体系加以理解和管理，有助于组织有效和高效地实现其预期结果。在质量管理体系中应用过程方法，能够满足质量管理体系的以下要求：

(1) 符合性：质量管理体系应符合标准提出的各项要求。

(2) 实施性：质量管理体系应得以实施。

(3) 保持性：质量管理体系应得以保持。

(4) 改进性：质量管理体系应持续改进其有效性。

(5) 文件化：在必要的范围和程度上，保持和保留成文信息。

单一过程的各要素及其相互作用如图 8-1 所示。每一过程均有特定的监视和测量检查

点以用于控制，这些检查点根据相关的风险有所不同。

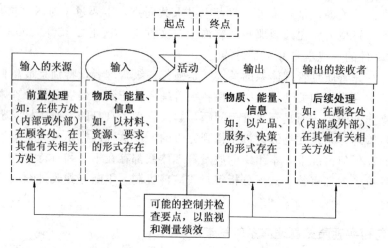

图 8-1　单一过程的各要素及其相互作用

采用过程方法具体策划过程的要求，参见标准的 4.4 条款（本章第二节详述）。

（二）以 PDCA 循环实施质量体系

ISO 9001：2015 标准 0.3.2 条款规定：

> PDCA 循环可以简要描述如下：
> - 计划（Plan）：根据顾客的要求和组织的方针，建立体系的目标及其过程，确定实现结果所需的资源，并识别和应对风险和机遇。
> - 执行（Do）：执行所做的策划。
> - 检查（Check）：根据方针、目标、要求和所策划的活动，对过程及形成的产品和服务进行监视和测量（适用时），并报告结果。
> - 处理（Act）：必要时，采取措施提高绩效。

PDCA 循环能够应用于所有过程和整个质量管理体系。图 8-2 展示了 ISO 9001：2015 标准第 4 章到第 10 章分别与 PDCA 循环的关联。PDCA 循环在质量管理体系中的运用：

（1）可通过在组织内各层次应用 PDCA 循环来保持和持续改进组织绩效。首先识别组织及其环境（4.1）、相关方的需求和期望（4.2），然后通过组织内部的 PDCA 循环，提高顾客及相关方的满意度（9.1）。

（2）PDCA 循环与 ISO 9001：2015 标准第 6 章策划（P）、第 7 章支持和第 8 章运行（D）、第 9 章绩效评价（C）、第 10 章改进（A）紧密对应。这些过程相互关联、相互作用，构成一个不断改进、不断上升的系统。

（3）标准的结构在 PDCA 循环中也集中体现了七项质量管理原则要求。

① P——质量管理体系需要识别顾客及相关方的要求（标准第 4、5、6 章），达到顾客满意，体现了"以顾客为关注焦点"的质量管理原则；以领导作用为核心体现了"领导作用"。

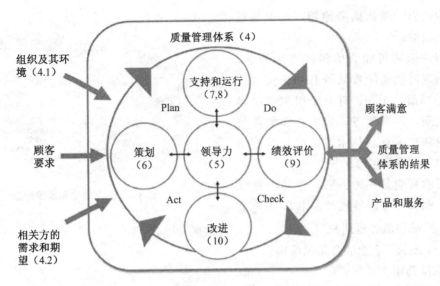

注：括号中的数字表示 ISO 9001:2015 标准的相应章节。

图 8-2　质量管理体系中的 PDCA 循环

② D——质量管理体系的支持和运行（标准第 7、8 章），需要全员积极参与，体现了"全员参与"和"过程方法"的质量管理原则。

③ C——质量管理体系过程包括"绩效评价"（标准第 9 章），基于事实的绩效评价体现了"循证决策"的质量管理原则。

④ A——质量管理体系过程包括"改进"（标准第 10 章），体现了"改进"的质量管理原则。

⑤ 整个 PDCA 循环有赖于吸引、赢得和保持相关方的支持，开展包括顾客和供方在内的相关方的关系管理，体现了"关系管理"的质量管理原则。

（三）以风险意识维护和改进体系

以基于风险的思维维护质量管理体系的有效运行是至关重要的，ISO 9001:2015 标准 0.3.3 条款规定：

> 0.3.3　基于风险的思维
> 基于风险的思维是实现质量管理体系有效性的基础。本标准以前的版本已经隐含基于风险思维的概念，例如：采取预防措施消除潜在的不合格，对发生的不合格进行分析，并采取与不合格的影响相适应的措施，防止其再发生。
> 为了满足本标准的要求，组织须策划和实施应对风险和机遇的措施。应对风险和机遇，为提高质量管理体系有效性、获得改进结果及防止不利影响奠定基础。
> 某些有利于实现预期结果的情况可能导致机遇的出现，例如：有利于组织吸引顾客、开发新产品和服务、减少浪费或提高生产率的一系列情形。利用机遇所采取的措施也可能包括考虑相关风险。风险是不确定性的影响，不确定性可能有正面的影响，也可能有负面的影响。风险的正面影响可能提供机遇，但并非所有的正面影响均可提供机遇。

1. 与风险有关的概念

所有类型和规模的组织在实现其目标和预期结果的经营活动中都面临内部和外部环境的因素及相关方的影响。这些因素和影响使得组织实现其目标和预期结果存在不确定性，这种不确定性就是组织所面临的风险。

风险的影响是指偏离预期，可以是正面的或负面的。

正面的影响可能会给组织带来机遇，机遇的出现可能意味着某种有利于实现预期结果的局面，例如，有利于组织吸引顾客、开发新产品和服务、建立合作伙伴关系、应用新工艺和新技术、减少浪费或提高生产率等一系列情形。

负面的影响是一种威胁，将妨碍目标的实现，例如，可能导致产品和服务质量不合格、产品和服务延期交付、顾客流失、质量损失等。

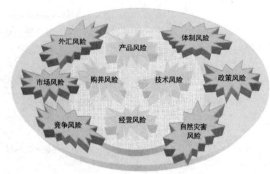

图 8-3　企业的常见风险因素

图 8-3 展示了企业的常见风险因素。

2. 风险思维在质量管理体系中的应用

ISO 9001:2015 标准将基于风险的思维贯穿于组织的质量管理体系策划、建立、实施、保持和改进全过程。

（1）第 4 章：要求组织确定影响其目标的所处环境及相关方要求，识别风险和机遇。

（2）第 5 章：要求最高管理者发挥领导作用，做出承诺促进基于风险的思维。

（3）第 6 章：要求组织策划质量管理体系时确定应对风险和机遇的措施。

（4）第 7 章：要求组织确定并提供应对风险和机遇所需的资源。

（5）第 8 章：要求组织在运行过程中关注风险和机遇，将风险管理的要求融合在业务过程中。

（6）第 9 章：要求组织监视、测量、分析和评价应对风险和机遇的措施的有效性。

（7）第 10 章：要求组织响应风险管理的变化和改进。

3. 风险管理的措施

ISO 9001:2015 标准 6.1 条款专门对质量管理体系策划时的风险控制做了规定：

6.1　应对风险和机遇的措施

6.1.1　在策划质量管理体系时，组织应考虑到 4.1 所提及的因素和 4.2 所提及的要求，并确定需要应对的风险和机遇，以：

a) 确保质量管理体系能够实现其预期结果；

b) 增强有利影响；

c) 预防或减少不利影响；

d) 实现改进。

6.1.2　组织应策划：

a) 应对这些风险和机遇的措施；b) 如何：1) 在质量管理体系过程中整合并实施这些措施（见 4.4）；2) 评价这些措施的有效性。

风险管理是指将管理政策、程序和操作方法系统地应用于沟通、咨询、明确环境及识别、分析、评价、应对、监督与评审风险的活动中。

风险和机遇蕴含在组织的内部和外部因素中。组织应考虑组织环境和相关方的需求，对影响其实现质量管理体系预期结果的各种内部和外部因素进行监视和评审，确定风险和机遇及应对这些风险和机遇的措施，以确保质量管理体系能够实现其预期结果，增强有利影响，预防或减少不利影响，并实现质量体系的改进。

应对风险的选择可以包括：避免风险、为寻求机遇承担风险、消除风险源、改变风险可能性和后果、分担风险或经过明智决策延缓风险。这些选择可以归纳为以下三类：

（1）规避风险。如：不能满足顾客要求时禁止接单；供应商提供的产品必须全部复检合格后才能使用；新员工必须经培训合格后才能上岗，不能胜任岗位的人员立即被更换；等等。

（2）采用适当的控制措施以降低风险。如：为防止产品的表面光洁度出现质量问题，可采用定期保养设备的措施；为防止供应商因时间或质量问题影响订单的按期交付，可预备两家以上供应商；等等。

（3）风险转移。如：产品出厂前保险；在产品主要零部件采购合同中约定质量保证要求；等等。

风险管理涉及风险识别、风险评估（分析和评价）、风险应对、风险监视与评审四个过程，如图 8-4 所示。

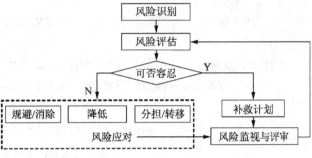

图 8-4 风险管理主要过程

4. 风险评价工具——SWOT 分析

不同的行业会面对不同的风险，但有风险就有机遇。机遇可能带来采用新实践、推出新产品、开辟新市场、赢得新顾客、建立合作伙伴关系、利用新技术及能够解决组织或其顾客需求的其他有利可能性。

最典型的识别风险因素的手段是采用 SWOT 分析。

SWOT 分析是对组织内外部环境信息和条件进行综合和概括，进而分析组织的优势（Strength）和劣势（Weakness）、组织面临的机会（Opportunity）和威胁（Threat），从而根据组织所处环境状况采取相应策略的一种方法。表 8-1 为某组织的 SWOT 分析结果。

表 8-1 某组织的 SWOT 分析结果

	优势（Strength）	劣势（Weakness）
内部环境	1. 员工队伍稳定 2. 质量部门能够独立行使职权 3. 领导重视质量管理，亲自挂帅 4. 质量体系职责分层，组织机构完整 5. 拥有多个管理体系认证，质量管理体系能够有效运行 6. 已明确了企业近、中、远期的发展战略目标 7. 产品质量稳定，在用户中有较高的声誉	1. 员工质量意识仍然薄弱 2. 缺乏有效的质量考核机制 3. 缺乏有效的质量事先预防机制 4. 质量管理和质量检验手段还较落后，效率低 5. 成品出厂质量的一次检验合格率不高 6. 收集的质量信息不完整，统计技术的应用没有有效开展 7. 质量成本数据的准确性不够

续表

	机会（Opportunity）	威胁（Threat）
外部环境	1. 组织属于国家政策重点扶持行业 2. 产品受到用户支持和理解 3. 已开展同行业质量部门之间的沟通 4. 全社会关注质量、重视质量 5. 与认证公司保持良好的沟通	1. 用户对质量要求的提高 2. 网络营销对小批量、多品种生产的要求越来越高 3. 国内外行业的内部竞争 4. 工业4.0对组织的要求

根据SWOT分析结果，组织采取的策略通常可以分为四类：

(1) SO策略——内部处于优势、外部有机会的策略：依靠内部优势，利用外部机会。

(2) WO策略——内部处于劣势、外部有机会的策略：利用外部机会，弥补内部劣势。

(3) ST策略——内部处于优势、外部有威胁的策略：利用内部优势，规避外部威胁。

(4) WT策略——内部处于劣势、外部有威胁的策略：减少内部劣势，规避外部威胁。

表8-2为某组织根据SWOT分析结果而采取的质量战略矩阵。

表8-2　某组织的质量战略矩阵

SO战略	WO战略
1. 实施总成本领先战略 2. 树立品牌形象，实施名牌战略 3. 加强外部沟通 4. 加强质量信息化建设 5. 选择质量竞争标杆，开展标杆对比	1. 开展全员质量意识教育 2. 建立质量问题预防及总结机制 3. 完善检测手段，提高工序控制能力 4. 导入卓越绩效管理模式 5. 质量成本管理化、科学化
ST战略	WT战略
1. 推行5S管理，导入精益生产管理模式 2. 开展质量可靠性工程 3. 导入PPAP、APQP、MSA、SPC、FMEA五大管理工具 4. 实施客户满意度工程 5. 加强质量信息网络化建设，导入ERP系统	1. 完善供应商评价管理机制 2. 建立顾客需求信息反馈机制 3. 提高制造环境质量管理水平 4. 整治现场质量问题 5. 提高检验水平 6. 加强售后服务

三、建立和实施质量管理体系的工作步骤

不同的组织在建立、完善质量管理体系时，可根据自己的特点和具体情况，采取不同的步骤和方法。一般来说，按照建立和实施质量管理体系的过程方法、PDCA循环，质量管理体系的工作步骤可分为下列四个阶段：

阶段一：质量管理体系的策划和准备。

阶段二：质量管理体系的建立。

阶段三：质量管理体系的实施运行。

阶段四：质量管理体系的评价和改进。

各阶段主要的工作任务如图 8-5 所示。

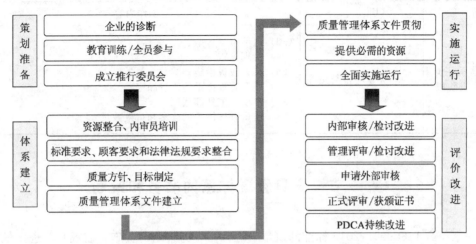

图 8-5　建立和实施质量管理体系工作流程图

【案例 8-1】

表 8-3　某企业建立和实施质量管理体系工作任务表

阶　　段	项　　目	工作内容
1. 准备阶段	1.1 导入准备	（1）成立贯标领导小组和工作小组 （2）制订贯标工作计划
	1.2 调查诊断	（3）开展组织环境分析 （4）实施顾客需求、相关方的需求和期望分析 （5）实施质量管理体系业务流程分析
2. 体系策划与设计阶段	2.1 体系策划	（6）确定质量管理体系的范围 （7）业务流程/过程的识别与策划 （8）确定风险、机遇及对策 （9）确定质量方针和目标 （10）组织机构、职能的策划 （11）质量管理体系涉及的岗位、职责、权限的策划 （12）产品实现和服务提供过程及活动的策划 （13）支持过程（或活动）的策划 （14）监视和测量、绩效评价和改进过程（或活动）的策划 （15）质量管理体系文件化信息系统的策划
3. 体系建立阶段	3.1 基础培训	（16）ISO 9001:2015 标准的理解与实施培训 （17）质量管理体系文件的编写培训、内审员培训
	3.2 文件编制	（18）质量管理体系文件的编制和评审 （19）质量管理体系文件的审批和发布
4. 体系运行阶段	4.1 体系运行	（20）质量管理体系文件的宣贯 （21）提供必需的资源 （22）质量管理体系的实施运行

续表

阶　段	项　目	工作内容
5. 体系评价与改进阶段	5.1　体系评价与完善	（23）内部审核 （24）管理评审 （25）实施改进措施 （26）质量管理体系的改进和完善 （27）申请实施外部认证 （28）质量管理体系的监察和持续改进

第二节　质量管理体系的准备和策划

一个符合 ISO 9001:2015 标准的质量管理体系，为策划、实施、监视和改进质量管理活动的绩效提供了框架，它的作用是通过分析组织所处的环境、顾客和相关方的要求，识别组织面临的风险和机遇，规定相关过程和应对措施并使其持续受控，以实现质量管理体系的预期结果。组织建立的质量管理体系应充分体现组织自身的特点。

质量管理体系策划是建立质量管理体系之前的一个过程，ISO 9001:2015 标准"5.1 领导作用和承诺"指出，最高管理者应确保对质量管理体系进行策划，做到以下几点：

- 确保制定质量管理体系的质量方针和质量目标，并与组织环境相适应，与战略方向相一致。
- 确保质量管理体系要求融入组织的业务过程。
- 确保质量管理体系所需的资源是可获得的。

也就是说，在建立质量管理体系的策划阶段，最高管理者需要结合组织环境确定其质量管理体系的范围；确保制定质量方针和质量目标；识别并确定质量管理体系所需的过程及其顺序和相互作用；确定为控制这些过程所需的文件；确定为实施这些过程所需的资源。

一、建立质量管理体系的准备工作

组织一旦决定推行 ISO 质量管理体系，在建立和实施之前，需要做好准备工作。

1. 组建体系推进领导工作小组

由最高领导层牵头，各相关部门负责人作为成员，成立贯标领导小组，工作内容是提供体系推进的决策，分解和分配贯标工作任务。

由质量部门领导牵头，各相关部门抽调人员（兼职），组成贯标工作小组，工作内容是执行领导小组的指示，按计划完成建立和实施 ISO 质量管理体系的各项任务。

2. 召开全体员工大会

在全体员工大会上，组织最高领导层说明企业建立和实施质量管理体系的重要性，强调规范企业的开发、过程改进，重视产品和服务质量的必要性，以及通过 ISO 9001 质量管理体系认证对组织的好处，要求全体员工积极参与组织的质量管理体系的建立和实施。

3. 组织企业所有与质量有关的人员参加培训班

培训班的主要任务是学习 ISO 9000 族标准的主要内容，特别要求推行委员会的全体成员充分理解 ISO 9001 标准，并能在企业质量管理体系的建立和实施中对其加以应用。

4. 如有必要，聘请咨询机构为企业建立和实施质量管理体系提供咨询

咨询内容可包括：

（1）体系策划。策划内容包括：制订建立质量管理体系的实施计划，拟订组织机构职责，选定质量管理体系要素。

（2）培训服务。培训内容有：ISO 9000 族标准的理解与实施；ISO 9001 质量管理体系文件的编写与实施；ISO 质量管理体系审核，包括内审员资格认定。

（3）文件编写与实施。具体内容包括：确定文件清单，帮助编写文件，审核及修订文件。

（4）体系运行及审核。具体内容包括：实施体系文件，制订内审计划，实施内部审核，实施纠正，实施管理评审。

（5）认证申请。具体内容包括：推荐选定认证机构，准备认证资料，审核前检查与改善。

组织可根据自己的情况，聘请咨询机构提供上述全部或部分内容的咨询。

5. 调查组织现状，确定组织环境

调查组织现状的目的，是查清其与标准规定的质量管理体系所要求的组织结构之间的差距，以便采取措施，调整和完善现有的组织结构。需要查清的主要内容有：

（1）从事与质量有关的管理、执行和验证工作的人员，其职责、权限和相互关系是否明确，实施效果及存在的问题。

（2）正在开发或已经开发完成的项目，在开发过程中存在的影响质量的（与组织有关的）因素和主要问题。

（3）部门之间、上下级之间，以及组织与供应商之间的协调关系是否存在问题。

（4）组织所采用的各类国际、国内标准/规范，或企业内部标准/规范是否适宜，其执行情况及存在的问题。

（5）各类管理文件、技术文件、报表及质量记录的适用性、完整性。

组织需要对上述情况进行分析汇总，形成组织现状报告。

需要指出的是，无论组织的行业背景、性质和规模、提供的产品和服务类别如何，随着产业政策、法律法规要求、市场竞争情况、顾客和其他相关方需求等的变化，组织面临的或需要关注的问题也会有所变化。为适应变化了的情况，组织需要对质量管理体系、体系过程及其管理要求做出变更。

6. 制订实施工作计划

组织应把建立和实施质量管理体系的工作作为一个项目来管理。因此，必须制订实施工作计划，内容包括分哪几个主要阶段、各项工作的要求和时间进度、每项工作的负责人员和参加人员、各阶段及总的经费预算等。

二、确定质量管理体系的范围、建立方针和目标

建立和实施企业质量管理体系工作的第一步，就是确定适合本企业的质量管理体系

(ISO 9001:2015 标准),最主要的是对推行 ISO 质量管理体系的范围和质量方针、目标,有关条款要求对组织的适用性,是否需要删减及删减内容的确定。

质量方针是由组织的最高管理者正式发布的该组织总的质量宗旨和方向。质量目标是组织在质量方面所追求的目的。建立质量方针和质量目标为组织提供了关注的焦点,为质量活动确定了预期的结果,对内可以用于形成全体员工的凝聚力,对外可以显示组织在质量领域的追求,以取得顾客的信任。

制定质量方针和目标是一个过程,而且是一个很重要的过程,组织应认真对待。对组织现状的调查和分析可以形成此过程的输入;讨论、确定方向和目标是制定质量方针和目标的活动;最后形成一个切合实际、满足要求的质量方针和目标就是此过程的输出。

(一)确定质量管理体系的范围

组织应确定质量管理体系的边界和适用性,以确定其范围,形成文件并加以保持。在确定范围时,组织应考虑组织内部和外部的因素及相关方的要求。范围应描述所覆盖的产品和服务的类型,并考虑 ISO 9001:2015 标准要求的适用性。

> 4.3 确定质量管理体系的范围
> 组织应确定质量管理体系的边界和适用性,以确定其范围。
> 在确定范围时,组织应考虑:
> a) 4.1 中提及的各种外部和内部因素;
> b) 4.2 中提及的相关方的要求;
> c) 组织的产品和服务。
> 如果本标准的全部要求适用于组织确定的质量管理体系范围,组织应实施本标准的全部要求。
> 组织的质量管理体系范围应作为成文信息,可获得并得到保持。该范围应描述所覆盖的产品和服务类型,如果组织确定本标准的某些要求不适用于其质量管理体系范围,应说明理由。
> 只有当所确定的不适用的要求不影响组织确保其产品和服务合格的能力或责任,对增强顾客满意也不会产生影响时,方可声称符合本标准的要求。

组织应充分考虑其内部和外部因素、相关方的要求(4.1 和 4.2 条款内容,见本书第七章)及组织的产品和服务,在此基础上确定质量管理体系的边界、适用性和范围,避免边界不清或过于宽泛、范围模糊而使其适用性受到影响。

组织的质量管理体系范围应形成文件,范围描述应具体,如所覆盖的产品和服务类型、主要过程和地域等。例如,组织的质量管理体系是否覆盖在另一开发区的工厂,是否覆盖在其他城市的销售服务公司;是覆盖全部产品,还是不包括某一新研发的产品;等等。

如果组织认为本标准的某些条款要求不适用于其质量管理体系范围,应说明理由。只有当这些不适用的要求不影响组织确保产品和服务满足要求,也不会对增强顾客满意产生影响、降低组织的能力和责任时,组织方可声称符合本标准的要求。例如,组织在生产制造过程中没有使用顾客或外部供方的财产(8.5.3 条款),在说明不适用理由后,可以在组织质量管理体系中略去 8.5.3 条款的要求。

【案例 8-2】

一个成人培训机构,每年推出满足社会需求的新课程,很受大家欢迎。该培训机构建立了质量管理体系,在质量手册里说明其是培训机构,不适用 ISO 9001:2015 标准的

"8.3 产品和服务的设计和开发"。

案例分析：培训机构每年推出新课程就是设计与开发的过程，不能在质量管理体系中删减该条款的要求。该培训机构的做法不符合"4.3 确定质量管理体系的范围"的要求。

（二）质量方针的策划

最高管理者须决定组织应该致力于哪些市场并制定相应的方针政策，还要根据这些方针政策，为预期的输出建立目标，也就是为质量管理体系建立绩效目标。

质量方针的策划，可遵照 ISO 9001:2015 标准 5.2 条款的要求。

5.2　方针
5.2.1　制定质量方针
最高管理者应制定、实施和保持质量方针，质量方针应：
a) 适应组织的宗旨和环境并支持其战略方向；
b) 为建立质量目标提供框架；
c) 包括满足适用要求的承诺；
d) 包括持续改进质量管理体系的承诺。
5.2.2　沟通质量方针
质量方针应：
a) 可获取并保持成文信息；
b) 在组织内得到沟通、理解和应用；
c) 适宜时，可为有关相关方所获取。

质量方针的制定可以以七项质量管理原则为基础，在满足标准对质量方针的要求的前提下，适当精减。经过调查、研究确定的方针内容可涉及（突出本组织的特点，而不是面面俱到）：

（1）组织质量方针如何适应组织的经营理念和战略方向。
（2）组织产品和服务的追求达到什么水平，如国际的、国内的或行业的。
（3）在满足顾客要求方面要做出哪些承诺。
（4）在持续改进方面要做出哪些承诺。
（5）组织的价值观和企业文化特点如何体现。

在实践中，许多组织结合实际情况认真制定了较好的质量方针，起到了指导作用。但也有一些口号式、广告式的质量方针不尽如人意，往往空洞、抽象，讲大话空话。

【案例 8-3】　**质量方针实例**

1. 方大集团
创一流企业，创一流产品，创一流服务。
2. ××物业公司
坚持服务理念，完善作业规范，建立高效机制；强化持续改进，营造温馨环境，实现顾客满意。
3. ××建筑工程公司
遵纪守法，交优良工程；信守合同，让业主满意；坚持改进，达行业先进。
4. ××出租车服务公司

一流的车况车貌、一流的队伍素质、一流的调度服务,以安全舒适的出租车服务使顾客满意。

5. ××科技公司

安全可靠的设计,一丝不苟的制造,及时有效的服务,力争第一的追求。

(三)质量目标的策划

质量目标的策划,可遵照 ISO 9001:2015 标准 6.2 条款的要求。

> 6.2 质量目标及其实现的策划
> 6.2.1 组织应针对相关职能、层次和质量管理体系所需的过程建立质量目标。质量目标应:
> a) 与质量方针保持一致;
> b) 可测量;
> c) 考虑适用的要求;
> d) 与产品和服务合格及增强顾客满意相关;
> e) 予以监视;
> f) 予以沟通;
> g) 适时更新。
> 组织应保持有关质量目标的成文信息。
> 6.2.2 策划如何实现质量目标时,组织应确定:
> a) 要做什么;
> b) 需要什么资源;
> c) 由谁负责;
> d) 何时完成;
> e) 如何评价结果。

质量目标是"与质量有关的要实现的结果",因此,组织必须依据其质量方针,在组织的各相关职能、层级和过程上建立质量目标。

建立质量目标的过程,实际上就是进行质量目标策划的过程。质量目标策划有两种类型:一种是针对现有质量活动提出的,这类策划不必详细规定作业过程和相关资源,而只是加强现有作业过程的某些方面,发挥已有资源的作用,如公司需要每年度制定各个部门的质量目标;另一种是针对特定情况而进行的,如新项目和合同的履行,某些过程、产品或服务的开发及更改等,这类策划可能要详细规定作业过程和相关资源(包括引用已有的规定)。

从质量目标策划的输入来看,首先应该考虑的是组织的质量方针,其次需要对应上一级的质量目标而展开,最后还应在分析现有的业绩和问题点的基础上,提出对未来的需求。

从质量目标策划的输出来看,两种类型都要输出质量计划。前者一般是综合性的质量计划,既有对现有质量活动的要求,又有对某项新的质量活动的安排。后者一般是单一性的质量计划,近似于一个小型的质量手册。

组织应明确质量目标策划的负责部门或人员及完成期限,使实现质量目标的具体措施真正落实。组织应监视、汇总、沟通和考核目标完成情况。若目标不能有效实现,组织应进行原因分析,明确进一步的措施。在管理评审时,组织要对质量目标的适应性和有效性进行评审,各部门可提出质量目标的调整建议,使目标体系符合实际且通过努力可以实现。

【案例 8-4】 某工程公司的质量方针和质量目标设置

质量方针：创优、争先、守信、奉献，一切为了顾客满意。

质量目标：

（1）工程项目合格率为 100%。

（2）优质工程占全部工程的 20% 以上。

（3）合同履行率为 100%。

（4）对施工造成的质量问题，24 小时内回复解决。

（5）顾客满意率大于 85%。

三、质量管理体系所需过程的策划

质量管理体系所需过程的策划，可遵照 ISO 9001:2015 标准 4.4 条款的要求，主要分为两个方面：一是识别和确定质量管理体系所需的过程及其在组织中的应用；二是确定这些过程的顺序和相互作用。

采用过程方法所需考虑的具体要求，参见标准的 4.4 条款。

4.4 质量管理体系及其过程

4.4.1 组织应按照本标准的要求，建立、实施、保持和持续改进质量管理体系，包括所需过程及其相互作用。

组织应确定质量管理体系所需的过程及其在整个组织中的应用，且应：

a) 确定这些过程所需的输入和期望的输出；

b) 确定这些过程的顺序和相互作用；

c) 确定和应用所需的准则和方法（包括监视、测量和相关绩效指标），以确保这些过程的有效运行和控制；

d) 确定这些过程所需的资源并确保其可获得；

e) 分配这些过程的职责和权限；

f) 按照 6.1 条款的要求应对风险和机遇；

g) 评价这些过程，实施所需的变更，以确保实现这些过程的预期结果；

h) 改进过程和质量管理体系。

4.4.2 在必要的范围和程度上，组织应：

a) 保持成文信息以支持过程运行；

b) 保留成文信息以确信其过程按策划进行。

---

1. 单一过程的策划

"过程"是将输入转化为输出的相互关联或相互作用的一组活动。几乎所有涉及生产产品和提供服务的活动和操作都是过程。过程的输出是对输入的增值，通常一个过程的输入是其他过程的输出，而一个过程的输出又通常是其他过程的输入。

组织为了增值，通常对过程进行策划并使其在受控条件下运行。策划的内容包括确定过程的输入、预期的输出、所需开展的活动和相关的资源。策划的结果就是确定所需的准则及方法，这些准则和方法形成的文件就是组织的管理体系文件。

国际汽车工作组（International Automotive Task Force，IATF）推荐了一种单过程分析图，该图因形似乌龟而被称为"乌龟图"。对单一过程进行策划的乌龟图如图 8-6 所示。

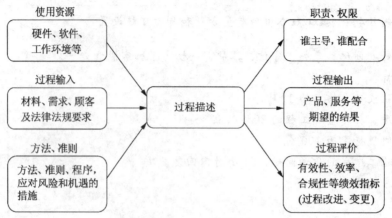

图 8-6　单一过程策划乌龟图

2. 过程方法的实施

组织在实现其预期结果的过程中，系统地理解和管理相互关联的过程有助于有效和高效地实现其预期结果，此种方法被称为"过程方法"。过程方法使组织能够对体系中相互关联和相互依赖的过程进行有效控制，以提高组织的整体绩效。

组织应确定质量管理体系所需的过程及其在整个组织中的应用，并按照 PDCA 循环，对过程实施管理，如图 8-7 所示。

标准条款 4.4.1 中，a）至 d）是"P（计划）"的内容；e）和 f）是"D（执行）"的内容；g）是"C（检查）"的内容；h）是"A（处理）"的内容，在此不再赘述。

3. 识别过程的顺序及其相互作用

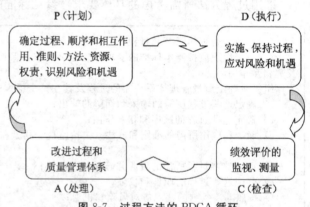

图 8-7　过程方法的 PDCA 循环

系统地识别质量管理体系所需的过程，应考虑组织的宗旨和方向、质量管理体系实现的预期结果、组织的环境及其风险、顾客及相关方的需求及期望。ISO 9001：2015 确定的通用的质量管理体系过程包括：领导过程（第 5 章）、策划过程（第 6 章）、支持过程（第 7 章）、运行过程（第 8 章）、绩效评价过程（第 9 章）、改进过程（第 10 章）。

在识别所需的过程后，组织要确定过程的顺序和相互作用，要识别每个过程的输入和输出的流程关系，还要识别与过程有关的接口关系。通常上一过程的输出就是下一过程的输入。在识别过程顺序时，组织要明确：谁是过程的顾客，这些顾客的要求是什么，谁为本过程提供输入产品（相当于供方），对供方的要求是什么。对过程顺序和相互作用的表述，常用的方法是绘制流程图。

图 8-8 列举了物业管理服务和施工企业产品的实现过程。

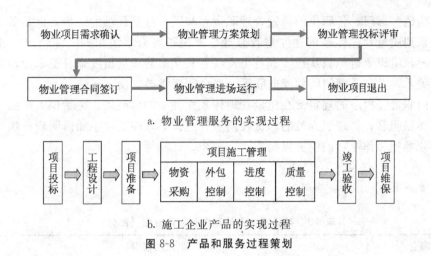

a. 物业管理服务的实现过程

b. 施工企业产品的实现过程

图 8-8　产品和服务过程策划

四、组织结构和资源的策划

组织结构和资源是质量管理体系的主要组成部分，是建立和实施质量管理体系并持续改进其有效性的前提和物质基础。最高管理者应确保组织内的职责、权限得到规定和沟通，并提供体系实施、保持及满足顾客要求所需的资源。

（一）组织结构的策划

组织结构是指人员的职责、权限和相互关系的安排，这种安排通常是有序的。显然，组织结构是按组织的经营生产方式建立起来的运作机构及其职责、权限和相互关系，一般由决策层、管理层和执行层组成。

体系的建立和运行需要稳定的组织结构，但在瞬息万变的市场环境下又要求有快速反应的运作机构。组织应当依据其发展战略和规划建立一个管理到位、协调有序、精简高效的组织结构。组织结构的形式有直线职能制、矩阵制、事业部制等。图 8-9 为某日资公司的组织结构图。

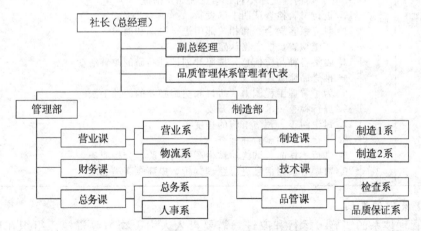

图 8-9　某日资公司的组织结构图

ISO 9001:2015 标准"5.3 组织的岗位、职责和权限"要求最高管理者应确保整个组织内相关岗位的职责、权限得到分派、沟通和理解，还要求在组织内根据过程落实质量管理职能,明确各部门、各职位的质量管理职责和权限。这是最难的一步,也是最关键的一步,它关系到质量管理体系的建立是否合理,即是否符合本组织的实际情况。在策划职责、权限时,组织要避免只从经济利益出发或者只从难易程度出发来分配职责,还要特别注意接口关系,尤其是部门间的横向联系,避免职责重叠、交叉或遗漏。

组织内职责、权限的规定常在质量管理体系文件中加以明确。决策层人员的职责在质量手册中加以明确;管理层人员的职责在质量管理体系程序文件中加以明确;执行人员的职责在作业规程和作业标准中加以明确。

【案例 8-5】

表 8-3 某日资公司的职责和权限分配(部分)

部课名		职责和权限
品质管理体系 管理责任者 (品质管理课课长)		1. 按照 ISO 9001 的要求建立、实施和保持公司的质量管理体系 2. 向总经理报告质量管理体系的运行情况及体系改进的需求 3. 培养和增强组织全体成员对顾客要求事项的认识 4. 必要时策划质量管理体系与外部关联者的联系
品质管理课	课长	1. 根据品质方针,制定、实行和评审课的目标和计划 2. 课长有统扩品质管理课的业务和责任 3. 与适用法规、规格、质量手册或顾客的要求不一致时,可停止作业
品质管理课	课员	1. 进行质量管理体系的管理 2. 进行质量手册、公司及课的标准的起草、审定及管理 3. 计划实施内部品质监察 4. 定期进行审查 5. 维护管理公共规格 6. 评价和认定供应商 7. 评定主线圈的购买方 8. 进行主线圈原材料的收货检查 9. 在公司内部实施不符合纠正和纠正措施 10. 进行材料检查证明书的发行 11. 对应顾客立会,和相关部门进行协调和商讨 12. 实施检查员的资格认定 13. 收集各种品质信息,按照计划推进品质的改善活动 14. 推进品质管理的改善 15. 为了掌握工程能力,研讨和实施必要的统计手法 16. 进行检查技术的维持开发 17. 讨论纠正、预防措施的程度 18. 进行产品的试验和检查 19. 进行不良品、试验品试生产等的试验、分析业务 20. 对顾客反馈信息进行整理分析,提高顾客满意度

(二)资源的策划

质量管理体系的实施、运行和改进,需要投入人力、物力等资源。组织在确定资源时,应考虑组织现有内部资源是否足够,以及是否需要从外部获得资源。例如,为增强新产品开发能力,组织可能需要从外部引进人才或购买专利技术;为保证产品质量,改进现有制造工艺,可能需要采购高精密数控加工中心设备;为了测量精密零件,组织购买了先进的三坐标测量仪和电动轮廓仪,就要配备专门的检验人员和仪器维护人员;等等。

组织在进行资源策划时,需要考虑如何提供以下资源:

(1) 为了有效实施质量管理体系并运行和控制其过程,组织应确定并提供所需要的人员。

这里要特别说明质量管理体系建立所需的人力资源要求。尽管质量管理体系的建立涉及一个组织的所有部门和全体员工,但对多数组织来说,策划成立一个精干的工作班子可能是需要的。根据一些组织的做法,这个班子的成员包括最高领导层、中层干部、编写人员和内部审核员,可分为两个层次。

第一层次:成立以最高管理者(厂长、总经理等)为组长、以质量主管领导为副组长的质量管理体系建立领导小组,其主要任务包括:

① 进行体系建立的总体规划。

② 制定质量方针和目标。

③ 按职能部门进行质量管理职能的分配。

第二层次:成立由各职能部门领导(或代表)参加的工作班子。这个班子一般由质量管理部门的领导牵头,包括文件编写人员及内部审核员,其主要任务是按照体系建立的总体规划具体组织实施,负责形成文件、实施内审、验证改进等。

(2) 组织应提供与质量管理体系建立、实施相关的基础设施,包括硬件和软件。

(3) 为了获得合格产品和服务,组织应确定、提供并维护过程运行的工作环境。

(4) 除了上述人员、基础设施、工作环境资源之外,2015版标准增加了"组织的知识"这一项新的资源。作为组织资源的一部分,这是与2008版标准的一个区别。

以上相关资源的控制要求,具体见本书第七章第二节的内容。

五、质量管理体系文件的策划

回顾之前的质量管理体系标准,也就是ISO 9001标准的1987版、1994版、2000版和2008版,这些版本文件的要求基本上没有什么变化。接触过该标准的人都知道,质量管理体系构建要求建立"金字塔式"(顶层文件最少,底层文件最多)的四个层次的文件体系(图8-10)。

(1) 第一层:形成文件的质量方针、质量目标和质量手册。

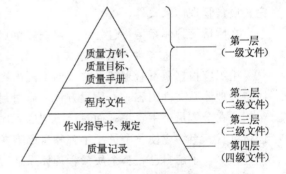

图8-10 文件体系的金字塔结构

(2) 第二层:标准所要求的及组织根据过程策划形成的程序文件。

(3) 第三层:组织确定的为确保对其过程进行有效策划、运作和控制所需的文件,包括作业指导书、规定等;

(4) 第四层:为证实质量管理体系有效运行的所有质量记录。

2015版ISO 9001标准相较之前实施的2008版标准有许多重大变化。其中一个重要变化就是用文件化的信息代替了文件和记录,对文件和记录也不再做区分。对于以往耳熟能详的"质量手册"和"程序文件"这类标准术语，2015版标准统一用"成文信息"取而代之。文件化信息的要求也更加灵活和务实，方便组织理解和应用。

ISO 9001：2015允许组织以其选择的适合的方式来文件化其质量管理体系。这使得每个独立组织可以根据有效的策划、自身运行与控制及其质量管理体系有效性的实施和持续提升的需求来决定成文信息的数量。

然而，目前大部分企业组织仍然采用四层次"金字塔式"文件系统。原因有二：其一，新版标准给予文件化形式更大的选择余地，沿用原来标准的做法并没有违反新版标准的要求；其二，组织习惯了这种传统的文件结构形式，其管理逻辑性、系统性都非常合理，除了文件载体方面可以自由选择之外，如果改变文件的结构形式，反而会带来困惑和混乱。

质量管理体系文件的建立过程，将在本书第九章详述。

第三节　质量管理体系的运行和改进

质量管理体系运行是执行质量管理体系文件、贯彻质量方针、达成质量目标、实现质量管理体系持续改进和初步完善的过程。体系的有效运行，需要依靠组织内的全员参与和各职能层次的组织协调，利用监督和考核，开展信息反馈，并通过体系内部审核和管理评审来实现。

一、质量管理体系的运行

质量管理体系文件编制完成后，质量管理体系进入运行阶段。该阶段的目的是通过运行检验质量管理体系文件的适用性、有效性，并对暴露出的问题采取改进措施，以进一步完善质量管理体系文件。

在质量管理体系运行过程中，组织要重点抓好以下几个方面的工作。

1. 宣传、贯彻质量管理体系文件

组织应根据质量管理体系文件的不同内容进行不同范围的宣贯，如对于关系到全局的质量管理体系文件内容——质量方针、质量目标，组织机构及各职能部门的接口关系等，组织应在全体员工中宣贯；而对于不同的程序文件，组织应在和其程序有关的员工范围内进行宣贯。组织应使每个员工了解和自己有关的文件，知道自己应做什么、什么时间做、如何做等，了解自己在整个质量管理体系运行中的作用和地位，了解质量管理体系在整个组织内是如何运作的。

2. 对全体员工进行培训

除了本职工作要求的技术培训外，组织应对员工进行质量管理体系有关知识的培训，使每个员工了解如何才能保持质量管理体系的有效运行。每个员工应了解如何改进质量管理体系，以及如何提出存在的问题和改进的方法。

3. 加强实践

实践是检验真理的唯一标准。通过运行质量管理体系，组织可以在实践中检验其是否可行，是否符合本组织的实际情况，能否达到预期的结果，能否实现质量目标，能否满足顾客的要求，等等。具体检验可通过有计划的内部审核和管理评审来完成。只有满足以上要求，新的质量管理体系才是有效的、可行的。

4. 加强信息管理

在体系运行过程中必然会出现一些问题，全体员工应将实践中发现的问题和改进意见及时反映给有关部门，以采取纠正和预防措施，使质量管理体系逐步完善、健全。做好质量信息的收集、分析、传递、反馈、处理和归档工作是体系运行的需要，也是体系运行成功的关键。

二、质量管理体系的改进

质量管理体系运行阶段的内部审核和管理评审，是质量管理体系自我改进、自我完善的手段，是重要的一环。

内部审核对任何组织或部门而言都是必要的。组织通过内部审核可以自我诊断和评审本单位的成绩、需求、优势和不足，以确定质量管理体系是否符合策划的安排，是否符合标准和组织所确定的要求，以及是否得到有效实施与保持，这是进一步改进、完善体系的强有力手段。

管理评审每年至少进行一次，应根据策划的时间间隔来安排。管理评审一般由最高管理者亲自主持，各部门的负责人和有关人员参加。管理评审的任务主要是对质量管理体系进行系统的评价，提出并确定各种改进的机会和变更的需要，进而确保质量管理体系拥有持续的适宜性、充分性和有效性。

除内部审核、管理评审外，组织还可通过自我评定方法寻找改进组织整体业绩的机会。自我评定是一种仔细的、认真的评价，通常由组织的管理者来实施，最终得出组织的有效性和效率及质量管理体系成熟水平方面的意见或判断。组织通过自我评定可将其业绩与外部组织和世界级的业绩进行水平对比。

认证是指第三方机构书面保证产品、过程或服务符合规定的程序。"质量管理体系认证"是指由第三方认证机构依据公开发布的质量管理体系标准，对实施质量管理体系的申请组织进行评定，判定合格后，由第三方认证机构颁发质量管理体系认证证书（合格证书），并予以注册公布，证明组织在特定的产品和服务范围内有必要的和充分的质量保证能力的活动。

（一）著名的国际认证机构

以下介绍几个著名的国际认证机构（图8-11），这些认证机构被较多的企业在申请质量管理体系认证时采用。

（1）挪威船级社（DET NORSKE VERITAS，简称DNV），成立于1864年，总部位于挪威首都奥斯陆，是一家全球领先的专业风险管理服务机构，是以"捍卫生命与财产安全，保护环境"为宗旨的独立基金组织。DNV为客户提供全面的风险管理和各类评估认证服务，主要涉及船级服务、认证服务、技术服务等方面。

（2）英国标准协会（British Standards Institution，简称BSI），成立于1901年，当时被称为英国工程标准委员会。经过100多年的发展，BSI现已成为举世闻名的，集标准研发、标准技术信息提供、产品测试、体系认证和商检服务五大互补性业务于一体的国际标准服务提供商，面向全球提供服务。

（3）美国质量认证国际有限公司（American Quality Assessors International，LLC，简称 AQA）是获得美国标准委员会注册认证机构认可委员会（ANAB）授权，从事 ISO 9000（含医疗设施）、ISO 14000、QS 9000 和 AS 9100/9120 认证注册服务的组织，也是世界上最早获得国际汽车工作中心授权从事 ISO/TS 16949 认证注册服务的 34 家认证注册组织之一。AQA 的总部设于美国哥伦比亚市，已在全球 20 多个国家设立了多个分支机构。

挪威船级社　　　　　　英国标准协会　　　　　美国质量认证国际有限公司

图 8-11　著名国际认证机构

（二）质量管理体系认证的作用

质量认证制度之所以得到世界各国的普遍重视，关键在于它是由一个公正的机构对产品或质量管理体系做出正确的、可靠的评价，从而使人们对产品质量建立信心，这对供方、需方、社会和国家的利益都有重要意义。

1. 强化质量管理，提高企业效益

负责质量管理体系认证的认证机构都是经过国家认可机构认可的权威机构，其对企业的质量管理体系的审核是非常严格的。这样，企业可按照经过严格审核的国际标准化要求进行管理，真正达到法治化、科学化，从而提高企业自身的管理水平，提高工作效率和产品质量，进而迅速提高企业的经济效益和社会效益。

2. 增强顾客信心，扩大市场份额

企业通过公正机构对其产品或质量管理体系进行认证，获取合格证书和标志，通过注册并公布，取得质量上的信誉，以便在激烈的市场竞争中取胜。顾客得知供方取得了 ISO 9001 质量管理体系认证证书，并且有认证机构的严格审核和定期监督，就可以确信该企业能够稳定地提供合格产品或服务，从而放心地与企业订立供销合同，由此企业可扩大市场占有率。

3. 获得国际贸易"通行证"，消除国际贸易壁垒

许多国家为了保护自身的利益，设置了种种贸易壁垒，包括关税壁垒和非关税壁垒。其中，非关税壁垒主要是技术壁垒，技术壁垒主要是产品质量认证和 ISO 9001 质量管理体系认证的壁垒。特别是，在世界贸易组织内，各成员国之间相互排除了关税壁垒，只能设置技术壁垒，所以，获得质量管理体系认证是消除贸易壁垒的主要途径。

4. 节省第二方审核的精力和费用

在现代贸易实践中，第二方审核早就成为惯例，然而，人们逐渐发现其存在很大的弊端：一方面，一个组织通常要为许多顾客供货，第二方审核无疑会给组织带来沉重的负担；另一方面，顾客也需要支付相应的费用，同时还要考虑派出或雇佣人员的经验和水平问题，否则，支付了费用也达不到预期的目的。而当第一方获得第三方的质量管理体系认证证书以后，众多第二方就不必再对第一方进行审核，这样，不管是第一方还是第二方都可以节省很多精力和费用。

5. 有利于国际间的经济合作和技术交流

获得质量管理体系认证是取得顾客配套资格和进入国际市场的敲门砖，也是目前企业开展供应链管理很重要的依据。按照国际间经济合作和技术交流的惯例，合作双方必须在产品（包括服务）质量方面有共同的语言、统一的认识和共守的规范，方能进行合作与交流。ISO 9001 质量管理体系认证正好提供了这样的信任，有利于双方迅速达成协议。

(三) 质量管理体系认证的实施

质量管理体系认证的实施可分为两个阶段。

第一阶段是认证的申请和评审阶段。该阶段的主要任务是受理申请，并对申请组织的质量管理体系进行审核和评定，决定是否批准认证、注册和发证。

第二阶段是对获准认证的组织的质量管理体系进行监督审核和管理，目的是确保组织在认证有效期内持续符合质量管理体系标准的要求。如图 8-12 所示，认证流程具体如下。

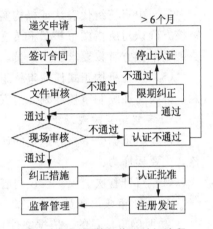

图 8-12 质量管理体系认证流程

1. 质量管理体系认证的申请

（1）申请人提交一份正式的由其授权代表签署的申请书，申请书的内容大致包括：

① 申请方的简况，如组织的性质、名称、地址、法律地位及有关人力和技术资源。

② 申请认证覆盖的产品或服务范围。

③ 法人营业执照复印件，必要时提供资质证明、生产许可证复印件。

④ 咨询机构和咨询人员名单。

⑤ 有关质量管理体系及活动的一般信息。

⑥ 对拟认证体系所适用的标准及引用文件的说明。

（2）认证机构根据申请人的需要提供有关公开文件。

（3）认证机构在收到申请方的申请材料之日起，经合同评审以后 30 天内做出受理、不受理或改进后受理的决定，并通知委托方/受审核方。以确保：

① 认证的各项要求规定明确，形成文件并得到理解。

② 认证机构与申请方之间在理解上的差异得到解决。

③ 对于申请方申请的认证范围、运作场所及一些特殊要求，如申请方使用的语言等，认证机构有能力实施认证。

（4）双方签订质量管理体系认证合同。

当某一特定的认证计划或认证要求需要得到解释时，认证机构代表负责按认可机构承认的文件进行解释，并向有关方面发布。

（5）收到的信息将被用于现场审核评定的准备。认证机构承诺保密并妥善保管。

2. 现场审核前的准备

(1) 在现场审核前,申请方按照 ISO 9001 标准建立的文件化质量管理体系的运行时间应达到 6 个月以上,且申请方应至少提前 2 个月向认证机构提交质量手册及所需相关文件。

(2) 认证机构任命一个合格的审核组,确定审核组组长,指定专职审核员或审核组组长进行质量手册审查,审查以后填写《文件审核报告》,通知受审核方,并保存记录。

(3) 在文件审查通过以后,认证机构应准备与受审核方协商确定审核日期并考虑必要的管理安排。在初次审核前,受审核方应至少提供一次内部质量审核和管理评审的实施记录。

(4) 由审核组代表认证机构实施现场审核。由认证机构提前通知受审核方,并提醒受审核方确认对所指派审核员和专家是否有异议。如以上人员与受审核方可能发生利益冲突,受审核方有权要求更换人员,但必须征得认证机构的同意。

(5) 认证机构正式任命审核组,编制审核计划。审核计划和日期应得到受审核方的同意,必要时在编制审核计划之前安排初访受审核方,察看现场,了解特殊要求。

3. 审核组实施现场审核

审核组依据受审核方选定的认证标准,在合同确定的产品范围内对受审核方做现场审核,主要程序为:

(1) 召开首次会议。会议内容有:

① 介绍审核组成员及分工。

② 明确审核目的、依据文件和范围。

③ 说明审核方式,确认审核计划及需要澄清的问题。

(2) 实施现场审核。

审核组收集证据,对不符合项写出不符合报告单。对不符合项类型进行评价的原则是:

① 严重不符合项:质量管理体系与约定的质量管理体系标准或文件的要求不符,造成系统性、区域性严重失效或可造成严重后果;可直接导致产品质量不合格的不符合;等等。

② 轻微的或一般的不符合项:孤立的人为错误;文件偶尔未被遵守,造成的后果不严重;对系统不会产生重要影响的不符合;等等。

(3) 审核组编写审核报告,做出审核结论,其审核结论可能是以下三种情况之一:

① 若没有或仅有少量的一般不符合,可建议通过认证。

② 若存在个别严重不符合,短期内可能改正,则建议推迟通过认证。

③ 若存在多个严重不符合,短期内不可能改正,则建议不予通过认证。

(4) 向受审核方通报审核情况、结论。

(5) 召开末次会议,宣读审核报告,受审核方对审核结果进行确认。

(6) 认证机构跟踪受审核方对不符合项采取纠正措施的效果。

4. 认证批准

(1) 认证机构对审核结论进行审定、批准。自现场审核后 1 个月内、最迟不超过 2 个月通知受审核方,并纳入认证后的监督管理。

（2）认证机构负责在认证合格后注册、登记、颁发由认证机构总经理批准的认证证书，并在指定的出版物上公布质量管理体系认证注册单位名录。公布和公告的范围包括认证合格单位名单及相应信息（产品范围、质量保证模式标准、批准日期、证书编号等）。

（3）对不能批准认证的企业，认证机构要给予正式通知，说明未能通过的理由。若企业再次提出申请，认证机构至少须经6个月后才能受理。

5. 监督审核与管理

在 ISO 9001 质量管理体系认证证书的 3 年有效期内，认证机构负责对认证证书持有企业的质量管理体系进行监督审核与管理。首次监督审核一般在获证半年后进行，以后每年不超过 2 次。

 思考练习

1. 简述建立和实施质量管理体系的意义。
2. 如何理解建立和实施质量管理体系的 PDCA 循环？
3. 什么是风险？组织如何确定应对风险和机遇的措施？
4. 简述建立和实施质量管理体系的工作步骤。
5. 结合你所熟悉的行业，识别和确定其质量管理体系所需的过程。
6. 如何进行质量方针和目标的规划？
7. 如何进行组织结构的规划和组织内权责的分配？
8. 如何进行组织资源的策划？
9. 简述质量管理体系文件的一般架构，以及 ISO 9001 新版标准要求相对于旧版的变化。
10. 简述质量管理体系的认证流程。

第九章 质量管理体系文件编写

 学习目标

1. 理解 ISO 9001:2015 质量管理体系对成文信息的要求。
2. 掌握质量管理体系文件的编制流程和方法。
3. 熟悉质量管理体系文件的管控过程。

导入案例

"四个注重"提升质量管理体系运行水平

作为典型的边疆少数民族地区基层检验检疫机构,内蒙古呼伦贝尔检验检疫局(以下简称"呼伦贝尔局")充分利用 ISO 9001:2015 质量管理体系即将改版的契机,不等不靠,主动出击,结合实际,合理筹划,进行质量管理体系改进与运行维护,通过"四个注重",全面提高质量管理体系运行管理水平。在 2016 年 11 月初结束的对分支局内部审核工作中,质量管理体系运行工作得到了内审组的好评和肯定。

一、注重落实层级管理,激发各级人员主动性

质量管理体系的核心思想是"全面满足顾客要求,过程控制,预防为主,持续改进,制度化管理,自我管理",规定了岗位责任,强化了管理程序,明确了工作方法与工作标准,解决了管理工作中分工不清、责任不明、事前无计划、事中无监督、事后无落实等管理弊端。根据上述要求,局党组充分认识到人员配置与层级管理的重要性,优先配置了各类资源,推行层级管理,明确各个层级人员的职责权限,激发各级人员主动性。一是明确局长、分管局领导、科室负责人、管理员的职责。二是在局与科室之间分别设立两级管理员,有效地管理相关文件与记录,规范、客观、真实地反映实际工作,为质量管理体系(QMS)有效运行提供证据支持。三是要求部门负责人亲自负责本科室作业文件的编写,避免了将体系文件的编写工作推给文件管理员了事的做法,使作业文件质量大幅提高。

二、注重策划结合实际,避免"两层皮"现象

质量管理体系文件的策划与实际紧密结合是避免体系文件与执行"两层皮"的重要措施。呼伦贝尔局在质量管理体系改版过程中,按照"简单、可行、适用、创新"的原则,确定了体系文件策划要能够有效执行和确保适用的工作目标,通过对法律法规文件、标准、作业文件、记录进行全面的完善、补充和查新,扎实落实基础工作。具体包括:一是进一步明确职责权限和分解质量目标。二是加强过程的识别和对过程管理进行有效的策划。三是在文件管理方面结合实际,确保规则明确、识别准确、简便易行和避免重复与矛盾。四是在过程控制和持续改进方面采取切实可行的措施,主动通过内部审核、管理评审、督导督查、专项检查和自查等多渠道发现问题,及时进行整改,避免问题重复发生。

三、注重改进引导方式，提高全员参与程度

呼伦贝尔局充分利用质量管理体系文件改版和绩效考核契机，积极引导，着力扭转部分人员意识中对规范管理的"淡漠"状况，创造全员参与的工作氛围。一是为了避免体系文件与执行"两层皮"的现象，文件策划着重解决"做什么"和"怎么做"的问题，让大家切实感觉到体系运行就是日常工作的开展过程，改进就是发现、归纳、整理相关问题和错误，进而改进和提升质量管理体系的过程。二是注重结合实例，增强培训效果。在培训内容和形式上，尽量与日常业务工作结合起来，通俗易懂，避免讲生涩的条款语言，多举实例，以点带面，有针对性地讲解遇到的实际问题和操作层面的内容。这些贴近实际工作的做法，创造了全员参与的工作氛围和条件，让人人都可以在日常工作中参与进来。

四、注重体系融合衔接，相互促进与提高

质量管理体系提供了系统管理过程的标准，是对"事"的管理；绩效考核规定了对管理干部的业绩评估方式，是对"人"的考评。质量管理体系为绩效考核提供了评价依据，绩效考核弥补了质量管理体系中激励功能的不足，两者相互融合、相互促进，可以从根本上提高组织绩效管理的质量和效率。贯彻 ISO 9001:2015 的过程方法和基于风险的思维，做好绩效管理与质量管理体系的深度融合和有效衔接，实行 PDCA 循环，充分发挥"双轮驱动"的作用，是检验检疫部门一直在积极探讨和努力实践的课题。

因此，在体系融合过程中，呼伦贝尔局一是充分运用质量管理体系已有的过程及过程控制方法来推动绩效管理工作，发挥质量管理体系的基础支撑作用；二是将绩效考核指标分解到位，细化科室质量目标，通过绩效考核结果来客观反映质量管理体系运行的有效性；三是通过落实绩效考核指标，引入风险控制等措施，不断完善和丰富质量管理体系内容。

（案例来源：http://www.sohu.com/a/141217637_543961）

【案例思考】
1. 如何理解 ISO 9001 质量管理体系的核心思想？
2. 建立质量管理体系文件的目的是什么？是为了解决什么问题？
3. 企业在推行质量管理体系过程中怎样避免"两层皮"现象？

第一节 质量管理体系文件概述

质量管理体系文件是描述一个组织的质量管理体系的结构、过程程序、人员职责、所需资源等内容的一整套文件。在 ISO 9001:2015（GB/T 19001—2016）标准中，质量管理体系的所有文件、记录等均表述为"形成文件的信息"（简称"成文信息"），它包含质量手册、程序文件、作业指导书、产品规格（服务规范）和质量记录等。2015版标准取消了质量手册条款，也不再对程序文件做统一要求，这使得组织在策划、制定质量管理体系文件（成文信息）时形式灵活多样，可以适当合并文件内容，可以适当缩减文件数量，但若要改变原有的传统框架，编写难度反而会加大。

一、质量管理体系文件（成文信息）的作用

质量管理体系文件的作用包括：一是作为指南和依据，指导组织建立质量管理体系并

按 ISO 标准和质量管理体系文件实施运行；二是作为准则，和 ISO 9001 标准、相关法律法规一起作为质量管理体系的审核准则；三是作为记录和证据，证明组织保持和持续改进质量管理体系的有效性。因此，建立质量管理体系的一项重要工作就是把适合组织质量管理体系运行且行之有效的管理方法、过程程序予以制度化，形成一套统一、完整和严密的体系文件。

具体而言，成文信息有如下作用。

1. 质量管理活动的法规

质量管理体系文件是指导企业开展质量管理活动的法规，是各级管理人员和全体员工都应遵守的工作和行为规范。作为企业的质量管理法规，质量管理体系文件具有强制性，组织的有关人员必须认真执行，达到作业的一致性，以保证产品质量和工作质量。

2. 达到产品质量要求和预期管理目标的指南

保障产品质量满足顾客的需求，是质量管理体系文件的基本目标之一。组织应通过质量管理体系文件明确管理职责、工作程序及控制要求，通过保证工作质量来确保产品质量符合要求。其他管理目标（如提高生产率、节能降耗、控制成本等）也都要借助于质量管理体系文件，实现实施过程的规范化，才能保障预期目标的实现，从而不断提高产品的市场竞争力。

3. 评价组织质量管理体系有效性和持续适宜性的依据

质量管理体系文件本身就是一个组织存在质量管理体系的重要证据。在进行外部或内部的质量管理体系审核活动时，评价质量管理体系是否符合质量管理体系标准的要求、是否有效、是否适宜，都要把质量管理体系文件作为基本依据。

4. 质量改进的保障

质量管理体系文件对质量改进起着重要的保障作用，它有助于：

（1）发现目标：将质量管理体系运行中某个过程或某项质量活动的实施情况与质量管理体系文件的要求相对照，发现问题，寻求改进机会，从而获得需要改进的目标。

（2）评价结果：对于质量改进措施的有效性，可以对照质量管理体系文件规定的要求和预期的目标，按其能否实现来评定。

（3）巩固绩效：对经过验证有效的质量改进措施，通过质量管理体系文件的更改可将其固定下来，从而保障质量改进措施的持续有效。

5. 促进内部沟通的桥梁

质量管理体系文件可以表达质量管理的有关信息，从而促进组织内部的沟通，统一行动：

（1）将管理者对质量的承诺传达给员工，以此在组织内达成共识。

（2）为跨职能的小组提供信息，以利于更好地理解相互的关系。

（3）帮助员工理解其在组织中的作用，从而加深员工对工作的目的和重要性的理解。

6. 确定培训需求的依据

质量管理体系的各项质量活动都需要由具有相应素质的人员来完成。质量管理体系实施的绩效，取决于人员的技能水平。为保证人员的素质，组织需要根据质量管理体系文件的要求，来安排相应的培训。体系文件本身就是重要的培训教材，经培训所能达到的人员技能水平要与文件要求的程度相适应。从这个意义上说，体系文件的水平决定了培训应达到的水准。

二、质量管理体系文件的要求及构成

（一）质量管理体系文件的要求

ISO 9000:2015 标准对成文信息的定义：组织需要控制和保持的信息及其载体。

对这个定义的理解是：文件是指信息及其载体。信息是指有意义的数据；纸张、磁盘、电子媒体、照片、样品都可以成为文件的载体。具体来说，ISO 9001 标准对质量管理体系文件的要求分为两个部分，一部分是 ISO 标准所要求的文件信息，另一部分则是组织为确保质量管理体系有效运行，从组织的实际情况出发，根据需要安排的各种运行文件。

质量管理体系文件的作用能否得到充分发挥，关键在于文件能否得到切实执行。这里有两个前提条件：一是文件要有良好的适宜性和可操作性。若文件形式、内容过于繁杂，会造成理解和实施的困难；而过于简单，就不能起到规范和指导工作的作用。二是要对文件内容进行必要的学习和培训，使员工熟悉、理解文件的内容和要求，从而减少执行文件的盲目性，提高自觉性。

ISO 9001:2015 标准的 4.4.2 条款对质量管理体系文件提出了相应的要求，指出：

（1）保持成文信息以支持过程运行；

（2）保留成文信息以确信其过程按策划进行。

所谓"保持成文信息"，就是指需要将质量管理体系文件做成指导性文件。指导性文件用于明确要求或规定实施某项活动或过程的方法，如质量管理体系文件中的程序文件、作业文件等。

所谓"保留成文信息"，就是指需要做好证实性文件。证实性文件用于证实某项活动或过程的进行情况，如质量管理体系文件中的记录等。也就是说，保留的是质量记录。

ISO 9001:2015 标准的 7.5 条款规定了对"成文信息"的具体要求，所有构成质量管理体系的组成部分的成文信息必须按条款"7.5 成文信息"受控。

7.5.1　总则

组织的质量管理体系应包括：

a）本标准要求的成文信息；

b）组织所确定的、为确保质量管理体系有效性所需的成文信息。

注：对于不同组织，质量管理体系成文信息的多少与详略程度可以不同，取决于：

a）组织的规模，以及活动、过程、产品和服务的类型；

b）过程及其相互作用的复杂程度；

c）人员的能力。

7.5.2　创建和更新

在创建和更新成文信息时，组织应确保适当的：

a）标识和说明（如标题、日期、作者、索引编号）；

b）形式（如语言、软件版本、图表）和载体（如纸质的、电子的）；

c）评审和批准，以确保适宜性和充分性。

7.5.3　成文信息的控制

7.5.3.1　应控制质量管理体系和本标准所要求的成文信息，以确保：

a）在需要的场合和时机，均可获得并适用；

b）予以妥善保护（如防止泄密、不当使用或缺失）。

> 7.5.3.2 为控制成文信息，适用时，组织应关注下列活动：
> a) 分发、访问、检索和使用；
> b) 存储和防护，包括保持可读性；
> c) 更改控制（如版本控制）；
> d) 保留和处置。
> 对于组织确定的策划和运行质量管理体系所必需的来自外部的成文信息，组织应进行适当识别，并予以控制。
> 注：对成文信息的"访问"可能意味着仅允许查阅，或者意味着允许查阅并授权修改。

所有构成质量管理体系的成文信息均应根据条款"7.5 成文信息"的要求受到控制。文件必须具有实际的针对性和可操作性，组织需要什么就做什么样的文件，必须严格按照规定执行做了的文件，切忌使文件成为应付外部检查的摆设，避免说（写）一套、做（记）一套，表里不一，形成"两层皮"现象。对质量管理体系文件内容的基本要求是：该做的要写到，写到的要做到，做的结果要有记录，即"写所需、做所写、记所做"。

表 9-1 列举了 ISO 9001:2015 标准对成文信息的具体要求，标准全文共有 25 个地方提到应保持和/或保留成文信息。其中，要求"保持成文信息"的共 3 处，意思是需要做成指导性文件，如程序文件或作业指示书等；要求"保留成文信息"的共 19 处，意思是需要对过程运行结果进行记录以保留证据；"保留"和"保持"都需要的共 3 处。

表 9-1 ISO 9001:2015 标准要求与成文信息有关的条款

序号	ISO 9001:2015 条款	要求的成文信息	保持和/或保留
1	4.3	组织的质量管理体系范围应作为成文信息，可获得并得到保持	保持
2	4.4.2	在必要的范围和程度上，组织应： a) 保持成文信息以支持过程运行 b) 保留成文信息以确信其过程按策划进行	保持和保留
3	5.2.2	质量方针应： a) 可获取并保持成文信息	保持
4	6.2.1	组织应保持有关质量目标的成文信息	保持
5	7.1.5.1	组织应保留适当的成文信息，作为监视和测量资源适合其用途的证据	保留
6	7.1.5.2	a) 对照能溯源到国际或国家标准的测量标准，按照规定的时间间隔或在使用前进行校准和（或）检定（验证），当不存在上述标准时，应保留作为校准或检定（验证）依据的成文信息	保留
7	7.2	保留适当的形成文件的信息，作为人员能力的证据	保留
8	8.1 e)	在必要的范围和程度上，确定并保持、保留成文信息： 1) 确信过程已经按策划进行 2) 证实产品和服务符合要求	保持和保留
9	8.2.3.2	适用时，组织应保留与下列方面有关的成文信息： a) 评审结果 b) 产品和服务的新要求	保留

续表

序号	ISO 9001：2015 条款	要求的成文信息	保持和/或保留
10	8.3.2 j)	证实已经满足设计和开发要求所需的成文信息	保留
11	8.3.3	组织应保留有关设计和开发输入的成文信息	保留
12	8.3.4 f)	保留这些活动的成文信息	保留
13	8.3.5	组织应保留有关设计和开发输出的成文信息	保留
14	8.3.6	组织应保留下列方面的成文信息： a) 设计和开发更改 b) 评审的结果 c) 更改的授权 d) 为防止不利影响而采取的措施	保留
15	8.4.1	对于这些活动和由评价引发的任何必要的措施，组织应保留成文信息	保留
16	8.5.1 a)	可获得成文信息，以规定以下内容： 1) 拟生产的产品、提供的服务或进行的活动的特征 2) 拟获得的结果	保持和保留
17	8.5.2	当有可追溯要求时，组织应控制输出的唯一性标识，且应保留所需的成文信息以实现可追溯	保留
18	8.5.3	若顾客或外部供方的财产发生丢失、损坏或发现不适用情况，组织应向顾客或外部供方报告，并保留所发生情况的成文信息	保留
19	8.5.6	组织应保留成文信息，包括有关更改评审结果、授权进行更改的人员及根据评审所采取的必要措施	保留
20	8.6	组织应保留有关产品和服务放行的成文信息。成文信息应包括： a) 符合接收准则的证据 b) 可追溯到授权放行人员的信息	保留
21	8.7.2	组织应保留下列成文信息： a) 描述不合格 b) 描述所采取的措施 c) 描述获得的让步 d) 识别处置不合格的授权	保留
22	9.1.1	组织应评价质量管理体系的绩效和有效性。组织应保留适当的成文信息，以作为结果的证据	保留
23	9.2.2 f)	保留成文信息，作为实施审核方案以及审核结果的证据	保留
24	9.3.3	组织应保留成文信息，作为管理评审结果的证据	保留
25	10.2.2	组织应保留成文信息，作为下列事项的证据： a) 不合格的性质及随后所采取的措施 b) 纠正措施的结果	保留

需要强调的是，根据 ISO 9001:2015 标准条款"7.5.3 成文信息的控制"，文件可以通过各种形式或类型的媒介进行存储，ISO 9000:2015 标准条款 3.8.5 中"文件"的定义给出了以下范例：① 纸张；② 磁盘；③ 光盘或其他电子媒体；④ 照片；⑤ 标准样品。

（二）质量管理体系文件的构成

ISO 9001：2015 标准对质量管理体系文件的结构和格式并无硬性规定，取消了质量手册、形成文件的程序等术语，统一用"成文信息"这样非常模糊的词表述。意思很明显，不管你采用什么样的方式，只要能把这事说清楚就可以了，你觉得怎么理解方便，怎么使用方便就怎么来。同时，对文件和记录也不再做区分，记录全部用"活动结果的证据的成文信息"代替。

2015 版标准在证据方面，不太在乎有没有，更强调的是做了没有、产生的结果怎样。整个标准并不强制要求做记录，只要能提供让人相信的证据就行，不用刻意去"做"记录。证据的范围就宽泛得多，不光是文字、影像、声音可以作为记录，很多之前不能成为记录的证据，如痕迹、外部信息、数据分析等，都能作为证据使用。

ISO 9001:2015 标准相对于旧版标准，对文件数量的要求似乎要"少"些。因此，对于已按 2008 版标准建立质量管理体系的组织，并不需要修订现有成文信息以满足 2015 版标准的要求。如果组织的质量管理体系是根据其有效的运行方式和过程方法理论建立的，那么是完全可行的。当然，为了简化其质量管理体系，组织可以对现有成文信息进行简化或合并。

按 ISO 9001:2015 标准新建立质量管理体系的组织，在满足标准对成文信息的要求的前提下，为了便于把握好编写的文件架构和条理性，可以选择以下两种方式进行编写。

1. 按层次来编写

按层次来编写，即仍按照质量手册、程序文件、作业（工作）指导书、质量记录这样的质量管理体系文件层次架构来编写质量管理体系文件。主要文件的定义及层次划分见表 9-2。

表 9-2 ISO 9001:2015 版标准的"成文信息"与旧版文件的结构对比

2015 新版标准的文件结构		2008 版标准的文件体系		对应要求条款	
指导性成文信息	高层文件	一级文件	质量方针、目标	5、6.2	为符合 QMS 要求而建立的文件
			质量手册	4.3、4.4	
	低层、特定文件	二级文件	程序文件	7、8、9、10	根据组织运行需要而建立或保留的文件
		三级文件	规格、作业指导		
证实性成文信息	保留文件信息	底层记录	质量记录	记录表格式应在上层文件中设定	

有关质量管理体系文件层次的几点说明：

（1）各层次文件可以分开，也可以合并，即其中任何层次的文件都可分开（利用相互引用的条目）也可以合并。

（2）下一层次文件是上一层次文件的支持性文件，其内容不应与上一层次文件的内容相矛盾，且应比上一层次文件更具体、更详细。

（3）有的书籍把二级程序文件和三级作业指导书合并成为第二层次文件，把表格、报告、记录等作为第三层次文件。层次的划分，可由组织根据自己的习惯和需要去决定。

（4）质量管理体系文件的层次性表现为从高层次到低层次，文件的内容逐渐具体化，文件的数量逐渐增加（金字塔式结构）。

2. 按类型来编写

针对 ISO 9001:2015 标准对文件的形式、层次和数量的要求变得"模糊、宽松"的特点，质量管理体系文件可以按类型来归类。

例如，某企业的 ISO 9001 质量管理体系文件分类如下：

（1）管理体系文件：管理方针、管理目标、管理手册、程序文件等。

（2）规章制度文件：管理制度、规定、行政通知、申请文件及批示性文件等。

（3）技术性文件：规格书、作业指导书、设计文档等资料。

（4）外来文件：国家及上级机关颁发的有关法律法规、政策性指示通知（红头文件）；行业可直接引用或执行的规范和技术标准；顾客提供的资料及有关文件等。

三、质量管理体系文件的编制

（一）文件编制流程

为了有效地完成质量管理体系文件的编写，企业一般会按下面的流程来进行。

1. 成立质量管理体系文件编写小组

任命组长，确定编写成员名单。编写小组成员从各部门抽调，一般采取兼职或兼专结合的方式。其成员由各部门主管、领导组成。

2. 学习和培训

编写人员名单确定后，组织进行学习和培训，包括以下内容：

（1）ISO 9000 系列标准。对于该系列标准应进行全面系统的学习，对标准理解的偏差将直接影响质量管理体系文件的编写质量，编写人员不对标准进行系统的学习就生编硬造的质量管理体系文件不仅毫无使用价值，还会带来负面影响，让员工感觉标准不适用。培训方式可自行选择，可聘请质量咨询机构、质量认证机构协助进行，也可选派人员参加有关专业学习班，如内审员培训班。企业根据具体情况采取相应的培训方式，确保培训效果。

（2）与质量管理及建立质量管理体系有关的国家法规、法令、政策、条例等，国内外有关质量审核认证的大纲等文件。

（3）质量管理体系标准要求的相关知识，以及质量管理的基本思想、理论和方法等。

（4）国内外同行良好运行质量管理体系的案例。

3. 企业现状调查

编写小组经过系统的培训和学习，掌握了有关质量管理体系编写的基本知识之后，下一步就要充分调查、了解企业现状，内容包括：

（1）企业的业务、人员、生产规模，企业的产品和服务性质。

（2）企业现有的质量水平、生产水平。

（3）企业的内外环境，包括企业内部的价值观、文化知识和相关绩效，外部的相关法律、技术、竞争、市场、文化、社会和经济环境等方面。

（4）企业质量管理发展的历史，以及经验教训。

（5）企业原有管理规范、质量管理文件的收集、归纳和整理。

4. 制订体系文件编制计划

这一步骤按照 ISO 9001:2015 标准条款展开。编写小组结合质量管理体系的范围及企业的现状，列出体系文件清单，并将其分解成为一项项具体的质量活动和质量工作，再对各项活动和工作确定负责部门和配合部门，对体系文件编制进行分工。一般来说，责任部门就是该项活动相关文件的编写部门。规定完成时间，最后形成体系文件编制计划。按计划规定的时间进度要求开展编写工作，原则上各部门的编写人员负责编写本部门承担的文件内容。综合性的条款一般由质量管理部门编写。

5. 文件样式确定

ISO 9001:2015 标准的"7.5.2 创建和更新"条款要求："在创建和更新成文信息时，组织应确保适当的：a）标识和说明（如标题、日期、作者、索引编号）；b）形式（如语言、软件版本、图表）和载体（如纸质的、电子的）；c）评审和批准，以保持适宜性和充分性。"

按标准的要求，确定文件样式的要点如下：

（1）文件标识要求。要有标题、日期、作者或编号，标准后面还要有"更改控制"（如版本控制）要求。

（2）格式可以是语言、软件版本、图表。

（3）媒介可以是纸质、电子格式等。

（4）对文件的适宜性和充分性方面，要求进行评审和批准，也就是说，编写文件时要有"审核""批准"。

从标准条款要求可看出，文件编写空间是很大的，企业可采取文字描述、流程图、图片、语音形式或将它们相互组合。编写小组可以根据企业实际情况确定一种或多种文件样式。

6. 文件统稿

根据计划时间，文件编写小组组长按期收集各编写人员的草稿后，进行统稿。对于统稿时发现的问题，组长应与编写者协调解决，直到达到预期目标。

7. 初次评审后试运行

完成的质量管理体系文件草案，由质量管理体系文件编写小组召开会议进行讨论评审。针对小组提出的意见，责任人进行修改。无异议后，最高管理者签发试运行指令，进行试运行。为了慎重起见，也可先在小范围内试点，或者先试运行部分文件，总结试点经验后，再全面试运行。

8. 再次评审后正式运行

质量管理体系文件编写小组组长跟踪试运行结果，总结经验教训，进行相应修改。完成的正式文件由质量管理体系文件编写小组召开会议进行讨论评审。无异议后，最高管理者签发正式运行指令。

（二）文件编制要点

组织在编制质量管理体系文件时，应把握好以下方面的重点要求：

(1) 符合 ISO 9001:2015 标准、法律法规、组织的质量方针和质量目标等要求，满足过程、产品和服务的要求。

(2) 在描述任何质量活动过程时，必须具有确定性，即何时、何地、做什么、由谁（部门）来做、依据什么文件、使用什么资源、怎么做、怎么记录等，必须加以明确规定，从而排除人为的随意性，保证过程的一致性，确保过程质量的稳定性。

(3) 质量管理体系文件之间应保持良好的相容性，即不仅要协调一致、不相互矛盾，而且要各自为实现总目标承担相应的任务。

(4) 要符合组织的客观实际，使文件具有可操作性。这是文件得以贯彻执行的重要前提。

(5) 质量管理体系是一个由质量方针、质量目标、相关过程和资源构成的有机整体，因此，要站在系统的高度，注意各个过程方法的有效结合，使输入、输出、过程之间的接口和相互关系及文件的层次（支持性）关系得到有效的控制，使质量管理体系文件形成一个有机的整体。

(6) 应该充分考虑节省资源、减少差错，使文件易识别、理解，降低培训成本。

(7) 对于每个过程都应权衡风险、利益和成本，寻求最佳的平衡。明确优化目标，识别需求条件（包括可能的各种负面效应），寻找可能的解决办法，实施最佳的方案。

(8) 预防是质量保证的精髓，在体系文件编写过程中，要预先对可能的各种不良影响因素做出识别，并加以有效预防控制。

(9) 对各种管理活动不能一刀切，要实行区别对待、分类处理，从问题的重要性和实际情况出发决定对策，如对于产品的重要程度、质量特性、生产工艺等，在文件编制时就应予以充分考虑，对人员、过程、时间、方法等做出合理的安排。

(10) 应体现 PDCA 循环管理思想。任何管理活动的安排均应善始善终，并按照要求不断改进。检查是否闭环也是检查质量管理体系是否正常运行的一个有效方法。要不断检查和评价管理的效果是否达到了预期的要求。如对于订单评审，应从订单接收前的评审，生产中的控制与协调，直至能按质、按期交付，实施全过程的闭环管理。

第二节　质量手册的编制

质量手册是规定组织质量管理体系的文件。它阐明组织内为贯彻质量方针和实现质量目标所需的一组相互关联和相互作用的过程。它具有纲领性和概括性，全面描述组织的质量管理体系，概述质量管理体系文件的结构，能反映出组织质量管理体系的全貌。

虽然 ISO 9001:2015 标准对质量手册不做要求，但为了方便实施运行及向相关方描述企业的质量管理体系和标准其他要求的应用情况，大多数企业还是编有质量手册，否则散乱的质量管理体系文件更难实施。

一、编写质量手册的主要目的

编写质量手册主要是为了达到以下目的：

(1) 说明及描述质量管理体系，阐述组织的质量方针、质量目标、程序和要求。

(2) 将质量手册作为执行与维持质量管理体系的准则，指导组织持续有效实施质量管理体系。

(3) 为质量管理体系审核提供依据。

(4) 将质量手册作为质量管理体系运行的培训教材。

(5) 明确控制方法和质量管理活动的方式。

(6) 对外展示组织严格实施质量管理体系的意图和决心，证明其完全符合 ISO 9001：2015 质量管理体系标准，以提升组织的社会形象。

二、质量手册的内容

质量手册是组织质量工作的"基本法"，起到确立各项质量活动及其指导方针的重要作用。它属于组织的受控文件，但不属于保密文件，因此，编写时要注意适度，既要能将其作为组织实施运行 ISO 9001 标准的依据和指南，让外部能了解组织的质量管理体系全貌，又无须过多过深地涉及控制的细节。

组织在编写质量手册时要注意质量手册与程序文件、作业（工作）指导书的衔接。通常质量手册提出对各过程的控制要求，由质量手册所引用的程序文件及作业指导书做出可操作实施的安排。

质量手册可以包括质量管理体系的范围、程序文件或对其引用，以及对质量管理体系过程及其相互作用的描述。

具体来说，质量手册包括以下要素：

(1) 封面。封面上须明确标示组织名称、"质量手册"字样、文件编号、版本、制定日期、制定者、审查者、批准者等重要信息。

(2) 目录。质量手册的目录可以列出每一部分的章节号、标题及其页码。目录编排基本上与 ISO 9001:2015 标准的章节号对应一致。

(3) 评审、批准和版本。应当在手册上清楚地表明质量手册的评审和批准的证据，以及修订状态和日期。可行时，应当在文件或适当的附件上标明更改的性质。

(4) 组织（企业）介绍、组织机构图及权责，如业务内容、所属行业、组织背景、历史、规模和业绩的简要描述等。组织机构图应明确表示，并且定义各项权责及其相互之间的关系，尤其是应将与质量管理相关的人员纳入说明。

(5) 管理者代表任命书。虽然新版标准已经取消了管理者代表的要求，但由于质量管理体系需要履行管理者的承诺，特别是标准第 5 章规定的领导作用，而一般组织的最高领导者没有精力过问质量体系的具体事务，所以可以签发任命书，指定组织的质量管理体系"管理者代表"（或"管理责任者"）。

(6) 质量方针和质量目标。组织要把质量方针和质量目标纳入质量手册中时，可在质量手册中加入对质量方针和质量目标的声明。

(7) 组织、职责和权限。质量手册可以描述组织的结构、职责、权限及其相互关系，一般是通过组织机构图、流程图和对工作的描述等方法来实现。这些内容可以被包括在质量手册中，或在其中被引用。

(8) 质量管理体系的描述。

首先，质量手册的正文开始应当明确质量管理体系的范围，还应包括不适合本组织的标准条款要求（任何删减条款的细节）及理由说明。

其次，因质量手册为ISO 9001标准与程序书之间的桥梁，故应将ISO 9001标准的要求，逐项以具体、符合组织运作的原则在质量手册中加以规范，同时将其规定索引至程序书。主要包括：

① 目的：指本质量要项的运作目的。
② 范围：指本质量要项的使用范围。
③ 执行过程：描述标准的规定与本组织质量活动的运作。
④ 程序索引：质量管理体系程序文件或对其引用。

最后，组织可以按过程的顺序、所采用标准的结构或任何适合于组织的顺序，将其质量管理体系形成文件。可以用对照表的方式说明采用的标准与质量手册内容之间的对应关系。

（9）支持性文件附录。支持性文件资料有程序文件目录、过程关系图、管理标准等。

三、编制质量手册应注意的问题

为了确保质量手册的有效实施，组织在编制质量手册过程中还应注意以下问题：

（1）质量手册可以包括质量管理程序，也可以摘要说明质量管理体系过程程序，并列出所引用的过程程序名称及编号，指明查询路径。对过程的阐述要抓住控制重点，无须详细描述具体的做法。

（2）质量手册编制用词要规范严谨，避免使用模棱两可的用词，如"也许""可能""大概"等，以免造成执行人员无所适从。

（3）质量手册通常用书面形式体现，也可采用多种媒体的形式，但为了防止文件丢失，应注意做好必要的备份。

下面展示质量手册的部分内容示例（请注意文件的格式）。

 【案例9-1】　质量手册封面

******科技有限责任公司
质量管理体系手册
（依据 GB/T 19001—2016 IDT ISO 9001:2015 标准修订）

文件编号：****-QM-A001
文件版本：A01
制定日期：2017年12月31日
生效日期：2018年01月01日

制定：　　　　审核：　　　　批准：

修 订 履 历						
版本	修订日期	修订内容	修订者	修订部门	审　核	核　准
A00	2016.5.31	首次制定	***	质量管理部		
A01	2017.12.31	全面修订	***	质量管理部		

【案例 9-2】　质量手册正文（部分）

******科技 有限责任公司	文 件 名 称	文件编号	****-QM-A001
	质 量 手 册	版 本 号	A01
		实施日期	2018 年 1 月 1 日

0.2　质量手册颁布令

发 布 令

　　本公司依据 ISO 9001:2015《质量管理体系　要求》标准，结合本公司的实际情况建立质量管理体系并编制手册。

　　本质量手册描述了本公司的质量方针、质量目标并对本公司的质量管理体系提出了具体要求，从而确保本公司的产品及服务能满足顾客和相关各方的需求，并通过持续改进，使本公司的产品和服务能适应顾客当前的和未来的需求的变化。

　　本质量手册是我公司质量管理的法规，也是我公司向顾客做出质量保证和满足顾客及相关各方合理期望的承诺，是我公司开展内部质量审核和管理评审等质量活动的依据，是我公司质量管理总的纲领性文件。

　　现批准下发执行，本公司全体员工必须认真学习、理解质量方针，并将质量手册所规定的各项程序要求贯彻落实到日常工作中，以实现我公司的质量目标及经济效益。

　　本质量手册含封面共 45 页，自 2018 年 1 月 1 起生效。

******科技有限责任公司
总经理：_____
日　　期：_____

0.3　质量方针和目标批准令

公司质量方针：

质量为本　诚信百年
科技创新　争创一流

　　方针含义：

　　1. 时刻铭记质量是企业的生命，诚实守信地为客户提供产品和服务是我们存在的价值，为客户提供至臻品质，并不断为客户创造出更好的经济效益和社会价值。

　　2. 积极倾听客户的声音，以科技手段不断创新并提供合乎客户需求的产品，以此完善质量管理体系，努力成为同行业中管理水平一流的企业。

公司质量目标：

　　公司 2018 年度质量目标：

　　1. 顾客满意率≥95％。

　　2. 顾客投诉处理闭环率≥98％。

　　3. 成品交验合格率≥99％。

　　以上质量目标在各职能部门进行了分解，并规定了测量频率和方法，具体见附件四《质量目标分解及实施效果检查表》。

总经理：_____
年　　月　　日

续表

0.4 管理者代表任命书

<h1 style="text-align:center">管理者代表任命书</h1>

为了贯彻执行 GB/T 19001—2016 IDT ISO 9001:2015 标准,加强对质量管理体系运行的领导,推动公司质量管理体系的正常有效运行和持续改进,及时处理影响质量管理的有关问题,确保公司体系有效实施和保持,特任命_____(先生/女士)为我公司的管理者代表。

管理者代表职责:
1. 确保按照 GB/T 19001—2016 IDT ISO 9001:2015 标准的要求建立、实施与保持质量管理体系。
2. 向最高管理者汇报质量管理体系的运行情况以供评审,并为质量管理体系的改进提供依据。
3. 确保在整个公司内提高满足顾客要求的意识。
4. 负责体系运行有关事宜的外部联络。
5. 行使公司总经理规定的其他质量管理职责和权限。

公司各级人员必须服从管理者代表的领导,积极配合,共同执行质量管理职责,以确保公司质量管理体系有效运行和持续改进。

总经理:_____

年　月　日

※※※※※※科技 有限责任公司	文　件　名　称	文件编号	※※※※-QM-A001
	质　量　手　册	版　本　号	A01
		实施日期	2018年1月1日

1 范围

本公司依据 ISO 9001:2015 管理体系标准及相关法律法规的要求,结合公司产品的设计开发、生产和服务控制的实际情况,编制本手册。

本手册在质量方针的基础上建立,为产品在活动和服务中谋求管理控制,持续改进管理体系业绩,规定了质量管理体系的要求。

本手册阐明公司在管理体系中的方针、目标,系统描述了管理体系的要求,是公司所有从事质量工作的部门和人员必须共同遵守执行的基本准则。

本手册适用于:
(a) 确定本公司有能力稳定地向顾客提供满足其需求和期望的产品。
(b) 确保本公司在生产和服务过程中遵守适用的法律法规和其他要求并增强顾客满意和环保意识。
(c) 本公司质量管理体系内部审核。
(d) 第二方、第三方的质量管理体系审核。

本手册由质量管理部草拟,经管理者代表审核后,由总经理批准。

行政部负责按《文件控制程序》做好本手册的发行和管理。

本公司质量管理体系的范围,包括了 GB/T 19001—2016《质量管理体系　要求》的所有标准条款规定,无删减。

本手册适用于数字电子调谐器、射频调制器、智能测试系统的设计开发、生产、销售和服务,适用于内部质量管理、顾客或第三方质量管理体系认证。

2 引用标准

2.1 GB/T 19001—2016 IDT ISO 9001:2015《质量管理体系　要求》。
2.2 产品执行标准:见"附录 2　产品标准清单"。
2.3 适用的法律法规及其他要求:见"附录 3　适用的法律法规及其他要求清单"。

3 术语和定义

本手册采用 ISO 9000:2015《质量管理体系　基础和术语》标准中的有关术语和定义。

……

第三节　程序文件的编制

ISO 9000：2015《质量管理体系　基础和术语》明确了程序是"为进行某项活动或过程所规定的途径。注：程序可以形成文件，也可以不形成文件"。程序是质量管理体系的重要组成部分，虽然标准没有要求程序必须形成文件，但程序文件是描述实施质量管理体系过程中所需要的质量活动的文件，是质量手册的具体展开和支撑。因此，绝大多数组织都会编制程序文件。

一、程序文件与质量手册、作业（工作）指导书的关系

程序文件是质量手册下一层次的文件，对质量手册起支持作用。

质量手册是组织质量管理的纲领性文件，对程序文件起导向作用。质量手册可直接包含程序文件，也可以引用程序文件的内容。因此，程序文件的重要内容部分应与质量手册保持一致，避免出现矛盾。

程序文件是作业指导性文件的上一层次的文件。从某种意义上讲，作业指导书也是一种程序文件，但在描述的对象上有所不同。程序文件的内容注重管理方面，所描述的是与本程序相关的职能部门的活动内容，一般不涉及纯技术的细节，必要时可在程序文件中引用作业指导书。而作业指导性文件描述的是具体的作业活动，必须涉及技术细节，才能发挥指导员工规范操作的作用。

二、程序文件的作用

在质量管理体系中程序文件具有以下作用。

1. 使质量活动受控

（1）对影响质量的各项活动做出规定。

（2）规定各项活动的方法和评定的准则，使各项活动处于受控状态。

2. 阐明质量活动有关人员的责任

阐述内容包括职责、权限和相互关系。

3. 作为执行、验证和评审质量活动的依据

（1）程序的规定应在实际活动中执行。

（2）执行的情况应保留证据。

（3）依据程序审核实际运作是否符合要求。

三、程序文件的编制内容

1. 程序文件的要求及格式

ISO 9001:2015标准用"成文信息"取代了"程序文件"，也没有对格式和数量的具体要求，所以组织应根据自身的规模、产品的类型、过程的复杂程度、员工的素质能力等因素来确定程序文件的存在、格式及数量。通常情况下，一般企业单位会建立十几到二十几个程序文件，以确保组织质量管理体系的有效运行。某企业编写的程序文件见表9-3。

表 9-3 程序文件清单

序 号	文件编号	程序文件名称
1	****-QP04-01	组织环境及相关方控制程序
2	****-QP05-02	质量管理体系策划与变更控制程序
3	****-QP06-03	风险和机遇识别与应对控制程序
4	****-QP07-04	文件控制程序
5	****-QP07-05	记录控制程序
6	****-QP07-06	人力资源控制程序
7	****-QP07-07	基础设施控制程序
8	****-QP07-08	组织知识控制程序
9	****-QP07-09	监视和测量资源控制程序
10	****-QP08-10	外部提供过程、产品和服务的控制程序
11	****-QP08-11	顾客或外部供方财产控制程序
12	****-QP08-12	产品和服务的要求控制程序
13	****-QP08-13	生产和服务过程控制程序
14	****-QP08-14	标识和可追溯性控制程序
15	****-QP08-15	产品防护控制程序
16	****-QP09-16	内部审核控制程序
17	****-QP09-17	管理评审控制程序
18	****-QP09-18	顾客满意度测量控制程序
19	****-QP09-19	过程的监视和测量控制程序
20	****-QP09-20	分析和评价控制程序
21	****-QP10-21	不合格和纠正措施控制程序
22	****-QP10-22	持续改进控制程序

组织应事先拟定程序文件的格式，并能将文件名称、编号、页次、版次、制定（修订）日期及制定、审查、核准人员充分表现。

组织在编制程序文件过程中应尽可能采用流程图加文字说明的方式，将活动的目的、范围、职责、作业过程、控制要点等内容，条理清楚、主次分明地表述出来。文件内容与分段方式并非唯一，组织可依据本身的需求进行设计，但无论如何，在编写文件时需要有一个统一的内容段落编排方式，才不至于使文件编写者在编写文件时出现编排方式不一致的现象。

2. 程序文件的内容

程序文件的内容应包括标题、目的、范围、职责和权限、活动描述、记录、支持信息的附录、评审、批准和修改及更改的标识等。文件的详细程度取决于活动的复杂性、采用的方法及员工完成活动所需的技术和培训水平等要素。具体编制可参考下列内容：

（1）标题。

标题应当能清楚地体现程序文件的控制内容。

（2）目的。

程序文件中应当规定书面程序的目的。

（3）范围。

程序文件中应当描述书面程序的范围，包括覆盖的区域或不覆盖的区域。

（4）职责和权限。

程序文件中应当规定人员和组织职能部门的职责与权限，以及各方在程序文件中所描述的过程和活动中相互合作的关系。为清晰起见，组织可以用适当的流程图和文字表述的方式来描述。

（5）活动描述。

这是程序文件中最重要的一个环节，其详细程度取决于活动的复杂性、使用的方法、人员为完成活动所必需的技能和培训水平。不论详细程度如何，适用时应当考虑以下方面：

① 确定组织、顾客和供方的需求。

② 以文字术语和（或）流程图描述过程所要求的有关活动。

③ 明确做什么、谁或组织的哪个职能部门做、为什么做、何时做、何处做和如何做。

④ 描述过程控制和对所识别的活动的控制。

⑤ 规定为完成活动所必需的资源（就人员、培训、设备和材料而言）。

⑥ 规定与所要求的活动有关的适当文件。

⑦ 规定过程的输入和输出。

⑧ 规定要执行的测量。

组织可以决定是否在作业（工作）指导书中对上述信息中的一些内容加以规定。

（6）记录。

应当在程序文件的本章节或其他章节中规定程序文件中与活动有关的记录。适用时，对这些记录所采用的表示应当加以规定，并且应当说明完成、归档和保存记录的方法。

（7）附录。

程序文件可以包括含有支持信息的附录，如表格、图片、流程图等。

（8）评审、批准和版本。

程序文件应当表明评审和批准的证据，以及修订状态和日期。

（9）更改的标识。

可行时，应当在文件或适当的附件上标识更改的性质和内容。

总的来说，质量管理体系程序都应根据需要明确何时做、何地做、由谁做、做什么、怎么做、为什么做（即5W1H），以及应保留什么记录。

3. 程序文件案例

程序文件编制的内容、格式等可参考案例9-3。

【案例 9-3】 某公司的文件控制程序

****** 科技 有限责任公司	程序文件名称	文件编号	****-QP07-04
	文件控制程序	版 本 号	A01
		实施日期	2018年1月1日

1. 目的
　　管理与质量体系相关的文件和资料，确保文件和资料的有效运用，在运用体系中，防止使用无效的文件和资料。
2. 适用范围
　　2.1 适用于与 ****** 科技有限责任公司相关联的文件与资料（成文信息）的维持管理。
　　2.2 **** 文件的类型和定义如表1所示。
3. 职责
　　3.1 总经理负责批准发布质量管理体系手册。
　　3.2 管理者代表负责审核质量管理体系手册。
　　3.3 各部门负责本部门与质量管理体系有关的文件的编制、收集、整理和归档。
　　3.4 行政部负责文件控制、发放、更改和整理管控。
　　3.5 管理者代表负责对现有体系文件进行定期审核，并组织相关人员进行维护或修改。
　　3.6 品管部负责质量落实、监督、跟踪、运用。

表1　**** 文件的类型和定义

文件名称	主要的规定内容
质量手册	质量手册是在实行质量管理体系时，融入ISO 9001的要求事项，明确品质保证的概念，包括与品质相关的理念、目标、组织、责任、权限及关联的规定、标准之间的关系。
程　序	规程是在实行质量管理体系时，说明工作的流程，包括从哪儿来、怎样获得、用什么方法获得、怎样文件化等被规定的方法和流程。
规　格	规格是关于最终产品、制造过程中的产品、原料和资材的品质、检查基准相关的事项及与资格认定相关的标准。
技术标准	为了维持或达成程序、规章中规定的事项，制定与必要的技术条件、方法、方式、基准、能力、状态等相关的事项。
作业指导书	为了维持或达成规程、规格、技术标准、技术指示书中规定的事项，制定与必要的作业条件、动作、安全、设备、治具、方法、基准、检查、管理要点、注意事项等相关的事项。
设备别 QC管理表	在制造工程中，引用规格、程序、技术标准、技术指示书、作业标准（为了产品质量，制定与必要的条件、设备、治具、方法、流程、基准、检查等管理要点相关的主要事项）。

续表

4. 程序

4.1 体系文件编码原则

文件类别	编号
质量手册	****-QM-YY （公司代号）（流水号）
程序文件	****-QPXX-YY （公司代号）（标准章节号）（流水号）
作业文件（制度、规程、作业指导书）	WI XX-PG-YYY （标准章节号）（部门）（流水号） HR：人事　　PG：品管　　JS：技术　　ZZ：制造
技术文件	****-S-YYY （公司代号）（设计）（流水号） S：设计　　G：工艺　　J：检验　　Q：其他技术文件
记录表格	FM-P/W/DXX．YYY-YY （所属文件号）（流水号）

4.2 文件控制方法

4.2.1 文件的编制、审核、批准

文件类别	编制	审核	批准
质量手册	品管部	管理者代表	总经理
程序文件	各部门负责人	管理者代表	总经理
作业及技术文件	IE部门	部门经理	分管副总
记录表格	各部门	部门经理	分管副总

4.2.2 文件的发放

（1）经批准发行的文件，由文控人员以《受控文件清单》登记管理，加盖红色"受控文件"章后发行（如打印和复印的文件无"受控文件"字眼则一律视作无效）。

（2）请收文部门在《文件领用/收回登记表》上签名登记。

4.2.3 文件的使用和保存

（1）各部门负责人应对领用文件妥善保管和使用、整理归档，防止污损、遗失，保持文字清晰、易于识别运用。

（2）当文件出现损坏无法识别或严重影响使用时，应及时与文控人员联系解决，确保在使用期间取得适当文件的相关版本。

（3）任何人不得在正式文件上加以标记或涂改、更改字体和符号。

4.2.4 文件评审

在体系运行过程中，当组织机构、资源配置、过程及产品、法律法规等因素发生重大变化时，由业务部组织各部门对文件进行评审，并按文件修订作业更新。

4.2.5 文件更改、换版与作废

文件需要修改时，填写《文件更改申请单》，由原来拟制部门修改，由原审批部门审批，若指定其他人拟制、审批，该部门应获得审批所依据的有关背景资料。

每次修改和换版后，文控人员下发新文件，并将旧文件收回，填好《文件领用/收回登记表》的"回收记录栏"，由文控人员保留一份原稿，并在首页盖"作废留存"章，保存期自作废之日起至该类产品有效期后1年，并且不少于5年，确保在产品的寿命期内，可以得到此产品的制造和试验的文件。其余收回的旧文件由文控人员登记《文件销毁记录表》，经原批准人批准后销毁；如纸张可二次循环利用，须用笔打斜线以示区别，避免误用。

续表

受控文件更改时，修改的版号以"A/0、A/1、A/2……"表示，A 为版本，0、1、2……为修改次数，修改 10 次以上或文件进行大幅度修改时应换版，由受控人员负责换版至 B 版。

凡公司发放的质量手册、程序文件（包括给认证公司的）均为受控版本；顾客要求提供质量手册、程序文件时，须经管理者代表批准，提供不受控版本，如果更改，不做通知。

4.3　文件的借阅、复制

借阅、复制与质量管理体系有关的文件，应填写《文件借阅/复制记录表》，经文控员登记、借阅人或复制人签名后予以借阅或复制。

4.4　外来文件的管理

4.4.1　凡是与质量管理体系有关的外来文件，均属于受控文件范畴，这些文件包括：

（1）政府部门有关质量和产品管理的法规、产品技术标准。

（2）相关方所提供的产品技术参数、图纸和其他技术性文件。

（3）相关方的合同、订单和生产计划。（可以不列入外来文件管理范畴）

4.4.2　各部门接收到外来文件时，做好《外来文件登记表》登记，并将所接收的文件，依据文件的性质，分别送文件管理部门加盖受控印章。文控员应记录在《外来文件登记表》中。

4.4.3　不得随意复印所有受控的外来文件，确因工作需要复印者，必须到文件管理部门办理申请、登记手续，统一复印。

4.4　电子文件的控制与管理

4.4.1　电子文件是指在数字设备中生成，以数码形式存储于磁带、磁盘、光盘等载体，依赖计算机等数字设备阅读、处理，并可在通信网络上传送的文件。

4.4.2　公司各单位、各部门应有专人收集、整理、处理、加工、分析传递信息。对于保密和未经授权不得阅读的文件，必须进行文档加密和标识。重要文件必须被设置为"只读"属性，以避免无意中被修改。

4.4.3　各单位在服务器中设专用文件夹，对有关文件分类设定访问权限，分类控制。电子文件的发放采用局域网邮件形式，依审批后的发放范围进行发放；审核、审批处加盖授权专用电子印章或电子签名后方可有效。

4.4.4　各单位/部门收到电子文件后，必须进行文件回复以确保本单位/部门正常收到电子文件。由发文单位负责把回复存到专用文件夹中，作为收发文件登记。

4.4.5　做好电子文件收发登记工作，针对发放文件、接收文件设立专用文件夹，作废文件由使用者按时删除。

4.4.6　电子文件不允许自行更改、涂写；如有必要，必须由编制单位提交《文件更改申请表》给该文件批准人批准后方可更改。

4.4.7　电子文件有效性由文件发放部门进行检查，并填写《电子文件有效性检查记录》。

4.4.8　未经公司管理者批准或授权，不得将电子文件上传、复制、共享或下载。

4.4.9　公司管理体系电子文件以本公司"标准信息管理系统"中的电子文件作为有效受控版本，其他部门和单位计算机中复制的文件和记录表样均为非受控版本，未经同意，不得在体系运行中使用。

4.4.10　计算机中与管理体系相关的所有文件夹和文件名称的命名采用实名、全称或简称的方式，避免采用数字、字母代号和个性化的名称，以防止文件的混乱、丢失和被无意删除。

4.4.11　电子文件形成后，形成部门和文控部门应及时将其进行归档管理。

4.5　电子文件归档与电子档案管理办法

4.5.1　电子档案是指具有保存价值的已归档的电子文件及相应的支持软件和其他相关数据。

4.5.2　对电子文件的形成、积累、鉴定、归档及电子档案的保管实行全过程管理，由各单位文控人员负责，保证管理工作的连续性。

4.5.3　电子文件形成部门负责电子文件的积累、保管和整理工作。

4.5.4　电子文件的管理由各单位文控部门负责，电子文件形成部门要及时把管理体系相关日常工作中形成的电子文件整理归档。

4.5.5　文件形成部门协同文控部门确定电子文件归档技术、相关软件、版本、数据类型、格式、被操作数据、检测数据等，以保证电子档案的质量。

> 4.5.6 为保证电子档案的可利用性,从电子文件形成之时就应严格执行规定,确保其信息的真实性、安全性和完整性。
> 　　4.5.7 归档电子文件同时存在相应的纸质或其他载体形式的文件时,则应在内容、相关说明及描述上保持一致。
> 　　4.5.8 具有保存价值的电子文件,在必要时生成纸质文件等硬拷贝。进行归档时,必须将电子文件与相应的纸质文件等硬拷贝一并归档。
> 　　4.6 电子文件收集积累要求
> 　　……(以下略)
> 5 相关文件
> 　　5.1 《记录控制程序》　　****-QP07-05
> 6 质量记录
> 　　6.1 《受控文件清单》　　FM42301
> 　　……

作成		审核		批准	

第四节　作业(工作)指导书的编制

作业(工作)指导书就是规定某项活动如何进行的文件,属于作业性文件。它是指为确保完成某个指定岗位/工作/活动的要求,对该岗位或对完成此工作或活动的员工应该怎样做而做出具体规定的文件。

一、作业(工作)指导书的类型

作业(工作)指导书的类型很多,同一企业的作业(工作)指导书的内容、格式、应用,甚至名称都会不同。工艺规程、操作规程、操作规范、工作指引、工作细则、作业规范、检验规程、作业标准、设备操作手册等都属于作业(工作)指导书。

常见的作业性文件的类型有:

(1) 管理(工作)细则:用于规定某一管理活动的具体步骤、职责和要求。

(2) 产品标准:用于规定某项产品的具体标准。

(3) 工艺规范:用于规定生产产品所应采用的方法。

(4) 操作规程:用于规定操作某一设施或设备的具体方法。

(5) 检验规范:用于规定检查所提供的产品是否达到规定的产品标准的方法。

(6) 指令性文件:用于命令由谁,在什么时间、什么地点做某项工作。此类文件一般采用表格来规范其形式,常常被称为一次性有效文件。注意不要将此类文件与记录相混淆,前者是工作的依据,后者是工作结果的记录。

(7) 技术图纸。

……

上述这些类型的文件通常被称为作业(工作)指导书。

二、编制作业(工作)指导书的目的及作用

编制作业(工作)指导书的主要目的:

(1) 使工作或活动有章可循，使过程控制规范化，处于受控状态。
(2) 确保实现产品/工作/活动的质量特性。
(3) 保证过程的质量。
(4) 对内、对外提供文件化证据。
(5) 作为持续改进质量的基础和依据。

作业性文件的作用表现在两个方面：一是对程序文件起支持性作用；二是为具体的作业活动提供技术性的指导。

三、作业（工作）指导书的编制内容

1. 作业（工作）指导书的结构和格式

作业（工作）指导书的结构、格式和详细程度应当依据工作的复杂性、使用的方法、所接受的培训、人员的技能和素质等因素来确定。为减少混乱或失误，组织应当建立和保持统一的格式或结构。

与质量手册和程序文件不同，作业（工作）指导书不是全局性的体系文件，而是局部的、具体的作业指导文件，所以文件格式与结构有自己的特点。一般来说，作业（工作）指导书不牵涉横向协作部门，所以需要明确使用部门或区域，而权限与职责部分可以被弱化或省略。

2. 作业（工作）指导书的内容

作业（工作）指导书应当描述关键活动，应当给出活动的更多控制细节，以使有关人员获得必要信息而正确地完成其工作；应当表达操作的顺序，正确地反映要求和有关活动；应当表达所要描述和规定的活动（作业文件）的目的、适用范围、职责、何时做、何地做、谁做、做什么、怎么做（依据什么去做），以及留下什么记录来证实所做工作符合要求。

作业（工作）指导书描述的关键内容主要是如何去做；管理标准或工作标准描述和规定的主要内容是要求和验收条件。

3. 作业（工作）指导书的编写要点

(1) 编写应当简单实用，通俗易懂。

尽可能应用流程图、图片、表格和符号，文字部分要简明扼要、通俗易懂。

(2) 是否编写作业（工作）指导书的原则。

作业（工作）指导书过多或过少都不好。如果缺少指导书会对该项工作产生不利影响，就应当编写作业（工作）指导书。

(3) 应与已有的各种文件有机地结合。

① 作业（工作）指导书的编写任务一般由具体部门承担。
② 明确编写目的是编写作业（工作）指导书的首要环节。
③ 当作业（工作）指导书涉及其他过程（或工作）时，要认真处理好接口。
④ 编写作业（工作）指导书时应请操作人员参与，并使他们清楚作业（工作）指导书的内容。

【案例 9-4】 作业（工作）指导书示例

******科技 有限责任公司	作业指导书	文件编号	WI07-HR-002
	招聘录用管理规程	版 本 号	A01
		实施日期	2018年1月1日

1. 目的
　　规范公司员工招聘、录用业务流程。
2. 适用范围
　　******科技有限责任公司全体员工。
3. 职责
　　3.1　人力资源部负责人员招聘、录用的控制和管理。
　　3.2　各部门按规定业务流程配合人力资源部执行。
4. 员工招聘、录用业务流程

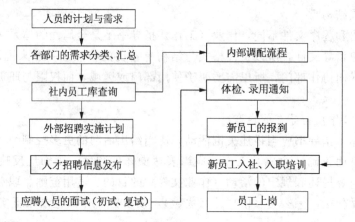

5. 工作内容与过程
　　5.1　人员的计划与需求
　　各部门于每年年底填写《部门定员计划表》，交人力资源部汇总；根据其业务开展需求，填写《人员增补申请表》，向人力资源部提出人员的需求。
　　① 用人部门填写《部门定员计划表》，交人力资源部。
　　② 人力资源部汇总各部门所填写的《部门定员计划表》。
　　③ 用人部门按实际需求填写《人员增补申请表》。
　　④ 人力资源部收到《人员增补申请表》后负责核实该部门所申请增补之人力是否切实及是否属于计划内申请。
　　5.2　各部门的需求分类、汇总
　　人力资源部根据各部门所填写的《人员增补申请表》将所需求的人员进行分类、汇总、统计，做出招聘职位一览表。
　　5.3　员工库查询（内部招聘）
　　人力资源部按所需人员的要求在员工库内进行查询，如有符合条件的人员，先与员工本人商谈，再向用人部门建议内部调配；双方均无异议的条件下同该员工主管商谈，争得其主管同意后方可调整配属。
　　如无合适人选，或任何一方不同意，则改用外部招聘方式。
　　5.4　人才招聘实施计划（外部招聘）
　　人力资源部根据所汇总的人员需求，制订招聘实施计划。
　　5.5　人才招聘信息发布
　　人力资源部联络合适的媒介，发布招聘信息，进行对外招聘。
　　人力资源部收集完应聘资料后进行初选，交由各部门筛选。

续表

5.6 应聘人员的面试（初试、复试） 人力资源部履行以下手续： ① 联络各用人部门。（面试人员确定、面试方案确定） ② 面试试题准备。（各部门提供面试试题、问题） ③ 面试通知、安排。（面试人员填写《招聘登记表》） ④ 面试结果记录。（面试主管填写《新员工面试情况记录表》） 5.7 录用通知 通过对面试结果进行筛选评价，确定录用人员，人力资源部履行以下手续： ① 通知被录用者到公司领取录用通知书，确定报到日期，并告知报到当日需要携带的所有相关资料。 ② 通知被录用者与人事主管洽谈薪资待遇。 ③ 通知被录用者体检。 5.8 新员工报到 人力资源部履行以下手续： ① 收集报到应上交资料（资料不全者不予办理报到手续）。 ② 员工劳动合同签订。 ③ 员工ID分配、员工卡制作、OA系统登录。 ④ 发放办公用品、工作服、衣鞋柜钥匙。 5.9 新员工入社、入职培训 新报到人员进入其工作岗位前须接受为期一周的岗前培训（OJT）。（培训内容见附表《教育课程表》） 5.10 员工上岗 各部门根据岗位要求制订教育计划并为新员工指定指导老师进行上岗培训。 6. 人事调配变动 按照公司的《就业规则》和《禀议裁决规程》的规定手续处理。 7. 相关法规及文件 《中华人民共和国劳动合同法》。 8. 记录表格 《部门定员计划表》《人员增补申请表》《招聘登记表》《新员工面试情况记录表》《录用通知书》。					
作成		审核		批准	

第五节　记录的编制

质量记录是质量体系建立、运行、改进过程中不可缺少的文件和资料，是质量管理体系符合要求和有效运行的证据。GB/T 19001—2016（ISO 9001:2015）《质量管理体系 要求》中已经没有"记录"的字眼，而是将相应内容表述为"保留文件化信息（或成文信息）"，但在传统意义上还是称之为保留记录。

一、记录的类型和作用

质量记录是一种文件形式，指的是针对一种记录，就必须设计一个规范的记录表格式样，并实施有效的版本控制，防止记录的随意性和不规范。如果随手拿一张便笺纸记录一组数据或现象结果，虽然对于符合性证据来说也可以，但是，因为不规范，往往不能满足记录的完整性要求，也不利于对数据的归类、整理和分析，从而影响决策和改进。

1. 记录的类别

ISO 9001:2015 标准明确要求，为了给已实现的结果提供证据，需要保留一定的成文信息。标准要求编制的 21 种记录见表 9-4。

表 9-4　ISO 9001:2015 标准要求编制的记录类别

序号	需要保留的成文信息（记录）类别	标准条款
1	过程按照策划的要求运行保持信息所需的成文信息	4.4
2	表明监视和测量资源适合于目的的证据	7.1.5.1
3	用作校准或验证测量资源的基准的证据（当没有国际或国家标准时）	7.1.5.2
4	在组织控制下工作并可影响 QMS 绩效和有效性的人员的能力	7.2
5	保留确信过程已经按策划进行、证实产品和服务符合要求的成文信息	8.1 e)
6	产品和服务的要求及评审结果	8.2.3
7	为证实设计和开发要求已被满足所需的成文信息	8.3.2
8	设计和开发输入的成文信息	8.3.3
9	设计和开发控制活动的成文信息	8.3.4
10	设计和开发输出的成文信息	8.3.5
11	设计和开发更改的成文信息包括评审结果、更改授权和必要措施	8.3.6
12	对外部供方的评价、选择、绩效监视和再评价记录，以及因这些活动产生的任何必要的措施的成文信息	8.4.1
13	当要求可追溯性时对于输出的唯一标识证据	8.5.2
14	顾客或外部供方的财产发生丢失、损坏或发现不适用的成文信息及与所有者沟通的成文信息	8.5.3
15	生产或服务提供更改评审的结果、授权更改的人员、采取的必要措施等成文信息	8.5.6
16	授权放行产品和服务以交付给顾客的记录，包括接收准则以及对放行人员的可追溯性	8.6
17	不合格、采取的措施、让步、针对不合格的措施决策的授权标识等成文信息	8.7
18	QMS 的绩数和有效性评价结果	9.1.1
19	审核方案的实施证据及审核结果	9.2.2
20	管理评审结果的证据	9.3.3
21	不合格的性质及采取的任何措施和纠正措施的结果的证据	10.2.2

需要注意的是，标准中要求建立的 21 种记录并不是指 21 个记录，而是 21 个类别的记录，比如第一类对于文件控制的记录，就可能包括文件发放记录、文件会签记录、文件审批记录、文件更改记录、文件管理记录、文件回收记录和文件销毁记录等多个记录文件。这 21 类是标准规定的必须保留的记录，如果缺失任何一类，就会造成无法证实符合质量管理体系要求的重大缺陷。

对大多数组织来说，为了验证质量管理体系的有效性，为维持和改进质量管理体系提供充分的依据,还需要结合质量管理体系和程序文件的要求获得足够的记录,实际上远远不止这些。根据组织的规模大小、产品和服务的复杂程度不同,少则有上百种记录,多则有几百上千种记录。总之,过程及管理越复杂,对应的记录的种类和个数也就会越多。

2. 记录的作用

(1)证实作用。记录可以证实产品质量满足顾客的质量要求的程度。同时,它也可以为质量管理体系运行的有效性提供客观证据。它还是质量审核中的重要依据。

(2)追溯作用。通过记录可查明内外部顾客反馈的质量问题的原因和责任者。从合同号、生产令号、工号标识可以追溯到生产时间、生产者,参照当时的值班记录、工艺参数监控记录、检验和试验报告乃至原辅材料、配套件的状况,便可以查找到原因和责任者。

(3)作为统计分析的数据源。为了对过程进行有效的控制,以及采取纠正、预防措施和质量改进,组织常需要运用统计分析技术,而这些分析必须建立在记录中的数据源的基础上。

综上所述,记录在质量管理体系中占有相当重要的位置。

二、记录的编制要求

从本质上讲,质量记录只要能反映追溯和数据来源即可,但是如果没有形式上的统一,可能会出现质量记录因人而异、不能全面反映所需求的信息的情况,而且随着时间的推移,有些记录可能无法体现当时所写的意义。

做好质量记录的第一步,是编制规范格式的记录表格。设计好的空白表格,是对上层文件〔如作业(工作)指导书〕的解释,引导人们去实施活动过程及记载结果。由于是指令性和约束性的,因此记录表格本身也属于文件的范畴。

1. 记录的基本形式

记录的基本形式有原始记录、统计报表和分析报告等。

(1)原始记录。原始记录是对质量管理活动过程和结果的第一次直接记载。这种记载通常以数字、文字或图表的方式体现在相应的记录表格中。

(2)统计报表。统计报表是按质量管理的需要,对原始记录结果进行统计汇总所形成的表格式记录。

(3)分析报告。分析报告是对专项质量活动进行总结、统计、分析后形成的文字报告,必要时附有图表、照片等资料。

记录的内容涉及面很广,记录的主要表现形式就是表格(表单),实际应用最多的也是表格。下面以表格为例,说明记录的编制要点。

2. 记录的编制要点

(1)记录表格的设计一般应与其相关文件的编制同时进行。记录往往是程序文件和作业性文件的附录,也就是说在编写程序文件和作业性文件时,应根据标准要求和质量管理的需要,确定应有哪些记录,同时对记录的内容加以系统考虑。

(2)规划质量管理体系所需要的记录,规定表格名称、标识方法、编目、表格形式、记载的项目,以及填写、审核与批准要求。

(3)与所对应文件的要求相对照,不应有矛盾或遗漏的内容。若能将程序书或标准书所要求的重点显示或标注在表格上,则可节省查阅文件的时间与精力,避免填写错误。

(4) 应避免重复性，内容和格式安排应考虑填写方便，将必要的栏位设计进去，一定不要把不必要的栏位留在表格上，尤其需要特别注意签字栏位。

(5) 设立"备注"栏，以适用于特殊情况。

(6) 规定一式几份和传送部门。

(7) 规定保存地点和保存期限。

(8) 规定受控编号和版本号。

(9) 整理现有的记录表格，分析其正确性和适用性。

(10) 列出需要补充、修改的记录表格目录。

(11) 文件编写小组组织相关部门审核每份记录表格。

(12) 试用记录表格，跟踪评价其正确性和适用性，修改不完善之处。

(13) 按规定的权限审核、批准、印刷（必要时）。

(14) 汇编成册（也可附在每份程序文件之后），并编制记录目录清单，发布后执行。

【案例 9-5】 记录表格式样（客户投诉通知单）

客户名		批号		检查数量	
制品名		出货数量		发生数/率	
产品代号		出货日		发生日	
不良内容					
品管填入	发生状况确认及处置意见（请添附传真或电子邮件）				
发生频度	1. 初次 2. 再发 3. 经常		有无返品	□有	□无
有无样品	□有 □无		返品数量		
在库数量			返品日期		
完成品数量			返品替代	□要	□否
在制品数量			再出货预定日		
在库/在制品的处理结果			返品的处理结果		
原因分析			对策		
流出原因	发生原因		应急措施	恒久对策	
※ 24 小时内第一报回答客户，5 个工作日之内提出改善报告！					

三、记录的控制要求

在质量管理工作实践中，我们要深入理解和把握新版标准对于记录的非强制性要求，但是必须严格保证质量记录的真实性和不可更改性。用适量、必要的记录来体现产品实现的过程能够实现产品的可追溯性，并为质量管理统计分析提供第一手数据来源，为不断提高产品质量和发挥质量管理体系的有效性服务。

1. 质量记录的填写要求

（1）记录用钢笔或签字笔，不应用红笔，不得用铅笔、涂改液、修正纸等，以此确保记录不褪色，保持字迹的持久性和可靠性。

（2）记录应及时，务求真实，不加修饰，不得潦草，更不得随便在记录上乱涂乱画，记录背面也一样，作为证据的记录须真实可靠，使别人能看清楚。

（3）填写记录出现笔误后，应在笔误的文字或数据上用原使用的笔墨画一横线，再在笔误处的上行间或下行间填上正确的文字和数据。更改人必须在更改处旁注盖章或签名，以示负责并保持记录的可追溯性。

（4）当有部分栏目不能填写内容时，应在空白的适中位置画一横线，表示记录者已经关注到这一栏目，只是无内容可填。

（5）记录的填写应注明填写人，任何签署都应签署全名，日期写全年月日，同时尽可能清晰易辨。

2. 质量记录的贮存要求

（1）质量记录的贮存条件应可靠、安全，防止损坏、变质或丢失。

（2）质量记录未经批准不得复印、销毁。有关产品检验、实验的质量记录复印须盖受控文件专用章，并由文控中心登记；其他部门复印质量记录，由本部门在质量记录原件上注明分发份数和抄送部门。

（3）各部门归档管理的质量记录应按月或在质量活动结束后收集分类、按编号顺序装订成册。

（4）借阅质量记录须经相关部门负责人同意，并应按期归还。

3. 质量记录的归档要求

（1）由质量管理部门保管的质量记录，在各质量活动结束之前交到质量管理部门时按受控文件进行控制，在质量活动结束后交质量管理部门存档。

（2）由各部门归档管理的质量记录，由各部门收集保管。

（3）归档的质量记录要做好索引目录，特别是要明确记录日期、归档日期、保管期限等重要信息，分门别类地保管，并注意做好防火、防潮、防尘等适当保护措施。

4. 质量记录的销毁

（1）质量记录超过保存期时，由各科室填写《记录销毁申请》，经管理者代表审核、中心领导批准后，由各科室在质量管理部门的监督下进行销毁。

（2）如因某种原因需要保留超过保存期的质量记录，应整理成质量档案保存。

5. 质量记录的常见问题

（1）对质量记录认识不到位，导致在体系的建立过程中对记录的要求不明确，在具体操作中对过程尤其是重要过程没有记录或记录不全。

(2) 记录的填写方式不规范,具体表现在记录表格的设计上存在缺漏项,如实验参数、实验项目不全;填写方法上,数值类项目如质量、尺寸、参数等按符合性项目处理,甚至在记录表格上打"√"或打"×",这种做法使得在实际操作时容易混淆相关项目。

(3) 缺乏对记录的整理和加工,各种记录表格存档混乱,没有制定归档要求或是没有按要求整理,造成查找使用不方便。没有根据记录中的数据开展统计分析,不能从中吸取有价值的信息,从而丧失改进的机会。

思考练习

1. 什么是质量管理体系文件(成文信息)?质量管理体系文件有哪些类型?
2. 质量管理体系形成文件化信息的作用有哪些?
3. ISO 9001:2015 标准对质量管理体系文件提出了哪些要求?
4. 与 2008 版相比,ISO 9001:2015 版标准的文件结构的特点是什么?
5. 简述质量管理体系文件的编制流程。
6. 质量手册的作用是什么?质量手册应该包含哪些内容?
7. 什么是程序文件?程序文件在质量管理体系中有什么作用?
8. 程序文件的编写应考虑到哪些方面的内容?
9. 什么是作业(工作)指导书?常见的作业性文件有哪些类型?
10. 作业(工作)指导书的编写内容有哪些要求?
11. 质量记录的作用有哪些?记录的编制要点是什么?
12. 怎样管理和控制质量记录?

第十章　质量管理体系的内部审核

 学习目标

1. 熟悉质量管理体系审核的相关概念。
2. 掌握内审员应知应会的知识和技能要求。
3. 熟悉质量管理体系内部审核的工作流程。
4. 掌握内部审核的方法和技巧。
5. 了解管理评审的实施过程。

导入案例

关于开展 2018 年度内部审核工作的通知

各二级学院、部门：

根据学校 ISO 9001 质量管理体系运行的要求，经研究，定于 2019 年 3 月 11 日至 22 日开展 2018 年度内部审核工作。现将有关事宜通知如下：

一、审核目标

1. 确定学校的质量管理体系是否符合 ISO 9001:2015 标准及适用的法律法规要求。
2. 检查教育教学活动、过程与学校质量管理体系文件的符合程度及其执行结果。
3. 评价学校质量管理体系的运行情况，如是否能稳定提供合格的教育教学服务、增强顾客满意。
4. 评价学校质量管理体系实现预期结果的有效性。
5. 识别学校质量管理体系的潜在改进之处。
6. 迎接 ISO 9001:2015 体系认证外审（2019 年的监督审核）。

二、审核范围

质量管理体系涉及的部门：各二级学院（包括体育教学部、国际设计学院）和各职能业务部门（不含继续教育学院）。

审核覆盖的时期：审核取证时间为 2018 年 1 月 22 日至本次审核时。

三、审核准则

GB/T 19001—2016/ISO 9001:2015《质量管理体系　要求》；学校质量管理体系文件；《2018 年卓越建桥计划实施要点》；《上海市属普通高等学校本科教学工作审核评估方案》；法律法规要求、顾客要求；等等。

四、审核要求

1. 本次审核采取抽样审核方法，通过现场观察、交流、查阅文件和记录，获取审核证据。

2. 审核期间学校各部门负责人、全体内审员应根据计划的时间，准时参加首次会议和末次会议。

3. 审核期间被审核部门的有关人员应根据审核计划的安排，在相应工作岗位上，配合内审组进行现场审核；现场审核时间可能会根据实际审核需要做相应调整。

五、审核实施计划

1. 审核准备。在 2019 年 3 月 1 日之前召开内审准备会，准备会的内容包括规划质量办召开的内审培训会和各内审组的筹备工作会；各内审组于 2019 年 3 月 5 日之前将《内部审核检查表》交规划质量办。

2. 首次会议。2019 年 3 月 11 日（周一）上午召开首次会议，首席质量官向全体人员介绍审核计划、内审组成员及分工、受审核单位和陪同人员，以及审核中的注意事项和末次会议的时间。

3. 现场审核。校内 11 个学院/部、10 个职能部门和 1 个直属业务部门的审核由 5 个内审组实施。通过现场观察、查阅文件和记录、提问与访谈等，内审组发现各部门质量管理体系运行的符合性、持续性和有效性的客观证据，填写《内部审核检查表》，并得到被审核部门（岗位）的确认。现场审核结束后，内审组组长召开各内审组内部会议，对在审核中发现的问题做进一步分析，提出"不符合项"（或建议项），填写《内审不符合报告》。各内审组将审核部门确认后的《内部审核检查表》《内审不符合报告》及本组审核报告（主要包括审核过程综述、审核发现、体系的有效性评价意见等）交规划质量办。

4. 末次会议。2019 年 3 月 22 日（周五）召开末次会议，参加人员与首次会议相同，会议内容包括：内审组组长说明本次内审的实施情况，向与会者报告审核结果及审核中存在的问题；首席质量官对本次内审实施情况做总体评价；校领导讲话。

5. 内审反馈。规划质量办将《内审不符合报告》（SJQU-QR-ZL-116）发至各受审单位，责任单位应在 5 个工作日内回复行动计划及预计完成日期。所有改善行动应在 90 天之内完成，如果超过 90 天的改善时间，责任人应提供改善的计划表。

6. 内审总结报告。规划质量办编制《内审总结报告》（SJQU-QR-ZL-117），报告内容包括审核的依据、目的、范围，纠正预防措施，情况分析以及分发范围，交由首席质量官，经首席质量官批准后，分发给各相关部门，并列入管理评审会议的项目。

（案例来源：https://www.gench.edu.cn/22/bc/c3362a74428/page.htm）

【案例思考】

1. 根据上述通知内容，大致整理出质量管理体系内部审核的实施步骤。

2. 内部审核的输入（审核依据）和输出（审核结果）分别有哪些？

第一节　内部审核概述

质量管理体系内部审核是组织在建立和运行质量管理体系后必须进行的一项管理活动，其目的是使组织的质量管理体系的运行能够符合组织策划的安排，能够符合顾客的要求，能够符合 ISO 9001 标准的规定要求，能够实现组织所确定的目标。换句话说，质量管理体系内部审核的目的就是保证组织质量管理体系的符合性和有效性。

一、与审核相关的概念

ISO 9000:2015 标准中对审核（3.13.1）的定义为：为获得客观证据并对其进行客观的评价，以确定满足审核准则的程度所进行的系统的、独立的并形成文件的过程。对质量管理体系进行的审核通常被称为质量审核或体系审核。

"质量审核"与"检验与测试"不同。"检验与测试"仅为制程管制或产品验收单一目的而设；而质量审核的范围更为广泛，包括了对产品、过程和整个质量体系的查核。

1. 对于审核概念的理解

（1）审核的目的是对审核证据进行客观的评价，以确定其满足标准、方针等的程度。例如，确定受审核方的质量管理体系对规定要求的符合性；评价质量管理体系对法律法规要求的符合性；确定所实施的质量管理体系满足规定目标的有效性。

（2）质量管理体系审核包括两方面的工作内容：一是获得客观证据；二是对其进行客观评价。"客观证据"是指支持事物存在或其真实性的数据。客观证据可通过观察、测量、试验或其他方法获得。通常，用于审核目的的客观证据，由与审核准则相关的记录、事实陈述或其他信息所组成并可验证。

（3）审核是一个系统的过程。所谓系统性，是指审核的计划性、依据的客观性、审核方法的科学性和审核机制的反馈性。质量管理体系审核必须是一项正式有序的活动，必须做到有组织、有计划，并按照规定的程序进行，审核各阶段都应形成文件并做好记录。

（4）审核是一个独立的过程。所谓独立性，是指审核必须客观、公平和公正。审核的基本要素包括由被审核客体不承担责任的人员按照程序对客体是否合格所做的判定。内部审核可以由与正在被审核的活动无责任关系的人员进行，以证实其独立性。

（5）审核是一个形成文件的过程。审核的文件是伴随审核活动而产生的。审核的策划、准备、实施、评价、改善各个阶段都会形成文件，如审核计划、检查表、抽样计划、审核记录、不合格报告、审核报告等。

（6）审核是一个抽样的过程。一个组织的文件和记录极其繁多，审核质量管理体系时，由于时间和人力的限制，不可能一一进行查验，所以只能采取抽样检查的方式，保证在较短时间内完成审核任务。比如，查阅文件中的重点条款并与现场执行情况对照，对重点问题询问适当人员以确认，随机抽取质量记录进行查看，等等。

任何抽样都有两类风险，审核也不例外。一类是"弃真"，就是整体确实很好，但偏偏抽到了坏的，就判定为不合格；另一类是"存伪"，就是明明存在很多问题，甚至存在重大的不合格，但抽样的证据没有问题。为了避免这两类风险，组织在审核时要注意抽样的随机性、客观性、独立性和公正性，并秉持"抽丝剥茧、顺藤摸瓜"的严谨精神。

2. 对于审核准则的理解

ISO 9001:2015 标准中对审核准则的定义为：用于与客观证据（相关的记录、事实陈述或其他信息）进行比较的一组方针、程序或要求。审核准则是组织实施审核、判断审核证据符合性的依据，所以也可以被称为审核依据。

质量管理体系的审核准则通常可以是：

（1）ISO 9001:2015 质量管理体系要求，它是内部审核的主要依据。

（2）组织制定的质量方针、目标、指标。

（3）质量手册、形成文件的程序和其他相关质量管理体系文件。

（4）适用于组织的法律法规和其他行业规范等要求。

（5）顾客的产品规格、合同要求及其他相关方的外来文件等。

3. 对于审核证据的理解

审核证据的定义：与审核准则有关并能够证实的记录、事实陈述或其他信息。

在审核过程中，可以通过交谈、查阅文件和记录、听取有关责任人员口头陈述、现场观察、实际测定等方法来获取所需要的信息。具体包括：

（1）组织在运行实施的文件执行情况，如有无作业性文件、文件内容是否合规。

（2）运行过程的结果记录，如质量目标的达成情况。

（3）现场审核观察到的现象，如作业员的操作过程。

（4）审核员或他人测量的结果。

（5）与受审核者的谈话。

作为审核证据的信息必须真实和客观，即审核证据应该是确实发生过的真实事件的表征；在审核过程中，不要求也没有必要对获得的信息进行逐一证实，但一旦需要，这些信息应该能被证实，不能被证实的信息不能作为审核证据。

审核证据可以是定性的，如人员的质量观念、对质量方针的理解；也可以是定量的，如温度、速度、压力、长度、图纸张数、文件缺页等。审核证据还与审核准则有关，如质量管理体系要求、质量手册、程序文件、质量记录等。

4. 对于审核发现的理解

审核发现的定义：将收集的审核证据对照审核准则进行评价的结果。

和通常意义上的"发现"不一样，这里的审核发现是已经进行评价得到的结果。评价结果可能是符合审核准则，这就可以作为一个良好实践记录下来，如符合质量管理体系标准要求；也可能不符合准则，如不符合质量管理体系要求或相关合同、法律法规、控制程序等要求，这就可引导识别改进的机会。

审核发现不符合时，根据其严重和影响程度，可以区分为严重不符合、一般不符合和轻微不符合（观察项）。具体内容将在本章第三节详述。

5. 对于审核结论的理解

审核结论的定义：考虑了审核目标和所有审核发现后得出的审核结果。具体包括：

（1）质量管理体系在审核范围内是否符合审核准则。

（2）质量管理体系在审核范围内是否得到有效实施。

（3）质量管理体系的适宜性、有效性和充分性。

（4）产品满足要求的能力和顾客满意程度。

（5）持续改进机制是否建立。

审核结论给出的是对组织质量管理体系的整体评价，所以审核组关注的是体系的整体质量水准。这种评价的过程及结果应该是公平、公正和公开的，并且注重组织质量管理体系的持续改进机制，受审核方能心悦诚服地接受。

审核结论是在综合分析所有审核发现的基础上做出的最终审核结果，是审核组而不是某一个审核员做出的。审核发现是得出审核结论的基础，审核证据则是获得审核发现的基础，审核准则是判断审核符合性的依据。

审核准则、审核证据、审核发现和审核结论之间的关系是：按照质量管理体系标准、相关质量手册、程序文件、法律法规等审核准则，通过现场审核活动，收集到客观真实的审核证据，进行分析比较，得到审核发现，最后经过审核组讨论评审，在考虑了审核目的并综合分析所有审核发现的基础上，得出审核结论，如图 10-1 所示。

二、审核的分类

质量管理体系审核按审核人员或其名义分为第一方审核、第二方审核和第三方审核。第一方审核通常称为内部审核，第二方审核和第三方审核通常称为外部审核。三种审核类型的关系如图 10-2 所示。

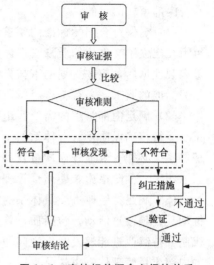

图 10-1 审核相关概念之间的关系

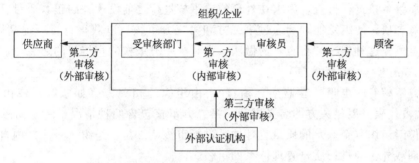

图 10-2 三种审核类型的关系

审核也可以是结合审核或联合审核。结合审核（Combined Audit）是指在一个受审核方，对两个或两个以上管理体系（如 ISO 9001＋ISO 14001/OHSAS 18001）同时进行的审核。联合审核（Joint Audit）是指在一个受审核方，由两个或两个以上审核组织同时进行的审核（如顾客联合第三方进行审核）。

除了对整个管理管理体系进行审核之外，组织还可以对其中的一类产品，或对一些特定过程进行单独的、局部的审核，也就是所谓的产品审核和过程审核。但是，对于质量管理体系的审核来说，在一个审核周期内（通常是一年），必须对所有产品、过程和区域全部覆盖。

1. 第一方审核（内部审核）

第一方审核也叫内部审核，由组织内的成员或其他人员以组织的名义进行，可作为组织自我合格声明的基础。通过内部审核，组织可以综合评价自身质量管理体系的运行状态，评价各项质量活动及其结果的有效性，同时对审核中所发现的不符合项采取纠正和改进措施。

组织应按策划的时间间隔进行内部审核，以评判有关质量管理体系是否符合组织自身的质量管理体系要求和 ISO 质量管理体系标准的要求，以及以上要求是否得到有效实施和保持。

内部审核的目的：

(1) 确保符合国际标准的要求，依据相关标准来评价组织自身的质量管理体系。一个组织在建立了文件化的质量管理体系，开始正常运行了一段时间，积累了一定的运行记录等客观证据后，应按规划的审核方案进行若干次内部审核，以评价质量管理体系是否符合相关标准的要求，是否符合组织所确定的质量管理体系的要求。

(2) 满足内部管理的需要。组织要验证自身的质量管理体系持续满足规定的要求并且正在运行，确保质量管理体系的持续有效性和符合性。组织为了保持并不断完善其质量管理体系，必须有效地开展质量管理活动，定期组织内部质量审核，通过评价、发现问题，采取纠正、预防措施，使质量管理体系得到有效实施和保持。

(3) 满足持续改进质量体系的需要。组织为了适应不断变化的内外环境，必须持续地推动其各项改进活动，包括质量管理体系的改进。作为一种主要的管理手段和自我改进的机制，持续改进能够及时发现问题，进行纠正或预防，使体系不断改进、不断完善。有效的内部质量管理体系审核是克服一个组织内部惰性、增强质量管理体系运行的动力。

(4) 做好接受外部质量审核的准备。组织在接受第二方和第三方审核前应做好准备，通过内部质量审核进行自查，力求在外部质量审核进行之前发现并纠正其质量管理体系中存在的不符合项，使组织能顺利通过第二方和第三方审核，以获得订货，提高质量信誉，参与市场竞争。这种俗称"自查"的做法，常是第一方审核的直接目的之一。

2. 第二方审核（顾客监察）

第二方审核有时也叫顾客监察（稽核），由组织的相关方（如顾客）或由其他人员（作为相关方代表）以相关方的名义进行。第二方审核包含两种情况：一是由顾客或顾客委托的单位对组织（企业）的质量管理体系进行审核；二是由组织（企业）内自有的审核员对供应商或外包商进行质量管理体系的审核。

第二方审核的目的：

(1) 当有建立合同关系的意向时，对组织进行初步评价。当顾客与组织之间有建立合同关系的意向时，在合同签订前，经常须依照相关标准及必要的补充要求对组织的质量管理体系进行评定，以确定组织具备满足这些要求的能力。在许多情况下，评定直接由顾客进行，但有时也可委托代理人以顾客的名义进行。

(2) 在有合同关系的情况下，验证组织的质量管理体系是否持续满足规定的要求。合同签订后，还要视组织质量管理体系的运行情况，持续进行第二方审核，以验证组织的质量管理体系是否持续满足规定的要求，以及能否持续正常有效运行。

(3) 作为制定或调整合格供方名单的依据之一，促进供方改进质量管理体系。当顾客与组织之间建立了较为密切的关系（如定点供应等）之后，顾客可将例行的第二方审核或供应产品质量不稳定时的第二方审核作为制定或调整合格供方名单的依据之一，促进组织改进质量管理体系。

(4) 建立和加强供需双方对质量要求的共识。第二方审核可以建立和加强供需双方对质量要求的共识，特别是需方（顾客）能及时针对其要求和供方（组织）进行沟通。

第二方审核的依据，是由组织方和供方通过合同方式予以规定的，可以是质量管理体系标准的全部要求，也可以是其中的一部分，或者是商定的其他要求。

3. 第三方审核（认证）

由胜任的认证机构或其委托的审核机构所进行的审核通常称为第三方审核。一般来说，第三方审核的目的是认证注册，以此来证实组织有能力稳定地提供满足顾客和适用的法律法规要求的产品以及增强顾客满意，以便占领和扩大市场。

第三方审核是组织自愿的，而不是强制的，审核依据是质量管理体系标准或规范。这种审核按照规定的程序进行，其结果是对受审核方的质量管理体系是否符合规定要求给予书面保证（合格证书），所以又叫认证或注册。

第三方审核的目的：

（1）注册机构依据国际质量管理体系标准对组织满足顾客及适用法律法规要求的能力进行证实，组织可获得第三方认证机构颁发的质量管理体系认证证书。

（2）避免过多的第二方审核，减少组织和顾客双方的费用。

（3）为受审核方提供改进其质量管理体系的机会，促进质量管理体系的持续改进。

（4）提高组织信誉，增强市场竞争能力，为顾客和潜在顾客提供信任。

第三方审核中，当组织要求审核员提出有关建议时，应向受审核方说明，鉴于第三方审核的独立、公正地位，审核员不应提出改进建议。

以上三种审核类型的特点如表 10-1 所示。

表 10-1 三种审核类型的特点比较

特点	内部审核	外部审核	
	第一方审核	第二方审核	第三方审核
目的	确认质量管理体系的符合性、适宜性、有效性；采取纠正措施，使体系正常运行和持续改进	基于合同目的，选择合规供方，证实其能力，促进供方改进质量管理体系	认证注册和监督维护
审核员	有能力的内部审核员或外聘审核员	顾客或其委托方	第三方派驻的有资格的注册审核员
审核范围	覆盖所有部门和区域	合同或顾客规定	组织申请的范围
审核依据	ISO 9001 标准；质量组织的质量管理体系文件、适用的法律法规及其他要求	合同；顾客或组织的质量管理体系的要求；适用于受审核方的法律法规及其他要求	ISO 9001 标准；管理体系文件、适用的法律法规及其他要求
纠正措施	对不符合项及改进的要求应制定纠正措施，并按计划进行整改，审核员或主管部门进行纠正措施效果的验证，必要时，再指导改进	受审核方（组织或供方）针对提交的不符合项进行整改，顾客或委托方对其整改效果进行验证	受审核方（组织）针对不符合项制定纠正措施，审核组对其效果进行书面或现场验证
监督检查	无此要求，但内审结果应当作为管理评审的输入予以确认	对认可后的供方，定期或不定期地进行监督检查，并随时考察服务效果	认证注册后，对受审核方每年至少进行一次监督审核

三、审核原则

审核原则是审核人员和实施审核工作所必须遵循的基本原则，是对审核员道德品行、思想作风、业务水平的明确要求，也是规范审核工作的指导思想。认真学习、理解和贯彻这些原则，对于确保审核的客观性、公正性和有效性具有重要的意义。

审核原则包括下列六项。

1. 诚实正直：职业的基础

这项原则是对一名合格审核员的基本要求。审核员应诚实、勤勉、有担当、知法、守法、公正、谨慎，这些是每一位审核员应具备的职业道德和基本素质。

2. 公正表达：真实、准确地报告的义务

客观准确地报告审核工作是每个合格审核员应尽的责任和义务。审核员在审核中的沟通必须真实、准确、客观、及时、清楚、完整。审核员对其审核发现和所收集的审核证据应该进行正面证实，验证和确认以后才能予以采信和使用。

3. 职业素养：在审核中勤奋并具有判断力

这一原则要求审核员要充分认识自己执行的审核任务的重要性，珍视与审核有关的各方对自己的信任，在审核中应熟知相关专业，勤勉、熟练地执行审核工作并准确做出判断，这是一个审核员应具备的职业素养。

熟悉和掌握审核的技术与技巧，并能在审核工作中熟练运用审核技术与技巧，认真地做好审核工作，是每个审核员应具备的能力，也是确保职业素养的重要因素。

4. 客观性原则：基于证据的方法

质量审核必须坚持以事实为依据、以审核准则为准绳，来评判组织的质量管理体系总体运行水平。审核证据应该来源于真实可验证的信息。要在有限的时间内利用有限的资源完成一项审核，合理的抽样对于确保审核结论的可信性是十分重要的。

5. 独立性原则：审核的公正性和审核结论的客观性的基础

这一原则是审核的公正性和审核结果的客观性的基础。根据这一原则，审核活动必须保持一定的独立性，并由此保证其公正性和有效性。审核员应独立于被审核的活动，不介入受审核方的任何利益冲突。对于内部审核，内审员不能审核与自己业务相关的内容。当无法完全独立于被审核的活动时，内审员应尽量消除偏见，体现客观。

6. 保密性原则：信息安全的承诺

审核员应审慎使用和保护在审核过程中获得的信息。审核员对在审核过程中所获得的任何信息都应予以保密，除非这些信息已经公开发布过。审核员或审核委托方不应因个人利益而不适当地或以损害受审核方合法利益的方式使用审核信息。

四、质量管理体系内审员

内审员，全称叫内部质量管理体系审核员。组织要推行质量管理体系，取得外部第三方认证机构的注册认证，首先必须具备一支与组织规模相适应的内审员队伍。

ISO 内审员是指经过 ISO 标准要求培训并考核合格，取得了内部质量管理体系审核资格的人员。相关培训和考核一般由国家认证认可监督管理委员会（简称"认监委"）认可的有 ISO 相关体系咨询资质的机构实施。ISO 内审员通常由既精通 ISO 国际标准又熟悉本企业情况的人员兼职担任，确保有能力对组织的质量管理体系的推行、维护和审核发挥作用。

我国加入世界贸易组织（WTO）后，大量的行业开始与国际接轨，越来越多的企业跨入 ISO 9000 认证的行列。特别是现在我国已经开启了高质量共建"一带一路"新征程，共建人类命运共同体，每年都有数万家企业完成 ISO 认证。市场上 ISO 9000 认证方面的专业人才缺口极大，质量管理体系内审员处于组织内部的关键位置，往往成为重点培养对象，极具发展潜力。

【案例 10-1】　ISO 相关职位招聘信息

> **＊＊科技公司招聘职位信息**
> 职位名称：ZH-ISO 体系工程师
> 薪资范围：6 000~8 000 元/月　　　工作地址：苏州工业园区　　2019 年 6 月 4 日发布
> 一、岗位职责
> 1. 独立推行公司 ISO 9001:2015 管理流程的整体运行，对所有部门日常体系运行情况进行监督。
> 2. 负责对质量管理体系文件的符合性、有效性、实施情况进行维护和保持，使其符合持续改进需要。
> 3. 负责公司体系方面的外部联络事宜。
> 4. 负责第二方审核与第三方审核的接洽事宜和陪审工作。
> 5. 协助管理者代表收集、编制月度/年度管理评审资料。
> 6. 定期（1 次/半年）/不定期（出现重大质量事故或有其他原因）组织对公司的体系进行内部审核，并协助管理者代表跟踪不符合项的改进、验证进度，以及标准化的建立、实施。
> 7. 定期（1 次/每年）组织对公司的制造过程进行内部审核，并跟踪不符合项的改进、验证进度，以及标准化的建立、实施。
> 8. 定期（至少 1 次/月）组织对公司 5S 的实施情况进行检查，并对改善结果进行跟踪验证。
> 二、职位要求
> 1. 机械制造、电气专业背景，大专以上学历，3 年机械制造行业从业经验。
> 2. 掌握质量管理相关理论知识，能使用 QC 工具、8D 分析等解决质量问题。
> 3. 熟悉 ISO 9001 质量管理体系要求，已取得 ISO 质量管理体系审核员资格的优先。
> 4. 沟通能力强，文字功底强。
> （案例来源：https://jobs.51job.com/suzhou-gyyq/，前程无忧）

（一）内审员的能力要求

对审核过程的信心和达到其目标的能力取决于参与策划和实施审核的人员（包括审核员和审核组组长）的能力，教育背景、工作经历、审核员培训、审核经历是体现审核员能力的四个方面。内审员应具备下列方面的知识和技能。

1. 基本能力要求

（1）具备中专或高中以上学历。

（2）具有较好的语言文字表达能力和沟通能力。

（3）至少具备一定年限的工作经验（3 年以上）和质量工作经历（1 年以上）。

（4）接受过质量管理技术和质量管理体系标准与审核的培训，经考核合格。

（5）在具备一定经验的内审员的带领下从事过审核工作。

2. 通用知识和技能

（1）掌握审核原则、审核程序和审核方法，能够保证审核的一致性和系统性，理解与审核有关的各种风险。

（2）了解受审核方管理体系和引用文件，理解审核范围并能熟练运用审核准则。

（3）理解受审核方的组织概况，包括组织结构、业务、管理实践等。

（4）掌握适用的与受审核方审核范围相关的法律法规及要求。

3. 特定领域与专业的知识和技能

（1）掌握特定领域，如 ISO 9001:2015 质量管理体系标准的要求、原则及其运用。

（2）掌握特定领域的法律法规及专业知识要求。

（3）掌握特定领域与专业有关的风险管理原则、方法和技术等。

审核员的能力可以从教育、培训、技能和经验方面进行评价。对审核员的评价可以通过对记录的评审、反馈、面谈、观察、测试、审核后评价等方式进行。审核员能力评价的结果可以为组织选择和培养审核员提供依据。

（二）内审员的作用

一个组织的内部审核员中的大多数人，除肩负内部审核任务外，往往还是本组织质量管理体系建设的骨干。与外审员不同的是，内审员不仅要对质量管理体系的运行进行检查、判定，还要对本组织的质量管理体系的建立和实施起监督、参谋、纽带、内外部接口和带头作用。

1. 对质量管理体系的运行起监督作用

质量管理体系的运行需要持续的监督，以便及时发现问题并采取改进措施。这种连续监督主要是通过内部审核进行的，而内部审核的实施正是由内审员负责。所以，从某种意义上来说，内审员对质量管理体系的有效运行起到监督员的作用。

2. 对质量管理体系的保持和改进起参谋作用

在进行内部审核时，内审员若发现某些不符合项，便要求受审核部门及时采取措施，对不符合项进行处置，消除产生不符合项的原因。因此，内审员必须向受审核方解释为什么这是一个不符合项。受审核部门考虑纠正措施时，内审员可以提出一些方向性意见供参考。当受审核部门制订出纠正措施计划时，内审员应决定是否认可，并说明认可或不认可的理由。在受审核部门实施纠正措施计划时，内审员要主动关心实施的进程，必要时给予指导。这一切都说明内审员绝不仅仅是一个"裁判员"，还应是一名优秀的"参谋者"。

3. 在质量管理体系运行过程中，在领导与员工之间起纽带作用

内审员在内审工作中与各部门的员工有着广泛的交流和接触，他们既可以收集员工对质量管理体系方面的要求和建议，通过审核报告向领导反映，也可以把领导层关于质量管理方面的方针、决策和意图向员工传达、解释，起到一种沟通和联络的作用。内审员通过自己"上传下达"的工作，生动具体地宣传贯彻质量管理体系要求，可以收到更具说服力和感染力的效果。

4. 在第二方、第三方审核中起内外部接口作用

内审员有时被派往供方去做第二方审核，在审核中贯彻本组织对供方的要求，同时也可以了解供方的实际情况。当外部审核员来本组织进行审核时，内审员常担任联络员、陪同人员等，既能了解对方的审核要求、审核方式和方法，同时也可以向对方介绍本组织的

实际情况,因此起到了内外部接口的作用。

5. 在质量管理体系的有效实施方面起带头作用

内审员一般在组织的各部门都有自己的本职工作。因为其内审员的资格是经过专门培训而获得的,他们又经常参加内审活动,因此,他们对组织的质量管理体系的要求有更深刻的了解,更懂得应该如何做好自己的工作。所以,内审员应以身作则,认真执行和贯彻质量管理体系中涉及自身工作的有关要求,在全体员工中起模范带头作用,成为贯彻实施质量管理体系的骨干。

(三) 内审员的职责

内审员必须履行下列职责:
(1) 遵守有关的审核要求,并向受审核方准确传达和阐明审核要求。
(2) 参与制订审核活动计划,编制审核检查表,并按计划完成审核任务。
(3) 将审核发现整理成书面资料,并报告审核结果。
(4) 验证针对审核结果的纠正措施的有效性。
(5) 整理、保存与审核有关的文件。
(6) 协助受审核方制定纠正措施,并跟踪验证纠正措施实施的有效性。
(7) 配合并支持审核组组长的工作。
(8) 支持和改进所在部门的质量管理体系工作。

五、质量管理体系内部审核步骤

根据 GB/T 19011—2013《管理体系审核指南》,审核可以分为以下六个阶段:
(1) 审核的启动。
(2) 审核活动的准备。
(3) 审核活动的实施。
(4) 审核报告的编制和分发。
(5) 审核的完成。
(6) 审核后续活动的实施。

质量管理体系内部审核的过程,除了不需要向审核方申请并进行可行性确认之外,其他与外部审核基本相同。实际可以按照以下五个步骤实行:

1. 内部审核的策划阶段
(1) 确定审核范围。
(2) 制订审核方案(年度计划)。

2. 内部审核的准备阶段
(1) 成立审核组,审核组进行工作分配。
(2) 制订现场审核计划。
(3) 编制审核检查表。

3. 内部审核的实施阶段
(1) 召开首次会议。
(2) 实施现场审核。
(3) 在审核中沟通交流,形成审核结论。

（4）举行末次会议。

4. 审核报告的编制和分发阶段

（1）编制审核报告。

（2）分发审核报告。

5. 纠正措施的跟踪验证阶段

（1）对纠正措施完成情况进行跟踪验证，并评价其有效性。

（2）提交纠正措施验证报告。

第二节 内部审核的实施

从审核开始到审核结束，审核组组长应该对审核的全过程负责。根据受审核方、审核过程和具体情形的不同，审核顺序可能有所不同。

一、内部审核的策划

审核策划的主要任务是要编制审核方案，也就是组织的年度审核计划。质量管理体系内部审核的年度审核计划（审核方案）应由企业最高领导审批，根据各项质量活动的实际情况、生产进度及重要性等来安排审核的顺序、时间、进度和频次。

内部审核方案一般有两种形式：一种是集中一段时间，按企业生产过程或标准过程将企业的整个体系审核一遍；另一种是按部门编制年度滚动计划（不在同一时间），在全年内对企业所有部门轮审一遍。前一种情况被多数企业采用，特别是在企业准备接受外审时，先要自己内部审核一遍；后一种情况适合于规模大的企业，如实行事业部制的大企业。

无论是集中式的审核方案还是滚动式的审核方案，都必须在一个周期内（一年）把所有部门和全部条款审核到，以满足审核范围的充分性。

1. 集中式审核方案

集中式审核方案是指在一个相对集中的时间内（一般为1~2天，不超过3天）完成一次审核过程，一年安排1~2次集中审核，将所有部门和全部条款全覆盖。该种方案的主要特点是：

（1）在某计划时间内安排集中式审核。每次审核可针对全部适用过程及相关部门，也可针对某些过程或部门。

（2）审核后的纠正行动及跟踪在限定时间内完成，便于统一安排。

（3）审核的时机大多为：新建质量管理体系运行后，质量管理体系有重大变化时，发生重大事故时，外部质量审核前，领导认为需要时。

某企业的集中式审核方案如表10-2所示。

表 10-2 2018 年度质量管理体系内部审核方案（集中式）

审核目的	评价新质量管理体系运行的符合性、有效性，在 2018 年 10 月第三方审核前 1 个月纠正不合格项		
审核范围	公司叉车产品设计、制造、安装和服务所涉及的公司内各部门、分厂、场所和过程		
审核准则	ISO 9001:2015；公司质量管理体系文件；适用的法律法规；顾客投诉		
审核组	组长：张文（管理者代表）　　　副组长：李刚、季成 内审员：张刚、张红、李立、李江、李青、季正		
实施项目及要点	时间要点	负责人	协助人
1. 编制部门内审检查表	5 月上旬	李刚	各内审员
2. 第一次内部审核	5 月中旬	张文	李刚、季成
3. 不合格项纠正	6 月上旬前	各部门负责人	—
4. 跟踪验证	6 月中旬	季成	内审员
5. 完善各部门内审检查表	8 月上旬	李刚	各内审员
6. 第二次内部审核	8 月中旬	张文	李刚、季成
7. 纠正不合格项	9 月上旬前	各部门负责人	—
8. 跟踪验证	9 月中旬	李刚	内审员
9. 开展管理评审	9 月下旬	总经理	张文
10. 接受第三方正式审核	10 月中旬	张文	各部门
备注	每次审核时间为 2 天，具体参照现场审核计划实施		

编制人：李刚　　　　　批准人：张文　　　　　　　批准日期：2018 年 2 月 1 日

2. 滚动式审核方案

滚动式审核方案是指每月对一个或几个部门（或条款）进行一次审核，逐月开展审核活动，每年滚动 1~2 遍。对重点部门或者重要过程，可以适当增加滚动审核次数。

滚动式审核方案一般在通过第三方质量管理体系认证后被采用。该种方案的主要特点是：

（1）审核和审核后的纠正行动及其跟踪陆续展开，审核持续时间较长。

（2）在一个审核时期内应保证所有适用过程及相关部门得到审核。

（3）对重要的过程和部门可安排多频次审核，审核比较充分。

某企业的滚动式审核方案如表 10-3 所示。

表 10-3　2018 年度质量管理体系内部审核方案（滚动式）

审核目标	检测本公司质量管理体系是否正常运行，是否得到有效实施和保持
审核范围	公司叉车产品设计、制造、安装和服务所涉及的公司内各部门、分厂、场所和过程
审核准则	ISO 9001：2015 标准；公司质量管理体系文件；适用的法律法规；顾客投诉
审核组	组长：张文（管理者代表）　　　副组长：李刚、季成 内审员：张刚、张红、李立、李江、李青、季正

部门	1月	2月	3月	4月	5月	6月	7月	8月	9月	10月	11月	12月
销售	✕						✕					
采购	✕						✕					
技术		▨						✕				
计划		▨						✕				
加工			▨						✕			
焊接			▨						✕			
装配			▨						✕			
计量				▨						✕		
质管				▨						✕		

图例：□ 计划　　▨ 审核已进行　　□ 报告已发行　　▨ 纠正措施完成　　▨ 纠正措施验证

编制人：李刚　　　　　　　批准人：张文　　　　　批准日期：2018 年 3 月 31 日

二、内部审核的准备

在实施内部审核之前 1 个月左右，就应该着手进行审核的准备工作了。

首先是成立审核组。审核组及组长一般由管理者代表根据需要确定。在确定内部审核组成员时，组织应充分考虑到审核的独立性原则，即内审员不能审核自己所在的部门。所以，内审员不可只来自一个部门，否则将无法进行本部门审核。

审核组成员应当都经过审核员的培训和考核，取得内审员资格，单纯的工作经验是不足够的。一旦组成了审核组，组长则应承担起相应的职责。

审核组组长可建议召开审核组预备会议，向参加审核的审核员介绍审核的一些基本情况，如审核计划、审核的重点、审核注意事项，各个审核组成员应就审核计划充分沟通，达成一致，然后分别准备以下必需文件。（不是每次都要从头开始，有些表格是做成了以后一直可以用，有些是每次使用前稍做修改即可。）

（1）现场审核计划。

(2) 检查表和抽样方案。
(3) 首次、末次会议签到表。
(4) 审核记录表。
(5) 不符合项报告表格式样。
(6) 会议记录、审核报告等式样。

(一) 编制现场审核计划

现场审核计划是按照年度审核计划（审核方案）的一次审核所做出的具体日程安排，我们不能将其与年度审核计划混为一谈。两者之间的区别如表 10-4 所示。

表 10-4　年度审核计划和现场审核计划的区别

	年度审核计划（审核方案）	现场审核计划
定义	针对特定时间段所策划的并具有特定目的的一组（一次或多次）审核安排	对审核活动安排的描述
审核目标	一项审核方案所涉及的多次审核活动的目标（不同审核也有不同的目标）	一次审核活动的具体目标，是审核方案目标的一部分
范围	一项审核方案可能涉及全部体系、所有产品和过程	一项计划可能涉及全部体系、所有产品、所有过程，也可能涉及部分体系、过程和产品
主要内容	包括审核频次、方法、职责、策划要求和报告	规定一次具体审核时间、审核内容、审核员的分工、首末次会议的安排
执行人	审核方案的管理人员	审核组组长
管理要求	要对审核方案进行 PDCA 的管理，不断改进审核方案及审核管理	审核计划经过审核委托方批准，受审核方确认后，审核组应严格按计划实施审核，一般不得更改
关系	方案包括对计划的制订与实施的有关要求	计划的编制、批准、实施应符合审核方案

制订现场审核计划时应考虑以下方面：

(1) 现场审核计划可按部门或活动过程编写，一般更侧重于按部门审核。现场审核计划主要用于明确以下事项：

① 审核标准及审核范围。

② 审核组组长。审核组组长应熟悉组织质量管理体系文件及部门在相应的活动中的职责。

③ 审核员分组。审核人员必须独立于被审核部门。

④ 审核日期及时间分配。时间的分配应根据审核活动的状况和其重要性来进行。

⑤ 审核内容，即审核部门及其活动过程。现场审核也可以以审核过程为主，此时则应以条款编号为主线，审核内容对应审核哪些相关职能部门。

(2) 审核计划的具体内容应与组织的规模和复杂程度相适应。制订审核计划时应考虑在对质量有较大影响的过程或活动及承担较重要职能的部门安排较多的时间。组织应确保在有效的时间内完成预定的审核。

(3) 审核组分工时应注意把审核员安排在熟悉的过程的审核上，以确保审核有效进行，如技术部门人员审核生产部门。如果安排从事人力资源管理的人员审核技术部门，则不妥。

表 10-5 为现场审核计划示例。

表 10-5　内部审核（现场审核）计划

审核目的：对本公司的质量管理体系做全面检查，通过审核了解本公司的质量管理体系是否符合策划的安排、标准和企业的要求；是否得到有效实施和保持；是否具备迎接外部体系审核的条件。
审核标准：ISO 9001:2015　　　　　审核日期：　2018 年 8 月 17—18 日　
审核范围：涉及体系运作的所有部门
审核组组长：＊＊＊（A 组）　　内审成员：＊＊（A 组）；＊＊（B 组）；＊＊＊（B 组）

时间	A 组：＊＊＊；＊＊ 部门/活动/过程	B 组：＊＊；＊＊＊ 部门/活动/过程
8 月 17 日		
8：30—9：00	首次会议	
9：10—9：50	管理层：4/5/6/7.1.1/7.4/9.1.1/9.2/9.3/10.1/10.3	
10：00—12：00	行政部 7.1.2/7.1.6/7.2/7.3/7.5 及部门职责、目标指标等通用要求	品质部 7.1.5/7.5/8.6/8.7/9.1/9.2/10.1—3 及部门职责、目标指标等通用要求
13：30—16：00	经营部 8.2/8.4/8.5.3/9.1.2 及部门职责、目标指标等通用要求	
16：00—16：30	审核组内部沟通	
8 月 18 日		
9：00—12：00	生产部/仓库 7.1.3—5/8.1/8.3/8.5.1—2/8.5.4—6/8.6/8.7/9.1.3 及部门职责、目标指标等通用要求	技术部 7.1.3/8.3/10.3 及部门职责、目标指标等通用要求
13：30—16：00		财务部 6.1/9.1.1 等资源、辅助要求
16：00—17：00	审核组内部会议	
17：00—17：30	末次会议	
发行：_____	审批：_____	日期：_____

（二）编制审核检查表

审核检查表是现场审核前应准备的主要工作文件，是审核员进行现场审核的重要工具，它可以帮助审核员明确审核的重点、方向和路径。把要提的问题事先列出来，既能保持审核工作的连续性，也可作为审核记录，并能减轻审核员在审核过程中的精神压力。因此，审核员应根据审核目标、审核准则、受审核部门或过程的特点，编制好检查表。

1. 审核检查表的作用

（1）明确受审核部门所需要审核的主要条款及要求。

现场审核时会出现各种各样的问题，这些问题可能会影响审核员的注意力而导致偏离审核方向。借助检查表，审核员可以保持审核的主题方向，避免偏离审核的要求。

(2) 使审核程序规范、系统和完整。

审核组组长通过对各审核员编制的检查表的内容进行审核，可以把握审核的总体情况。审核员则依据编制好的检查表进行审核，以保证审核内容没有遗漏，从而保证审核的系统性和完整性。同时，审核员依据检查表提问题，既有广泛的涉及面又有针对性和重点，体现出审核员的专业和正规性，也有助于减少审核员的偏见和随意性。

(3) 保持审核的有序性和连续性。

现场审核是一项高度紧张的活动，由于审核时间有限，不可能在某一条款要求或某一区域长时间停留，审核员按照事先策划编制好的检查表的内容顺序，掌握节奏，可以使审核有序且连续地进行。

(4) 作为重要的审核记录存档。

检查表通常与审核记录表相结合，体现了审核员的审核思路，反映出审核员审核的内容、查实的证据。检查表和审核记录表是审核档案中重要的原始资料，必要时可以追溯检查。

2. 审核检查表的格式和基本内容

审核的客观性、独立性和系统性是有效且高效地开展审核的三个核心原则。组织应对审核过程进行策划，而检查表就是如何进行审核的策划性成果。审核检查表的主要格式和内容有以下几点：

(1) 表头/表尾：列出受审核部门、审核场所、受审核人员和审核时间。审核完毕，审核员和审核组组长必须签字，然后上交存档。

(2) 审核依据：指在该区域审核时所依据的标准条款名称和条款号，或受审核方的程序文件、作业（工作）指导书中规定的编号或要求。

(3) 检查内容和检查方法栏：这是审核检查表的核心内容，在该栏填写要检查的具体问题的内容和检查方法（如采用提问方式、查阅文件、现场观察等方法）。

(4) 审核证据：指在现场审核中获得的客观证据或跟踪审核的记录。可以通过拍照、复印、保留样品等予以记录。

(5) 审核发现：记录根据现场检查初步得出的判断结论——是符合标准要求，还是不符合要求。至于不符合的严重程度，可以不做判定，待以后审核组成员商量决定。

3. 怎样编制审核检查表

审核检查表是一个指导审核的重要文件，其编制的质量如何和使用得合理与否直接影响到审核结果的有效性。因此，内审员要学会编制高水平的检查表和合理使用检查表。对于审核次数较少、熟练度不够的内审员来说，他们通过编制检查表，也可以提高自身对质量管理体系要求及组织内部的运行过程的熟悉程度。

按照 ISO 9001:2015 标准编制检查表应注意以下方面：

(1) 依据标准和质量管理体系文件策划并确定检查的内容。

与审核计划对应，在按审核准则确定审核内容时，既要考虑标准规定的要求，更要充分考虑被审核部门质量管理体系文件规定的要求，确保审核内容的充分与适宜。检查表的内容编排按照两种思路进行：一种是以部门为主线；一种是以过程控制为主线。检查表要解决的是"审什么"和"怎么审"两方面的问题。

（2）对于"审什么"的问题，内容来自审核准则，特别是组织自身建立的体系文件，主要关注以下要点：

① 对过程是否予以识别和适当规定？
② 对职责是否予以明确分配？
③ 作业性文件是否被实施和保持？
④ 在提供所要求的结果方面，是否达到预期目标？
⑤ 对过程需要改进的地方是否实施了有效措施？

（3）"怎么审"的问题，是指"到哪里""找谁""看什么"等，也就是用什么检查方法。检查方法主要有面谈、查阅文件、现场观察、追踪验证等。

（4）审核过程中应注意抽样的合理性，保证样本具有代表性。要注重关键过程和主要因素的审核和评审，合理策划和选取样本。对关键过程和主要因素的影响一定要审核充分。

（5）检查表是内审员个人使用的一个检查提纲，不能提前透露给被审核部门。内审员在现场使用检查表时既不要随意偏离检查表，又不要过度依赖检查表。也就是说，不要机械式地照本宣科，要注重随机应变，遇到重大线索时可以调整检查表，增加检查项目和抽样数量。

以部门为主线的审核检查表的示例见表10-6。

表 10-6 审核检查表（以检查部门为主线编制）

被审核部门	经营部	受审核人员		
审核场所			审核证据	审核发现
审核依据	8.2、8.4、8.5.3、9.1.2 及部门职责、目标指标等通用要求			
部门职责、目标指标及实现情况	（1）部门职责包括哪些是否明确，这些职责是否均已展开 （2）上一周期内工作计划完成情况 （3）主要目标指标实现情况，没有实现的须解释原因			□ 符合 □ 不符合 □ 其他问题：
8.2.1	（1）策划了哪些售前、售中、售后的宣传、推广、联络、维护等工作步骤和渠道。公司宣传资料、公开文件、网站、网店等文件资料的编制和审批 （2）销售计划、销售记录、走访记录、顾客信息登记、投诉处理记录			□ 符合 □ 不符合 □ 其他问题：
8.2.2	（1）合同登记、订单登记、电话登记 （2）合同订单是否明确产品质量标准和验收要求，包括交付时间、包装和运输要求 （3）公开的产品标准			□ 符合 □ 不符合 □ 其他问题：
8.2.3	（1）经批准的公开报价单 （2）合同生效前审批，合同评审的方式和证据			□ 符合 □ 不符合 □ 其他问题：

续表

8.2.4	(1) 顾客要求更改控制		☐ 符合 ☐ 不符合 ☐ 其他问题：
8.4.1	(1) 重要物资清单 (2) 合格供应商（含外包、外协）名单、合格供应商评价资料、评价表 (3) 合格供应商供货业绩记录		☐ 符合 ☐ 不符合 ☐ 其他问题：
8.4.2	(1) 如何预防和降低供应商风险 (2) 对不同的供应商采取的不同的控制手段 (3) 验厂、进货检验记录		☐ 符合 ☐ 不符合 ☐ 其他问题：
8.4.3	(1) 采购、外协文件内容的规范性，审批要求		☐ 符合 ☐ 不符合 ☐ 其他问题：
8.5.3	(1) 顾客或供方的财产有哪些 (2) 控制记录		☐ 符合 ☐ 不符合 ☐ 其他问题：
9.1.2	(1) 顾客满意、不满意信息的收集方法有哪些 (2) 如何统计、计算顾客满意度 (3) 顾客满意度分析报告		☐ 符合 ☐ 不符合 ☐ 其他问题：
审核员：		审核组组长：	日期：

三、审核活动的实施

（一）举行首次会议

现场开始审核时，首先由审核组组长主持召开第一次正式会议，即首次会议，对即将进行的现场审核进行整体的布置安排。首次会议由审核组组长主持，所有审核人员参加，管理者代表、各部门负责人及受审核方对应人员必须参加。

1. 首次会议的目的
(1) 确认审核计划。
(2) 简要介绍审核活动如何实施。
(3) 确认沟通渠道。
(4) 向受审核方提供询问的机会。

2. 首次会议的程序和内容

首次会议由审核组组长主持，参加会议的有审核组成员、受审核方的最高管理者、部门负责人和陪同人员、内审员等。建议公司最高领导总经理参加。全体与会者应分别在首次会议签到表上签到。签到表和会议记录应作为证据保存。

首次会议时间一般在30分钟以内，会议的主要程序和内容大致如下：

(1) 宣布会议开始，介绍审核组成员及所负责的审核部门和体系过程。

(2) 宣布本次审核活动的审核目标、审核范围、审核准则。
(3) 说明审核计划日程安排,包括中间沟通和末次会议的时间。
(4) 说明审核的程序和方法,包括审核抽样的原则、常用的审核方法。
(5) 要求受审核部门配合,确定陪同人员,明确注意事项,若有特殊情况及时调整。
(6) 致谢,宣布首次会议结束。

注意:在首次会议上只需要公开现场审核计划(日程安排)一种文件,审核检查表是审核组和审核员内部使用的文件,不能在首次会议上向受审核方公开展示。

(二) 实施现场审核

1. 现场审核的方式

(1) 按部门审核方式。

这种方式以部门为单位进行审核,强调质量管理体系组织机构的职能。其优点是比较容易掌握各部门质量管理体系的实施情况,审核时间集中,效率较高,对受审核方的正常工作影响较小,检查表也按部门来编写;缺点是审核分散,条款的覆盖可能不够全面。

(2) 按条款审核方式。

这种方式以标准条款为线索进行审核,即针对某条款的不同环节对各个部门进行审核,收集该条款的相关证据。其优点是目标集中、判断清晰,能较好掌握体系中各个条款的实施情况;缺点是各个部门往往要重复接受多次审核,效率低,对受审核方的正常工作影响较大。

究竟选哪一种方式,在制订审核计划时已经确定。目前,现场审核大多采用按部门审核方式,只是在重点追踪某一条款的实施情况时,会采用按条款审核方式追踪到所有相关部门。

2. 现场审核的方法

(1) 面谈。

面谈是现场审核中最常用的一种方法。审核员通过与最高管理者和各职能部门领导面谈,可以确认其对各自职责的理解和落实情况;通过与组织员工面谈可以判断出他们对程序文件和作业(工作)指导书中的要求的熟悉程度和执行情况,收集证据,从而判断质量管理体系的实施情况。

面谈一般可围绕以下几个方面进行,包括什么目的(Why)、什么时间(When)、什么地点(Where)、谁来做(Who)、做什么(What)、怎样做(How)等,即5W1H。

(2) 查阅成文信息。

现场审核过程中经常利用查阅文件、记录等成文信息的方式追溯体系的运行状况,收集审核证据。成文信息包括质量手册、程序文件、作业(工作)指导书和质量记录表格等,如文件控制程序、预防与纠正措施记录、内审记录、管理评审报告、不合格报告、工艺规程、检验规范、设计图纸、材料清单等。

通过查阅成文信息的方法进行抽样调查,可以验证信息的客观性,寻找质量管理体系运行的证据。例如:

① 文件的发布和更改是否经过批准,文件是否为有效版本。
② 实际操作各项作业是否按程序的规定执行,是否符合文件规定。
③ 是否使用规定的工具设备,监测仪器、检定证书是否在有效期范围内。

④ 证书、报告、市场反馈、顾客意见等各种记录是否符合要求。

⑤ 纠正、预防措施的实施效果如何，应对风险和机遇的措施的实施效果如何。

在查阅成文信息时，审核员可能会发现一些在文件和记录管理、规范使用等方面存在的不符合现象，如缺少标准或缺少实际工作所必须要求的文件，对外来文件未能有效控制，记录的填写、收集、保管出现漏洞等。

由于组织的成文信息很多，不可能一一查阅，审核员只能采取抽样的方法，选取具有代表性的样本进行审核。审核员不应把过多的时间用在对文件和记录管理的审核上，而是应该注重对过程的监控及对过程环节和过程结果的审核，以获得过程运作和管理效果的有关信息。

（3）观察。

这里的观察是指审核员利用感观、敏感性及专业知识在工作和生产现场进行的观察，用于判断组织在实际工作中是否遵守程序文件和作业（工作）指导书的要求。在现场审核时，审核员应有足够的时间深入到生产车间去观察和调查，此时往往能收集到更加真实的审核证据，验证受审核部门的设备、设施、环境等是否具备满足要求的能力。例如：

① 生产加工现场的工作条件，如噪声、粉尘、照明、环境温度等是否适宜工作。

② 生产现场的设备设施完好情况，生产场地、区域划分是否明确。

③ 生产现场是否按设计图纸、工艺卡、操作规程等要求进行制造加工。

④ 产品的运输、存放、标识等情况是否符合要求。

⑤ 仓库管理的账、卡、物的堆放、标识、防护情况是否与规定相符。

（三）审核记录

在现场审核过程中，审核员应及时做好审核记录，记录下审核中所看到、听到的各项有用的真实信息，作为编制不符合报告、审核报告和做出审核结论的真凭实据，作为查询、追溯的依据。

审核记录要真实、准确、清晰和简明；记录应包括时间、地点、受访人员、被调查人员及见证人的职务和岗位、文件名称、产品批号、物资标识、设备编号、合同编号、陈述人等。须注意的是，记录应当场记录，尽量避免事后追记，以防内容不准确和遗漏。

审核记录可以直接记录在审核检查表上，但是因为检查表上可供记录的空间很小，所以有些单位专门设计了审核记录格式。表10-7是一种最简单的现场审核记录表格式样。

表10-7 现场审核记录表

审核区域	审核员	审核时间
审核依据	审核记录	评估结论

（四）中间会议及现场沟通

召开中间会议没有一致的做法。就现在各种类型的审核来看，并不要求一定召开中间会议。当组织规模较复杂，难以在一天内完成审核时，建议召开中间会议。

召开中间会议的目的在于：当天将情况通报给被审核部门，减少总结会的时间。

在总结会之前，组织一般会召开审核组的内部会，供审核员讨论相应的发现，以及编写不合格项报告。内部会的时间一般控制在半小时左右，但并没有严格的时间限制。

（五）召开末次会议

末次会议是对审核工作做出结论的会议，会议的目的是向被审核部门及组织领导报告审核情况、不合格项。同首次会议一样，末次会议由审核组组长主持，审核组全体成员、受审核部门或过程的负责人及相关配合人员参加，建议也邀请最高领导者参加。

参会人员首先在签到表上签到，会议记录应保留归档。

末次会议的程序和内容大致如下：

（1）感谢被审核部门、人员的支持和配合。

（2）重申审核的目的、范围和准则。

（3）总结审核中发现的受审核部门在质量管理体系运行中的优点和成绩。

（4）由审核组审核员分别宣读不符合报告，征求被审核部门的意见，然后请受审核部门的负责人在报告上签字接收。

（5）说明审核时抽样的局限性：没有发现不符合不代表不存在不符合，发现不符合也不代表都不好。

（6）商定未尽事宜，包括对纠正措施的实施要求和期限及验证安排。

（7）再次致谢，结束会议。

第三节 不符合项的跟踪验证

ISO 9001:2015 标准中采用审核发现（Audit Finding）的概念。审核发现是指将收集的审核证据（与审核准则有关并能够得到证实的记录、事实陈述或其他信息）对照审核准则（ISO 标准、文件、法律法规、顾客要求等）进行评价的结果。

审核发现可分为符合项和不符合项（有时也叫合格项与不合格项。习惯上，产品和服务不满足要求称为不合格，体系或过程不满足要求称为不符合）。

审核组应在审核的适当阶段对审核发现进行整理，形成文件（一般是不符合项）或在审核记录中反映（一般是符合性内容）。

审核所述的不符合项是指"未满足规定的要求"，通常要以不符合项报告（Non-compliance Report，NCR）形式加以识别记录。编制不符合项报告是审核的一项重要工作。

一、不符合项分类

如同产品检验，不符合项可以分为以下几类。

1. 严重不符合项

严重不符合项通常是指会对产品或服务产生严重后果的不符合。主要判断标准有：

（1）质量管理体系与约定的质量管理体系标准或文件的要求严重不符，如关键的控制程序没有得到贯彻，缺少标准规定的要求等。

（2）缺少或没有实施、保持一个或多个标准规定的质量管理体系要求，造成系统性失效的不符合，如在用测量监控设备时大部分未按周期进行校准（检定），不合格品的处置大部分未按规定要求进行评审和记录等。

（3）有某个过程或部门缺乏实施体系的证据，造成区域性失效的不符合，如某组织质量管理体系未覆盖到应实施的某组织单元或该组织单元根本未按标准要求组织实施，质量管理体系覆盖的所有产品中有某个产品未按标准进行质量控制等。

（4）有客观证据足以证实组织提供的产品不符合规定要求，如不同顾客对同一型号产品的大量投诉和退货。

（5）可造成严重后果的不符合项，如压力容器的焊接达不到规定要求，家用电器没有进行绝缘、耐压试验，按错误的图纸进行加工等，这些都直接危及人身安全，或会给组织带来重大经济损失，严重损害组织声誉。

（6）违反法律法规的不符合项。

2. 一般不符合项

一般不符合项是指违反审核准则的，具有明显性和普遍性的，影响质量但不会产生严重后果的不符合。在内部审核及外部审核中，较多的都是此类问题。判定标准如下：

（1）不是偶然的，明显不符合文件要求的不符合项，如作业员没有按照作业条件设置设备参数，对部分采购合同未进行评审，检验员职责不明确，等等。

（2）不是孤立的，能够影响产品质量的不符合项，如几台检测设备超过校准周期，几乎所有作业员都未按规定进行首件自检。

（3）造成质量活动失效的不符合项，如质量控制点没有针对关键质量特性或工序支配因素进行控制，等等。

3. 轻微不符合项

轻微不符合项是指孤立的、偶发性的、对产品质量无直接影响的问题，如现场有一张图纸或一个文件的版本不是最新的，作业性文件没有完成审批，没有留下培训记录，完成品没有放置在划分好的指定区域，等等。

4. 观察项

对不符合项进行分级，在有些情况下会成为一件困难的事情，因为其界线很难准确划定。这种区分往往取决于审核组组长和审核员的经验和技巧。有时候会出现一种类似不符合项的报告，称为"观察项"。出现"观察项"的情况主要有：

（1）证据稍不足，但存在问题，须提醒的事项。

（2）已发现问题，但尚不能构成不合格，如发展下去就有可能构成不合格的事项。

观察项报告不属于不符合项报告，也不被列入最后的审核报告。"观察项"的设置无疑为审核方和受审核方各准备了一个台阶，对于缓解审核气氛会带来好处。观察项报告使用得法，对内审有积极意义。

二、不符合项报告

不符合项报告的内容包括：受审核方名称、审核员、陪同人员、日期、不符合现象的描述（应指出不符合、缺陷的客观事实）、不符合现象结论（违反标准、文件的条文）、不符合项性质（按严重程度）、受审核方的确认、纠正措施及完成时间、采取纠正措施后的验证记录等。不符合项报告的三要素是：不符合现象的描述、不符合现象的结论和不符合项的性质。这三要素是任一不符合项报告不可缺少的。

不符合现象的描述应严格引用客观证据，并可追溯。例如，观察到的事实、地点、当事人、涉及的文件号、产品批号、有关文件内容、有关人员的陈述等。描述应尽量简单明了，事实确凿，直笔表述，不加修饰。

不符合现象的结论主要是指所描述的现象违反了审核准则（质量管理体系标准、质量管理体系文件、合同等）的哪条规定。

编写不符合项报告的注意事项：

(1) 不符合项报告必须写出标准要求下的不符合客观事实，描述应清楚、正确、完整，并经受审核方代表确认。不符合项描述应做到以下几点：

① 事实确凿，可追溯，不会引起受审核方争执或不予确认。

② 陈述在何地、何时、为什么、何人等，涉及具体人员时，宜提岗位或职务。

③ 为对相关人员有所帮助，陈述应指出若要消除不符合项需要做什么。

④ 适当陈述理由。

例如，检查人事部时，文件＊＊-QP-018《培训控制程序》规定"所有培训记录保存在人事部"，但实际上《岗位培训记录》由各部门保存，人事部只有员工入职培训记录。

(2) 审核准则应是：违反规定要求，如合同、指导书、程序、手册、标准、法规等。

(3) 在审核结束前，所有的不符合项都应得到受审核方的确认；受审核方也有对不符合项进行抗辩的权利，这时，审核员需要耐心听取对方意见，予以解释或调整。常见情况有以下几种：

① 受审核方认为这不是客观事实。

对应：拿出充分证据，证明这是客观事实。如无充分证据，应取消不符合项报告。

② 受审核方提出相反的客观事实。

对应：验证其提供的相反的客观事实是否真实有效，且发生时间在后。如其提供的相反的客观事实成立，应取消不符合项报告；如不成立，应坚持原判。

③ 受审核方认为这不是标准要求。

对应：对照标准、文件规定。如是，应坚持原判；如不是，则取消不符合项报告。

④ 受审核方认为这是方法问题。

对应：审核员应坚持方法的多样性，只要受审核方提出的方法是有效的、能达到规定要求的，就予以承认。若受审核方提出的方法是无效的，应有充分理由和证据说服受审核方。审核员切忌将自己的想法、做法作为标准进行判断，甚至强加于人，这会招致受审核方的强烈反感。

总之，当受审核方不确认不符合项报告时，审核员应冷静、耐心，在坚持审核原则的前提下有"从善如流"的胸怀；审核员应阐明理由，指出这是不是客观事实，是不是标准要求，让受审核方口服心服，而不是居高临下，以势压人。受审核方是审核员的"顾客"，审核员应全心全意地为其提供优质服务。

(4) 不符合项报告应至少被分发到不符合项的责任部门和有实施纠正措施责任的部门，以便实施纠正措施并验证其效果。

(5) 开具不符合项报告时，不能感情用事，不能用夸张的语言描述，不能任意扩大不符合的客观事实范围，不能以自己的想法、做法作为不符合判断的依据，不能任意拔高标准、文件要求。不符合项报告的格式见表10-8。

（6）开具不符合项报告时，必须考虑其纠正措施的效果是积极的还是消极的，其对产品质量的影响是直接的、主要的，还是间接的、次要的。并非所有的问题都要被写成不符合项报告，将有些可以当场纠正的偶然问题写成书面报告并没有太大的意义。

（7）纠正和纠正措施必须形成闭环（提出—实施—验证）。

发现问题是为了解决问题，通过计划—执行—检查—纠正，从而形成 PDCA 循环，不断提高。纠正措施应由发生不符合的责任部门制定和实施，然后由审核组的内审员进行验证。验证内容包括以下几点：

① 是否做出了纠正和原因分析，是否已经实施纠正措施。

② 实施的纠正是否彻底（有无推广），纠正措施是否有效（有无再发生）。

如果存在纠正不彻底（有遗漏）和纠正措施无效的情况（原因未消除或不符合再次发生），内审员就需要说明情况，要求责任部门重新纠正和更改纠正措施。

表 10-8　不符合项报告

不符合项报告			
			报告号：
受审核部门（场所）		部门负责人	
审 核 员		审核日期	
不符合项描述：			
审核准则：			
不符合分类：	□严重　　　□一般　　　□轻微		
原因分析：			责任人： 　　　年　　月　　日
			部门责任人： 　　　年　　月　　日
纠正和纠正措施：			责任人： 　　　年　　月　　日
			部门责任人： 　　　年　　月　　日
纠正/纠正措施验证评价： 1. 纠正/纠正措施是否按计划完成：□是/□否（实际完成日期：　　年　　月　　日） 2. 纠正/纠正措施是否有效：□有效/□无效（重新制定纠正措施） 3. 附件：修改文件、实施照片…… 验证人（审核员）/日期：　　　　　　　　　　　　　　　责任部门/日期：			

三、编制审核报告

审核结束后，审核组要对大量的审核发现进行充分的整理、分析、评价和总结，在此基础上得出对质量管理体系有效性的评价意见，形成审核结论。

ISO 9001:2015 标准中采用审核结论（Audit Conclusion）的概念。审核结论是指考虑了审核目标和所有审核发现后得出的审核结果。审核结果需要明确以下方面的内容：

（1）质量管理体系的文件是否符合 ISO 9001:2015 标准及相关的法律法规及要求。具体而言：除了通常的质量管理体系文件，如质量手册、程序文件外，其他文件（包括各部门的支持性文件）是否与本组织的情况相适宜，是否具有可操作性；质量方针和质量目标是否适合组织的实际，是否可以实现。

（2）质量管理体系的各项规定是否得到了实施和保持。具体而言：组织人力资源、基础设施、过程运行环境、监视和测量资源、组织知识等是否满足规定要求；各项运行活动是否满足体系规定的要求。

（3）质量管理体系运行结果的有效性。具体而言：员工和管理者的意识是否得到提高；产品和服务质量水平是否达到规定的质量目标；顾客满意程度如何；各职能层次的指标实现程度是否达到了预期目标；风险和机遇应对措施的有效性如何。

（4）质量管理体系自我完善、自我改进及创新机制建立和健全的情况。具体而言：内审过程是否按规定予以实施和保持；能否按规定实施管理评审并确保定期对质量管理体系的适宜性、充分性、有效性进行评审和改进；纠正措施和风险应对措施是否得到保持并收到相应的效果；体系运行的效果是否得到持续改进。

（5）根据审核目标的要求，内部审核结论还可以包括：

① 本组织的质量管理体系有哪些方面需要改进。

② 本组织的质量管理体系是否具备接受外部审核的条件。

（一）审核报告的编制

审核结果通常采用审核报告的形式。审核报告是审核工作、审核结果、审核结论的综合性记载文件。

审核报告由审核组组长负责编制。审核组组长对审核报告的内容负责，并负责向内审归口管理部门（一般为质量管理部门，简称"质管部"）或管理者代表提交审核报告，由质管部或管理者代表规定其分发的范围。审核报告的样例参照表 10-9。

表 10-9　质量管理体系内部审核报告

审核目的： 　1. 检查本公司的质量管理体系是否符合 ISO 9001:2015 标准及公司体系文件的要求。 　2. 检查本公司的质量管理体系是否得到有效实施和保持。	
审核依据： 　1. ISO 9001:2015 标准。2. 本公司体系文件。3. 适用的法律法规、公司要求、合同订单要求。	
审核组成员：	审核时间：2018 年 8 月 17—18 日
审核范围：涉及 ISO 9001:2015 标准的过程及各职能部门（包括车间、仓库）。 产品覆盖：_____	

续表

体系要求	各职能部门不符合项数量							
	管理层	行政科	经营科	生产设备科	财务科	车间	仓库	合计
4.1								
4.2		1						
4.3								
4.4								
5.1			1					
……								
10.3								
合计		1	1	2		1		5

审核过程综述：
　　我公司于2018年8月17—18日由管理者代表策划、组织审核组成员，对本公司的质量管理体系运行进行了内部审核。
　　对本公司的所有涉及质量保证的各相关部门进行现场抽查及采取验证的方式进行审核，审核员没有审核自己的工作。在审核过程中发现了若干问题，其中出具了5项不符合项报告，摘录如下：
　　……

审核结论：
　　就已审所有条款的结果来看，公司质量管理体系已初步建立，质量管理体系基本符合标准和本公司质量手册的策划要求，基本得到了有效实施和保持。可以安排第三方审核。
　　公司各部门领导和重要岗位员工要继续学习标准知识和公司体系文件，把基础工作做得更扎实一些，各部门领导应将员工的素养列为自身工作的重点。

编制/日期：	＊＊＊	2018年8月22日	审批/日期：	＊＊＊	2018年8月23日

（二）审核报告的主要内容

审核报告的主要内容与末次会议的主要内容基本相同，是对末次会议主要审核结果和结论的记载。两者的区别是针对的对象不同：末次会议主要是针对受审核部门，向其报告审核结果和结论；审核报告主要是向组织的管理层领导人员报告审核结果和结论。

（1）审核报告包括以下几个方面的内容：

① 审核的目标。
② 审核的范围。
③ 审核组组长及成员。
④ 审核的日期和地点。
⑤ 审核准则。
⑥ 审核过程简述。
⑦ 审核发现，包括符合性、有效性证据和改进机会（不符合项和观察项）。
⑧ 审核结论。

(2) 审核报告也包括下列内容作为审核报告的附件:
① 审核方案、现场审核计划。
② 审核过程总结,包括可能会影响审核结论的不确定因素的记载。
③ 不符合项报告,包括纠正、纠正措施及其验证结果。
④ 审核报告分发清单等。

(三) 审核报告的分发

内部审核报告由质管部或管理者代表按照审核方案的规定予以批准和分发,一般发至各部门负责人并由其签收。

四、不符合项的跟踪验证

现场审核提出的不符合项,一般都需要由受审核部门在规定的时间采取纠正措施,这是由内审的目的所决定的。内审的重要目的是通过审核发现薄弱环节,针对薄弱环节采取改进措施,避免类似的问题重复发生,不断改进质量管理体系。内审提出的不符合项,由产生不符合项的责任部门采取纠正措施后,审核组或内审的管理部门负责对纠正措施的完成情况及有效性予以验证。

(一) 纠正措施跟踪验证的目的

纠正措施跟踪验证有以下目的:
(1) 对已经发生的不符合及时进行纠正,避免或减少已出现的不符合所造成的影响。
(2) 促使受审核方认真分析产生不符合的原因,针对产生不符合的原因采取消除原因的纠正措施,从而防止类似的不符合再次发生。
(3) 促进质量管理体系的不断改进和完善。

(二) 纠正措施跟踪验证的方式

纠正措施跟踪验证通常有下列三种方式:
(1) 受审核部门提交纠正措施完成的书面资料与证据,审核员通过书面评审予以验证。一般性的不符合通常采用这种验证方式。
(2) 到受审核部门的现场进行现场审核方式的跟踪验证。严重不符合项和只有到现场才能验证的不符合项采取这种验证方式。
(3) 先对书面纠正措施计划的可行性进行确认,到下次审核时,再验证其纠正措施的有效性。一般性的不符合,若需要较长时间才能完成纠正措施,可以采取这种验证方式。

(三) 纠正措施跟踪验证的职责

内审的纠正措施跟踪验证的执行人,通常由组织的审核组组长指派内审员担任,可以是原审核组的人,也可以是另外指派的审核员。因为内审员大多来自组织的内部,因而不存在现场验证需要交通费等费用问题。为确保验证结果的准确性,内审时执行人尽可能采用现场跟踪验证的方式。

跟踪验证活动是一次审核活动的后续工作,审核组的成员执行跟踪验证时,应该注意保持独立性,尤其是在审核中提出过改进建议的审核员,在做跟踪验证时,更应注意验证活动的公正性。

1. 审核人员的职责
(1) 确定不符合项。

（2）提出纠正措施的要求、实施完成期限。
（3）进行纠正措施的跟踪验证。
2. 受审核方的责任
（1）确认不符合项。
（2）分析产生不符合的原因。
（3）制定和实施纠正措施。
（4）检查纠正措施的完成情况，做好记录备查。

（四）跟踪验证的主要内容
（1）是否已采取了纠正行动，使已存在的不符合得到处置，避免其影响的继续存在。
（2）产生不符合的原因是否寻找准确。
（3）是否针对消除产生不符合的原因，制订出纠正措施计划；计划是否可行。
（4）纠正措施计划是否按规定的时间予以实施。
（5）纠正措施实施后，是否进行了自我验证，是否有效；是否杜绝了同类不符合的再次发生。
（6）纠正措施计划及实施的情况是否有相应的记录；纠正措施引起的程序文件的更改是否形成文件，是否得到实施。

（五）纠正措施跟踪验证的流程
纠正措施的制定、实施、验证的流程如图10-4所示。

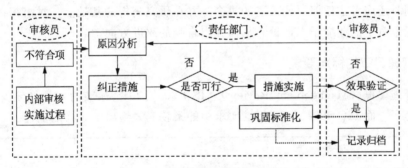

图10-4　不符合项的跟踪验证流程

（1）内审员确定不符合项，开具不符合项报告。
（2）受审核部门代表（负责人）确认不符合项。
（3）内审员提出纠正措施的要求，包括完成纠正措施的时间要求及跟踪验证方式的要求。一般不符合项的纠正措施完成时间控制在15天（特殊情况除外）之内，严重不符合项的纠正措施完成时间控制在30天之内，具体时间可以根据自己单位的情况确定。对于某些需要长时间才能彻底完成的纠正措施，可以先验证纠正措施计划的可行性，最终的有效性可以放到下次审核时再做进一步的确认。
（4）受审核部门制订纠正措施计划并实施纠正措施，制定和实施的纠正措施一定要能够消除产生不符合的原因，不能只是纠正。

例如，某次审核发现有一台测试设备没有校准标识，采取的纠正措施是"立即由计量部门检定后挂上标识"。这个纠正措施其实只是纠正而非纠正措施。正确的纠正措施至少应包括下列内容：一是分析这台设备没有校准标识的原因；二是根据找出的原因检查是否还有类似的情况，如果有一并送计量部门进行校准；三是修改有关文件的规定，加强定期检查，避免类似的情况再次发生；四是按新修订的文件进行一次自我检查，确认没有再次发生类似的情况。

（5）受审核部门自我验证纠正措施并做记录。受审核部门完成纠正措施后，自己组织自我验证，检查本部门是否还有类似问题产生，确认纠正措施已达到消除产生不符合原因的效果，确保今后不会再次发生类似问题。

（6）内审员进行纠正措施有效性的跟踪验证，并完成验证报告。内审员进行纠正措施效果的验证时可以从书面分析，也可以到现场去做进一步审核，证实没有再次发现类似的问题，证明纠正措施有效。

（7）内审员将跟踪验证的结果写成书面报告，交内审管理部门。

（8）内审管理部门对验证结果进行管理评审，并将验证结果作为管理评审的输入信息。

第四节 管理评审

管理评审就是最高管理者为评价管理体系的适宜性、充分性和有效性所进行的活动。目的是通过这种评价活动来总结管理体系的业绩，并从当前业绩上考虑，找出与预期目标的差距，同时还应考虑任何可能改进的机会，并在研究分析的基础上，对组织在市场中所处地位及竞争对手的业绩予以评价，从而找出自身的改进方向。

一、管理评审的标准要求

对于管理评审（Management Review），ISO 9000：2015 标准的术语和定义中没有给出专门的解释，而 ISO 9001：2015 标准要求中的条款 9.3 给出了这样的描述：

> 9.3.1 总则
> 最高管理者应按照策划的时间间隔对组织的质量管理体系进行评审，以确保其持续的适宜性、充分性和有效性，并与组织的战略方向保持一致。

管理评审工作属于体系的 PDCA 循环的 A 环节，是持续提高的阶段。管理评审将体系作为讨论和审查对象，评判体系的规定是否完全满足法规标准，是否充分全面，是否对公司预期目标有促进，是否存在阻碍，是否存在可以持续改进、提高的地方。

管理评审的重点是在未来，判定管理体系是否适宜组织未来的发展环境。

总的来说，管理评审主要是法人代表、总裁（或总经理）和部门负责人主导的事情，相当于广开言路，听取建议，及时发现、处理问题，调整经营策略和方向。

管理评审与内部审核的作用相似，也是组织内部对质量管理体系的一种评价活动，以确保体系的适宜性、充分性和有效性。但其与内部评审不是同一个过程，不可以在内审过程中同时实施（具体不同点见表10-10）。

表 10-10 管理评审与内部审核的比较

项　目	管理评审	内部审核
评审关注点	评价体系的充分性、适应性和有效性。关注点是计划、组织和控制	评审体系符合策划、标准、体系文件的程度及执行和实施程度。关注点是执行情况
目的	以质量方针和目标的贯彻评价质量体系的适宜性、充分性、有效性及效率	以体系文件、顾客要求的实施确定质量活动及其结果的符合性和有效性
参与人员	由最高管理者发起和操作，成员主要是公司管理层	由任命的审核组组长发起和主导，成员主要是公司内审员
评价内容	以往各种评价结果，包括质量目标、内部审核、顾客满意等	体系各过程的运行情况及结果
输出结果	改进体系，修订方针、目标及文件，提高管理的适应性、有效性、竞争力	对不符合项采取纠正及预防措施，使体系有效运行

二、管理评审的策划

首先，一般是由质量管理部门制订管理评审计划（有的公司采用通知方案等形式），明确本年度管理评审工作的相关安排，经管理者代表审核，由最高管理者签字批准。

管理评审计划（或方案）的主要内容一般包括评审时间、评审目的、评审范围、评审重点、参加评审部门（及人员）、评审依据、评审内容等。

1. 管理评审的频度（策划的时间间隔）

体系建立初期可以是每半年一次，体系稳定运行后一般为一年一次。在特殊情况下，应增加管理评审的频次，以确保公司质量管理体系的完整，提高适宜性，确保公司生产和服务持续取得预期的效果。

2. 管理评审的目的

管理评审的目的是通过对必要的信息进行审查、评议，发现质量管理体系需要改进或变更的机会，以确保质量管理体系持续的适宜性、充分性和有效性，并且与组织的战略保持一致。

3. 管理评审的方式

管理评审应由最高管理者组织、其他中高层管理者参与。

管理评审可以以多种方式实施，如会议、文件评审等，通常应制订计划，确定评审的时间、地点、参加人员、评审内容、需要收集的相关信息等。各参加部门或人员应根据策划的安排，准备评审材料，按时参加评审会议。

4. 管理评审的内容（输入）

ISO 9001:2015 标准中的相关条款如下：

```
9.3.2 管理评审输入
    策划和实施管理评审时应考虑下列内容：
    a) 以往管理评审所采取措施的情况；
    b) 与质量管理体系相关的内外部因素的变化；
    c) 下列有关质量管理体系绩效和有效性的信息，包括其趋势：
```

> 1) 顾客满意和有关相关方的反馈；
> 2) 质量目标的实现程度；
> 3) 过程绩效及产品和服务的合格情况；
> 4) 不合格及纠正措施；
> 5) 监视和测量结果；
> 6) 审核结果；
> 7) 外部供方的绩效。
> d) 资源的充分性；
> e) 应对风险和机遇所采取措施的有效性（见6.1）；
> f) 改进的机会。

组织应就质量管理体系应对风险和机遇所采取措施的有效性、上次管理评审所采取措施的实施情况、改进建议等，识别存在的问题，确定改进有效性的方法和途径，驱动质量管理体系的改进。重点输入的信息有以下三个方面：

（1）评价质量管理体系持续的适宜性。对适宜性的评审应考虑质量方针、质量目标、质量管理体系及其过程和资源等是否符合组织的现状，特别是能否适应组织内外部环境的变化，应评审哪些因素可能会影响质量管理体系的预期输出，从而识别改进机会，策划质量管理体系的改进。

（2）评价质量管理体系持续的充分性。充分性是就质量管理体系是否全面和系统而言的。组织宜采用过程方法，结合基于风险的思维和PDCA循环，对相互关联、相互作用的过程按照要求策划。对于已建立的质量管理体系，组织应评审其过程识别的充分性，过程策划在输入、输出、职责资源、技术、过程准则及绩效指标等方面的充分性，以及组织应对风险和机遇措施的充分性，通过评审发现不足之处，并予以补充和完善。

（3）评价质量管理体系持续的有效性。有效性是就质量管理体系运行过程的结果而言的。有关质量管理体系绩效和有效性及趋势的信息，详见条款中c)的1)～7)。

5. 管理评审的结果（输出）

ISO 9001:2015标准中的相关条款如下：

> **9.3.3 管理评审输出**
> 管理评审的输出应包括与下列事项相关的决定和措施：
> a) 改进的机会；
> b) 质量管理体系所需的变更；
> c) 资源需求。
> 组织应保留成文信息，作为管理评审结果的证据。

对于质量管理体系适宜性、充分性、有效性评审的输出，组织应做出决策并采取措施进行改进。

（1）改进的机会，可能包括产品和服务的改进、过程及其绩效的改进、组织接口及职能的调整、方针和目标的调整、质量管理体系的改进等。

（2）质量管理体系所需的变更，应按照标准的要求进行策划并实施。

（3）资源需求，涉及资源的调整或重新配备，如人力资源、基础设施、过程运行环境、监视和测量等资源的补充，组织相关知识的更新。组织应考虑自身资源的适宜性，不但要考虑当前的资源需求，还要考虑组织未来发展所需的资源配置。

6. 管理评审活动的成文信息

管理评审计划通知、管理评审会议记录、签到记录、会议纪要、管理评审会议决议、改进措施及其验证记录等，应作为管理评审实施的证据加以保留。

三、管理评审实施流程

一般公司应制定管理评审控制程序，规定实施管理评审工作的部门职责、工作流程及需要产生、留存的相关记录。

实施管理评审的主要流程如图 10-5 所示。

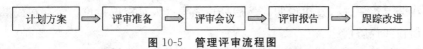

图 10-5　管理评审流程图

（1）质量管理部门发布管理评审通知（计划方案）。

主管部门（总经办或质管部）一般需要在管理评审前的一个月左右制作计划方案，并通知公司的各个部门，以便有充足时间准备评审资料和预审确认。

【案例 10-2】　管理评审计划

＊＊科技公司管理评审计划

按公司《质量手册》《管理评审程序》的相关规定，公司拟实施 2018 年度 QMS 管理评审，具体评审工作按如下安排进行：

一、评审目的：确认 ISO 9001：2015 质量管理体系运行的持续适宜性、充分性和有效性，找出存在的问题并不断改进。

二、评审内容：

1. 内部/外部审核情况。
2. 质量方针适宜性及质量目标达成情况。
3. 顾客投诉及处理、顾客满意度调查情况。
4. 产品质量状况及过程业绩。
5. 预防及纠正措施实施情况及效果。
6. 以往管理评审的跟踪措施。
7. 体系的变更及改进的建议等。

三、时间和地点：2019 年 1 月 25 日 13：30—17：00，公司第一会议室。

四、参加评审人员：

1. 策划与筹办：质量管理部。
2. 主持人：最高管理者（总经理）。
3. 参会人：副总、各部门科级以上负责人、体系内审员。

五、对参会人员的要求：准备好规定的报告资料（包括：过程结果、各部门关键绩效指标（KPI）和质量目标达成情况、主要问题点、资源的配备情况等），在会前一周（1 月 18 日）之前交到质管部，由总经理预先查核。

六、管理评审报告：由质管部负责建立、总经理批准、文控发行，原件由文控存档。要求会后 5 个工作日内完成。

| 发行： | 审核： | 批准： | 2018 年 12 月 30 日 |

（2）相关部门编制输入材料。材料主要包括以下内容：

① 与本部门相关的内部审核结果。

② 质量管理体系运行状况，包括质量方针、目标的适宜性和有效性。

③ 过程的绩效和产品的符合性（包括对过程、产品和服务监视与测量的结果）。
④ 顾客反馈（包括顾客满意度、顾客抱怨等）。
⑤ 以往管理评审措施的跟踪及其有效性。
⑥ 可能影响质量管理体系的各种变化。
⑦ 纠正和预防措施的状况。
⑧ 其他改进的建议。

（3）召开管理评审会议，对评审输入做评议。

会议由公司的最高领导（总裁或总经理）组织和主持，各部门负责人将事前准备好的评审材料在会上逐一进行发表说明，然后公司领导层人员审议讨论，对存在或潜在的不符合项提出纠正和预防措施。

公司最高领导人应根据各部门的输入材料，结合公司的质量方针、目标及公司当前的发展战略方向，考虑是否调整公司的质量目标，是否对体系进行适应性修改和完善，在哪些方面提高，有哪些工作需要改进和进一步加强，等等。

（4）评审结束后，公司应根据管理评审的过程、结果形成管理评审输出，并形成报告。

管理评审的报告应包括以下几个方面的措施：
① 质量管理体系关于过程方面的改进。
② 与顾客要求有关的产品方面的改进。
③ 资源需求。

【案例 10-3】 管理评审报告

＊＊科技公司管理评审报告

一、评审时间：2019 年 1 月 25 日。

二、评审目的：对本公司的质量管理体系运行方面进行系统的评价，提出并确定各种改善的机会和变更的需要，确保质量管理体系持续的适宜性、充分性和有效性。

三、评审内容：

（各部门发表资料摘要：略）

四、评审结果：

本次管理评审按照 GB/T 19001—2016 标准和公司管理评审程序文件的要求，对标准规定的管理评审进行了输入：审核结果、顾客反馈、过程业绩和产品的贴合性、预防和纠正措施状况。参加会议的公司领导及有关部门和个人，对所报告的管理评审信息，尤其是报告中提出的问题和改善建议，发表了意见，并展开了讨论和评价。

五、总经理评语：

1. 本次管理评审基本上达到了预期的目的，对持续改善＊＊科技公司产品和服务的质量，促进各部门提高工作质量，以顾客为关注焦点，不断满足顾客要求、增强顾客满意，起到了促进作用。

2. 本次评审的结论为：通过体系的运行，公司管理水平已提高到一个新的层次。公司的质量方针和质量目标是适宜的，质量管理体系贴合 ISO 9001:2015 标准和公司质量管理体系文件的要求，适应公司的实际状况。质量管理体系能在持续改善中有效运行，与产品质量有关的各项工作基本上处于受控状态。评审人员一致认为公司质量管理体系基本具备申请第三方注册认证的条件。

3. 需要改善的方面：针对公司的质量目标中的顾客满意度未达标，制造部的批次合格率有下降趋势等以下九项存在的问题，请相关部门分析原因并制定具体改善措施，并在半个月内完成实施或实施计划，报告质管部予以验证。

（九项改善项目：略）

| 发行： | 审核： | 批准： | 2019 年 1 月 28 日 |

管理评审报告一般由质量管理部门的负责人（管理者代表）负责编写，交最高领导（总裁或总经理）批准，并分发至公司各部门，由质量管理部门或者其他指定部门或人员负责管理评审改进要求的监控执行、跟踪和验证。

本次管理评审的输出可以作为下次管理评审的输入之一。若管理评审引起文件方面的修改，应严格按照公司文件管理控制程序的相关要求执行。

对于管理评审中认为对公司质量管理体系有一定影响，依规定应当采取纠正、预防措施的问题，应按公司纠正、预防措施控制程序的相关规定执行。

5. 实施改进

对于管理评审报告提出的改进要求，责任部门应制订改进措施计划或方案，经管理者代表（或部门负责人，视公司管理评审控制程序的职责、权限规定而定）批准后实施。

一般来说，管理评审报告中明确的改进要求较为宏观。因此，责任部门一般都要制订较为详细的改进计划或实施方案，这也是贯彻质量管理 PDCA 循环概念的体现之一。

若责任部门直接在工作中按改进要求实施改进，但未能提供相关成文信息（包括文件和记录），则难以有说服力，不仅在接受外部审核时难以让人信服，就算是验证改进要求执行情况的公司质量管理部门，也很难接受。

对于管理评审中提出的纠正、预防措施，质量管理部门应重点监视、跟踪其改进情况。

责任部门实施完相关整改要求后，质量部门应对纠正、预防措施的执行情况和有效性等进行验证，并要求责任部门提供相关证据或证件后，方可关闭该问题。

 思考练习

1. 说明审核准则、审核证据、审核发现、审核结论的定义和相互关系。
2. 举例说明什么是结合审核，什么是联合审核。
3. 与审核有关的原则有哪些？
4. 内部审核的一般流程是怎样的？
5. 年度审核计划和现场审核计划各有哪些要点？
6. 如何编制现场审核检查表？
7. 审核中发现的不符合项分为哪几类？
8. 管理评审的输入和输出各有哪些内容？
9. 简述管理评审的实施流程。

参考文献

[1]〔美〕约瑟夫·M.朱兰,约瑟夫·A.德费欧.朱兰质量手册:通向卓越绩效的全面指南[M].焦叔斌,苏强,杨坤,等,译.6版.北京:中国人民大学出版社,2014.

[2]〔美〕W.爱德华兹·戴明.戴明论质量管理[M].钟汉清,戴久永,译.海口:海南出版社,2003.

[3]〔美〕A.V.菲根堡姆.全面质量管理[M].杨文士,廖永平,等,译.北京:机械工业出版社,1991.

[4]于晓霖,陈仁华.质量管理[M].上海:上海交通大学出版社,2011.

[5]黄怡,林艳,王廷丽.质量管理理论与实务[M].3版.北京:经济科学出版社,2016.

[6]谢家驹.全面优质管理[M].上海:上海财经大学出版社,1999.

[7]肖智军,商勇,党新民.品质管理实务[M].广州:广东经济出版社,2001.

[8]周冰.QC手法运用实务[M].厦门:厦门大学出版社,2009.

[9]史玉杰.制造企业全面质量管理训练[M].北京:中国财富出版社,2014.

[10]〔日〕川原慎也.精益制造042:PDCA精进法[M].谌红军,译.北京:东方出版社,2017.

[11]〔日〕越前行夫.图解生产实务:5S推进法[M].尹娜,译.北京:东方出版社,2011.

[12]文放怀,张弛.6Sigma品质管理:方法/工具/策略[M].深圳:海天出版社,2001.

[13]上海市质量管理协会.质量体系中的统计技术[M].上海:上海科学技术出版社,1997.

[14]方圆标志认证集团有限公司.2015版ISO 9001质量管理体系内审员培训教程[M].北京:中国质检出版社,中国标准出版社,2016.

[15]魏恒远.ISO 9001质量管理体系及认证概论(2015版)[M].2版.北京:化学工业出版社,2018.

[16]中华人民共和国国家质量监督检验检疫总局,中国国家标准化管理委员会.GB/T 2828.1—2012/ISO 2859-1:1999 计数抽样检验程序[S].北京:中国标准出版社,2013.

[17]中华人民共和国国家质量监督检验检疫总局,中国国家标准化管理委员会.GB/T 19000—2016/ISO 9000:2015 质量管理体系基础和术语[S].北京:中国标准出版社,2017.

[18]中华人民共和国国家质量监督检验检疫总局,中国国家标准化管理委员会.GB/T 19001—2016/ISO 9001:2015 质量管理体系要求[S].北京:中国标准出版社,2017.